/canyaziyor

W0206098

Ruh Eşin Nerede?

CAN AYDOĞMUŞ

İ N D İ G O   K İ T A P

Ruh Eşin Nerede?

Can Aydoğmuş

Baskı: Ağustos 2020
ISBN: 978-605-7611-44-4
Yayınevi Sertifika No: 31594

Editör: Ayşe Nur Buğalı
Kapak Tasarımı: Sema İşcan (@illustragirl)
Kapak Uygulama: Yasin Öksüz

Baskı
My Matbaacılık San. ve Tic. Ltd. Şti.
Maltepe Mah. Yılanlı Ayazma Sok. No: 8 Kat: 2
Zeytinburnu / İstanbul Tel: 0 (212) 674 85 28
Sertifika No: 47939

indigo yay

İNDİGO YAY. DAĞ. PAZ. REK. LTD. ŞTİ.
Üniversite Mah. Civan Sok. Allure Tower No: 1 Kat: 23 / 330 Avcılar / İstanbul
Tel: 0 (212) 438 17 83 • Fax: 0 (212) 438 17 84
www.indigokitap.com • info@indigokitap.com

İNDİGO YAY Bir İndigo Kitap Yayın Dağ. Paz. Rek. Ltd. Şti. markasıdır.

/canyaziyor

Ruh Eşin Nerede?

CAN AYDOĞMUŞ

İNDİGO KİTAP

Can Aydoğmuş İstanbul'da dünyaya geldi. İlkokulu İstanbul Prestij Koleji'nde tamamladıktan sonra eğitimine İngiltere'de Egerton Rothesay School'da devam etti. Çocukluğunda yaşadığı bazı deneyimler sonucunda içsel yolculuklara çıkan yazar, 11 yaşında kişisel gelişim yöntemlerine ilgi duymaya başladı.

25 yıllık kişisel gelişim sürecinde İngiltere, İtalya, Almanya, Amerika ve Türkiye'de organizasyonel konstelasyon, kurumsal farkındalık, regresyon, hipnoterapi, NLP, lucid rüya, düşünce gücü, Vedik Astroloji ve bilinçaltı gibi konularda eğitimler aldı. Bu süreçte dünyanın en ünlü eğitmenlerinin asistanlığını, temsilciliğini ve etkinlik organizatörlüğünü yaptı. IACT Türkiye başkanlığını üstlendi.

Bir dönem hürriyet.com.tr ve Cnn Türk bünyesinde köşe yazarlığı yapan Aydoğmuş, bugünlerde motivasyonel konuşmacı olarak davet edildiği kurumsal şirketlere seminerler veriyor.

Instagram'da mavi tik sahibi 300 bin takipçili @canyaziyor hesabı, ayrıca çok sayıda aboneli Facebook, Twitter ve Youtube kanallarıyla Türkiye'nin sevilen influencer isimlerinden biri haline gelen Aydoğmuş, binlerce kişi tarafından izlenmeye, ayrıca hayvan hakları savunucusu ve kedi sevdalısı bir pati âşığı olarak aktif biçimde çalışmaya devam ediyor.

Küçük yaşta annesini, babasını ve ablasını kaybedip sokakta kalmasının ardından, ciddi zorlukları aşıp karanlıktan aydınlığa geçmeyi başaran Can Aydoğmuş, kendisini insanları sevgiye ve mutluluğa yönlendirmek adına paylaşımlar yapan bir yazar, blogger, vlogger ve influencer olarak tanımlıyor.

Ruh Eşin Nerede? kitabı, yazarın daha önce Doğan Novus'tan çıkan *Aşka Yürü*, *Şifanın Eli* ve *Düşle İnan Yaşa* kitapları ile Doğan Egmont Çocuk Kitapları'ndan çıkan *Konuşan Kedi Matu* kitabından sonra yayımlanan beşinci kitabıdır.

Ödülleri:

2017 Altın Kelebek Ödülleri –
En iyi Youtuber/Instagrammer adaylığı

2017 Altın Rehber TV Yılın En'leri –
(*Düşle İnan Yaşa* kitabı ile) *En İyi Kişisel Gelişim Kitabı* ödülü

2017 Moon Life Oscars (Moon Life Dergisi Ödülleri) –
En İyi Kişisel Gelişim Yazarı ödülü

2018 İnternet Medyası Yılın En İyileri –
Yılın Kişisel Gelişim Uzmanı ödülü

2018 Uluslararası Mevlânâ Barış Ödülleri –
Yılın En İyi Yazarı ödülü

/canyaziyor
/canaydogmusyaziyor
/can_yaziyor
Can Aydoğmuş
www.canaydogmus.com.tr

Teşekkür

Her şeyden önce hayatıma giren ve bu kitabı yazmamı sağlayan herkese, ayrıca bu kitabı yazmam için gereken tüm deneyimleri, tüm öğretileri bana sunan yaşama sonsuz teşekkürler.

Bu kitabın bu hale gelmesini sağlayan, uzun bir süre kitabın üstünde tüm bilgeliğiyle emek sarf eden, dünyanın en başarılı avukatlarından, insanlara şans ve uğur getirip hayatlarını değiştiren, kendisini tanıdığım için yaşama minnettar olduğum muhteşem dostum Ezgi Pekşen'e sonsuz teşekkürlerimi sunuyorum. Bu kitabı okuyup memnun kalan, bu kitap sayesinde hayatı değişen herkesin ona pozitif enerjiler yollamasını, dua etmesini, teşekkür etmesini temenni ediyorum.

Kapak çizimi için yine büyük emek sarf eden, tüm sanatı ve yeteneğiyle uzun süre uğraşarak benim gönülden, *İşte budur*, diyebileceğim çizimi tamamlayan, alanında deha Sema İşcan'a sonsuz teşekkürlerimi sunuyorum. Sema, canım, iyi ki varsın!

Kitabın okumasını yapan, benimle beraber büyük özveriyle çalışarak okurların kitabı rahatlıkla anlayabilmesini ve özümseyebilmesini sağlayan editörüm Ayşe Nur Buğalı'ya sonsuz teşekkürlerimi sunuyorum. Redaksiyon sürecinde kitabı bu konulara uzak bir okur gözüyle de incelediği için hepimiz çok şanslıyız.

Son olarak, kitabın ismini bulan canım dostum ve sırdaşım Pucca'ya sonsuz teşekkürler. Bu kitabın isim anası Pucca'dır. Ayrıca, kapak tasarımı sürecinde kararlar alırken de yanımda olup bana yoldaşlık etti. İyi ki varsın bir tanem...

Başlarken

Kitapta özellikle, bilerek ve isteyerek tekrar ettiğim kısımlar oldu. Amacım bu fikirleri okurun bilinçaltına işlemek, farklı açılardan vurgulayarak enerji alanlarına yerleştirmektir.

Bu kitabı yalnızca okumanızı değil, aynı zamanda içerdiği her tavsiyeyi harfiyen uygulamanızı diliyorum. Ayrıca, yalnızca birkaçını da değil; her tavsiyeyi bir arada, bir bütün olarak uygulamalısınız.

Kitaptan öğrendiklerinizi arkadaşlarınızla, akrabalarınızla, çevrenizdeki insanlarla paylaşarak onlarla beraber de uygulayabilir, böylelikle bir enerji bütünlüğü yaratabilirsiniz. Tabii, illa birileriyle beraber okumanız, uygulamanız şart değil. Kendi başınıza da hepsini yapabilirsiniz. Şunu demeye çalışıyorum; kitabın içindeki teknikler, bazen uzun vadeli uygulamalar gerektirdiği için kendinize bu süreçte yoldaşlar edinmeniz faydalı ve destekleyici olabilir.

Unutmadan şunu da belirtmeliyim: Bu kitabın içeriğini bir araya getirirken bilinçaltı uzmanlığı, derin meditasyon, düşünce gücü, Feng Shui, Vedik Astroloji gibi çeşitli konularda aldığım eğitimlerden faydalandım. Yer yer psikoloğa veya psikiyatriste gitmenizi; psikanaliz, psikodinamik psikoterapi, hipnoterapi, psikodrama vb. çalışmalara katılmanızı tavsiye ediyorum. Ancak, kesinlikle psikoloji, psikiyatri, psikolojik danışmanlık ve rehberlik gibi bir alanda eğitimim olduğu yönünde bir iddiam yoktur.

Psikolog, doktor veya psikiyatrist olmadığım gibi avukat, finans danışmanı, pedagog, şifacı veya sosyolog da değilim. Annemi, babamı, ablamı ışığa uğurladıktan sonra sokakta kalarak çok ciddi acılar çektim. Yaklaşık yirmi beş yıldır kişisel gelişim, bilinçaltı teknikleri, meditasyon, astroloji, düşünce gücü, çekim yasası, imajinasyon, numeroloji, aile dizimi gibi çeşitli spiritüel ve enerjisel konularda eğitimler almamla beraber kendi karanlıktan aydınlığa geçiş yolculuğumun sonunda yaşayarak elde ettiğim farkındalıklarımı kendi süzgecimden eleyerek sizlerle paylaşıyorum. İlişki danışmanlığı vermiyorum. Herhangi bir bireysel terapi veya kişilerin sorunlarına yönelik danışmanlık da vermiyorum. Sağlık problemleri olan kişilerin bir doktora, psikolojik problemleri olan insanların bir psikoloğa veya psikiyatriste başvurmasını rica ediyorum. Hayatınızda hangi konuda sorun yaşıyorsanız o konunun üniversitesini okumuş ve uzmanlığını tamamlamış kişilere gidin.

Son olarak, geniş kapsamlı bir kitap sunmak isterken herhangi bir hata veya yanlış anlaşılmaya sebebiyet verdiysem şimdiden sevgili okurlarımdan özür dilerim.

Hepinizi çok önemseyen, her an daha iyiye doğru ilerleme hedefinde sevgiyle yürüyen, sizi seven bir Can...

Yaşamı İçimize Alıyor muyuz?

Bu kitapla birlikte yaşama, sevgiye, kendinize ve aşka dair bir yolculuğa çıkmadan, satırların arasında kaybolmadan önce derin bir nefes alıp verin. Bu hareketi bilinçli bir şekilde, tüm vücudunuzda ve benliğinizde hissederek tekrarlayın. Nefes alışverişi aslında yaşamla kurduğumuz en temel ilişkidir. Yaşamı önce içimize çeker, sonra veririz. Peki, yaşamla yaptığımız bu alışveriş sırasında yaşamın kendisini ne kadar özümseriz? İlişkilerimiz de tıpkı nefes ve yaşamla olan ilişkimize benzer. Karşımızdakiyle kurduğumuz ilişkide onu ne kadar içimize alıyor ve özümsüyoruz? Peki, sonrasında tıpkı nefesimizi bıraktığımız gibi hayatımıza giren insanları da özgür bırakabiliyor muyuz?

Genellikle çoğu insan karşısındaki insanı içine alamazken, sonrasında da ona bir şeyler vermekten kaçınır ya da içine aldığı, özümsediği kişiyi bırakmayarak hem kendisinin hem de karşısındakinin özgürleşmesine mâni olur. Her şeyden önce farkındalığımızı geliştirmemiz gereken nokta, karşımızdaki insanı içimize alabilmek ve sonrasında bırakabilmek olmalıdır. Bu da o kişiye dair tüm yargılarımızdan, önyargılarımızdan arınarak kurduğumuz sevgi ve saygı bağıyla, ona verdiğimiz değerle, onu anlamamızla bağlantılıdır. Anlamaya çalışmak, hayatımızdaki pek çok sorunun sebebidir.

Büyük bir çoğunluğumuz anne babamızı anlamaya çalışırken onların kendi hayatlarında yaşamış oldukları sıkıntıları, çektikleri acıları, üstesinden geldikleri dertleri aynı yaşam dönemlerinde deneyimlemişizdir. Örneğin; babası annesini aldatmış olan bir arkadaşım şimdiye kadar hayatına giren tüm sevgililerini aldattı. Aslında farkında olmadan yaptığı şey, hayatına giren herkesi aldatarak babasını anlamaya çalışmaktı; çünkü babasının bu seçimini bir türlü sindiremiyor, kabullenemiyordu. Aynı seçimi kendisi tekrar ederek özgürleşmeye, özgürleştirmeye çalışıyordu. Annemiz, babamız ve diğerleri... Esasında her şey hayatımızdaki herkesi içimize alarak olduğu gibi kabul edip özgürleştirmeye çalışmamıza dayanır.

Ruh Eşi Kimdir?

Ruh eşi, gündelik hayatta ilişkiler hakkında çok sık duyduğumuz ancak gerçek anlamı tam olarak bilinmeyen bir tanımlamadır. Ruh eşiniz aslında astrolojik haritalarınızda yükselenlerinizin, Ay'ınızın, Güneş'inizin ve diğer gezegenlerinizin genel olarak karşılıklı olduğu kişidir. Ruh eşinize hissettikleriniz, ilk görüşte aşk olarak isimlendirilemez. İlk görüşte aşk daha çok cinsel, hormonsal dürtülere veya dış şartlara göre şekillenen bir histir. Ruh eşiniz ise sizinle inanılmaz bir uyum içerisinde olan ve beraber akışta mutlu olacağınız kişidir.

Hayatta herkes ruh eşiyle evlenmez. Ruh eşinizi görür görmez anlamazsınız. Ruh eşiniz, onu hayatınıza çağırmanızla ve hak etmenizle gelir. Ruh eşinizin öldüğünü, başkasıyla evlendiğini ya da herhangi başka bir sebeple hayatınızda olmayacağını düşünmeyin. Dünyada astrolojik olarak birbiriyle uyumlu çok sayıda kişi olduğu gibi, herkesin birden çok ruh eşi vardır. Eğer biriyle ilişkiniz yürümüyorsa bilin ki o ruh eşiniz değildir. Size ilgi gösteren ya da sizin ilgi duyduğunuz kişi evli ise o da ruh eşiniz değildir. Ruh eşinizle karşılaştığınız zaman her şey kolaylıkla akar; birlikte aşmanız gereken zorluklarla karşılaşmazsınız. Leyla ve Mecnun, Ferhat ve Şirin, Romeo ve Juliet... Bu âşıkların hiçbiri birbirinin ruh eşi değildir. Acı, zorluk, imkânsızlık ve mücadele gerektiren aşk hikâyelerinde taraflar birbirinin ruh eşi olamaz. Ruh eşinizle birlikte olduğunuzun en bariz göstergesi her şeyin kolaylıkla ilerlemesi ve kısa sürede aynı evde yaşamaya başlamanızdır. Haritaları benzeyen kişiler ise ruh eşi değil, ruh ikizidir ki ikizler birbiriyle evlenemeyeceğine göre bu sadece o kişiyle iyi anlaşacağınız, uyumlu olacağınız anlamına gelir. Ruh eşinize yanlış zamanda, yanlış yerde rastlamazsınız. O en doğru zamanda, en doğru şekilde hayatınıza girer ve sizinle kalır.

Düşüncelerinizi ve Duygularınızı Nasıl Kodlarsanız Öyle Yaşarsınız

Hayatımıza giren herkesle; arkadaşlarımızla, yöneticilerimizle, beraber çalıştığımız insanlarla olan ilişkilerimizde, bu kişileri hayatımıza alma ve hayatımızdan özgürleştirme dengesini korumakta güçlük çekeriz. Bu noktada kopyalama ve tekrarlar özellikle çok yoğun bir şekilde devreye girer. Bunların hepsi de içimize almak ve bırakmakla alakalıdır.

Peki, içimiz dediğimiz nedir? İçimize aldığımız zaman nereye almış oluyoruz? Bu tanım aslında kendi evrenimizi ifade eder. Her birimiz kendi içimizde bir evren, bir galaksiyiz. Kendi içimizde bambaşka dünyalarımız, inançlarımız ve sorumluluklarımız var. Bu inançların ve farkındalıkların çoğunun kendimize ait olduğunu zannetsek de yalnızca bir kısmı bize ait, birçoğu ise bize ait değildir. Hatta gerçekte bizim sandığımız duygularımızın ve düşüncelerimizin dörtte üçünün aslında bize değil de annemize, babamıza ve atalarımıza ait olduğunu biliyor muydunuz?

Bu bağlamda ilk önce bizim, hayatımızdaki herkesi olduğu gibi kabullenmekten yola çıkmamız gerekir. Kabullenmediğimiz zaman karşımızdaki insanlara karşı çok yoğun bir direnç geliştirir ve onlarla çatışmaya başlarız. Yaşam zaten herkesi ve her şeyi içimize alabilmemiz ve özgürleşebilmemiz adına her an çalışıyor; çünkü içinde olduğumuz sistem, evrenin bütünü her an büyümekte ve gelişmektedir. Peki, bütün evren ve sonsuzluk her an büyür ve gelişirken bizim bunun içinde hiç değişmeden kalmamız, olduğumuz noktada sabit bir şekilde durmamız mümkün mü?

Doğru İlişki Sizi Geliştirir, Eksik Yanlarınızı Tamamlar

Bütün sistem her an değiştiği için bizim de değişmemizi ister. Burada bir örnek vereceğim. Bazı insanlar şöyle der: "Ben, kendim gibi bir insan istiyorum." Bu çok genelleyici bir ifadedir. Sadece sizinle aynı spor dalından hoşlanan, aynı hobilerle ilgilenen, sizinkine benzer bir yaşam süren kişileri hayatınıza almak sisteme hizmet etmez.

Kendimiz gibi bir insanla beraber olduğumuzda evrimleşemez, gelişemeyiz. Evrimleşmediğimiz ve gelişmediğimiz zaman ise hiç de deneyimlemek istemeyeceğimiz olumsuzluklar başımıza gelir. Düşünce yapıları, hareketleri, karakterleri aynı olan, birbirinin evrimleşmesine ve gelişmesine destek olmayan çiftlerden birinin genellikle çok ciddi hastalıklar yaşadığı, bu çiftlerin maddi ve manevi sorunlar içerisinde çıkmazlara düştükleri hep gözlemlenmiştir. Bunun sebebi evrenin onları desteklememesidir. Çiftlerin hayatlarında mutlu ve sağlıklı bir şekilde, uzun bir ömür yaşayabilmeleri için birbirlerinin evrimlerine destek olmaları şarttır.

Peki, evrimleşmek mutlaka zıt olmayı ve acı çekmeyi gerektirir mi? Tabii ki hayır. Evrimleşmek için acı çekmek gerekmez. Burada "aynı olmamak" ile kastedilen; çiftlerin birbirini büyütecek, geliştirecek, bakış açılarını genişletecek, eksik yanlarını tamamlayacak ve birbirlerine farkındalık yaratacak şekilde farklı karakterlere sahip olmalarıdır.

Mutlu olduklarını iddia eden anne ve babasının arasında geçen tüm konuşmaların mutlaka kavgaya dönüştüğünden ve nasıl evli kaldıklarını anlayamadığından yakınan bir danışanıma şu örneği anlattım:

Bir arkadaşım grupta yoktan yere gerginlik çıkarıyor, sevgilisiyle kavga ediyordu. Ona bir gün, "Çocukluğunda ev ortamınız nasıldı?" diye sordum. "Çok gergindi," diye cevapladı. Annesi çok kötü bir şekilde can vermiş, babası da kötü bir hastalık sonucu vefat etmişti. Anne ve babasına duyduğu özlem ve sevgiden dolayı o zamanki evini güven alanı olarak kafasında kodladığı için, aynısını her an yaşamaya ve yaşatmaya çalışıyordu. Bu durumu kendisine açıkladım ve kendisini uyardım: "Orayı güvenlik alanı olarak belirlediğin ve bütün ilişkilerinde aynı formatı ortaya çıkardığın için sonun da tıpkı annen baban gibi olur." Çok şaşırsa da bu durumun farkındalığına vardığından beri arkadaşlarıyla eğleniyor, gülüyor ve ilişkisinde sorun yaşamıyor. Yaşadığınız sıkıntıların asıl kaynağının farkına vardığınız zaman özgürleşebilirsiniz.

Çiftler Arasındaki İletişim, Kelimelerin Ötesindedir

İlişkilerimizde birbirimizi evrimsel açıdan ciddi anlamda destekleriz. Uzun bir süre evlilik ve evlilik hayatında mutlu olmakla ilgili kodlama yaparken, bizi olumsuz etkileyen kişileri de eleriz. Hayatımız ve geçmişimizle ilgili temizlik yaparken, bütün o evlilik ve ilişki alanını da temizleriz. Sonrasında ise yeni kodlamalara başlarız. Sevgilinize 'İlişkimiz bundan daha iyi nasıl olur?', 'Ben seni çok seviyorum' dediğinizde zaten kodlamalar yapıyorsunuz. Bir süre sonra bir bakıyorsunuz ki birlikteliğiniz gerçekten de o noktaya gelmiş. Ama bu sırada ne söylediğiniz çok önemlidir. Karşısındaki insanın kendisini devamlı aldatacağını düşünerek, 'Beni aldatıyor musun? Şu kadına baktın mı? Neden gözün o tarafta?' diyen bir kadının, hayatındaki adamı aldatmaya sevk ettiği tartışmasızdır. Eş bu durumda istemese de aldatır; çünkü karısı onu bu seçime doğru farkında olmadan itmektedir.

Annem, babama devamlı nereye gittiği, kimle olduğuyla ilgili sorular sorar ve onu denetlemeye çalışırdı. Sonunda ne yazık ki babam başka biriyle beraber oldu. Söylemek istediğim tam da budur; korktuğunuz şey başınıza gelir. Eşinize o korkuyu yoğun bir şekilde yansıttıktan sonra bu korkuyu deneyimlemeniz kaçınılmaz hale gelir. Bir düşünün; siz bugüne kadar yaşadığınız ilişkilerde ve bugün içerisinde olduğunuz birliktelikte partnerinize neler söylüyorsunuz? Hangi ifadeleri kullanıyor, hangi konulardaki korku ve endişelerinizi ona devamlı olarak yansıtıyorsunuz?

Bir danışanım eski sevgilileriyle tanışmasının ikinci günü onlara bütün geçmişini anlatırdı. Bu sırada bilinçsizce bütün geçmiş ilişkilerinin yükünü, enerjisini karşı tarafa yüklediğinin farkında değildi. Aslında bu sırada karşı tarafa geçen mesaj şu: "Al, ben taşıyamıyorum. Sen taşı." Geçmişte kalması gereken ilişkilerin enerjisini bugünkü ilişkinizde devam ettirirseniz partneriniz bunu taşıyamaz. Anlatmamalısınız. Ben bütün ilişkilerime sıfırdan başlarım. Tertemiz bir başlangıç ancak bu şekilde olur. "*Anlatmak istemiyorum* mu diyeceğim?" diye sorduğunuzu duyar gibiyim. Hayır, o da değil. "Geçmişle ilgili konuşmaya gerek yok, şu an sıfırdan yeni bir başlangıç yapıyorum ve bu güzel birlikteliğe geçmişin hiçbir anısını taşımak istemiyorum," diyebilirsiniz. Daima hatırlayın; kafanızda nasıl düşünürseniz karşınızdaki insan size öyle davranır.

İş görüşmesine giderken karşınızdaki insanla aranızda bir sevgi bağı oluştuğunu hayal edin; hayal etmenin de ötesinde, *hissedin.* Sonrasında işe alının ya da alınmayın, karşınızda mutlaka size sevgiyle yaklaşan birini görürsünüz. Siz aklınızda nasıl kodlarsanız içerisinde bulunduğunuz her durum da öyle gelişir.

Evrimleşme konusuyla ilgili özellikle etrafımızdaki yaşlı çiftleri gözlemlediğimizde, "Bir daha dünyaya gelirsem..." diye şikâyet ettiklerini görürüz; çünkü eşleri kendileri gibi değildir. Ama uzun yıllardır süren bir beraberlikleri vardır ve hayatları yolunda, sağlıkları da yerindedir. Birbirleriyle zıt kutup olmalarına rağmen hayatta bir sürü şeyi birlikte başarmışlardır. Aslında iki insanın beraberliğinin temeli, karşılıklı çakraların birbirini geliştirmesi ve evrimleştirmesine dayanır. Aynı zamanda astrolojik haritalardaki eş uyumu ve eşlerin birbirlerinin haritaları üzerindeki etkileri de önemlidir.

Çocuklar Ailelerinin Enerjilerini Taşırlar

Anne ve babalarının sürekli kavga ettiğini ve kendilerinin de ilişkilerinde benzer sıkıntıları yaşadıklarını belirten birçok danışanım oldu. Bu durum aslında sizin evreninizden, kendi gerçekliğinizden kaynaklanır. İki kız kardeş olan arkadaşlarım var. Büyük kardeşi arayıp hatırını sorduğumda, "Çok kötü. Şöyle sıkıntı içindeyiz, böyle problemimiz var..." diye ailesinden şikâyetçi olurken; küçük kardeşi aradığımda, "Çok güzel, mutluyuz, şuraya gittik, bu etkinliğe katıldık," diye anlatıyordu. Aynı evde yaşayan iki kardeşin bu iki birbirine zıt yorumu karşısında şaşkınlığa uğramıştım. Ancak kabul etmemiz gerekir ki ailenin enerjisi önce ilk çocuğa yansır. Bu sebeple, ailelerde ilk çocuklar vefat edebilir ya da ailedeki en büyük çocuğun genel olarak hayatında büyük sıkıntılar yaşadığı gözlemlenebilir. Bir başka deyişle, en büyük çocuk aslında ebeveynlerine ait olan bütün sıkıntıyı ve yükü diğerleri adına taşır. Nitekim anne baba da bu duygusal alışveriş sebebiyle büyük çocuklara daha farklı davranır.

Tek çocuklu olan ailelerde ise, çocuk ailesine karşı duyduğu aidiyet duygusu ve sevgiden dolayı ailedeki tüm enerjiyi, başka bir deyişle yükü alıp doğrudan kendisi taşımayı tercih eder. Yine de belirtmek gerekir ki her ailenin yükü ve enerjisel etkisi farklıdır.

Aidiyet Duygusu Hayatta Kalma İçgüdüsünden Kaynaklanır

Bizler de aslında hayatta kalabilmek için grup halinde yaşayan hayvanlar gibiyiz. Binlerce yıl öncesini düşünürsek atalarımız da topluca avlanan, ekip halinde hareket eden canlılardı ve bu genetik harita bize miras kaldı. Günümüzde de kendimizi korumak için topluca yaşıyor ve hareket ediyoruz. Toplu yaşamak için topluluğun kurallarına uymak ve aidiyet duygusunu geliştirmek gerekir. Ailesinden bu duyguyu yeterli düzeyde alamayan insanlar genellikle ailelerinden koparak çeşitli tarikatlara veya gruplara katılır. Bunun sonucunda da oraya dair bir aidiyet duygusu geliştirirler. Bir yerlere ait olma duygusunun temelinde hayatta kalma çabası yatar. Kişiler yaşama devam etmek için bir şeye, bir yere aidiyet duygusu geliştirmeye çalışırlar; çünkü 'Yalnız başıma kalırsam öleceğim,' korkusunu çoğu insan halen yoğun bir şekilde hissetmektedir. Aslında artık günümüzde yalnızlık tabii ki ölümü getirmez; çünkü ormanda yaşamıyoruz. Ama bedenimiz ve binlerce yıllık kodlanmış genetik harita bunu kabul etmiyor.

Evlenmek de aidiyet duygusundan mı kaynaklanıyor?

Evlenmek zorundayım, çocuğum olmalı, yalnız kalırsam öleceğim.

Aslında temelde içgüdüsel olarak "doğada tek başına kaldığımızda ölme" korkusuna karşı oluşturduğumuz savunma, aidiyet duygusunu beraberinde getirir ve bunun temelinde, sevginin de ötesinde, hayatta kalma içgüdüsü yatar. Ölmemek için aidiyet duygusu geliştirdiğiniz yere, kişiye veya kişilere ait olursunuz. Tarikatlara ya da gruplaşmalara baktığınızda, üyelerin birbirine benzediğini kolayca gözlemlersiniz. Göz ve yüz şekilleri benzerdir. Aidiyet duygusu geliştirmek için yüzünüz ve tipiniz bile çoğunluğa göre değişirken; duygularınız, düşünceleriniz, hayatta yapacaklarınız ve bakış açınız da kolaylıkla etkilenir.

İnsanların ailelerine karşı duyduğu aidiyet duygusu, hayatta kalma arzusuyla bağlantılıdır. Bu yüzden herkes ebeveyninin duygu, düşünce ya da deneyimlerini bir sonraki aşamaya taşımaya çalışır. Ama bunun temelinde hayatta kalma duygusunun yanı sıra sevgi yatar. Ailesinde çok sevdiği birini kaybettiğinde hastalanan, hatta ölen insanları hepimiz çevremizde duymuşuzdur. Anneannesi ya da hayatında hiç tanımamış olduğu yedinci, onuncu nesil kadar uzak akrabasının yaşadığı bir deneyimi yaşayarak onu ailede yaşatanlar ya da unutulmuş, dışlanmış bir aile üyesini yaşatanlar gibi örnekleri çoğaltmak mümkün.

İnsanların Evlendiklerinde Ebeveynleri Gibi Davranmalarının Sebebi, Onlara Duydukları Sevgidir

Genel olarak insanlar annesinden babasından koptuğu ya da evlendikleri zaman kendi evlerinde büyükleri gibi hareket etmeye başlarlar. Bunun nedeni ebeveynlerine karşı duyduğu sevgidir. Bu hareket biçiminin ardındaki düşünce şudur: "Anne ben seni o kadar çok seviyorum ki seni hâlâ evimde yaşatıyorum.", "Baba ben seni o kadar çok seviyorum ki seni hâlâ evimde, işyerimde yaşatıyorum. Senin gibi hakaret ediyorum, senin gibi bağırıyorum, senin gibi sinirleniyorum. Gerekirse dövüyorum..." Bedeli ne olursa olsun yaparlar bunu. Ama bunun temelinde yatan unsur sevgi, onun öncesinde de aidiyet duygusu ve yaşamda kalma mücadelesidir.

Bu deneyimi yaşamak istemiyorsanız farkındalıkla bu durumdan çıkmanız elbette mümkün. Ancak bunun yolu yalnızca istemediğinizi söylemek değil, bununla ilgili farkındalığı seçmektir. Bir şeyden ancak farkına vardığınızda özgürleşebilirsiniz. Örneğin; astrolojik haritama baktığımda Mars'ın yedinci evimde olduğunu ve etkisini gördüğümde sevgilimle tartışma ihtimalimin oldukça yüksek olduğunu biliyorum. Bu noktada farkındalık geliştirerek herhangi bir tartışmaya sebebiyet verecek cümleler kurmamaya dikkat ediyorum.

Farkında olduğumda gerçekten özgürleşiyorum. Ama farkında değilsem mutlaka etkileniyor ve kendimi bir tartışmanın içinde buluyorum.

Her Şeyden Özgürleşebilmenin Anahtarı Farkındalıktır

Karanlık bir odada olduğunuzu hayal edin. Bu odanın içinde hiçbir şey görmüyor, eşyaların şekillerini, renklerini bilmiyorsunuz. Ellerinizle bir şeyler bulmaya çalışıyor ama bulamıyorsunuz. Biraz ışık yanmaya başladığında ilk önce odanın içinde olduğunuzu fark edersiniz. Işık biraz daha arttığında eşyaları görür, ışık iyice yükseldiği zaman renkleri ayırt edersiniz. Daha da aydınlandığı zaman dağınıklığı, pisliği fark eder ve etrafı toparlamaya başlarsınız. Toparlamaya başlama evresi bizim farkındalık içinde ilerlememiz, adım adım kendi içimizde 'ne olup bittiğine' bakmamız ve bilinçaltı temizliği yapmamızı ifade eder. Kişi ancak ortam iyice aydınlandığında, etrafı ve kendisini toparladığında kapıyı görebilir. Kapı aslında hep oradadır. Kapıyı açıp dışarı çıktığınızda ise özgürleşirsiniz.

Işık farkındalığı sembolize eder, farkındalık ise her şeydir. O yüzden farkında olduğumuz her şeyden özgürleşebiliriz. Hayatımızdaki bütün sorunları ve sıkıntıları zaten farkındalığı seçmediğimiz zaman yaşarız. İnsanları negatif ifadeler yerine pozitif ifadeler kullanmaları konusunda uyardığımda, "Can seninle de konuşulmuyor," diye tepki gösteriyorlar. Oysa bu uyarının onları hayatlarında çektiği sıkıntılardan korumak için olduğunun farkına varmıyorlar. Bazı insanlar uykudan uyanmamayı seçebiliyor.

Uzun yıllar içinde çeşitli eğitimler aldım, çalışmalar yaptım. Hayatımla ilgili bir sürü farkındalık elde ederken inanılmaz mucizeler yaşadım. Bir gün derin bir meditasyon esnasında birden insan olduğumu unuttum. Her biri ayrı ama birbiriyle bağlantılı olan kürelerden biriydim sanki. O kürelerden her biri aslında birer bilinçti. Meditasyon sona erdiğinde, "Yaşıyorum! Bir bedenim var! Şükürler olsun," dedim. İnsanın bir bedeninin ve hayatının olması çok değerli. O noktaya geldiğimde ne kadar şanslı olduğum konusunda büyük bir farkındalık elde ettim.

Örneğin; kaza geçirdiğimiz zaman korkudan, ameliyat sonrasında ağrıdan ya da yaşadığımız problemlerden bunaldığımız zaman artık yaşamak istemediğimize, hayattan bıktığımıza ve yorulduğumuza dair cümleleri asla kurmamalıyız. Bu bedende dünyaya gelmek bu deneyimi yaşamak içindir. Bu yüzden "Ölsem de kurtulsam" gibi ifadeler aslında bizim bedenimizde bir boşluk yaratmamıza neden olur. Bir beden ve hayat sahibi olmak çok değerliyken yarattığımız bu boşluk bir başka enerjinin orayı doldurmasına sebep olur ve o başka enerjilerin duygu ve düşüncelerini yansıtmaya başlarız. Ama biz tam olarak bedenimizde olduğumuz zaman tümüyle kendi duygu ve düşüncelerimizi yansıtırız. Unutmayın ki, evrende sürekli devam eden müthiş bir enerji akımı var.

Benim meditasyonuma geldikten sonra bir sürü insan, "Aylardır kolumu kaldıramıyordum. Artık kaldırabiliyorum," veya "Midemin aylardır süren ağrısı geçti" diyor. Bunun tek sebebi bilinç olarak kişinin kendisine ait olmayan enerjiyi özgürleştirip kendi enerjisine sahip çıkmasıdır.

Şükrettiğinizde Mucizeler Gerçekleşir

Bazen 'çok şükür' dediğimde enerjim yükselir, farkındalığım artar. Ancak şükrettiği zaman enerjisi yükselmesine rağmen, ertesi gün tekrar dibe vuran çokça kişi duymuşsunuzdur. Buradaki kilit nokta şu: Hayatta her şey siz kararlı olduğunuzda, farkındalık yaşayarak tamamen içselleştirdiğinizde yerine oturur. İçselleştirmeden şükrettiğinizde gerçek bir fayda elde edemezsiniz.

Düzenli olarak yaptığım ve çok katkısını gördüğüm bir çalışmayı sizlerin de her gün yapmanızı tavsiye ederim: şükran defteri tutmak. Bu deftere her gün düzenli olarak şükran duyduğum şeyleri yazarım. Örneğin; "Gökyüzünü görebildiğim için, ayaklarımı yere basabildiğim için, tutan ellerim, işiten kulaklarım için şükürler olsun. Şu arkadaşım için, bedenim için, kolumu hissedebildiğim için şükürler olsun..." gibi. Hayatımdaki her bir insan için, tek tek isimlerini sayarak şükrederim.

Yaşadığınız çok büyük bir dertten kurtulduğunuz için ya da o derdi yaşarken hâlâ yaşama devam edebildiğiniz için hiç şükrettiniz mi? Doğduğunuz için, bir bilinciniz olduğu için, üstünüzdeki kıyafet için, barış içinde, sıcak savaşta olmayan bir bölgede yaşadığınız için, para kazanabildiğiniz için en son zaman şükrettiniz? İnsan sağlıkla içebildiği her yudum su için bile şükredebilmeli, şükran duygusunda kalmayı bilmeli. Burun ameliyatından önce yemek yemek ve nefes alabilmek çok zordu. Bu deneyimimden sonra sahip olduğum burun için şükretmeyi öğrendim. Hayat her koşulda ve durumda sizin nereden baktığınızla ilgilidir. Sahip olduğunuz ve olamadığınız her şey için tek tek şükrettiğinizde hayatınızda inanılmaz mucizelere tanık olursunuz.

Yaşadığı hayattan devamlı olarak şikâyetçi olan ve sürekli isyan eden insanları düşünün. "Nasılsın?" sorusuna "İyi diyelim de iyi olsun", "kötüden azıcık hayırlı", "iç güveysinden hallice", "daha kötü ne olabilir" şeklinde cevaplar veren insanları gözünüzde canlandırın. Bu insanların hiçbir zaman dertleri, tasaları bitmez, yüzleri gülmez, problemleri son bulmaz. Her zaman şükretmek için bir başka koşulun oluşmasını beklerler. Bir taraftan da, "Aldığımız rızka şükürler olsun, buna da şükür, bugünkü havaya da şükür olsun" diyenleri düşünün. Mutlaka yüzlerini güldürecek, sevinçlerine sevinç katacak haberler ve gelişmelerle hayatlarını sürdürürler; mucizelere ve güzelliklere daha kolay ulaşırlar. Bu hiçbir zaman şaşmaz ve değişmez bir kuraldır.

Yaşam Sizinle Konuşuyor

Yaşam, aslında mucizelerle doludur. Ama bunları görmek, altyazıları okumak gerekir. Bir gün arkadaşımla yolda yürürken başımı çevirdim ve bir baktım ki 108 numaralı kapının önündeyiz. "Vaay. 108 numaralı kapıyı görüyor musun?" diye sorduğumda arkadaşım "Ne var ki?" diye cevap verdi. Tam bu sırada telefona baktığımda saat: 01.08'di. Anlatmak istediğim şu; şükretmenizin üzerine yaşam mutlaka bir yolunu bulup sizinle iletişim kurmaya başlar. Önemli olan yaşamla ilişki geliştirmektir. Bunu nasıl yapabiliriz? Yaşamı dinlemeli, algılamalı, anlamalı, yaşamla konuşmalı, kendimizi öğrenmeye açmalı, yaşamın her an bizi götürdüğü yola bakmalı ve isteklerimizle ilgili kararlı olmalıyız.

Yaşamımıza bir ilişki çekmeden önce, yaşamın kendisiyle kurduğumuz ilişkiyi sağlamlaştırmalıyız. İlişkiye ve kendinize dair istekleriniz, düşünceleriniz sürekli değiştiği sürece yaşamın bunları karşılaması mümkün olmaz. Örneğin; bir gün uyandığında, "Ben evlenmek istiyorum," diye haftaya başlayan kişi, bir sonraki hafta, "Yok ben evlenmek istemiyorum ama çocuk yapayım," bir ay sonra da, "Yok ben çocuk yapmaktan vazgeçtim, evlenmeyeceğim de. Ama sevgilim olsun, birlikte yaşayalım," şeklinde bir kararsızlık içerisinde olursa değişen kararları evrenin ona hizmet etmesini engeller. Kişinin içsel olarak verdiği karardan emin olması ve bu konuda ısrarlı olması gereklidir. Çünkü yaşam ona göre her şeyi ayarlar.

Kuzenim yıllar boyunca bana, "Can, sen beni evleneceğim kızla tanıştıracaksın," dedi. Yıllar sonra gerçekten de öyle oldu. Evleneceği kızla onu ben tanıştırdım ve nikâh şahitlerinden biri de bendim. O kadar çok söyledi, o kadar çok inandı ki gerçek oldu...

İlişki yaşamak istediğiniz konusunda kararlı olmanın yanı sıra, nasıl bir ilişki istediğinize dair de kararlı olmanız gerekir. İnsanların genel olarak şöyle bir algısı var; birisiyle tanışıyor ve henüz tanımadan ilk izlenimle birlikte "İşte bu o" diyorlar. Genellikle kadınlarda bu tepkiye çok rastlıyorum. Ama sonrasında kişi görüyor ki bu insan hayal ettiğiniz o ilişkiyi yaşayacağınız insan değil. "Olmuyor, ilişkilerim yürümüyor, uzun sürmüyor, şans bir türlü yüzüme gülmüyor," şeklindeki yakınma ifadelerinden kesinlikle uzak durmak, hatta bu sözleri tamamen unutmak gerekli. Negatif söylemleri tümüyle iptal etmeli ve pozitif olumlama (afirmasyon) cümleleriyle bunları değiştirmeliyiz. Özellikle karşınızdakine dokunduğunuzda pozitif bir şey söylemelisiniz; çünkü dokunarak bir şey söyleyerek direkt kodlama yaparsınız. Gözümün içine baktığında ya da bana dokunduğunda negatif konuşan kişiyi hayatımdan çıkarırım.

Dokunduğunuz kişiye söylediğiniz pozitif veya negatif her söz, o kişinin benliğinde etki alanı yaratacaktır.

Bilinçli Dileklerde Bulunmak

Annem, ben on dört yaşındayken kayboldu. 1999 yılında da babam vefat etti. Babam vefat ettikten sonra bazı akrabalarım ailemden kalan tüm malvarlığımı ve elimdeki her şeyi alıp beni sokağa attılar. Çok zor bir süreç geçirirken bunun içinden tamamen düşüncelerim, duygularım ve kullandığım sözcüklerin gücüyle çıktım.

Ben çocukluğumdan beri hep aydınlanmaya inanmama rağmen, çok ilginç ve oldukça zorlu dünyevi sınavlar verdim, dönemlerden geçtim. Bu noktada yaşadığım deneyimleri değiştirmek adına aydınlanmadan önce dünyasal isteklerimle ilgili de tatmin olmaya niyet etmeye başladım.

Aydınlanmaya niyet ettiğinizde, evren sizden dünyevi her şeyden özgürleşmenizi bekler. Bu yüzden neye niyet ettiğinize, neyi istediğinize çok dikkat etmeli ve onunla ilgili farkındalık içinde olmalısınız.

Bir dönem, spiritüel bir grubun lideriyle tanıştım. Aydınlanmayla ilgili çalışıyor ama İstanbul'un en lüks semtlerinden birinde oturuyordu. Bir yandan çok lüks bir hayat yaşarken diğer yandan bir sürü borç içerisindeydi. Neden bu kadar borç içerisinde olduğuna dair söylendiği bir anda, "Sen aydınlanmak istiyorsun. Her şeyden özgürleşmek istiyorsun," diye onu uyardım. "Dünyevi zevklerle tatmin olmak gibi bir talebin yok ki senin... Tatmin olmaya ihtiyacın varsa doğru mesajı vermelisin. 'Ben ilk önce dünyevi tatmini yaşamak istiyorum. Bu şekilde tatmin olup öyle özgürleşmek istiyorum,' demelisin. Bu farkındalığa ulaştıktan sonra özgürleş ve aydınlanma yolunda ilerle."

İnsanın, her şeyden önce kendisine dürüst olması çok önemlidir. Örneğin, astrolojik haritasına bakınca çocuk istemediği açıkça görüldüğü halde sırf ailesini genişletmesi gerektiğine inandığı için çevresinin isteğini kendi gerçekliği gibi kabul eden insanlar var.

İnsanın en büyük problemi kendi içindeki duyguları görmek istememesi ve hatta onlardan kaçmasıdır. Tüm temel problemler insanın kendisiyle yüzleşememesi ve kendi içindekileri dışa vuramamasından kaynaklanır. Hepimiz biliriz ki kişi en büyük yalanı kendisine söyler.

Söylediklerimizin Gücü

Düşüncelerinizin ve algılarınızın hayatınızda sınırsız bir gücü, mucizevi etkileri vardır. Eğitim her zaman anne baba için, çiftler için, ilişkiye başlayacak veya evlenecekler için çok önemlidir. Astrolojik haritanız, anne babanızın duygusal durumu, atalarınızdan geçen enerjiler nasıl olursa olsun; meditasyon, düşünce gücü ve sözcüklerin gücüyle insanlar mucizeler gerçekleştirebiliyorlar. Bu kesin ve somut bir gerçeklik. Bu yüzden eğitim her zaman anne baba, çiftler ve ilişkiye yeni başlayacak olan veya evlenecekler için çok önemlidir.

Afrika'da her üyesinin fazla kilolu olduğu bir kabilenin üzerinde yapılan çalışmada yapılan genetik analizler sonucunda, üyelerin genlerinde bir çizgi olduğu saptanmış. Geçmiş nesillerde kıtlık yaşamış olan bu kabileye dair bilinç nesillerce aktarılarak bir daha kıtlık yaşamamak için sonraki nesillerde vücudun yağları stoklaması olarak ortaya çıkmış. Bu istenmeyen genetik miras aslında bir bilinç. O kabiledeki kişilere olumlu düşünce, psikoterapi gibi çalışmalar yapıldıktan sonra fiziksel olarak zayıflamaya başladıkları ve ciddi bir değişim yaşadıkları gözlendi. Hatta devamında geçen süreçte uzmanlarca yapılan gözlemde, kabile üyelerinin genlerindeki o çizginin de yok olduğu fark edilmiş. Bu noktada toplu olarak yapılan çalışmaların her zaman daha etkili olduğunu belirtmeliyim.

Anlattığınız Hikâyeler Sizin Gerçekliğinizi Yaratır

Biz düşünce gücüyle bazı fikirlerimizi, inançlarımızı, yargılarımızı, bakış açımızı değiştirdiğimizde farkındalık yaşayabiliriz. Bununla beraber, aslında DNA'mızdaki, genlerimizdeki bilgiler bile değişime açıktır. Şu ana kadar ne olduysa oldu. Bu noktadan sonra farkındalığa ilerleyeceğiz. Ağzımızdan çıkan ve bize söylenen her söze dikkat edeceğiz. Anlattığımız hikâyelere bakacağız, gerekirse bunları yazacağız ve bir iç gözlem yapacağız. Kafamızda ailemizle ilgili hangi hikâyeler var? Hangi hikâyeleri evirip çevirip tekrar anlatıyoruz? Biriyle yeni tanıştığınızda ona ailenizle ilgili hangi hikâyeleri anlatırsınız? Bir düşünün ve bunları yazın. Kendinizi birine tanıtacak olsanız ona hangi hikâyeleri anlatırsınız? Bunların hepsini sorgulayıp gözlemleyin.

Bizi yönlendiren hikâyelerin, sözcüklerin, düşüncelerin ve duyguların farkına varmamızla beraber, onlardan özgürleşebiliriz. Bundan sekiz yıl önce sevgilimle ciddi bir tartışma yaşadık. Tartışmanın ortasında birden durdum ve, "Aa, annem," dedim. Sevgilim karşımda şok oldu. Bana bakıp, "Ne annesi?" diye sordu. "Bunun bizimle alakası yok, bu tamamen annemin tepkisi. Şu an annemin babamla olan tartışmasını yaşıyoruz," dedim. Sevgilim de bu sırada ilginç bir şekilde annesinin eşiyle yaşayamadığı bir tartışmanın içerisinde olduğunu fark etti ve yaşadığımız farkındalıkla bu durumdan anında özgürleştik.

Bir arkadaşımın her ilişkisi, onun sevgilisini aldatmasıyla son buluyordu. Evlendiğinde kocasına da aynısını yaptı. Annesi bir gün, "Bu kız niye böyle? Her birlikte olduğu insanı aldatıyor. Ben hiçbir zaman gidip aldatmadım, hem de babasının erken boşalma problemi vardı," dedi. Ben de dedim ki: "İşte sebep ortada değil mi? Çok net. Senin yaşayamadığını yaşıyor. Senin yaşayamadığın cinselliği, hazzı, orgazmı yaşamaya çalışıyor." Bir de yüke bakın ki, bunu hem kendisi için yaşıyor hem de annesi için. Hayatta hiçbir şey boşuna değil. Hiçbir zaman kimseyi de suçlamamak gerekir. Her şeyin belli bir nedeni vardır.

Bir erkeğin 'erken boşalma' problemi varsa kendisinin geçmiş nesline baktığınızda ya babasının annesine zulmettiği ya da onun da babasının nesillerinde kadına tecavüz etmiş veya cinselliğini olumsuz yönde kullanmış olduğuna dair hikâyelere rastlarsınız. Kadınların lanet ettiği, ahdettiği ve erkeğin de bu sebeple vicdanen kötü hissettiği ailelerde, sonraki nesillerdeki erkekte bu veya benzeri sorunlar ortaya çıkabilir. Ailede dört-beş tane erkek varsa bir tanesi o geçmişten gelen yükü taşır ve ondan etkilenir.

Erkekler Anne Karnında İlk Evrede Kadındır

Kadınların yaşadıkları haksızlıklar, uğradıkları zulüm geçmişten günümüze her zaman dünyanın gündeminde oldu. Kadınlar seslerini duyurmak için hep mücadele ettiler. Örneğin; kız çocuklarının diri diri gömülmesi geçmişte yaşandığı herkesçe bilinen tarihi bir trajedi. Günümüzde ise kadın hakları üzerine konuşmalar yapılırken dünyanın, hatta Türkiye'nin bazı bölgelerinde halen "Kaç çocuğun var?" sorusuna sadece erkek çocuklarının sayısı verildiği biliniyor.

Şimdi size ilginç bir şey söyleyeyim. Dünyada kadın kromozomları olan X kromozomları, Y kromozomlarını yavaş yavaş bitirmekte... Daha doğrusu Y kromozomu gitgide küçülmekte. Yani görünenin ötesinde o beden, o enerji erkekleri yavaş yavaş bitirirken, bir süre sonra dünyada erkek diye bir cinsiyet türünün kalmaması riski oldukça yüksek.

İlginç bir şey daha var. Bir gün, bir grup erkek arkadaşımla sohbet ederken, "Erkeklerin neden memesi var? Yani kullanmadığı bir şey neden var?" diye sordum. Hepsi çok şaşırdı ve cevap veremediler. Daha önce bu konunun üzerine hiç düşünmemişler. İzin verin açıklayayım; çünkü erkekler, yani XY kromozomu, anne karnında öncelikle kadındır. Klitoris ve içerideki yumurtalıklar daha sonra dışarıya doğru çıkarak erkek cinsel organına dönüşür ve böylece erkek cinsiyeti oluşur. Aslında erkekler ilk aşamada kadından dönüşmekteler.

Rahim; bizim içinde yaşadığımız sonsuz bütünlüğü de temsil eder. Düşünsenize, inanılmaz bir mucize! İkinci çakra olan rahim; bir insan, yaşayan bir canlı dünyaya getiriyor, bir ruh yaratıyor. Bundan daha büyük bir şey olabilir mi? Anneliğin kutsallığını temsil eden Hz. Meryem ile İsis'in hikâyesinin de tıpatıp aynı olduğunu, hatta astrolojik konumlarının bile aynı olduğunu biliyor muydunuz? Her ikisi de bakire olmasına rağmen doğum yapmıştır. Oğullarının da, yani Hz. İsa ve Horus'un da inanılmaz benzerlikleri vardır.

Son olarak, Mevlânâ'nın bir sözü var: *Kadın hak nurudur, sevgili değil. Sanki yaratıcıdır, yaratılmış değil...*

İnsanlık Aydınlanmaya Doğru İlerliyor

Biz bir galakside yaşıyoruz. Bu galakside ışığın en yüksek olduğu nokta, bir de en karanlık nokta var. Bizim yıldız sistemimiz ise bunun içinde hareket ediyor. Işığın en yüksek olduğu nokta; bilginin, teknolojinin, bilincin en yüksek olduğu noktayı temsil ederken, aynı zamanda insanların toplu olarak aydınlandığı, tüm bedeniyle farkındalığa ulaştığı dönemdir. En karanlık nokta ise; bundan 3000 yıl önce teknolojinin, bilincin tamamen zayıf olduğu dönemdir. Bu elips şeklinde 20 bin yıllık bir siklus veya döngüdür ve biz 3000 yıl önce bu en karanlık noktadaydık. Işığın en yüksek olduğu noktadan, karanlık noktaya doğru ilerlerken teknoloji azalır, bilinç seviyesi düşer. Geçmişten hiçbir şekilde eser kalmaz ve en karanlık noktaya gelindiğinde ise karanlık çağ başlar. Karanlık çağdan 3000 yıl önce çıktık, şu an ışığa doğru gidiyoruz. Daha önümüzde birkaç bin yıl daha var ama hâlâ ışığa doğru ilerliyoruz. O yüzden, her geçen gün teknolojinin daha da geliştiğini, insanların daha da aydınladığını görüyoruz.

Örneğin, insanlar Maya takvimine göre kıyamet gününe işaret eden 21 Aralık 2012'de ne olacağını merakla bekliyorlardı. 2012'den önce televizyonlarda, dizilerde, filmlerde böyle konular yoktu. 90'larda da böyle konular yoktu.

O zamanlar kişisel gelişimle bağlantılı konularla, meditasyonlarla ilgilenen daha az insan vardı. 2012'den sonra ise bu tarz konulara merak duyan, ilgilenen insan sayısında inanılmaz bir patlama yaşandı.

Toplumların Bilinç Düzeyleri Başkadır

Günümüzde dünyanın farklı bölgeleri bu süreçlerde farklı noktalarda. Bu da kolektif bilinçle alakalı bir durum. Kolektif veya toplu bilinçle kastedilen, toplu olarak farkındalık yaşamaktır. İnsanlar bireysel olarak aydınlanma yaşadığında, bu durumdan toplumun geneli de etkilenir; yani toplu bilinç etkilenir. Türkiye'deki insanların da toplu bir bilinci olduğunu gözlemliyoruz. Örneğin; bazı kadınlarda etrafta erkek kalmadığı gibi bir bilinç var. Bu fikir aslında bireyin kendisine ait değil, toplu bilince aittir; ancak birey, bunu kendi fikriymiş gibi benimser.

Ben Tayland'a gittiğimde oldukça yoğun bir dişil enerji hissettim. Kimse kavga etmiyor, dövüşmüyordu. Tabii ben de bu toplumda yaşayan bir birey olarak bu kadar sakinliğe alışık değilim. On gün sonra geri dönerken müthiş bir farkındalık yaşadım. Uçağa bindiğimde kadınların suratı asık, sesleri çatlaktı; bir uçuş görevlisi kalın bir ses tonuyla, "Hoş geldiniz," diyerek yolcuları karşıladı. Tayland'ın o yoğun dişil enerjisinden sonra sanırım bu bana çok iyi geldi. Türkiye'ye geldiğimde neredeyse yeri öpecektim. Kadının biri adama bağırıyor, adam kadına bağırıyor, taksici bağırıyor, biri küfrediyor, diğeri kavga ediyordu... Tam bir savaş hali. Dedim ki: "Şükürler olsun. Vatanım, milletim, toprağım, canım benim!" Anlayacağınız bu durum bana da kodlanmış; yani ben de bu bilincin bir parçasıyım.

Gerçekten de hiçbir şey şikâyet ettiğimiz gibi değil... İnsanlar bu gibi durumlardan sıkılarak Kanada'ya kaçıyorlar. Sonra giden arkadaşlarımın yakınmalarını dinliyorum; "Üç gündür iki tane yunusu konuşuyorlar. Evde temizlik yapacaksın, çalışacak kimse yok. Evinde tadilata ihtiyacın varsa kendin yapacaksın. Herkes kar kazıyor. Bıktım," deyip, "İzmir'im, canım İzmir'im," diye koşarak geri dönüyorlar.

Türkiye'de istediğiniz zaman doktora gider, kolaylıkla tedavi olursunuz. Sağlık alanında gerçekten iyiyiz. Ben İngiltere'de okudum. Orada bir röntgen çektirmek için önce pratisyen hekime yani buradaki gibi size en yakın aile sağlığı merkezine gitmeniz gerekir ve ancak onun onay vermesinden sonra hastaneye gidebilirsiniz. Hastane bir randevu tarihi verir. Prosedür oldukça uzun ve zor. O röntgen bir türlü çekilemez. Diyelim ki ayağınız kırıldı ve acile gittiniz, beş saat bekleyebilirsiniz; çünkü bir tane doktor vardır. Türkiye'de bir sürü şey için şikâyet ediyoruz; ama şükretmemiz gereken şeyler de var.

Hayatta hiçbir şey sebepsiz değildir. Ülkenizden, "Sıkıldım" gibi bir gerekçeyle giderseniz eninde sonunda hüsrana uğrarsınız. Doğduğunuz ülke hakkında olumsuz kodlama yapmamalısınız. Bu noktada eklemek istediğim bir şey var çünkü benim neden yurtdışına taşındığımı sorabilirsiniz. Benim ülkemle ilgili hiçbir sorunum yok. Astrokartografime göre hareket ediyorum. Ay ve Jüpiter çizgim Kanada'nın üzerinden geçtiği için Kanada'ya taşınmayı planlıyorum.

Bir İnsanla Tanıştığınızda Aslında Bir Galaksiyle Tanışırsınız

2010'da dünyadaki önemli birçok medyumla ve enerji uzmanıyla çalışmalara katıldım; beraber Türkiye'ye dönüp onlardan birebir danışmanlık aldım. İyi ki yapmışım. Elizabeth Barron dünya çapında, çok ünlü bir medyumdu. Adına belgeseller çekilen bir kadın... Kendisini internette keşfettikten beş ay sonraya randevu alabilmiştim. Oldukça yüksek bir ücret almasına ve o dönem maddi açıdan çok da parıltılı bir süreçte olmamama rağmen, "Ben bunu istiyorum," dedim. Onunla yaptığımız seans gerçekten inanılmazdı ve hâlâ Elizabeth'in bana söylediği bir sürü şey ortaya çıkıyor. 11 yaşından beri bu alanda eğitim aldığım için, o zamanlar spiritüel olarak çok şey bildiğimi zannediyordum. Bana, "Senin öğrenme zamanın daha yeni başladı," dediğinde 26 yaşındaydım. Mutlaka *I-Ching* kitabını uzun uzun çalışmamı tavsiye etmesine rağmen yıllarca çalışmadım ama son bir senedir kitabı çalışınca ne demek istediğini anladım. Elizabeth 2011 yılında vefat etti. Ondan bir tane de olsa seans alabildiğim için kendimi şanslı hissediyorum. Hayatın bize farklı hediyeleri var ve hayatımıza giren herkesin de gerçek anlamda çok büyük rolleri var. Hayatımıza giren her insan, başımızdan geçen her olay bir amaca hizmet eder aslında. Bunu sonradan anlarız.

Siz bir insana 'merhaba' dediğinizde aslında bir galaksiyi selamlıyorsunuz. 6-7 sene önce Linkedin üzerinden tanıştığım bir arkadaşım var, hayatımda çok önemli bir rol oynayan. Aradan yıllar geçtikten sonra, başkasının vasıtasıyla biriyle daha tanıştım ve o kişi de benim hayatımda çok önemli bir rol oynadı. İki sene sonra öğrendim ki o ikisi liseden arkadaşlarmış. Bambaşka yerlerden hayatıma giren bambaşka kişiler. Arkadaşlarınızla birbirinize yardım ettiğinizde karşılıklı galaksiler birbirine destek olmaya başlıyor. O yüzden gerçekten farkındalık içinde olmamız ve hepimizin birbirimizden alacağımız hediyeleri kabul etmemiz çok önemli.

Yaşama bir öğretmen gözüyle bakmalıyız. Hepimiz yaşamın birer parçasıyız. Şimdi burada önemli bir nokta var; dünyada yedi milyar insan var ama gerçekte yedi milyar kişi yok; yalnızca bir kişi var. Yedi milyar insan bir kişinin farklı versiyonları, farklı deneyimleri, farklı tezahürleridir. Yani tek bir bilinciz. İşte burada ego devreye giriyor. Sadece kendi karakterimizin ve doğrularımızın olduğunu düşünmek, inanılmaz büyük bir egonun göstergesi! Çin'de doğan bir insan için bütün doğrular orasıdır. Rus'a göre ise dünyanın merkezi Rusya'dır. Ama dünyadaki ağaçlar bile aynı değilken, insanlar nasıl aynı olabilir? Yıldızlar bile aynı parlamıyorken, insanlar aynı olabilir mi?

Sonuç olarak, biz bir düalite içindeyiz ve insanların aynı şekilde düz olmasını beklemek aslında en büyük illüzyondur; çünkü hepsi aslında birbirinin farklı yansımalarıdır. Biz bunun farkına vardığımız zamansa her şey değişmeye başlar. Kadın olmamız, erkek olmamız, hepsi aslında egomuzun bir parçası. "Kadının saçı böyle olacak, erkeğin boyu şöyle olacak..." Bunların hepsi birliğin dışındaki şeyler. İlişkiler bu noktada çok önemli bir rol oynar. Çünkü ilişkiler aslında bizi birliğe götürür. Karşımızda bizden zıt bir insanla bir beraberliğe gireriz.

İlişkileri Kuran Gezegenlerin Konumudur

İlişkilerin nasıl kurulduğunu biliyor musunuz? Astrolojik olarak gezegenler birbirine karşıt olduğu zaman kuruluyor, aynı yerde oldukları zaman değil. Evli iki kişinin haritasına baktığınızda; gezegenlerinin yerleşimi karşılıklıdır. Ay'ı ile Ay'ı, Güneş'i ile Güneş'i karşılıklıdır. Farklı kutuplardan birbirine bakarlar ve böylelikle aralarında çekim oluşur.

Gerçekten istediğiniz bir şey kesinlikle olur ama bunun için gönülden istemeniz gerekir. Yalnızca sözlü olarak ifade etmek yeterli değildir. 60'lı yaşlarında bir arkadaşım var. Kocasıyla uzun yıllar cinsellik yaşamamışlar. Bana dedi ki: "Can kuruyorum, yıllardır cinsel beraberliğim olmadı." Öncelikle bu ve benzeri fikirlerden vazgeçmelisiniz. İster 60 ister 70 yaşında olun, gerçekten istediğiniz her şeyi yaşamanız mümkün. Dünyada 7 milyar, Türkiye'de 80 milyon, İstanbul'da ise 20 milyon insan yaşıyor. 120 yıl yaşasanız bile hepsine selam vermeye ömrünüz yetmeyebilir. O yüzden unutmayın ki, bir şeye gerçekten ihtiyaç duyuyorsanız bunun için mutlaka sizi bekleyen biri vardır.

Arkadaşıma dönelim. Kendisine şöyle dedim: "Sen bir şeye ihtiyaç duyuyorsan senin ihtiyaç duyduğun şeye başka kişiler de aynı şekilde ihtiyaç duyuyordur." Sonra çeşitli çalışmalara katıldı ve hayatına farklı erkekler girdi. Sonrasında keyifli beraberlikleri ve çok güzel bir cinsel hayatı oldu. 70 yaşından sonra hayatında müthiş bir değişim yaşadı. O yüzden, hayatta hiçbir şey için hiçbir zaman geç değildir.

Düşle İnan Yaşa kitabımda Muazzez İlmiye Çığ ile yaptığım röportaja yer verdim. Bana, "Sen kaç yaşındasın?" diye sordu, "31 yaşındayım," dedim. "Ben 31 yaşındayken bir hiçtim," dedi. Dünyadaki üç sümerologdan biri, 30 küsur kitabı var. Şu an 105 yaşında. "Estağfurullah," dedim. "Yok yok. Ben 36 yaşında üniversite okumaya başladım, 40 yaşında üniversiteyi bitirdim ondan sonra hayata başladım," dedi. Kısacası, 'geç' sözcüğünü hayatınızdan çıkarmalısınız.

Bir İlişkiye Gerçekten Hazır mısınız?

Çok ilginçtir; tanıdığım bazı insanlar bir yandan, "İlişki istiyorum, evlenmek istiyorum, bir birliktelik yaşamak istiyorum," derken, diğer yandan bunun için gerçekten hazır olmadıklarının farkındalığında değiller.

Hem eğitim ve kültür hem de maddi ve fiziki açıdan standartların üstünde olduğunu söyleyebileceğim bir erkek arkadaşım bana evlenmeyi çok istediğini söylediğinde, uzun süredir evlenmek istediğini söyleyen bir başka arkadaşıma bu adamdan bahsettim; "Bak böyle birisi var seninle tanıştırayım," diyerek fotoğrafını gösterdim. "Yok, tipini beğenmedim," diyerek hemen reddetti. Başka bir arkadaşıma bahsettim, o da mesleğini beğenmedi. Evrenin size sunduğu olasılıklara açık olmak, fırsatları kaçırmamak için farkındalık elde etmek gerek.

İlişkilerle ilgili terapi veren bir tanıdığım var. Bir gün dedi ki: "Bu erkeklerin hepsi öküz. Erkek adam yok ki." Kendisine, "Senin öküz dediğin bir varlık gelip seninle beraber olur mu? Sen 'erkekler yok' derken senin hayatında erkekler var olabilir mi?" diye sordum. Gündelik hayatımızda ne söylediğimizin önemi çok büyük. Sevmediğiniz ve gerçekte istemediğiniz bir varlık hayatınıza girmez, sizinle birlikte olmaz. Bunu sakın unutmayın.

Bir çalışma kapsamında kadın bir doktorla tanıştım. 40 yaşına dek hiçbir ilişkisi olmadığı için artık bu konuda çalışmalar yapmaya karar vermişti. İlişki seminerlerine gitmeye başlamış ve 45 yaşında evlenmişti. Çok mutlu bir evliliği ve beraberliği vardı. İnsan ömrünün uzaması, kentleşmenin ve teknolojinin getirdikleri ile artık evlilikler daha ileri yaşlara kaymaya başladı; yani 35 yaş artık yolun yarısı değil.

Burada verdiğim örneklerle yargılarımızı değiştirmemiz gerektiğine dikkat çekmek istiyorum. Düşünce biçimimiz, yargılarımız, beklentilerimiz... Bunların hepsi son derece önemli.

Başkalarının Kalıplaşmış Yargılarına Takılı Kalmayın

Flört etmek için sizden daha genç erkekler karşınıza çıkabilir ve sosyal çevrenizden, "Onunla ne işin var?" gibi yorumlar duyabilirsiniz. Ya birlikte olmak istediğiniz kişi oysa? Her şeyden önce insanların ne dediğinden özgürleştiğimiz zaman mutlu oluruz. Bunun en güzel örneklerinden bir tanesi Billur Kalkavan'dır. *Düşle İnan Yaşa* kitabımda Billur'la yaptığım röportaj var.

Billur'un sevgilisi kendisinden 22 yaş küçük. Ancak Billur ile Buğra'nın ilişkisi gerçekten çok güzel bir ilişki. Buğra eğitimli, çok zeki ve aynı zamanda yakışıklı bir adam. Billur televizyonu kuran kişi. Zaten ayrı bir kafası var ve Billur'la aralarında çok ayrı bir aşk, sevgi ve alaka var. Yani hepiniz aynı şekilde müthiş bir aşk, müthiş bir sevgi, müthiş karşılıklı bütünleşme yaşayabilirsiniz. Dünyada doğduysanız, astrolojik olarak sizin tam karşıtınız vardır. Belki birlikte mutlu olacağınız insan sizden 20 yaş küçüktür ya da büyüktür; astrolojik olarak belki de öyle olması gerekiyordur.

Billur'la yaptığımız röportajda, astrolojik haritasında gelecek dönemde hayatına birisinin gireceği görünürken; nasıl

6-7 yıl öncesinde ilişkiyi kendi hayatına çektiğini anlatıyor. Bir buçuk senelik bir çalışma o. Aslında bir farkındalık. Belli bir çalışma hatta bir çeşit detoks yapıyor ve düzenli olarak her gün niyet ediyor, söylüyorsunuz. Ama öncesinde kişinin enerjisel ve astrolojik olarak kapalı olması durumunda kendisini açması da çok önemli. Billur Kalkavan'ı açıkçası çok takdir ediyorum. Bir sürü kadına cesaret örneği oluyor.

Farklılıklar her zaman geliştiriciyken, baskılar insanı her zaman diğer tarafa iter. Dünyada en çok ateist nerede biliyor musunuz? İran'da. Nerede baskı veya yasak varsa onunla ilgili olaylar ileriki dönemde daha fazla ortaya çıkar.

Türk toplumunda erkeğin büyük olması kabul görüyor gibi yorumlarla çok karşılaştım. İnsanlar bir şey söylediğinde bu sizi etkiliyorsa siz önce onu kendi içinizde kabul etmemişsinizdir. Aslında insanlar bize bir şey söylüyorsa o bizim kendi içimizde çevirdiğimiz ve kabul etmediğimiz bir gerçektir. Aslında biriz ve dışarıdaki insanlar sadece bizim birer tezahürümüz.

Bir danışanım, erkek arkadaşının kendisinden iki yaş küçük olduğunu ve konuyu gözünde büyütüp evlilikten vazgeçtiğini, bir sonraki sevgilisinin de beş yaş küçük olduğunu ama içeride yine kabullenemeyen bir tarafı gördüğü için ondan da ayrıldığını ve sonunda kendisinden sekiz yaş küçük birisiyle tanıştığını ve sonunda, "Kabul ediyorum artık," dediğini anlatmıştı. Ben de kendisine yaşamın onu özellikle kabul ettirmiş olabileceğini aktardım.

Ayrıca astrolojik haritanızın etkilerinin de farkındalığında olmak önemlidir. Örneğin, Merkür genç olduğu için 7. evini Merkür yöneten bir kimsenin hayatına her zaman kendisinden daha genç insanlar girerken, 7. evini Satürn yöneten kimselerin ise, hayatlarına kendilerinden yaşça daha büyük insanlar gelir. Ama tabii ki bu değişebilir. Farkındalıkla her şeyi değiştirebileceğinizi unutmayın.

Sağlıklı İletişim

Aktif ve pasif dinleme olarak bilinen iki kavramdan bahsetmek istiyorum. Karşınızdaki kişi bir konu anlattığı sırada, siz ne söyleyeceğinizi düşünüyorsanız pasif dinleyicisiniz demektir. Ama karşınızdakinin anlatımını dinleyip ondan sonra sorularınızı sorarsanız aktif dinleyicisiniz demektir. Bu ilişkilerde ve iş hayatında çok işe yarayan, doğru ve sağlıklı iletişimin kapılarını açan bir yöntemdir.

İnsan Ömrü Aslında 120 Yıldır

Astrolojik haritalarda insan ömrü 120 yıl olarak gösterilir. Astrolojik haritada 12 gezegen, 12 konum vardır. Her biri bir gezegenin dönemidir. Örneğin, Güneş'in dönemi 7 yıl, Ay'ın dönemi 10 yıl, Jüpiter'in dönemi 16 yıldır. Bu farklı dönemlerin her biri bir yoldur ve belli bir şey öğretir. Bir şeylerin aşılması için vardır. Onları aşarak öğrenir, kendinizi o farkındalıkta ilerletir, yargılara takılmaz ve değişime açık olursanız o 120 yılı farkındalıkla ve aydınlanmayla tamamlayabilirsiniz.

İnsanlar birtakım yargıları ya da düşünce kalıpları yüzünden 120 yıldaki basamaklarda, bazı şeylere takılırlar. Orada evrimleşmeyi, yani değişimi bıraktıkları zaman, "Tamam artık, ben oldum, ben artık belirli bir yaşa geldim," derler. Örneğin; kadınlar, 50 yaşına gelince artık yaşlandıklarına inanırlar. Ama Türkiye'nin süperstarı kim? Ajda Pekkan. Kaç yaşında? Ajda Pekkan aslında bir misyonu yerine getiriyor. Türkiye'deki milyonlarca insana, "Siz kaç yaşına gelirseniz gelin yaşlanmış hissetmeden yaşayabilir, hayatınızı çok farklı şekilde devam ettirebilirsiniz," düşüncesini aşılıyor. Türkiye'de ünlü olan hiçbir insan sebepsiz yere ünlü olmamıştır. Hayattaki hiçbir şeyin sebepsiz olmadığı gibi...

Sürekli değişime açık olduğunuz zaman müthiş mucizeler yaşayabilirsiniz. 120 yıllık süreci de tamamlayabileceğinizi, hatta 240 yıl yaşayabileceğinizi bile söyleyebiliriz. Çünkü şöyle bir gerçek var; vücudumuzdaki hücreler, birkaç senede bir kendi kendilerini yenilerler. O nedenle kendimizi yenilerken ölmemiz için bir neden yok aslında.

Şu gerçeği de unutmayalım; insanlar dünyada mümkün olan her şeyi yapabilir. Örneğin, okyanusta yaşayan ve "Turritopsis nutricula" ismi verilen ölümsüz bir canlı türü keşfedildi. Bu canlı, yetişkinlik dönemine geldiğinde daha uzun yaşama amacıyla hücrelerini gençleştirebilen bir denizanası türü. Demek ki "ölümsüzlük" mümkün. Bir canlı ölümsüz olabiliyorsa insanlar neden olamasın? Gelecekte mümkün olabilir. Öte yandan olmayabilir de çünkü atalarımızın ve aile üyelerimizin ölümlerinden dolayı ölüme karşı yoğun bir çekim duyarız.

Ebeveynleri Kopyalamamak, Onları Onurlandırmak

Ablam, annem kaybolduktan sonra onu kafasına çok takar olmuştu. Onu bulmaya çalıştı. Ben de bununla ilgili aile dizimi çalışmalarına gittim, dünya çapında ünlü medyumlarla çalıştım. Ayşe Arman'la röportajımda da bunu söylediğimde insanlar, "Çocuğa bak; annesi babası öldü diye neredeyse göbek atacak," şeklinde yorumlar yaptılar. Annem ve babam ölmeseydi... Ablam ölmeseydi... Ben şu anki ben olamazdım. Belki size bu kitapta bunları anlatıyor olamazdım. Annemin ölümünden sonra ablam zaten her şeyin en kötüsünü düşünüyordu. En sonunda kalp krizi geçirerek vefat etti. Kuzenim, babası öldükten 22 sene sonra, 22 Nisan'da, tam da babasının öldüğü gün kalp krizi geçirip vefat etti. Daha 24 yaşındaydı. Sonuçta toprak toprağı çekiyor.

Sevdiklerimizin kaybı hepimiz için acıdır. Ama ölümün arkasından yaşanan acıyı çok fazla büyütmek ve buna takılı kalmak doğru değil. Ölen insana her şeyden önce mutlaka saygı gösterilmesi gerekir. Evde mutlaka atalarınızla ilgili bir köşeniz olsun. Bir sehpa veya raf olabilir. Dedelerinizin, atalarınızın fotoğraflarını, kadınlar sol, erkekler sağ tarafınıza gelecek şekilde yerleştirin. Önlerine çok güzel sedef, bakır ya da gümüş malzemeler, çiçekler koyabilirsiniz. Mum yakabilirsiniz.

Önlerinde saygıyla eğilin. Atalarınıza düzenli olarak saygı göstermek, annenizin babanızın önünde eğilmek ilişki hayatınızda müthiş mucizelerin kapısını açar.

Anne babanızın ölümüyle ilgili onların hatırası önünde eğilip, "Sizin ölümünüzü kabul ediyorum, sizi olduğunuz gibi kabul ediyorum, sizi serbest bırakıyorum," demeniz çok önemlidir. Anne babaya "Affediyorum" denilmez. Anne babanıza, "Affediyorum," dediğinizde kendinizi onlardan daha büyük, daha üstün bir konuma koymuş olursunuz. Anne babaya sadece, "Seni olduğun gibi kabul ediyorum ve önünde saygıyla eğiliyorum," denilir. "Affediyorum" derseniz annesiz babasız kalırsınız, bu ayrıntıya çok dikkat edin.

Anne baba ile asla bağ kesilme de yapılamaz; çünkü bu durumda kişi yaşam enerjisinden kopar. O yüzden "O öldü unutayım, düşünmeyeyim" demek yerine, tam tersi ona evinizde köşe vermelisiniz. Ölen anne ya da baba adına iyilik yapıp ölenin adını güzelliklerle yaşatmalısınız. Örneğin; anne babanız için bir ağaç dikebilir, onlar adına çocuk okutabilirsiniz. Böyle yaptığınız zaman oldukça pozitif bir etki ortaya çıkar.

Çok ciddi sağlık problemi olan insanlarda; dünyaya karşı nefret, kin, öfke duyguları, kendi bedeninden memnun olmamak, ailesindeki bazı özellikleri kabullenememek gibi etkenler gözlenebiliyor. Bu duyguları beslemek, kişinin yaşam enerjisini önemli ölçüde aşağı çeker ve ciddi sağlık sorunlarının da kaynağını oluşturabilir. Çünkü kişi, bilinçaltında yaşamak istemiyor ya da ruhen öyle bir seçim yapmış olabilir.

İnsanların, anne babasının hastalık geçirdiği yaşta hastalık geçirmeleri, zengin olmaları, aynı yaşta evlenmeleri temelinde onlara duydukları aidiyet duygusundan ve hissettikleri sevgiden kaynaklanır. O yüzden her şeyden önemlisi, kişinin bundan özgürleşmek için o farkındalığa ulaşmasıdır. Siz bu kitabı okurken, şu anda o farkındalığa doğru yürüyorsunuz.

Kişi o farkındalığa geldiğinde, her şeyden önce annesine, "Senin deneyimin senin deneyimin, benim deneyimim de benim deneyimim. Seni olduğun gibi kabul ediyorum ve önünde saygıyla eğiliyorum," der, sonra dünyayla meditasyon yapar ve, "Dünya, seninle olan bağlantımı güçlendiriyorum," diyerek büyük mucizelerin kapısını tekrar aralar.

Çiftlerin Sistemleri Çakışabilir

Bazen beraber olduğunuz kişi de sizi olumsuz yönde etkileyebilir. Benim bir arkadaşımın oğlu bir kızla beraberdi. Numerolojik sistemlerine baktık. Orada gösteriyordu ki; çocukla kız birbirlerini çok severler ve âşık olurlar. Ancak kızın sistemi, çocuğun sistemini zehirler ve yavaş yavaş ölmesine neden olur. Çocuğa bunu söylediğimizde bize inanmadı ve tersledi. Mutlular, birbirlerini seviyorlar ama gerçekten günden güne çocuk farklı farklı rahatsızlıklar yaşıyor. Peki, sizin ilişkide olduğunuz insan sizi nasıl etkiliyor?

Bu durum çocuklarınızla olan ilişkileriniz için geçerli değildir. Örneğin, kimse çocuğunu zehirleyemez, çocuk da anne babasını zehirlemez. Sadece anne baba çocuğunu farklı bir konuma koyabilir. Çocuk da anne veya babasını farklı bir konuma koyabilir; çünkü sevginiz gerçek olduğu zaman karşınızdaki kişiyi olduğu gibi kabul eder ve özgürleştirirsiniz. Ama gerçek sevgide olmadığınız, korkuda olduğunuz zaman karşınızdaki kişiyi özgürleştiremezsiniz. Bu konularda ilk önce sevgide olmak çok önemlidir. Yaptığım tüm çalışmalar sonrasında gördüm ki her konuda işin özünde sevgi vardır. Sevgide olduğunuz zaman, zaten karşınızdaki kişiyle kavga etmez ya da karşınızdaki kişiyle bağımlılık ilişkisi, korku ilişkisi kurmazsınız. Sevgide olan kişi zaten dünyayı çok farklı algılar. Sevginin içinden ilerlediğinde, gerçekten her şeyin içinden çok daha rahat ve kolay bir şekilde akıp devam eder. Sevgide olmak inanılmaz önemlidir.

Burada sevgiyi zihnen değil, kalben anlamak önemlidir. Biz ilişkilerimizde, karşımızdaki kişiye ve tabii ki çocuklarımıza çok fazla emek veririz. Bir anne, çocuk dünyaya getirir. Çocuk on dört yaşına geldiğinde, "Karışma bana, bırak beni. Ben gece dışarı çıkarım," derken, on altı yaşına geldiğinde hormonların yükselmesiyle beraber anne çocuğu tutamaz. Birkaç yıl önce kucağında duran, annesine muhtaç varlık, artık onun kontrolünün dışına çıkar ve annenin bu durumla ilgili yapabileceği bir şey yoktur.

Bu anneler için çok büyük bir sınavdır. Dışarıda çocuğunun görüştüğü arkadaşlarıyla ilgili endişe edip bir yere gittiği zaman korktuğunda; ürettiği korku, çocuğun yaşamında tezahür etmeye başlar. Anne çocuğuna, "Onu yapma, bunu yapma. Ya şu olursa ya bu olursa," diye sürekli endişe içinde söylendiğinde korktuğu şey çocuğun başına gelir. Neden? Çünkü anne yaşam enerjisini simgeler. Yani ona yaşam enerjisi gelen yer diyor ki; "Başına bir şey gelebilir, dışarı çıkma, insanlara güvenme." Saf sevgi gelmesi gereken yerden korku geldiğinde çocuk da kendisini geri çekmeye başlar.

Yaşama Güvenmek

Bu hayatta zaman zaman zor ve kötü durumlarla karşılaşabiliyoruz. Beraber çalışacağım bir kadın tarafından çok kötü bir şekilde dolandırıldım. Daha öncesinde de çeşitli insanların kötülüklerine maruz kaldım. Her biri benim için önemli birer tecrübe oldu. Bu gibi durumlarda iki seçenek var; ya insanlara güvenmeyeceksiniz ya da yaşama güveneceksiniz. Yaşamla ilişki kurmalısınız. Yaşamı dinlemeli, yaşamla konuşmalı ve insanlara değilse de yaşama güvenmeliyiz.

Herkes için yaşam farklı çalışır. 18 yaşındayken bir grup çalışmasına gitmiştim. Demiştim ki; "Ben kitap yazmayı çok istiyorum." Grubun başındaki terapist kadın, "Ben üç tane kitap yazdım, hiç para kazanmadım, hiçbir işe de yaramadı. Kitap yazmakta bir şey yok, boş ver kitap yazmayı," demişti. Benim şu an dört tane kitabım var ve kazanıyorum. Kitaplarım çok satanlara girdi ve satılıyorlar. Yeni kitaplar yazıyorum. Ama ben, o an içimden demiştim ki, "Hayır haklı değilsin." Yani onun söylediğini kabul etmemiş, satın almamıştım.

Yaşamla Konuşun

Şunu söylemeye çalışıyorum; gerçek anlamıyla sizin yaşama söylediğiniz her şey çok önemlidir. Çocuğunuzla, anneniz babanızla, ilişkide olduğunuz kişiyle ilgili yaşamla konuşun. Çocuğunuz dışarı çıktığında ona bir şey olmasıyla ilgili korkularınız varsa kafanızda çocuğunuzun güvende, mutlu olduğunu düşünün. Belki bu bir senenizi alacak, hatta rüyalarınızda da çalışmanız gerekecek. Uzun uzun geçmiş hikâyelerinizi yazıp bu duyguyu size getiren, ailenizden gelen şeyler üzerinde çalışmanız gerekebilir. Gözünüzün önüne negatif şeyler gelirse onları da temizlemelisiniz. Bilin ki bu mücadelenin sonunda mucizeler yaşayacaksınız.

Buda'nın bir hikâyesi vardır. Ağacın altında otururken, aydınlanmadan önce şeytan gelir. Ve ona çok korkunç şeyler söyler. "O olmayacak, bu olmayacak," vb. Aslında şeytanın dışarıda olmadığını, şeytan diye bir şeyin olmadığını ve onun bilincinde olduğunu fark eder. Bilincinde ondan özgürleşir, aydınlanmaya gider. Anne babamız bize karşı bir düşünce veya duygu geliştirdiğinde, ilk olarak bu durumla ilgili bir farkındalık geliştirmemiz ve sonrasında bu durumla ilgili kafamızdakileri değiştirmemiz gerekir. Bunu yaşama ve akışa güvendiğinizi söyleyerek ve akışın sizi götürmesini istediğiniz noktayı yaşama belirterek gerçekleştirebilirsiniz.

Her şeyle ilgili ilk önce akışın ne olduğunu algılamalı ve farkına varmalısınız ki onunla bir şey yapabilesiniz. Akışa geçmeden, akışı algılamadan akışla konuşmak boşunadır. Bu bir şeyin ne olduğunu bildiğinizi iddia etmeye ama onu görmemeye benzer.

Tüm Evren ve Sonsuzluk Akıştadır

Bütün evren ve bütün sonsuzluk akışta hareket halindedir. Dikkat ederseniz bütün gezegenler kendi etrafında döner. Hem kendi etraflarında hem birbirlerinin etrafında dönerler. Aynı zamanda bütün galaksiler de kendi etrafında ve birbirinin etrafında döner. Yine atomlarımız da kendi etrafında inanılmaz hızlı bir şekilde dönmektedir. Hatta o kadar hızlı bir şekilde dönerler ki yüzde 99'luk kısımları boşluktan ibaret olsa da biz onları bir bütün olarak görürüz. Sonuç olarak evrende sonsuz bir dönüş ve akış söz konusudur.

Bütün sonsuzluk, galaksi ve atomların akış içinde olduğu gibi, bizim de hayatımız bir akış içindedir. Aslında hepimiz aynı şekilde birbirimizin etrafında dönüyoruz. Bütün dünyadaki insanlar farklı bir tür dönüş ve akış içindeler. Bizim bütün çakralarımız bir akış ve dönüş içinde ve bu akışın bir bilinci var. Bilim insanlarının yaptığı son çalışmalarda, atomun altında birlik içinde olan bir alan olduğu ortaya çıktı. Akış her an var ve biz akıştan koptuğumuz an problem yaşıyoruz. Allah bize şah damarımızdan daha yakındır... Burada kastedilen işte o birlik alanıdır.

Birlik Bilinci

Birlik bilinci; morfogenetik alan ve kolektif bilinç denilen farklı katmanları da kapsar. Ona inanmamız, kendimizi açmamız, onu algılamamız ve takip etmemizle yani o akışa girmemizle beraber, bizi alıp farklı yerlere götürür. Nereye odaklanırsanız oraya doğru çekilmeye başlarsınız. Birden fazla yere bir anda ok attığınız zaman, bir sürü yere doğru çekilmeye başlarsınız ve enerjiniz dağılır. O yüzden neyi daha çok istiyorsanız ona odaklanmanız gerekli. "Ama işte olmaz ki, bize mi olacak?" gibi ifadelerle kendini ona layık görmemek, olumsuz yönleri düşünmek hiç doğru değil.

O akışa gerçekten inanarak kendinizi açtığınız zaman bir de bakmışsınız, akış sizi istediğiniz noktaya doğru getiriyor. Örneğin; biriyle tanışmak istiyorsunuz, bazen bu süreç birkaç ay veya yıl alabilir. Sizin akışla olan uyumunuza, kendinizi o yönlendirmeye bırakmanıza, açmanıza, inanmanıza, layık görmenize bağlı olarak yaptığınız bilinçaltı çalışmaları bazen bu süreyi hızlandırır. Eskiden ulaşmak istediğim noktaya çok yavaş bir şekilde ilerliyordum. Son zamanlarda ise akışın çok daha hızlandığını fark ediyorum. Neden? Çünkü bunun için çok uzun zamandır çalışıyorum ve kendimi geliştiriyorum. Nasıl hayal ediyor ve nasıl istiyorsanız gerçekten öyle oluyor. Bunu defalarca yazmamın nedeni şu; ilk önce bunu fark etmelisiniz.

Ne İstemediğinize Değil, Ne İstediğinize Odaklanın

24 yaşında bir gün oturup kendi hayat hikâyemi yazdığım zaman şunu fark etim: O sırada hayatımda şikâyetçi olduğum, mutsuz olduğum, rahatsız olduğum her şey, aslında tamamen benim istediğim gibiydi. Yani benim şikâyetçi olduğum, mutsuz olduğum, hiç istemediğim hatta isyan ettiğim şeyler aslında tamamen benim istediğim gibi ve ben istediğim için öyleymiş. Bunu fark ettiğim noktadan sonra değiştirebilme şansına sahip oldum. Fark ettikten sonra dedim ki: "Hayır ben şunu istiyorum." Bakın, "Onu istemiyorum," demedim. "Onu istemiyorum, bu da gitsin, bu da bitsin," demedim; çünkü çok anlamsız. Onu istemiyorsunuz: "Değişsin gitsin..." Peki, yerine ne gelecek? Yani onunla mücadele edeceğinize, onun yerine neyi istediğinize odaklanmanız gerekli. İlk önce farkındalığa ulaşmalıyız. Ne istediğini bilmeden akışla konuşmanın bir anlamı yok.

Akışa güveniyorum. Akışın beni mutluluğa ve huzura götürdüğüne inanıyorum; bolluğa, berekete, hazza, orgazma, mucizelere götürdüğüne inanıyorum.

Bu tür ifadelerle kendinizi ve hayatınızı devamlı kodlayabilirsiniz. Ama bunun öncesinde, hızlı bir şekilde olması için kişi gerçekten neyi istiyor?

Ben çocukluğumdan itibaren birçok şey istedim. "Şunu da yapacağım, bunu da yapacağım," der dururdum. Organizasyonlar düzenlemenin, kitap yazmanın hayallerini kurar, insanlarla konuştuğumu, onlara anlatacaklarımı düşlerdim. 20 yaşından sonra yaşam bir şekilde beni istediğim noktaya getirdi. İlk başta ücretsiz olarak yıllarca meditasyon eğitimi verdim. Organizasyonlarda çalıştım, süpervizörlük aldım. Yurtdışından bazı eğitmenlerle bağlantıya geçtim. Türkiye'ye gelmelerine önayak oldum. Dünyanın dört bir yanında bu konularla ilgili müthiş bir çevre edindim. Hangi eğitimi almak istiyorsam o konuyla ilgili eğitmeni Türkiye'ye özellikle getirdim. 24 yaşımdan itibaren bu süreçte devamlı kendi üstüme çalıştım. Bir para kazandıysam da o parayı kendimi değiştirmeye, dönüştürmeye harcadım. Nitekim en çok eğitimlere, seanslara, kitaplara, kısacası kişisel gelişimime faydalı olabilecek şeylere para harcıyorum.

Dışarıya çıktığımda, çocukluğumdan itibaren her zaman kitapçılara karşı inanılmaz bir çekim hissettim. Hâlâ da en çok sevdiğim yerler büyük kitabevleridir. Kitap yazmaktan çok büyük bir haz alıyorum. Kendim ciddi bir kişisel gelişim serüveninden geçtiğim için de kişisel gelişim kitapları yazdım ama farklı alanlarda da yazmaya devam ediyorum; çocuk kitabı, roman, Hürriyet ve CNN Türk'te köşe yazıları, YouTube ve diğer sosyal medya kanalı içerikleri... Gün geçtikçe akış farklı bir yere götürüyor beni de... İleriki süreçte, bundan belki birkaç sene sonra ne semineri, ne eğitimi vereceğimi veya bambaşka bir alana ilerleyip ilerlemeyeceğimi bilmiyorum. Yine de insanlarla gelişmeleri paylaşmayı seviyorum.

Kendinizi Sonsuz Olasılıklara Açın

Tüm bunları neden anlatıyorum? Bir şeye doğru gitmek için akışta ilerlerken kendinizi sonsuz olasılıklara da açmalısınız. "Mutlaka böyle olacak, şunu istiyorum," şeklinde konuşmamalısınız. İsteğinizin gerçekleşmesine kendinizi odaklamışken, gerçekleşmemesi ihtimaline karşı da açık mısınız gerçekten?

Bunun faydasını çok gördüm. Tek bir alternatife takılı kaldığınız zaman, akıştan da kopabiliyorsunuz. Benim astrolojik olarak da sabit bir karakterim var. Mesela, evim aynı düzen içinde uzun süre gitsin isterim. Anne babamla olan süreçte, yani kendi evime geçene kadar, bir evde 1.5 - 2 seneden daha uzun oturamadım. Hollanda'ya taşındık, İngiltere'ye geçtik, sonra Türkiye'ye döndük derken çocukken çıldırıyordum neredeyse. Ama bu durum beni değişime, dönüşüme, farklılıklara açtı. İçimdeki direnci kırdı. İstanbul'da da sürekli ev değiştiriyorduk. Ama onun sayesinde sonsuz olasılıklara açık oldum. Birisiyle iş yapıyordum ve bana haksızlık yapıyordu ama ben onun iyi olacağına, bir şekilde kendisini sevgiyle düzelteceğine inandım. Durumu kendisine açıkça anlattım, bana haksızlık etmemesi konusunda kendisini uyardım. En son noktada fark ettim ki, bir şey olmuyorsa ısrar etmemeli, uzatmamalısınız. Bilakis akışta kalarak ondan özgürleşmelisiniz.

Dünyadaki en büyük problemin nerede olduğunu biliyor musunuz? Yerleşik hayata geçmemizle beraber buğday ekmeye başlamışız. Buğday, arpa vb. tahıl ürünleri en sık tükettiğimiz karbonhidratlardan. Bunlar spiritüel enerjimizi inanılmaz derecede düşürüyor. Yerleşik hayata geçildiği zaman ne oldu? İnsanlar, topraklar belirleyip krallıklar, ülkeler kurdular. Sonra bu topraklar için birbirleriyle savaşmaya başladılar. Dünyanın her tarafı toprak kaynarken neyi, ne amaçla sahipleniyoruz? Eninde sonunda hepimiz ölmeyecek miyiz?

Birisiyle ilişkiniz olmuyorsa veya yürümüyorsa zorlamayın. Bu durumda özellikle akışta olmak önemlidir. Bir tanıdığım, 19 yıldır aynı erkeğe kafayı takmıştı. Kendisini, "Sen onu bir bırak. Başka birisine bak. Başka birisiyle beraber ol, kendini başkalarına aç. Olacaksa zaten olur, kaderinse sana gelir. Sen başka alternatiflere de kendini açsan nasıl olur?" diyerek bilinçlendirmeye çalıştığımda bana, "İlk önce o olsun, ondan sonra," diye cevap vermişti.

Eğer biriyle olmuyorsa daha önce de değindiğim gibi astrolojik haritalarınız birbirine uymuyordur, aranızda çekim yoktur. Siz o kişiye karşı yalnızca cinsel bir çekim hissediyorsunuzdur. Kişi bu şekilde kendi kaderini olumsuz etkileyebilir, akıştan kopabilir. Örneğin; çocuk sahibi olması gerekirken kendi kendine engel oluyor olabilir. Bir şeye sabitlendiğiniz zaman, akıştan koparsınız. Nehirde ilerleyen bir teknede olduğunuzu hayal edin. İlerlerken bir dalı tuttunuz ve dediniz ki: "Ben bu dalı istiyorum ama kökleri çok güçlü, kopmuyor." Çekmeye devam ediyor, "Ben bunu alacağım," diyorsunuz ama nehir bir taraftan akıyor. Israrla bırakmıyorsunuz. Ancak onu bıraktıktan sonra kişi akışa geçebilir. O yüzden tuttuğunuzu bırakmalı, illa kopartana kadar yapışmamalısınız. Zaten o dalı koparttığınızda da köklerinden ayrıldığı için bir süre sonra kuruyacak ve canlılığını yitirmiş olan o dal, artık size de çekici gelmeyecektir.

Dikkatiniz Ne Yönde Olursa Her Yerde Onu Fark Edersiniz

Odaklanmak derin bir konudur. Bir kişiye odaklandıysanız ve onunla beraber olmak istiyorsanız ama olmuyorsa zorlamamak gerekir. Neden? Çünkü biraz önce verdiğim kuruyan dal örneğinde de olduğu gibi istediğiniz olsa bile sizi mutlu etmeyebilir. Yıllarca sevdiği erkeği elde etmek için uğraşmış ve hep onu beklemiş bir tanıdığım var. Erkek başkasıyla evlendiğinde bile vazgeçmemiş, eşinden boşanıp kendisiyle beraber olacağına inanmaya devam etmiş. Nitekim erkek evliyken de kendisiyle görüşüyordu ve bu durumda da evli olduğu halde kendisine gelmesiyle avunarak yaşadığı durumu kendince bir mantığa oturtmaya devam etti. Sonunda o erkeği elde etti, birlikte oldular ama mutlu olamadılar. Çünkü gerçekte olmaması gereken bir durumu, yaratım gücünüz çok güçlü olduğu için hayatınıza çekebilirsiniz. Ama mutlu olur musunuz?

Olmuyorsa başka versiyonlara bakın. Her şeyin farklı farklı versiyonları vardır. Ayrıca sınırsız sayıda olasılık vardır. Yakışıklı ya da güzel olsun diyorsanız dışarısı yakışıklı adamlar ve güzel kadınlarla dolu. Bir şey olmuyorsa kafanıza takmayı başarmak en önemli anahtardır. Ama insanlar kafalarında kodluyorlar. "Benim ailem de Karadenizli, onun ailesi de.

Şuradan bağlantımız var, bu açıdan çok uyumluyuz. Olsa ne kadar güzel olur, niye olmuyor ki..."

Bir Kadınla Birlikte Olmak İsteyen Erkeğin Önünde Kimse Duramaz

Sıklıkla duyduğum bir ifade şöyle: "Onun sorunları var, benim ona yardım etmem lazım." Bu noktada diyorum ki, özellikle *Erkekler Ne Söyler, Kadınlar Ne Anlar* isimli filmi mutlaka seyredin. Çocukken kuzenimle beraber gittiğimizde, kuzenim inanılmaz bir aydınlanma yaşamıştı.

Bir gerçek var; bir erkek bir kadınla beraber olmak istiyorsa kapısının önünde yatar. Evlenmek istiyorsa kadın onu evden tekmeyle atsa bile o kapının altından âdeta ışık gibi sızar. Erkeklerin içinde bir avcı vardır; avlarına saplanıp kalırlar. Erkeğin evlenmek istememesi de kadının egosunu sarsabilir. "Nasıl istemez, o kim ki? Beni niye istemesin ki?" gibi yorumlar yapabilir. Ayrılığın birçok sebebi olabilir. Astrolojik haritalarınız birbiriyle uyumlu olmayabilir. Gezegenleriniz karşılıklı değildir. Numerolojik olarak birbirinizi olumlu yönde etkilemiyor olabilirsiniz. İkinizin de çocuğunuzun olacağı görünüyordur ama ikinizin birleşiminin çocuğu yoktur.

Olmuyorsa bırakın. Başkasına açın kapılarınızı, kendinizi sonsuz olasılıklara açın. Daha iyisiyle, gerçek mutluluğu bulacağınız kişiyle birlikte olabilecekken niye sizin için doğru olmayan kişilere saplanıyorsunuz? İlla o değil. Ondan daha da iyisi olur. Hayat gösteriyor ki olmaz diye bir şey yok. İnsan kendisini sonsuz olasılıklara açmalı.

Bazen hayal ederiz... Benim de tanışmak istediğim insanlar olmuştur. İnanılmaz bir şekilde sokakta karşılaşırım. Normalde sokakta karşılaşamayacağım bir insandır. Ama sokakta karşılaştığımda yanına giderim. Evrensel çekim diye bir şey var. Mesela dersiniz ki; "Yaşam devamlı karşıma çıkarıyor, onunla şurada karşılaşıyoruz. Şuradan bağlantımız var, buradan ortak yönlerimiz var." Neden? Sizin evreniniz ona kafayı taktığı için âdeta ahtapot gibi her yönden sarılıp onunla ilgili şeyleri çekiyor. Kişinin dikkati o yönde olduğu için, yaşam o şekilde akıyor. Dikkatinizi çekmek istiyorum; burada olayların akışı, siz karşılaştığınız kişiyle beraber olmalısınız diye değil, dikkatiniz o yönde olduğu için bu şekilde gelişir.

Bir tarikata veya gruba katılan insanlar, sokakta onlardan insanlarla karşılaşmaya başlarlar. Sonra derler ki: "Bak nasıl bağlantılar varmış." Hayır, aslında herhangi bir bağlantı yok. Kişi gittiği için o bağlantı kurulmuştur. Farkındalık her şeydir. Manyetik alan olgusunu da unutmamalıyız. Sizin dikkatiniz ne yönde olursa o yönde bir gerçeklik kurulur.

Bir arkadaşımın şöyle bir özelliği var; birisini kafasına takar. Sevgilisi vardır o kişinin. Tanımıyordur, hatta internetten tanıyordur. Hiç alakası yoktur, tanışacak ortak arkadaşları bile yoktur. Kafayı takar ona ve bir şekilde, bir yerlerden bağlantılar kurar. Hayat o yönde akmaya başlar ve en sonunda o kişiyle tanışır ve beraber olur. Yani onu çözmüş artık, evrenin onu götürdüğünü. Sonuç olarak mutlu oluyor mu? Olmuyor tabii. Ama evren ona göre kurguluyor ve götürüyor oraya; çünkü bir bilinci var. Hepimiz inanılmaz bir şekilde bütün evrenle bağlantı içindeyiz.

Şöyle düşünün; aslında bizim bedenimiz sadece bu beden değil. Bütün evren ve bütün galaksi bizim bedenimizin bir parçası. Başka bir deyişle biz evrenin parçasıyız ve hepimiz, birbirimizin aslında farklı parçalarıyız ve kendi bilincimize göre farklı deneyimler yaşıyoruz. O yüzden bir konuya odaklandığımızda, dünyadaki bütün akış da ona göre şekillenmeye başlıyor. Çok ilginç; örneğin biz burada bir olaya odaklandığımızda, ABD'de ona göre birileri farklı bir akışa geçebiliyor. Birbirimizi inanılmaz şekilde etkiliyoruz ve çok güçlü bir etkileşim içindeyiz. Suriye'de savaş oluyor ve buna göre de Türkiye'de bambaşka olaylar gerçekleşiyor. Toplumsal bilinçte yaşanan değişimler de var tabii.

Vicdanınızla Sürekli İletişim Halinde Olun

Her şeyden önce bir şeyi gerçekten çok istiyorsanız olur. İnsanlar içsel olarak istemekle ilgili problem yaşıyor. Çoğu insanın beyni isterken, ruhu istemiyor. Hem ruhu hem beyni isterken de vicdanı kabul etmiyor. Vicdanınızın, ruhunuzun ve beyninizin birlik içinde aynı şeyi istemesi gerekir. Bu üçünü inceleyelim:

Vicdanın blokajı: Kendine layık görmemek, kişinin yaptığı kötülükler ya da ailesinde olan bazı olaylardan dolayı vicdanen kabul etmemesi.

Ruhun blokajı: Kendi içinde, ruhen bir şeyi istememek. O hayatı deneyimlemek istememek.

Beynin blokajı: Kişinin, "Üremeliyim. Ailem şöyle düşünür, sosyal çevrem böyle düşünür..." gibi yargıları, önyargıları ve düşünceleridir.

Beynimiz özgürleştikten sonra gerçek anlamda kendi içimize inmeye başlarız. Sonra vicdanen kendimizi rahat ettirmeliyiz.

Geçmişte ailemizde neler oldu, kim kime ne yaptı? Bunlardan vicdanen arınmamız, bunun için de kendimizi iyiliklere yönlendirmemiz gerekli. Örneğin, sokakta aç kediler ve köpekler var. Onlar aç olduklarında vicdanımız rahat olamaz. Dışarı çıkıp kedilere ev yapmalı, onlara mama vermeli, yardım etmeliyiz. Kişinin vicdanı rahat olmazsa kendine iyiliği çekemez. İlk önce vicdanınızı rahatlatmalısınız. Bunun için de iyiliğe yönelmelisiniz. Para kazanmak için, kendi menfaatlerinizi gözetmek adına karşınızdaki insanı kandırmaya çalışmayın.

Ünlü bir şifacıya gidiş sürecim hakkında çok sayıda soruya maruz kaldım. İnsanlar beni arayıp, "Can Bey fayda eder mi?" diye soruyorlar. "Bu inançla alakalı, bazı insana eder, bazı insana etmez. Spiritüel inancınız yüksek değilse benimle gelmeyin," diye yanıt veriyorum. Hatta bazılarına, "Siz gelmeyin. İlla oraya gitmek zorunda değilsiniz," diyorum. Gelmeyin dediğimde de inadına geliyorlar. Çok ilginçtir, adını değiştirip arayanlar bile oldu. Herkese, her şey aynı şekilde işlemez. Herkesin aynı yerden şifası vardır diye bir kural yok. Belki sizin şifanız buradadır, belki başka bir yerdedir. Herkesin şifası yanı başındadır. Şunu unutmayın: "Derdi veren Allah, dermanını da verir." Düalite kanununa göre bir sıkıntınız, derdiniz varsa her zaman çözümü de vardır; düalite böyle işler. Kötü varsa iyi, güzel varsa çirkin de vardır; her şey zıttıyla birlikte var olabilir.

Vicdanen rahat etmek önemlidir. Akrabalarınız kötü durumdaysa ve sizden yardım istiyorlarsa onlara yardım etmelisiniz. Ancak geçmişte yaptığınız iyiliklere kötülükle yaklaştılarsa elbette kendinizi geri çekme hakkınız var. Bunu vicdanınıza sorun. Vicdanınızla her an bağlantıda kalın. Vicdanınızla bağlantıda kaldığınız, onu dinleyip onun iyi hissedeceği yoldan ilerlediğiniz zaman, hayatınızda mutlu olacağınız şeyleri kendinize çok daha güçlü bir şekilde çekebilirsiniz.

Kopyalayan Varlıklarız

Hayatımızda dönem dönem büyük acılar, sıkıntılar yaşarız. Anne babamızla beraberizdir ama özgürleşme ihtiyacı hissederiz. Bazen anne babasız büyürüz ve bu kez de çift olmakla ilgili zorluklar yaşarız. Kısacası neyi görürsek aynısını yapmaya çalışırız. Aslında gördüğünü kopyalayan varlıklarız. O nedenle önce, "Ne yapmaya çalışıyorum?" diye sorarak farkındalığa ulaşmamız gerekir.

Annenizin, anneannenizin, babanızın hikâyeleri... Siz bu hikâyelerin hangisini hayatınızda tekrar ediyorsunuz? Ailenizden gelen hangi hikâyeler sizi etkiliyor ya da yönetiyor?

Bunlarla ilgili bir farkındalık yaşadığınız zaman her şeyin değişmeye başladığını göreceksiniz. Farkındalık bir insanın özgürleşmesini sağlayan en önemli etkenlerden bir tanesidir. Kolunuza bir ip bağlı olduğunu ama onu görmediğinizi hayal edin. Kolunuzda devamlı bir rahatsızlık hissedersiniz. Ne zaman ki ip görünür olur ve ipi keserseniz o zaman özgürleşebilirsiniz. O yüzden farkındalık her şeydir.

Enerji Çalışması Yaparak Özgürleşmek

Enerjisel çalışma yapmak bazen oldukça faydalıdır. Kişinin üzerinden enerjiyi alıp gönderdiğinizde rahatlar. Bu şekilde belli enerjilere uyumlanabilirsiniz. Ama burada önemli olan hayatınızda bir sorun ya da sıkıntı yaşıyorsanız bunu neden yaşadığınızdır. Sizi buna çeken şey ne? Neden o insan size bunu yaptı? Niye dünyada milyarlarca insan varken sizi buldu? İlk önce bunları sorgulamalı ve özgürleşmelisiniz. Kişi farkındalığa ulaşıp her şeyi anladığı zaman sorunun etkisi de ortadan kalkar.

Ev Detoksu

Evinizdeki enerjiyi tamamlamak için Feng Shui yapmak önemlidir. Evinizde sizi özellikle etkileyen bütün resimleri, heykelleri gözden geçirin. Ben kolsuz bacaksız heykellere karşıyım. Bunların hepsi eksiklik duygusunu aşılar ve bilinçaltımızı olumsuz etkiler. Örneğin, Melekler... Çok kullanılan bir figür, kafalarından asılmış şekilde havada duruyorlar. Bu imaj da bilinçaltımıza olumlu bir mesaj vermiyor aslında. Ayrıca Çin, Japon türü Feng Shui öğelerine de inanmıyorum. Neden? Orada işe yaşıyor olabilir ama benim kültürümde çok daha farklı olması gerekir. Benim kültürüme uygun olmalı ki ben onu kabullenebileyim.

Bir gün bir kadının evine davet edilmiştim. "Çok mutsuzum, ağlıyorum," demişti. Eve girdim. Kapının karşısında kocaman, ağlayan bir kadın portresi duruyordu. Sonuç olarak her gün onu görüyor ve bundan olumsuz etkileniyordu. Başka bir kadın 25 senedir hayatına kimsenin girmediğini, hiç ilişkisinin olmadığını söyledi. Evine çay içmeye gittik. Evde dolaştığımda gördüm ki etraf erkek terlikleri, tıraş takımı, takım elbise vb. objelerle dolu. Sanki bir erkek orada yaşıyordu. "Bunlar ne?" diye sordum. "25 sene önce eşim vefat ettiğinden bu yana bütün eşyalarını korudum. Sadece tozunu alıyorum, temizliyorum ve o şekilde bırakıyorum," dedi.

Bunun üzerine, "Senin tabii ki ilişkin olamaz," dedim, "çünkü henüz eskisinden çıkmamışsın."

Aynı şekilde eski sevgilimizle veya eşimizle dost kalabileceğimize de inanmıyorum. Çocuğunuz varsa ilelebet anne ve babasınız o ayrı. Ama çocuğunuz yoksa kesinlikle dost olunmuyor. Bu durum sizin başka yeni ilişkilere ilerlemenizde de problem yaratır. İlk önce o kişiden tam olarak özgürleşmelisiniz ki diğerine geçebilesiniz. Bu işyerleri için de geçerli. Geçmişinizdeki insanları, kurumları hayatınızda tuttuğunuzda siz onlarla görüşmeseniz bile enerjisel olarak oradadırlar. İlk önce onları hayatınızdan çıkaracaksınız. Ondan sonra yeni bir insanı hayatınıza alabilirsiniz. Özetle, önce serbest bırakmalısınız.

Serbest bırakma durumu, çok büyük bir korkuyla beraber, birden bırakmamaya dönüşür. İnsanlar yalnız kalma korkusuyla arkadaşını, sevgilisini, eşini bırakamaz. Ne var ki aslında dünyada neredeyse 8 milyar, Türkiye'de 80 milyon insan var. Hepsine merhaba bile dememiz mümkün değil. Bu nedenle kendimizi sonsuz olasılıklara açmalıyız.

Şu soruyu kendinize mutlaka sorun; sizin kanınızdan olan insanlar mı sizin en yakınınızdır? Yoksa sizin devamlı görüştüğünüz, aranızda akış olan insanlar mı? Aileniz hangisidir? Aileniz içine doğduğunuz grup mudur, yoksa beraber mutlu olduğunuz insanlar mıdır?

Aile; içinde doğduğunuz kan ve genetik bağınız olan insanlardır. Atalarımızın kökleriyle bağlantıya geçmek, atalarına saygı göstermek çok önemli. Evinizde atalarınıza ayırdığınız köşenizde düzenli olarak onlarla iletişime girin. Bu rahatlamanıza, hayatınızdaki gelirin artmasına yarar. Kadın ve erkeklerle olan problemlerinizin ciddi anlamda azalmasına hatta yok olmasına destek olan bir tekniktir.

Bir arkadaşım aradı ve, "Can, çok bunalımdayım. Zor bir dönemden geçiyorum," dedi ve beni kahve içmeye çağırdı. Evine gittiğim zaman baktım ki evin duvarlarında, her yerde filler var. Ben fillerin asılmasına çok karşıyım. Ayağı yere basan bir şeyi niye havaya asıyorsun? Farkındalık içinde bakmalıyız. Çiçeklerin, ağaçların mutlaka toprağa dikili oldukları görünmeli. Ölü çiçekler, ölü kelebekler haliyle ölüm enerjisi yayar.

Bir gün yönetici bir kadının evine gittim, "Eşimden boşandım. Sonrasında kanser oldum ve çok zor günler geçiriyorum," dedi. Yatak odasına girdiğimde, yatağın karşısında kocaman bir portre gördüm. Yalnız başına bir kadın portresi, hafif silik ve bir göğsünün kenarında siyah bir nokta var. "Senin şu göğsünün bu tarafında mı çıktı rahatsızlık?" diye sordum. "Evet, nereden bildin?" diye sordu. Portre boşanmadan beş sene önce alınmış. "Her gün bununla yatıp bununla kalkıyorsun. Tezahür ettirmişsin," dedim. Her gece yatarken ve sabah kalkınca neyi görürsek o bizim hayatımızda kesinlikle tezahür eder.

O nedenle ev detoksu kavramını özellikle vurguluyorum. Çünkü kendimizi iyi hissetmemiz için enerjimizin ciddi anlamda daha toplu olması gerekir. Bunun için evimizde, arkadaşlarımızla zihinsel ve ruhsal detoks çalışmaları yapmalıyız. Çekmecenin içine bir şey atıyorsunuz, unuttuğunuzu düşünüyorsunuz ama bilinçaltınız onu unutmuyor. Bunların hepsi bir süre sonra zihninizi ve enerjinizi toplayamamaya neden olur. O yüzden evinizdeki çekmeceleri, çatıyı, depoyu, telefonunuzun içini tek tek düzenlemeniz, hayatınızda inanılmaz bir ferahlığın ortaya çıkmasını sağlar. Bunu mutlaka yapın.

İlişki çalışmalarında özellikle ev detoksu yapmak sizi ruhsal, zihinsel ve enerjisel olarak rahatlatır. *Bagua* denilen bir harita vardır. İlişki hayatında ciddi problem yaşayan insanların evlerine baktığınız zaman, ilişki köşesi, arkadaş köşesi ve aile köşesi dediğimiz yerlerde genellikle karmaşık ve dağınıktır. Bilinçaltımız kendiliğinden o Bagua haritasını bilir.

Bir arkadaşımın evine gittim, bir baktım ki yatağını Kuzey'e doğru koymuş. "Senin hayatın tamamen iş hayatı değil mi?" diye sordum. "Nereden bildin?" dedi. "Kuzey'e koymuşsun yatağını. Hayatının merkezi orası," dedim.

Bagua haritasına bakmak size fayda sağlayacaktır. Evinizin krokisini çizdikten sonra pusulayla beraber yönleri tespit edebilirsiniz. Bagua haritasında kuzey yönü iş hayatını, kariyeri, başarıyı; kuzeydoğu yönü spiritüel gelişmeyi, tecrübeyi; doğu yönü aileyi, ataları, sağlığı; güneydoğu para, bolluk ve bereketi, güney şansı, itibarı; güneybatı aşk ve evliliği; batı yönü üretimi, çocukları, yaratıcılığı ve son olarak kuzeybatı arkadaş ilişkilerini temsil eder. Bunları dikkate alarak evinizde gerekli düzenlemeleri yapabilirsiniz.

Mesela; emin olduğunuz ve derin paylaşım yaşadığınız bir ilişki içindeyseniz güneybatı yönüne, yani evinizin veya yatak odanızın ilişki köşesine, tepesi yukarıya doğru yükselen bir çerçeve alıp o çerçevenin etrafına bir çapa bağlayarak ilişkiye çapa attığınızı ifade etmiş olursunuz. O ilişkideki sabitlenmeniz ve güçlenmeniz için güzel bir tekniktir. İlişki köşesine böyle bir obje koyduğunuzda orada sabitlenmeyi sağlayacaktır. İlişkinin köklenmesine yardımcı olur.

İlişki köşesine, beraber çekilmiş güzel resimlerinizi koymanız, önünde mum yakmanız, çiçekler koymanız, orayı pozitif enerjiyle yüklemeniz ilişkinizde inanılmaz bir etki yaratır. Kuzeybatı arkadaş köşesidir. Arkadaşlar köşesinde kesinlikle her ikinizin de eski sevgililerinin fotoğrafları olmasın. Beraber arkadaşlarınızla çektirdiğiniz mutlu fotoğraflar olsun, bunlar ilişki hayatınızda da olumlu etki yaratacaktır.

İlişkinizin ruhuyla bağlantıya geçmelisiniz. Her ilişkinin ruhu olduğuna inanırım ben. Evlenen insanların ilişkilerinin bir koruyucusu ve bir ruhu olur. Problem yaşadığımızda, ilişkimizin ruhuyla bağlantıya geçtiğimde büyük mucizeler yaşadım. İki kişinin birleşiminin bir bilinci ortaya çıkıyor ve morfogenetik alan, atalarımız, bütün köklerimiz de bize yardım ediyor. Tabii bu yardım ancak siz bağlantıya geçip de kendinizi açtığınızda gerçekleşir.

İlişkinizin ruhuyla doğru ve güçlü bir bağlantı kurabilmek için de akışta olmanız önemlidir. Mesela dışarıda oksijen var ama siz önce nefes alıp sonra vermezseniz devamını da alamazsınız. Sonuç olarak, devamlı akışta olmalısınız; içinize alacaksınız, gerektiğinde de bırakacaksınız. "İlla bu olacak," diye zorlamamalı, kendinizi sonsuz olasılıklara açmalısınız.

Klasik Feng Shui uygulamaları vardır; yatağa her iki taraftan erişiminiz olsun. Evdeki her şey çift olsun. Birisi eve geldiği zaman, onunla beraber yaşamaya uygun olsun. Bazı insanlar yalnız yaşamaya odaklandıkları için hayatlarına ikinci bir kişiyi alamıyorlar. Evinde öyle bir düzen yok. Böylece bilinçaltında, "Ben çok rahatım aslında," düşüncesiyle yeni bir kişiyi hayatına dâhil etmiyor.

Evinize bakın, evinizde ikinci bir kişiye yer var mı? Dolabınızda sevgiliniz geldiği zaman onun eşyalarını koyabileceğiniz bir yer olsun. Ona evinizde mutlaka yer açın. Bilinçaltımızda ve ruhumuzda, bazı şeyleri değiştirip onları maddesel forma dönüştürmemizle birlikte hayatımızda somut değişiklikler olur. Kişi evinde böyle bir çalışma yaptığı zaman, o an kendi içinde de yapmış oluyor aslında.

Bir gün birisiyle tanıştım, "Yıllardır geçmeyen bir baş ağrım var," dedi. "Evinizin çatısı var mı?" diye sordum. "Var" dedi. "Hiç çıkıp temizlediniz mi?" diye sordum. "Hayır," dedi. Gerçekten bütün çatıyı temizledikten sonra baş ağrısından kurtulduğunu söyledi. Evinizi bedeninizle bir düşünün; çünkü yaşadığınız yer, sizin bedeninizin ve bilinçaltınızın dışarıya yansımasıdır. Aslan yattığı yerden belli olur derler ya... İşte eviniz, bilinçaltınızın dışarıya yansımış halidir. Evinizdeki her şeyle ilgili tek tek çalışmanız gerekir.

İzlediğiniz Filmlere, Dinlediğiniz Şarkılara Dikkat Edin

Hayatımızda ne istersek gerçekten öyle oluyor. Her gün neyi görüyorsunuz? Neleri dinliyorsunuz? Bir dönem, *Depresyondayım* diye bir şarkı çok popülerdi. Bütün Türkiye depresyona girdi. Sonra Murat Kekilli'nin *Bu Akşam Ölürüm* şarkısıyla insanlar intihar etmeye başladı. Gerçekten neyi devamlı dinler veya izlerseniz onlardan etkilenirsiniz. Meryl Streep'in oynadığı *Şeytan Marka Giyer*'i izlemiştim. Filmi çok sevdim, kitabını okudum. Birkaç kere daha seyrettim. Sonra birden kendimi ünlü bir modacının asistanlığını yaparken buldum. Türkiye'deki şarkılar çok depresif. Şarkı sözlerinde sürekli bir acı, keder, ıstırap söz konusu. Neşeli bir şarkı yazılamıyor mu? O şarkılara yöneldiğimizde, neyi dinlediğimizin, neyi seyrettiğimizin, neyi gördüğümüzün farkındalığına ulaştığımızda hayatımızda bir perde açılır, bambaşka kapılar aralanır.

Her birimiz binlerce yıllık varlıklarız. Aynı zamanda ailemizden, atalarımızdan yüzlerce yıllık yansımalarımız var. Bilim insanlarının yaptıkları araştırmalarda ailelerimizin, köklerimizin bilgilerini nesillerce DNA'larımızda taşıdığımız belirlendi.

On üç yıldır aile dizimi çalışmalarına katılıyorum ve yıllar içinde, bize ait olduğunu düşündüğümüz birçok şeyin aslında bize ait olmadığını gördüm. İşte o farkındalığa gelince özgürleşiyorsunuz. Farkındalık içinde bir şeyi seyrederseniz ya da farkındalık içinde dinler ve söylerseniz her şey değişir. Ben bazen bir şarkıyı dinlerken olumsuz bir şey duyarsam sözleri değiştirerek söylüyorum.

Bazı insanlar gerilim filmi izlemeyi çok sever. Bu durumda şu soruların cevaplarını değerlendirmek gerekir. Neden seviyorsunuz? Aile geçmişinizle mi ilgili? Bilinçaltınız bir şey mi hatırlatıyor? Bir şey mi çözdürmeye çalışıyor? Hayatımızda sevdiğimiz ya da yapmaya çalıştığımız şeyler, aslında bedenimizin, bilinçaltımızın bize çözdürmeye çalıştığı şeylerdir. Geçmişten gelen konular olabilir, mesela ailede cinayete kurban gitme vakası gibi...

Negatif bir şey söylendiği zaman, "İptal, iptal, iptal," demelisiniz. Bunu çok söylüyorum. Siz de olumsuz bir şey duyduğunuz zaman bunu yapın. Ben bunu yapmaya başladığımda yirmi yaşındaydım. "Öyle söyleme," dediğimde bana gülüyorlardı. Sonrasında hayatımda mucizeler yaşayınca, "Çocuğa bak, söylediği gerçekten doğru çıktı," dediler. Şu anda yakınlarım benim yaptığım şeyleri yapmaya çalışıyorlar. Çünkü fayda elde ettiğimi görüyorlar. O yüzden karşınızdaki insanların söylediklerinin farkında olmanız, insanların size söylediği her şeyi satın almamanız çok önemli.

Arkadaş Detoksu

Hayatınızdaki insanlar sizinle nasıl iletişim kuruyor? Arkadaş detoksu konusundan biraz bahsetmek istiyorum. Arkadaşınız eğer sizinle, "Çok kilo almışsın, şöyle olmuşsun, böyle görünüyorsun, başaramazsın, yapamazsın, beceremeyeceksin," gibi olumsuz ifadelerle iletişim kuruyorsa ona, "Hayır, bana bunları söyleme," demelisiniz. Özellikle de yüzüne karşı söyleyin. Size dokunarak veya gözünüze bakarak söylüyorsa doğrudan sizi kodluyor demektir. Bu durumda hemen uyarınızı yapın. "Bak, lütfen böyle konuşma, negatif ifadelerden hoşlanmıyorum," diyebilirsiniz. Mantığını mutlaka açıklayın. "Böyle yapmaya devam edersen iyiliğimi istemiyorsun demektir." Uyarınıza rağmen devam eden kişiyle görüşmeyi kesin. Sonra zihninizde size dokunup gözünüzün içine baktığını, bu sırada o hoşlanmadığınız sözlerin olumlu halini söylediğini hayal edin. Yine de şunu söyleyelim, uyarıp birkaç kere düzelttiğiniz insanlar genelde tavırlarını değiştirir.

"Aileden olursa ne yapacağız?" diye sorabilirsiniz. Ailedeki insanlarla ilgili önemli bir nokta var. Aile içindeki insanlar bize olumsuz şeyler söylüyorsa bizim kendi içimizde o konuyla ilgili bir şeyi değiştirmemiz gerekiyordur. Mesela, ailemizdeki bir insan bize bir konuyla ilgili inanmıyor. Demek ki biz kendimiz inanmıyoruz. "Çirkinsin," diyor. Demek ki bizim kendimizle ilgili düşüncemiz öyle. Arkadaş farklı, aileden gelince durum daha farklı. Siz yine uyarın, pozitife çevirin ama aynı zamanda kendi gölgelerimizin ve kendi içimizdeki bazı şeylerin de farkına varmalıyız. Bu bağlamda özellikle benim son dönemde çok üstünde durduğum, çok dikkat ettiğim ve çalıştığım konu ise rüyalar.

Rüya Günlüğü

Rüyalar son derece önemlidir. Son yıllardaki, *Matrix*, *Avatar* filmleri gibi bir sürü yapım aslında bunu anlatıyor. Aslında bu tür filmlerdeki gibi bir rüya âleminde yaşamaktayız. Gece uyuduğumuzda rüya âleminde, kolektif bilincin içinde olduğumuz için aynı şekilde aynı dünyada aynı şeyin içinde yaşıyoruz. O yüzden, "Ben seni rüyamda gördüm", "Ben de seni gördüm", "Hissettim, seni düşünüyordum beni aradın," gibi cümleler kurulduğunu gözlemleriz. Çünkü aynı bilincin içindeyiz. Bütün yaşamın bir bilinç olduğunun farkındalığına vardığımız zaman hayat çok daha kolaylaşır.

Bu bağlamda ilk önce bizim farkındalığımız da çok önemli. Dinlediğiniz her şey, izlediğiniz filmler, okuduğunuz kitaplar, arkadaş ilişkileriniz, arkadaşlarınızın size söylediği her şey çok önemlidir. Mutlaka başucunuzda rüya günlüğünüz olmalı. Her gece yatarken kararlı bir şekilde rüyalarınızı hatırlamaya ve rüya âleminizin içinde uyanmaya, farkındalık içinde olmaya niyet etmelisiniz. Yazmak çok önemli; çünkü biz rüyalarımızı yazmaya başladığımız zaman bilinçaltı, "Demek ki mesajı alıyor," der ve rüyaları netleştirmeye başlar.

Gittikçe rüyalarınız netleşir. Bu defa rüyanın içinde ne yaptığınızı, ne konumda olduğunuzu görürsünüz. Kişi belki devamlı kaçtığını görür ve kendine der ki: "Kaçmama gerek yok." O farkındalığa vardığınız zaman kendi hayatınızda çok ciddi bir değişim ortamı sağlarsınız. O yüzden rüyalarınızı özellikle her gün yazmanızı tavsiye ediyorum.

Bazen sevmediğiniz rüyayı yazmazsınız. Ondan sonra rüyanızı hatırlamayabilirsiniz. Çünkü o rüyayı yazmanız, hatırlamanız istenmiştir. Rüya görmemek söz konusu değildir; bilimsel olarak hepimiz rüya görürüz. Sadece rüyanın içinde farkındalık sahibi olmayı istemeyiz.

Kendinde bir şeyi değiştirmeden dışarıdan bir şey beklemek kadar saçma bir beklenti olamaz. Hayatımızda bir problem yaşıyorsak ilk önce bir şeyleri değiştirmemiz gerekir. Ben hayatımın her noktasında bir şey yaşıyorsam, "Burada yaşam bana ne öğretmeye çalışıyor, ne veriyor, ne olup bitiyor?" diye bakarım. Onunla ilgili oturup meditasyon yapar, notlarımı yazarım. Yazmak kişiye muazzam oranda farkındalık katar.

Yazın

24 yaşında hayatımda çok sıkıntılı olduğum bir dönemde oturup bütün hayat hikâyemi yazdım. Neleri yazdım? Annemin iyi ve kötü yanlarını, babamın iyi ve kötü yanlarını, kardeşimin iyi ve kötü yanlarını, benim iyi ve kötü yanlarımı, dünyanın iyi ve kötü yanlarını, erkeklerin iyi ve kötü yanlarını, kadınların iyi ve kötü yanlarını, paranın iyi ve kötü yanlarını...

Bütün içsel farkındalıklarınızı, yargılarınızı, düşüncelerinizi yazdığınız zaman inanılmaz bir farkındalığa ulaşırsınız. Aileniz tarafından anlatılan hikâyeleri de yazdığınızda hayatınızın üzerindeki etkisini çok net ve somut bir şekilde görebilirsiniz. Özellikle kişi, bütün hayat hikâyesini, başından şu ana kadar hatırladıklarını yazdığında inanılmaz bir farkındalığa erişir. Ben bu çalışmayı yaptığım zaman hayatımda o sırada şikâyet ettiğim, mutsuz olduğum her şeyin aslında tamamen benim istediğim gibi olduğunu fark etmiş ve fark etmemle beraber bunu değiştirebilme, dönüştürebilme şansına sahip olmuştum. O yüzden ilk önce farkındalık içinde arındırma çalışması yapmak gerekir.

Gördüğünüz rüyaları, yaşadığınız olayları yazmaya başladığınızda, her şey çok daha netleşir. Hayatımızda yaşadığımız pek çok problem, onları görmediğimizden ve onlarla ilgili farkındalık geliştirmediğimizden dolayı büyür; egomuz, yaşadığımız yansımalar, kopyalamalar... Duygusal durumlarımız, bir şey yaşarken durumu empatik bir şekilde fark etmemize, algılamamıza, içselleştirmemize engel olur. Bazen içimize alamaz ve karşımızdaki insana ciddi haksızlıklar yaparız. Vicdanımız rahatsız olur ama bilinçli olarak haksızlık yaptığımızı kabul etmeyiz. Sonrasında vicdanımızın rahatsızlığından acı çekeriz. Birçok insanın vicdanıyla bilinci birbiriyle bağlantı halinde değildir.

Gerçekten İhtiyacı Olan İnsanlara Yardım Edin

Bizim istediğimiz şeyleri elde etmemiz için her şeyden önce zihnimiz, kalbimiz ve vicdanımız bir olmalıdır. Zihnimiz, kalbimiz ve vicdanımız bir olduğu zaman gerçekten istediğimiz şeyleri hayatımıza çeker ve yaşarız. Vicdan burada en önemlisi aslında çünkü sokağınızda köpekler, kediler ya da bazı insanlar aç. Siz onlara yardım etmiyor, onları görmezden geliyorsanız bilin ki vicdanınız rahatsız olacaktır. Çoğu insan yardım etmeyi, örneğin, apartman görevlisine evdeki eski kıyafetlerini vermek ya da yemeklerinden vermek gibi düşünüyor. Ama gerçekten ihtiyacı olanları bulup, gerekiyorsa bulmak için de emek harcayıp onlara yardım ettiğiniz zaman vicdanınız ciddi anlamda rahatlar.

Vicdanınız rahat olduğu zaman hayatınıza güzellikleri çekmeye başlarsınız. Vicdanınız rahatsız olduğunda hayatınızdaki sıkıntı, dert, üzüntü devam edecektir. Bir konuyla ilgili vicdanen rahat değilseniz ciddi problemler yaşarsınız. Bir şeyi gerçekten istemiyor, sadece 'olsun' diye yapıyorsanız bir bakarsınız ki olmaz. Sonra niye olmadığını sorgularsınız. Çünkü gerçekten, içsel olarak istememişsinizdir.

Sonuç olarak işimizde ve ilişkilerimizde, içimizle söylediğimiz ve yaptığımız şeyler bir olmalıdır. Karşınızdaki kişiyi zihnen çok beğenebilirsiniz; ancak içsel olarak kendinize uygun bulmazsanız kendinizi ona layık görmez veya kalben ona karşı bir akış hissetmezsiniz. Yani zihnen size göre uygun olması yeterli bir kriter değildir.

Kalbi rahatlatmak için de affetmelisiniz. Ama anne babanızı affetmeye çalışmayın. Çünkü anne-babanızı affetmeye çalıştığınızda annesiz babasız kalırsınız. Onları olduğu gibi kabul edin ve önlerinde saygıyla eğilin. Ama onların dışında herkesi ve kendinizi affetmeniz hayatınızda mucizeler yaratır.

Kabullenmek

Bütün bunların yanında bir de kabullenmek var... Kabullenmeyi başardığınızda yaşam size müthiş mucizeler sunar. Astroloji haritalarıyla çalışırken gözlemlerim şu şekilde: Danışanın birinci evinde Mars var. Zaten agresif ya da enerjisi çok yüksek veyahut Ay'ı ile Satürn'ü yan yana, yani zaten depresyonda. Farkındalığa yöneldiğiniz zaman insanları yargılamaktan ve onları değiştirmeye çalışmaktan vazgeçerek sadece ufak tavsiyelerde bulunmaya başlıyorsunuz.

Hayatta aldığım en büyük derslerden biri şu: Birisi sizden yardım istemedikçe kesinlikle ona dokunmamalısınız. Çünkü böylelikle haddinizi aşıyor, kişinin isteğinin ötesinde onun sınırlarına girmiş oluyorsunuz; bu durumda vermeye çalıştığınız destek de hiçbir zaman işe yaramaz. Kişinin rızası olmadan onun sınırlarına girdiğinizde, onun yükünü kendinize alırsınız. Herkese istediği ölçüde yardım etmeliyiz. Her şeyden önce affetmek, kabullenmek, suçluluk duygusundan özgürleşmek çok önemlidir. Suçluluk duygusu zaman zaman bir kaçma biçimidir aslında. Suçlu hissetmek, farkındalık geliştirmek istememektir. Affetmemek, kabullenmemek de farkındalığa girmek istememektir. Bu şu anlama gelir: "Ben uyumak istiyorum, farkındalık geliştirmek istemiyorum, uyanmak istemiyorum." Hani sabah yataktan kalkacağınız zaman inanılmaz bir mahmurluk vardır üzerinizde. Bazen yataktan kalkıp dünyaya bakmak ya da dünyayla ilgilenmek, bir şeyler yapmak istemezsiniz. İşte, suçluluk hissetmek öyle bir şeydir. Halbuki başını kaldırıp baksan ve akışta olsan zaten özgürleşeceksin. O yüzden kalp adına, ilk önce farkındalığa yönelmeliyiz. Yaşamda bir şeyler olduysa öyle olması gerekiyordur. Çok kötü ya da sizin çok yanlış yaptığınız bir şeyle ilgili farkındalık geliştirirseniz ve onunla ilgili her ne varsa, bunun kendi içinizde temizlenmesini isterseniz ondan özgürleşebilirsiniz.

Kalbinizin Sesini Dinleyin

Sevgi adına yapmak ve sevgiden ilerlemek yerine, bazen para, bazen egomuz, bazen başka birisi için sevgiden uzaklaştığımız zaman aslında kalbimizden uzaklaşıyoruz. İnsanlar genel olarak çoğu zaman zihni ne derse onu söyler. Zihin aslında bomboştur, aslında bize hiçbir şey söylemez. Yaptığım meditasyonlar sonucunda bu noktaya vardım. Zihin aslında sadece vücudun çalışmasını sağlar. Bize gerçekleri söyleyen, doğru mesajlar veren kalptir. Çünkü kalbin içinde ruhumuz vardır. Zihnimizin içinde bize söylenen şeyler, başkalarının söyledigi şeyler, anne babamızın konuşmaları, yaşadığımız ülkedeki, mahalledeki insanların söyledikleri kolektif bilinçte olan şeyler vardır. Bunlar zihnin konuştukları ve anlattıkları ya da söyledikleridir. Kalbin söylediği şeylerle bunlar, bazen taban tabana zıt olabilir.

O nedenle önce kalbimizi, kendi içimizi dinlemeliyiz. Bunun için bilincimizle çalışmamız gereklidir. O duygular kime ait, nereye ait? Bütün bunların farkına varmalı ve "annemizin söylediği şeyleri mi, babamızın söylediği şeyleri mi tekrarlıyoruz?" diye bakıp adım adım bunları görmeli ve sonunda da kendi kalbimize girmeliyiz.

Özellikle 2012 yılından beri insanlar çok daha hızlı ilerliyorlar. İnanılmaz hızlı gelişiyorlar. Dikkatinizi özellikle kalbinize verdiğinizde, zaman ve enerji çok hızlı bir şekilde akıyor. Yeter ki siz isteyin... Sağ elinizi kalbinize koyun ve bütün dikkatinizi kalbinize verin. Kalbinizi dinleyin, kendi içinizde ve başınızdaki enerjinin yavaş yavaş başınızdan aşağıya doğru kalbinize indiğini hayal edin ve gözlerinizi kapatıp niyet edin. Derin bir nefes alıp verin. Yavaş yavaş, adım adım kalbinizle bağlantılı oldukça, onunla yaşamaya niyet ettikçe, ilk başta kalbinizin etrafındaki duvarları hissedeceksiniz. Sonra o duvarlar yıkılacak ve kalbinizin içinden sevgiyi, neşeyi hissedeceksiniz. İnsanların genel olarak sevgi ya da neşe diye hissettikleri şeyler cinsel dürtüler, tutkular veya temel içgüdülerdir. O yüzden ilk önce biz kalbimizle bağlantıya geçmeliyiz. Bu da niyetle ve kararlılıkla oluşur.

Zamanla zihnimizle kalbimizi bir ettikçe, zaten çalışmaları yaparken bakacaksınız ki soğanın kabuğunun soyulması gibi, hayatınızda bir sürü değişiklikler oluşuyor. Uzun zamandır şikâyet ettiğiniz bir sürü konu değişmeye başlıyor, duygusal durumunuz, kendinizi hissediş biçiminiz değişmeye başlıyor ve siz de doğal olarak değişiyorsunuz.

Yalan Söylemeyin

Vicdanınızın, kalbinizin ve zihninizin birlikte hareket ettiğinin göstergelerinden biri, gerçekten kendinizi iyi hissettiğiniz ve iyiliğin çizgisinde kaldığınız durumlardır.

Ben bir iş yapıyorum. Aynı işi bir sürü insan yapıyor. Diğer kişileri etkilemek ya da ekarte etmek için yalan söylemeyi tercih etmem. Her zaman doğruluktan ilerlemeyi tercih ederim. Her yalan söylediğinizde bir ip atarsınız etrafınıza. Bir yalan daha, bir yalan daha... Bir bakmışsınız ki, arkanıza, önünüze, sağınıza, solunuza ipler dolanmış ve hepsini birden tutup ilerlemeye çalışır ama ilerleyemezsiniz. Bir taraftan da bu ipleri saklamaya çalışırsınız. Bu kadar ipi tutmaya ve saklamaya çalışmak yerine hayatınızda müthiş mucizeler yaşayabilirsiniz.

Neşede Kalın

Bütün bunların yanı sıra hayatımızda elde etmek istediklerimizle ilgili en önemli şeylerden biri mutlulukta, neşede kalmaktır. Mutlulukta ve neşede, o pozitif enerjide olduğumuz zaman kaynakla bağlantıda oluruz. O akışta olduğumuzda her şey kolaylık içinde ilerlemeye başlar. Akıştan koptuğumuz zaman ise zorluklar yaşarız.

İnsanlara Değil, Yaşama Güvenin

Bazen hayatımızda istemediğimiz şeyler olur veya bir şeyler istemediğimiz bir şekilde gelişir. Orada demek ki bizim öğrenmemiz ya da almamız gereken bir ders var. Hayatınızdaki herkese, her şeye ve bütün yaşama öğretmen gözüyle bakmak önemlidir. Karşınıza sık sık semboller, işaretler, tekrarlar, eş zamanlılıklar çıkmaya başladıkça yaşamın sizi bir yere doğru götürdüğünü ve akışta olduğunuzu anlarsınız. Telefonunuza baktığınızda, 12.12'yi görmeniz gibi... Bunların hepsi yaşamın size bir şeyler anlatmaya çalıştığını gösterir. Ancak bunlar, siz farkındalık içinde kendinizi buna açmaya başladığınız zaman olur.

Soru Sorun

Neyi öğrenmeniz gerektiğini sormaya başladığınız zaman yaşam zaten size anlatır. İsteseniz de istemeseniz de anlatır. Astrolojik olarak Satürn bazı insanı bayağı zorlar ama aslında o insanın kötülüğüne değil; o insan evrimleşmediği, gelişmediği, içinde yaşadığı zor durum ilerlemediği için Satürn artık 'yapamıyor, bunu bitireyim' der. Bir insan ölmek istemediği sürece ölmez. Katil ile öldürülen kişiyi karşı karşıya getirirsiniz, çözülmez. En sonunda ancak iki taraf da, "Bana karşı olan kontratını yerine getirdiğin için teşekkür ederim," derse enerji çözülür. Aslında bu, geçmişte ailelerinin yaşadıklarını tekrarlayan bir kontrattır.

Kimsenin Hakkını Yemeyin

Ailelerde özellikle kadınlar, erkeklere lanet ettikleri zaman, sonraki nesildeki erkeklerin erken boşalma, küçük penis gibi cinsel problemleri olabilir. Anne cinsel deneyim yaşamaz ise onun kızı ya da çocuğu çok sayıda kişiyle beraber olabilir. Aslında bir şekilde, bir şeyleri tekrar edip telafi etmeye çalışıyorlar. Mesela bazı bölgelerde kız çocuklarına aileden miras verilmez, erkeklere verilir. Sonra ne olur? O erkek çocuk, miras kalan parayı, kumar, içki ya da başka bir kadına harcar. Yani kız kardeşe verilmeyen, aslında kız çocuğun hakkı olan para, ondan bir şekilde çıkar veya ailede haksız yere başkalarının hakkı yenerek para elde edilmişse sonraki çocuklar iflas eder ve o para onlardan çıkar.

Bu, şirketler için de böyledir. Çalışanlara hakkını vermez, düşük maaş politikası uygularsanız bir gün bir de bakarsınız ki bütün para sizden çıkmış. Ben her zaman insanlara hakkını vermekten yanayım. Bir servis aldığım zaman mutlaka bahşiş veririm. Çünkü karşımdaki insanın kendisini iyi hissetmemesi nedeniyle oluşacak enerji beni de olumsuz yönde etkiler. Bazı insanlar uyanıklık yapmaya, daha az paraya çıkarmaya çalışırlar ama karşı tarafta oluşturacağı mutsuzluk, onun aldığı şeyden fayda sağlamasını engeller.

Bir gün birisinden bir hizmet alıyordum. Ciddi sorunlar yaşadık ve beni inanılmaz üzdü. "Paranı vereyim ama senden hiçbir şey istemiyorum," dedim. Yapmadığı bir iş için parasını verdim. Aradan iki hafta geçtikten sonra aylık 30 bin liralık kazancı ortadan kayboldu ve bana farklı yerlerden ona vermiş olduğum paranın katbekat fazlası geldi. İlahi adalete güvenin. Ben her zaman bunu söylerim. İnsanlara değil, yaşama güvenin.

İnsanları Kalıplara Sokmayın

Bir insan için, "O çok iyi biri, ondan bana asla zarar gelmez," demem. Neden? Aslında siz bir insan hakkında ondan size asla bir zarar gelmeyeceğini, çok iyi biri olduğunu düşündüğünüzde, o insana çok büyük bir yük yüklüyorsunuz. O insanı sonsuz olasılıklarından koparıyorsunuz. Kötü olabilmesinden, zarar verebilmesinden, kendi ailesinden getirdiği özelliklerden yani kendi olmasından koparıyorsunuz onu ve o, sizin ona yaptığınız bütün iyiliklere rağmen en sonunda kötü yönünü gösterebiliyor.

Annemle babamın bir özelliği vardı. Bir akrabamızın evine gittiğimizde, annem dışarı çıkacağını söyler ve eve salon takımı almış olarak dönerdi. İkisinin de müthiş bir iyilik yapma özellikleri vardı. O yüzden ben de her zaman çok yardımsever biri oldum. Yıllar içinde bunu kontrol etmeye çalıştım. Dışarı çıktığımda başkalarının hesap ödemesine izin vermez, çevremdekilere pahalı hediyeler alırdım. Sonra baktım ki karşımdaki insanlar hem mutlu olmuyor hem de daha sonradan bana öfke duyuyorlar. Kendimi kötü hissetmeye başladım. O yüzden hayatımda bununla ilgili müthiş bir denge oluşturdum. Bu, bir şey almadan vermeyeceğim anlamına gelmiyor; bir sürü insana bir şey almadan, bir sürü şey veriyorum ama aslında o insanlara değil, yaşama veriyorum. Yaşam da bana veriyor zaten. Yani orada o insanlarla değil, yaşamla güçlü bağlar geliştiriyorum.

Yaşamın kendi içindeki bilinci aslında her an büyüyor, gelişiyor; nasıl bütün evren, bütün sonsuzluk her an büyüyor ve gelişiyorsa... Bu yüzden yaşam, bizim bilincimizin de her an büyümesini ve gelişmesini istiyor. Bilincimiz gelişmediği noktada hayatımızda çok büyük sıkıntılar ve sorunlar oluşmaya başlar. Ailede zihinsel problemler ya da sıkıntılar varsa bir şeylere takılı kalmış, birilerini affedemiyorlar, yaşadıkları olayın içinde farkındalık geliştiremiyorlar gibi anlamlar ortaya çıkabilir. Bu sebepten, farkındalık geliştirmenizle beraber her şeyden özgürleşebilirsiniz.

Kimseyi Manipüle Etmeyin

İstekleriniz karşımızdaki bir kişinin üstünden olmamalıdır. Yani bir başkasının size karşı davranışları ve duyguları üzerinden istekte bulunmamalısınız. Bu tamamen manipülasyondur. Her şeyden önce bununla ilgili farkındalık elde edin. İlla ki belli bir kişiyle birlikte olmayı kafayı takıp bir tek o kişiye odaklanmamak gerekli. Çünkü tek bir olasılığa odaklandığınız zaman gerçek anlamıyla ilerlemekten kopuyorsunuz. Hayatınıza yeni birilerinin gelmesine engel oluyorsunuz. Ben çok kişide gördüm; birisine kafayı takmış ama etrafında bir sürü başka olasılık da var. Kendisini bir başkasıyla tanıştırmayı teklif ettiğimde, olmayacak bir kimseyi ikna etmek konusunda ısrar ediyor; nitekim o kişiyle de olmuyor. Birçok insan maalesef bu zihniyetle ısrar etmeye devam ediyor. Kimseyi hayatınızın erkeği, hayatınızın kadını, hayatınızın kurtarıcısı, beyaz atlı prensiniz olarak düşünmeyin. Bunların hepsi birer yalandan ibaret.

Sosyalleşmek

Benim hayatımda gerçekten mucizeler yaşamama neden olan en büyük kavramlardan bir tanesini meditasyon yaparken fark ettim. Hiç kimsenin gelip beni kurtarmayacağını anladığım an ayağa kalkmam, kendi gücümü elime almam, mutlu olmaya yönelmem, elimde her ne varsa onunla ilgili şükran duymam ve o noktadan pozitif bir şekilde ilerlemem, sonsuz olasılıklara kendimi açmam, kendi üstümde çalışıp yargılarımdan özgürleşmem, mucizelere yönelmem ve hayatıma pozitif şeyleri çekmem gerektiğini fark ettim. Birisi gelip beni kurtaracaksa bile o kişiye kapıyı benim açmam gerekiyordu.

Bir sürü insan odasına kapanıp birinin kendisini kurtarmasını bekliyor. Özellikle ilişkisi olmayan bir sürü kişiyle karşılaşıp konuşuyorum. Son derece asosyaller. Kendi ailesi ya da birkaç arkadaşı dışında kimseyle görüşmüyor bu kişiler. Yeni insanlara açık değiller; çünkü korkuyorlar. Birisiyle görüştükleri zaman diğer herkese, her şeye kapılarını kapatıyor ve o kişiyle olana kadar mücadele ediyorlar. Olmadığı son noktada ise, acı ve ıstırap içinde diğer kişiye geçiyorlar. Bunların hepsi aslında kıtlık bilinci. Dünyada 7 milyar, Türkiye'de 80 milyon insan var. Her şeyden önce kıtlık bilincinin içinden çıkmak gerekir. Eğer bir kişiyle ilişkiniz yürümüyorsa ancak o kişiden özgürleştiğinizde hayatınıza başka bir versiyon girebilir.

Hayatınızın Merkezinde Kendiniz Olun

Bizim bedenimiz aslında sadece bu bedenden ibaret değil. Bütün yaşam bizim bedenimizin bir parçası, o nedenle bir şeye inandığımız zaman bütün yaşam da bizimle berber hareket etmeye başlar.

Buradaki en iyi örneklerden bir tanesi şu; bir akşam bir kadın ve erkeğin arasında güzel bir diyalog geçiyor. Birbirlerinden çok hoşlanan ikili, tekrar görüşmek üzere ayrılıyorlar. Kadın diyor ki: "İşte o, hayatımın erkeği, benim dünyam. İşte benim beyaz atlı prensim. Şu ana kadar beklediğim ruh eşim." Bir dahaki görüşmelerinde adam göğsünde bir sıkıntı hissediyor ve yavaş yavaş kaçmaya başlıyor. Çünkü birini hayatınızın merkezi ve hep beklediğiniz kişi konumuna soktuğunuz anda, onun göğsünün ortasına doğru bir ok atar ve oradan yaşam enerjisini çekmeye başlarsınız. O zamana kadar beklediğiniz erkeği hayatınızın merkezine koyup yaşamın kaynağından beslenmek yerine, karşınızdaki adamdan beslenmeye başlarsınız. Bu durum adamın iliğini kurutana kadar devam eder. Sonuç olarak karşınızdaki insan da hayatta kalma dürtüsüyle sizden kaçar.

Genel olarak bunu bize anne babalarımız yapar. Bizi hayatlarının merkezine koyarlar. Onlarla yan yana geldiğimizde, konuştuğumuzda daralırız. Göğsümüze bir şey oturur. Sanki kaçmak ister ama kaçamayız. Çünkü uzakta olsak da bizden çekmeye devam eder. Sevgiliniz ya da ilgilendiğiniz kişiyle bu dengeyi kurmak için bazı enerjisel çalışmalar var. Karşınızdaki insandan enerji çekmek yerine, onunla aranızda enerjisel bir akım olmasına izin verseniz... Siz enerji verseniz o da alsa... Onu hayatınızın merkezi olarak kodlamasanız... Kendi merkezinizde kaynakla bağlantılı olarak akışta ve kendi gücünüzde olsanız... İşte o zaman inanılmaz sayıda insan hayatınıza girmeye başlar.

Kurban Psikolojisine Girmeyin

İki arkadaşım var. Bir tanesi, "Ben kurbanım, kocam beni aldattı. Bir erkek arkadaşım oldu, evlenmek istemedi. Adam yok. Erkekler kötü, rezil... Ortada adam mı var?" diyor. Adam geliyor, evde beraber olacaklar ama son anda olmuyor. Yani sistem çalışmıyor. Diğer arkadaşımın ise hayatında hiç yalnız kaldığını görmedim desem yalan olmaz. Daha mevcut olandan ayrılmadan diğerine geçiyor. En uzun yalnız kaldığı süre 2-3 hafta. İkisinin de eğitim ve sosyokültürel seviyeleri benzer. Bir tanesi çok kendi merkezinde ve istediği erkekler hayatına giriyor. Evlenmeye karar verdiğinde de evlendi. Diğeri çok istediğini söylemesine rağmen bir türlü istediği gibi bir ilişki bulamadı.

Baktığımız zaman bu iki kişi arasındaki en büyük fark, bilinçlerinin farklı olması. Kurdukları cümleler, istekleri, beklentileri, cinselliğe bakışları farklı. Bir tanesi kadınların cinsel olarak beraber olduktan ve ayrıldıktan sonra travma geçirdiklerine inanırken, diğerinin konuya bakışı gayet açık ve rahat. Sizin bakışınız nereye odaklıysa dünyayı öyle algılarsınız. Bir tanesi dünyanın gezilip görülmeye değer, çok güzel bir yer olduğuna inanırken, diğeri dünyayı acımasız ve karanlık, ıstırap ve çile dolu bir yer olarak tanımlıyor. Zaten cümlelerden ne olduğunu görüyorsunuz. Siz dünyayı öyle görüyorsanız dünya da size öyle gelecektir. Eğer babanızı arıyorsanız ilişki olarak bunu kabullenin. O zaman size babanız gibi biri gelir. Ya da anneniz gibi birini mi arıyorsunuz? Kabullenin bunu, gelsin sizin hayatınıza. Kabullendiğiniz, onunla ilgili farkındalık geliştirdiğiniz zaman mutlaka açılım olacaktır.

Her İlişki Bir Öğretmendir

Şöyle bir durum da var; aslında ilişkilerimizde karşımıza çıkan herkes, bizi bir sonraki kişiye hazırlıyor. Geçmişteki kişilere, "Bu bana niye böyle yaptı?" demek yerine, her birisine bir öğretmen gibi bakmalıyız. Ben de bir sürü ilişki yaşadım. Bir dönem, üç buçuk sene ilişkim olmadı. Sabahtan akşama kadar meditasyon yapıyordum. Akşam da meditasyon eğitimi veriyordum. Anlayacağınız üç buçuk sene boyunca elim kimsenin eline değmedi yani tam bir rahip hayatı yaşadım. Sonra o sürecin içinden çıktım ve hayatıma arka arkaya bir sürü farklı insan girmeye başladı. Birisi hayatıma giriyordu ve girer girmez benimle sevgili olmak istediğini söylüyordu. Ben de, "Yok, ben şu an istemiyorum," diyordum. Ama zaten ben istediğim ve açık olduğum için insanlar bana çok rahat sevgili olarak geliyorlardı.

İnsanların en büyük problemlerinden bir tanesi, kişileri kendi alanlarına almakla ilgilidir. Duvarlarınız çok kalın olduğu zaman, evren o kişiyi karşınıza getirmez. Çünkü yaşam enerjisel olarak sizin duvarlarınızı bilir.

Hayatıma bir sürü kişi geldi. İki ay çıkıp ayrıldık, iki hafta çıkıp ayrıldık... Gerektiğinde takılmadan bırakabilmek de gerekli. Oysa insanlar çok ciddi anlamda yaşadıklarına takılabiliyorlar. "Beni bıraktı. Bana ıstırap çektirdi. Bunu bana nasıl yapar? Ben bunu hak etmedim, beni bırakıp başka birine gitti," şeklinde mukayese etmek inanılmaz bir mevzudur. Bırakın gitsin; nefes alıp vermek gibi, bırakın gitsin ki yerine başkası gelebilsin.

İnsanlar boşandıktan, ayrıldıktan sonra, ayrıldığı kişiye nispet olması için başkalarıyla beraber olmak isterler. Bir insanı, sırf onu başkasına göstermek için kullanmayın. Her zaman dürüst olmalısınız. Ben de ilişkilerimde hatalar yapmış olabilirim ama çok şey öğrendim.

Bir arkadaşım, sevgilisi olduğu zaman karakter uyumuna bakmadan, kendi öz benliğinden farklı bir şekilde onunla uyumlu bir şekle geçiyor. Solcuysa solcu, sağcıysa sağcı oluyor. Bir gün mimari bir marka yaratacağını söyledi. Hayatına yeni biri girdiğini hemen anladım. Nitekim bu kişi mimarmış. Burada ne oluyor? Kendi öz benliğinden kopuyor. Birisiyle berabersiniz ama onunla beraber olmaktan mutlu değilsiniz. Kendi içinizde aslında kızgın ve kırgınsınız. Ama sırf bir ilişkiniz olsun diye kendiniz gibi davranmazsanız bu defa karşınızdaki kişi sizi bırakır.

Ben bir kişiyle beraberken, karşımdaki kişinin bana hissettirdiğini ona hissettiririm. Yaşadığım bir ilişkide sonradan ortaya çıktı ki aldatılmışım. Onunla beraber başka bir şehre gitmiştik. Arkadaşının evine gittik ve orada kaldık. Biz ayrıldıktan sonra o kişi bana dedi ki: "Aslında o beni seviyordu. Biz senden önce de sonra da beraberdik." Yani aslında onunla ilişkisi devam ediyormuş. Ama o kişi bana çok şey öğretti. Ondan sonra da ilişkilerim oldu. O kişiler de bana çok şey öğretti. Aslında her ilişki, biz bir sonraki ilişkiye ilerlerken bir basamak görevi görüyor. Birbirimize hizmet ediyoruz. Astrolojik haritalara baktığımızda da aslında hepimiz birbirimiz için tam olarak uygun değiliz ama herkes hayatımızda bir misyon tamamlıyor.

İlişkilerden Beklentilerimiz Değişiyor

Eskilerde aynı kişiyle elli yıl yaşanırmış ama bu durum artık farklı. Neden? Çünkü o zaman insanlar şu anki aydınlıkta değildi. Yaşamda kalma mücadelesinin içinde uğraşırken kendi özlerinden de uzaklaşıyorlardı. İnsanlar güçlendikçe, aydınlık çağa geldikçe, birine hayatı boyunca odaklanmak yerine kendi yaşamına dönebiliyor. Günümüzde kadınlar diyor ki: "Eskiden görücü usulüyle evleniyorduk, olup bitiyordu." Peki, bu insanlar gerçekten mutlu muydu?

Bazı insanların astrolojik haritasında erkenden tek bir kişiyle ilişki yaşayıp bitireceğine dair belirtiler olabiliyor. Tanışıyor, evleniyor ve hayatı o kişiyle devam ediyor. Bazı insanların ise tamamen kendi yaratımına bağlı olarak süreç şekilleniyor. Mesela bir kişinin astroloji haritasında Satürn ve Jüpiter'i ters düşüyorsa bu çocuk istemediğinin göstergesidir. Ama çocuk yapması gerektiğine inanıyor. Aslında kendisi istemese de çevresindeki kişiler istediği için, toplum ve aile baskısıyla istediğini sanıyor.

Bir arkadaşım vardı. Astrolojik haritasında görüyordum ki aslında çocuk istemiyordu. Sırf çocuk sahibi olması gerektiğine inandığı için evlendi ve çocuk yaptı. Sonra depresyona girdi ve çocuğunu istemedi, onunla hiç ilgilenmedi. Çocuğuna annesi baktı; çünkü o gerçekte istemiyordu. Ama bu durum çocuk için de büyük bir travma yarattı. Sadece toplumsal olarak veya bir şeyin yapılması adına yapmış olmak yanlış. Bu durum farkındalıktan çok uzak. Yani ortada kendi ruhuyla, kalbiyle, hayatıyla ilgili bir farkındalık yok. Rüyanın içinde uyuyarak yola devam etmek gibi...

Çocuk anneyi babayı seçerek gelir aslında. Bir kişinin astrolojik haritasında annesinin, babasının geçmişine, haritasına bakabilirsin. Mesela *Bir Yoginin Otobiyografisi* kitabında anlatıldığına göre, Paramahansa Yogananda'nın bir sürü çocuğunun olacağı görünüyor ama adam hiç çocuk yapmıyor. Daha sonrasında astrolojik haritalardan nasıl özgürleşebildiğine dair bütün öğrencileriyle sahnede konuşurken de bu konuyu anlatıyor. En son ABD'de bütün öğrencileriyle konuşurken hepsine sahnede veda ediyor ve kendi isteğiyle bedeninden çıkarak sahnede vefat ediyor.

Bana hayattaki en büyük arzumu sorsalar, "Yaşlandığım zaman oturup meditasyon yaparak kendi isteğimle bedenimden çıkıp ölmek," derim. Bence çok büyük bir özgürlük bu; seçerek ve kendi isteğinle, özgür iradenle ayrılabilmek. Budist rahiplerin yaptığı bir şeydir. Aziz Mahmûd Hüdâî'nin de yaptığı rivayet olunur.

Geçmişten Biri Hâlâ Aklınızdaysa Yeni Birini Hayatınıza Alamazsınız

İlişkiyi hayatımıza çekememememizin en büyük nedenlerinden bir tanesi duvar örmemiz, ikincisi ise hayata karşı öfke duymamızdır. Geçmişteki kişilere karşı öfke duymamız, o öfke enerjisi başka insanların bize gelmesine engel olur. Bir de kalbimizde, kendi ilişki çekirdeğimizde hâlâ geçmişten birilerini tutuyorsak ve onlarla bağlantı içindeysek o zaman ilişki çekirdeğimize yeni birisini alamayız. Ama bazı insanlar ilişki çekirdeğine annesini, babasını, kendi çocuğunu koyuyor. Pek çok kadın bunu yapar. Kendi çocuğu olduktan sonra çocuğunu koyar. Onunla arkadaş olmaya başlar, kendisine en yakın olarak onu görür. Aslında ilişkide olduğu kişi çocuğu değil, eşi olmalıdır.

Ben anneme babama karşı duyduğum özlemden dolayı karşıma gelen her insanı annem, babam, ablam gibi konumlandırmamın çok olumsuz etkisi olduğunu fark ettim ve bu durumdan kendimi özgürleştirdikten sonra hayatımda mucizeler, açılımlar oldu. Bana danışanların arasında, beş bin dolar verip muska yaptıran biri var. Bu bütçeyle muska yaptırmak yerine bir çocuğun eğitim masraflarını karşılasa çok daha iyi ve anlamlı bir hareket olabilirdi.

İnsanların beklentileri, hayatla ilgili istekleri çeşitlilik gösterir. Neye para harcıyorsunuz? Bunu dikkatlice irdeleyin.

Benim hayatımda en çok para harcadığım şey eğitim, kitaplar ve kendimi daha da derinlemesine keşfetmek için aldığım seanslardır. Hayatımızın her noktasıyla, her kademesiyle ilgili farkındalık içinde olmalıyız.

Kadın Kendi Yüceliğinin Farkında Olmalı

Kadın yüce bir varlıktır. Hindistan'da beş bin yıl önce, aydınlanmış yogilerden oluşan bir kabilede kimsenin çocuğu olmuyormuş. Çocuklarının olması için Tanrıları davet edip dua etmişler. Sonra bir çocukları olmuş ancak tek bir şartla: Yirmi yaşına geldiği zaman vefat etmesi şartıyla çocuk onlara verilmiş. Çocuk çok yüksek, aydınlanmış bir ruh olarak dünyaya gelmiş. Yüksek bir ruh olduğu için yirmi yaşına yaklaştığında öleceğini biliyormuş. Bir gün oturmuş ve derin bir meditasyon yaparak bilinç katmanlarının hepsini geçmiş. Bütün Tanrıların boyutlarını geçerek Ana Tanrıça'ya ulaşmış. Tanrıça'ya ulaştığı zaman Tanrı, verdiği kararı değiştirmiş ve çocuk yaşamaya devam etmiş. Böylelikle kaderini değiştirmiş.

Öz, mitolojideki öz Tanrı; ruhun temsilcisidir. Bütün mitolojilerde en güçlü olan Tanrıça'dır, yani aslında kadındır. Kadın inanılmaz güçlüdür. Çünkü ikinci çakra bir canlıyı, bir insanı, bir ruhu dünyaya getiriyor. Yeniden yaşayacak bir canlı orada yaratılıyor.

Kadınlar aslında erkeklerden daha dayanıklı varlıklar ama doğum sürecinde yardıma muhtaç kalma durumundan dolayı kendilerini geriye çekmişler. Kadın acıya çok daha dayanıklıdır. Aynı zamanda hisleri, algısı, empatisi çok daha güçlüdür.

Enerji Bağları

Kadını Venüs, Erkeği Mars Temsil Eder

Astrolojik açıdan bakacak olursak kadını Venüs, erkeği Mars temsil eder. Erkekler o yüzden mekanik konularla ilgili daha başarılıdır. Kadın Venüs olduğu için aslında olduğu yerde büyük bir güç kaynağı iken, erkek daha makine gibidir. Erkek de yüce bir varlıktır. Erkeğin de çok ayrı özellikleri, güçleri vardır. Astrolojik haritasında Mars'ın konumuna göre kişinin eril gücü görülebilir.

Kadın bizim daha çok sol, erkek ise sağ tarafımız. Enerji bedenimizde anne sol, baba sağ tarafta, ablalarımız sol, abilerimiz sağ tarafta temsil edilir. Yani eril ve dişil kanallarımızı temsil ederler. Biz bu ikisinin ortasında gidip gelirken düalitenin içinde kalırız. Ancak orta kanalda olmalıyız ki eril ve dişilin düalitesinin ötesine geçebilelim.

Erkeğin sol tarafında annesinin enerjisi vardır, dişil enerji. Yani yaşam enerjisi olarak beslendiği yer orasıdır. Anneye doğru olan harekette kopuş varsa yaşam enerjisinden kopuk olurlar. O yüzden anneyle problemin olması, kopuk olmak gibi bir şey söz konusu olmamalıdır. Bütün ilişkilerin düzelmesi için kişinin ilk önce annesiyle problemini çözmesi gerekir. Anne bizim içsel, babamız ise dışsal yaşamımızdır. Bunun bir uç örneği ise, bazı erkeklerin annelerine karşı geliştirdikleri bağlılıktan dolayı, onları yalnız bırakmamak adına ilişkilerinin yerine koyarak başka bir ilişki kurmamalarıdır.

Anneler oğulları evlendikten sonra gelinlerine sıcak davranmayabilirler. Nedenini biliyor musunuz? Erkek evlendiği zaman sol tarafından annesinin enerjisi çıkar ve yerine eşinin enerjisi girer. Kadının da sağ tarafından babasının enerjisi çıkar ve eşinin enerjisi girer. Ama sol tarafın enerjisi çok daha önemlidir. Anne kendi oğluyla arasındaki enerjisel bağın koptuğunu fark eder. O yüzden de enerjisel bağın kopmasına neden olan tarafa doğru saldırmaya başlayabilir. Enerji verdiği, akıttığı kaynak gitmiştir. O yüzden çok önemli. Hani derler ya her güçlü erkeğin arkasında güçlü bir kadın vardır. Bu önemli bir kavramdır ve gerçektir. Kadının enerjisi ve gücü, vefat bile etmiş olsa size akar.

Hayatta sık sık yaptığımız bir hata, karşımızdaki insanın ne yapıp yapmadığına göre hareket etmektir. Böylelikle karşımızdaki insanı değiştirmeyi amaçlarız. Karşınızdaki insanı değiştirmeye çalışmayın; kendinizi değiştirmeye çalışın. Hepimizin kendi evreni, kendi galaksisi var. Biz kendi evrenimizde annemizle olan ilişkimizi düzelttiğimiz zaman, annemizden bize olan enerji akışı birçok sorunumuzu düzeltebilir.

Kadının da kendi gücüne sahip çıkması çok önemli. *Lakshmi yoga* gezegen kombinasyonu, yani Venüs'ün kendi evinde oluşu veya en yüksek konumuna gelişi, kişinin hayatında kendiliğinden zenginliğe ulaşacağını gösterir. Onuncu evde olduğu zaman profesyonel veya sanatsal anlamda büyük başarı yakalayacağını gösterir. Birinci ev müthiş bir güzellik yaratır. Venüs'ün aslında hayatımızda bizi besleyen, bize zenginliği, bereketi, pek çok kutsamayı veren inanılmaz önemli bir yeri var. Venüs, Mars'a göre çok daha yavaş hareket eder ve Mars daha çok savaş enerjisini, yani eril gücü temsil eder.

Hindistan'da bir kişinin astrolojik haritasında evliliğe Jüpiter üzerinden bakılır; çünkü insanlar genellikle görücü usulüyle evleniyorlar. Batı'da ise Mars üzerinden bakılır; çünkü insanlar cinsel çekime göre evleniyorlar. Türkiye'de de bana göre artık Mars geçerli.

Beklentiler Üzerinden Kurulan İlişkilerde Kalp ve Ruh Birliği Olamaz

Düşündüğünüz zaman, erkeklerin üzerindeki baskının da çok fazla olduğunu görmek zor değil. Erkekler zengin, başarılı ve kariyer sahibi olmalı; inanılmaz bir yarış içindeler âdeta. Herkes bir mücadele içinde... Bazı kadınların da beklentileri erkeğin çok zengin olması, beyaz atlı prens olması yönünde. Ama burada söz konusu sevgi ilişkisi değil, menfaat ilişkisidir. Karşılarındaki insanla ruhsal ve duygusal, kalp üzerinden bir ilişki kurmak yerine, tamamen materyalist bir ilişki kuruyorlar ve sonuçta mutsuz oluyor ve birbirlerini aldatıyorlar.

Özellikle Türk filmlerinde fakir insanlar mutludur, iyidir, mazlumdur. Evlerinde huzur vardır. Fakirlik güzel bir şeydir. Zenginlikte entrika, kötülük vardır. Ahlaksızdırlar, mutsuzdurlar. Zengin olan kız, fakir olan oğlana kaçar ve onunla mutlu olur. Bunu yapmalarının nedeni aslında fakir insanları dizginlemek ve rahatlatmak olabilir mi? O yüzden, "Fakir kal rahat et, zengini kıskanma, haset etme çünkü o mutsuz, o kötü," mesajı veriyorlar. Bu aslında bir tür zenginleri koruma mekanizması.

Zengin insanlar parayı harcamayı değil, paraya sahip olmayı seviyorlar. Fakir insanlar paraya sahip olmayı değil, parayı harcamayı seviyorlar ve diyorlar ki, "Milli Piyango'dan bana çıktığı zaman şuna da yardım edeceğim, buna da destek olacağım, okul yaptıracağım, size de harcayacağım." Allah o zaman onu sana vermez doğrudan fakirlere verirdi. Niye sana veriyor, sen ver diye mi versin? Harcamakla ilgili plan yapıyor. Diğer taraftan zengin olan ise şu şekilde plan yapıyor; "Elime gelsin, altın alayım, yatırım yapayım."

Bazı insanlarda benim gördüğüm inanış, ailesinden gelen paranın onun harcaması için olmadığıdır. Para gelecek nesle aktarması için sadece bir emanettir. Hiç hayatım boyunca düşünemediğim bir sistemdi. "O benim değil ki. Babamın bana emaneti," diyordu bir arkadaşım. "Ben onu çocuğuma bırakacağım."

Genel olarak biriktirmeyi seven ve sahip olmaktan haz duyan insanlara para gelir. Düz bir nehir düşünün, akıp giden. Ortada bir tane havuz açıldığı zaman su orada birikir. Yine üstten akar ama aşağıda birikir. Sonuç olarak kişi bir yer açmalı ki onda biriksin. Paraya sahip olmak için parayı sevmek gerekir. Bu çok önemli bir farkındalıktır.

Kadınlar Erkekleri, Erkekler Kadınları Ne Kadar Seviyorlar?

Bir kadının hayatına bir erkeğin girmesi için erkekleri, bir erkeğin hayatına da bir kadının girmesi için kadınları sevmesi gerekir. Eğer erkek kadınları sevmiyorsa devamlı kavga edeceği bir kadın hayatına girer. Erkekler genelde kadınların çok konuştuklarından, kendilerini anlamadıklarından ve anlaşılmaz olduklarından yakınırlar. Oysaki her iki taraf birbiriyle çok zıt kutuplarda olsalar da birbirlerini anlamaları zor değildir aslında. Bir şeyi anlamanın zor olduğunu iddia eden kişi, zaten anlayamaz. Kadınlar ve erkekler birbirlerine karşı, "Kadınları/ Erkekleri anlamak zor," demek yerine mutlu olacağı insanı hayatına çekmeye niyet etmelidir.

Asıl olay tabii ki kadın veya erkek değildir. Olay tamamen sevgi ve bizim onunla ilgili farkındalığımızdan ibarettir. Ama bunun da bir sürü katmanları var. Evimiz, düşüncelerimiz, dinlediklerimiz, seyrettiklerimiz, annemiz, babamız, arkadaşlarımız... Bazı insanların arkadaşlarıyla çok mutlu ilişkisi var ve arkadaş ortamından kopmamak adına sevgili adaylarından uzak duruyor. Bazı kişiler de arkadaş ortamındaki kişilerin sevgilisi olsun istemiyor. "Sevgilin olduğu zaman bırakıp gideceksin," moduna giriyor. Hayatınızda mutlu bir ilişkinizin olması, evliliğinizin olmasıyla ilgili neler, sizi nasıl etkiliyor? Bunların tek tek farkına varmalısınız.

İnsanlar birbirini astrolojik olarak da numerolojik olarak da farklı şekilde etkilerler. Bir arkadaşım, "Can, hayatıma hangi adam girse maddi durumu çok iyi. Beraber oluyoruz, sevgili oluyoruz, adam batıyor, iflas ediyor," dedi. Astrolojik haritasına baktığımda 7. evinden 2. evine çok olumsuz açılar gördüm. Bir gün başka birisiyle konuşuyordum; evlenmiş, kocasının babası ölmüş. Sonra boşanmış, başka birisiyle sevgili olmuş, onun da babası ölmüş. Bir baktım ki 7. evinden 9. evine, yani ilişkide olduğu kişiyi temsil eden eve inanılmaz olumsuz açılar vardı. Sonuç olarak bizler hayatımıza farklı farklı insanları çekiyoruz ama o insanların bizi nasıl etkilediği hakkında bir farkındalık içinde olmalıyız. O yüzden, "İnsan hayatındaki düzen bizi nasıl etkiliyor, bize katkıları neler, beraber evrimleşiyor muyuz, gelişiyor muyuz?" gibi soruların farkındalığında olmalıyız. Bazı çiftler birbirinin evrimleşmesine katkı sağlamadığı zaman biri olumsuz şeyler yaşıyor, hasta oluyor, hatta ölüyor. Çünkü evren onların ilişkisini desteklemiyordur.

Zıt kutuplarda olan, birbirinin gelişmesine ve evrimleşmesine katkı sağlayan insanların ilişkileri çok daha olumlu ve uzun süreli olur. Günümüzde pek çok insanın boşanmasının en büyük nedenlerinden bir tanesi, geçmişteki atalarının boşanamamış olmasıdır. Geçmişteki ataları boşanamadıkları için bu yüzyılda insanlar anneannelerinin, dedelerinin, annelerinin babalarının yapamadıklarını yaparak kendi gücünü eline alıyor ve boşanıyorlar. Aslında yapılamayan bir şeyi yapıyorlar. Geçmişte bir kadının tek başına yaşayabilmesi gibi bir şey söz konusu değilken, şu an yaşayabiliyor.

Bunun tam tersi de mümkün olabilir. Geçmiş ataları boşanamadığından dolayı mutsuz beraberlikleri olan, ölene kadar mutsuz yaşayan ve boşanamayan insanlar da var. Bazen de boşanmalar sonrası insanlar, "Aa, ben niye boşandım? Niye böyle bir şey yaşadım? Çok kötü," diye düşünürler. Boşanıp sonra başka biriyle de evlenebilirler. Yani bu durumu bir kurban algısından çıkarıp hayatın bir deneyimi, bir dersi, kişiye vereceği hediyesi olarak görmeliyiz. Hayatta karşılaştığınız her şeye ilk önce, "Bunun bana hediyesi nedir?" sorusuyla bakın.

Anne ve Babanın Tutumunun, Yaşamınızdaki Rolü Çok Büyük

Annemle babam bana inanılmaz boyutta bir sevgi gösterirdi. Babam beni servise bırakmaz, okula her gün kendisi götürür getirirdi. Eve geldiğimde ikisi birden kucaklarını açarlardı. O sevgi çok yoğun bir hediyeydi. Ama aynı zamanda onların gitmesinin ardından, kendime gelmem de çok uzun zaman aldı. Sonuç olarak şöyle bir gerçek var ki; anne ve babam vefat etmemiş olsaydı hayatımda da şu an bu noktada olamazdım. Ayşe Arman'la röportaj yaptığımda bunları söyledim. Bazı insanlar, "Çocuğa bak, utanmasa annesi babası öldüğü için göbek atacak," şeklinde yorumlar yapsalar da benim ifade etmeye çalıştığım yaşadıklarımın beni ulaştırdığı farkındalıktı. Ama ben baba olsaydım çocuğumu şımartmaz, kendi gücünü eline alması için onu yönlendirirdim. İngiltere'deki okulum herkesi bulaşık yıkamaya, çalışmaya yollarken, annem ve babam beni yollamadılar. Onların bana gösterdikleri sevgi, insanlarla ilişkimden sevgilimle ilişkime kadar yansıdı; insanları kendi içime alabilmem ve farkındalık kazanabilmem için bana müthiş bir güç verdi.

Sonuç olarak anne ve babaların, kişiye karşı gösterdiği tutumun, herkesin yaşamında çok büyük bir rolü vardır. Senin ilerlediğin yolda, elde etmek istediğin şeylerde ve yaşamında mutlu olmanda büyük bir rol oynuyordur. Farkındalığa yönelip onun sana getirdiği hediyelere bakmaya başladığında, şikâyet etmeyi bırakıp olumsuz değil de olumlu yanlarını görmeye başladığında bu bir hediyeye dönüşür.

'İmkânsız' Kelimesini Düşüncelerinizden ve Hayatınızdan Çıkarın

Aslına bakarsanız, hayatımızda eksik olan bir şey yoktur. Hayatımızda almadığımız, kabullenmediğimiz, karşısında kendimizi açmadığımız veya tepki gösterdiğimiz, ittiğimiz şeyler vardır. Sokakta sürünürken, sıfırdan her şeyi yaratarak yıllık milyon dolarlar kazanan, holdingler kuran birçok insan var dünyada.

Bir milyonerin gerçek yaşam hikâyesine dair okuduğum bir anekdot beni çok etkilemişti. Eskiden ufacık bir evde eşiyle yaşarlarken, eve gelen telefonları adam, "Alo ... Malikânesi" diye açıyormuş. Karısı, neden böyle konuştuğunu sorduğunda, "Bir gün malikânemiz olacak," demiş ve bugün gerçekten de malikâneleri var.

Tanıdığım 60 yaşında bir kadın vardı. "Can, ben hayatım boyunca ilişkilerimde mutlu olmadım. Ama ben mutlu bir ilişki ve cinsel hayat istiyorum," demişti bana. "Eğer farkındalığa yönelip bunu seçersen, yargılarını aşarsan, kendini buna açarsan kaç yaşında olursan ol istediğini yaşarsın," demiştim. 1-2 sene içinde hayatına bir sürü insan girip çıktı. Bazı hayal kırıklıkları da yaşadı o süreçte ve en sonunda hem duygusal hem de cinsel olarak çok mutlu olduğu bir ilişki yaşamaya başladı. Böyle başka bir kadınla daha tanışmıştım; 30 seneye yakın bir süredir ilişkisi yoktu. Ancak daha sonra nişanlandı. Nişanlısıyla beraber dünya turuna çıktı, sonra da evlendi.

Şunu anlatmaya çalışıyorum: Hayatta imkânsız diye bir şey yoktur. Hiçbir zaman, hiçbir şey olanaksız değildir. Astrolojik haritanızda her ne olursa olsun sizin her şeyi değiştirmeye gücünüz var; ancak isteyip seçerseniz... Gezegenlerin sizin üzerinizdeki etkisinden bile özgürleşebilirsiniz. Düşünün, ne kadar güçlü varlıklarsınız... Ben tamamen özgür iradeye inanıyorum. Tamam, bir kader, bir yol var ama sizin seçenekleriniz ve özgür iradeniz de vardır.

Hintli bir gurunun belgeselinde gördüm ki bu guru Hindistan'da bir merkez kurmak yerine Amerika'da kurmayı seçiyor. Bir süre sonra her taraftan insanlar gelmeye başlıyor. Sonuçta çok farklı bir şehir kuruyorlar ve daha sonra eski şehrin yönetimini ele alıyorlar. Her şey iyi güzel derken herkes kırmızı giyiniyor –kırmızı Mars'ın rengidir– sonrasında da silahlanıyorlar; çünkü Mars'a gitmeyi seçmişler. Mars eril enerji, agresyon ve mücadeleyi temsil eder. Bu insanlar Mars'ı seçerek kendilerine savaşı, kavgayı çekmişler. Polisler onları basıp tutukladıklarında da Amerika'dan kovuluyorlar.

Mars'ın aksine Jüpiter'e giderseniz özgürlük, felsefe, geniş bakış açısı, şans sizinle olur. Jüpiter bambaşka şeyleri temsil eder. Ben biriyle karşı karşıya kaldığımda genelde onunla savaşmak yerine onu barışa, çözüme yönlendirmeyi seçerim. Eğer kabul etmiyor veya bana tepki veriyorsa o zaman da özgürleştiririm.

Aydınlanmanın Kademeleri Vardır

Aydınlanmış bir üstadın bir öğrencisi varmış. Öğrencisi yıllardır ondan eğitim alıyor, yanında yaşıyor, gelişiyor, değişiyormuş. Hocası olan aydınlanmış üstat ona her şeyi öğretmesine ve elinden geleni yapmasına rağmen, öğrenci bir türlü aydınlanamıyormuş. Çok uzun yıllar geçip yine de olmayınca, aydınlanmış üstat en sonunda bir gün öğrencisini alıp bir dağın tepesine çıkarmış. Karşılarında kocaman bir saray varmış. Aralarında şu konuşma geçmiş:

– Şuradaki sarayı görüyor musun?

– Evet, hocam, görüyorum.

– Artık o saray senin.

Öğrenci ondan sonra aydınlanmasını almış; çünkü aslında dünyevi arzu ve beklentilerinden özgürleşmesi, bunları deneyimleyip, bunlara sahip olduktan sonra mümkünmüş.

Aydınlanmanın da kademeleri vardır. Aydınlanmış insanlar dünyada olduğu şeyin içinde bir uyanıştadırlar. Farklı aydınlanmalar, farkındalıklar, bütünleşmeler vardır. Aydınlanmanın seviyeleri olduğu için tamamen aydınlandığı zaman o kişinin bu dünyayla olan ilişkisi biter.

Örneğin; Mevlânâ, öleceği zaman tam olarak aydınlanmasını almış olabilir. Aydınlanma ne başın üzerinden ne de diğer çakralardan olur. Kalp çakrasından yaşanır ve kişi kademe

kademe derinleşerek ilerler. İlk başta, farklı katmanlardan, soğanın kabuğu gibi özgürleşirsiniz ve sevgiden ilerlemeye başlarsınız. Sevgiyle ilgili aydınlanmalar yaşarsınız. Kendi rüya âleminizde, dünyada, olduğunuz yer içinde yetileriniz gelişir ve daha sonrasında sevginin de ötesine geçer; sevgiden de özgürleşirsiniz. Kişi herkesten, her şeyden ve bütün beklentilerinden özgürleştiğinde de ruhsal düzeylerde, ruhsal beklentilerle görevler tamamlamaya başlar. İlerler, ilerler ve en sonunda o hiçlik noktasının ötesine geçer. Öz kaynak bilincinin ötesine ulaşır ve ondan sonra aydınlanır.

Ben de aydınlanmış birçok üstatla çalıştım. Lee Carol'ı Türkiye'ye getirdim. Kendisine aydınlanmayla ilgili sorduğum bir soruya verdiği cevap, benim aslında içsel olarak bildiğim bir şeydi. Bazı şeylere ulaşmak için hiçbir şey yapmanıza gerek yoktur; sadece kendiniz olmanız yeterlidir. Kişi kendi olma sürecinden ilerlediği zaman bir şeyler değişir. O süreçte anne, baba, abi, abla, çevre, toplum, kolektif bilinç gibi birçok farklı faktör de devreye girer tabii. Örneğin, bir sabah inanılmaz bir korku hissiyle uyandım. "Ne oluyor, bu nedir?" diye kendime sorarken televizyona bir baktım ki bir yerde patlama olmuş. Aslında o sırada kolektif bilinçteki korkuyu yaşıyormuşum.

Bir arkadaşımla bu konuyu konuşurken, "İnsan bu durumda çıldırır," demişti. Hayır, elbette çıldırmıyorum. Kişi, "Çıldırırım," dediği zaman kendisini farkındalığa kapatmış olur. Bu, kişinin farkında olmak, uyanmak istemediği anlamına gelir. Aydınlanma üzerine uzun yıllardır çalışıyorum. Yapmak istediğim şeyler var ve bunlarla ilgili birçok kademe elde ettim. Bu süreçte de devamlı gelişiyorum ve kendi üstümde her gün çalışıyorum.

Cesur davranmak ve son derece kararlı olmak gerekli. Ama bu bir yol, bir süreç... İlişkiyle ilgili süreç de buna benzer aslında. Mutlu olacağınız insanı, hayatınıza çekmekle ilgili prosesler ve teknikler var. Yapmadım mı? Yaptım. Ama oraya gelmeden önce farkındalığa ulaşmalıyız. Çünkü farkındalığa geldikten sonra gerçek anlamda etkili olur. Birçok insan sürekli dua ediyor, namaz kılıyor, ibadet ediyor. Bazı insanların niyetleri anında kabul olurken, bazı insanlarınki olmuyor. Neden? Çünkü bazıları gerçekten içsel olarak, herhangi bir yargısı olmadan, onunla ilgili farkındalık içerisinde odaklanır. Ben dua ederek durduğu yerde taşı döndüren insanları biliyorum.

Hepimiz aydınlanabiliriz. Zaten ışığın en yüksek olduğu noktaya geldiğimiz zaman toplu olarak aydınlanacağız. Bütün üstatların ya da aydınlanmış isimlerin hayatlarına baktığımızda, belli bir yaşta, konumda aydınlanma noktasına geldiklerini fark ederiz. Veda edip bedenlerinden özgürleşip aydınlanırlar. Bir insanın nasıl öldüğü de çok önemlidir.

Kişinin ölüm şekli zaten astrolojik haritasında gözükür. Ama herkes bunu değiştirebilir ve seçebilir. Ölüm şekli bir insan için çok önemlidir. Ben aydınlanmış bir üstadın kitabını okuyacağım zaman, ölüm şekline bakarım. Nasıl ölmüş? Yaşıyorsa da öğrencilerinin hangi konumda olduğuna bakarım. Bakın bu çok önemli. Öğrencilerini kendine bağımlı kılıyor mu? Köleleştiriyor mu? Aydınlanmışlar mı, aydınlanmamışlar mı? Bu, ego olarak algılanmasın. Ama karşımdaki insanın aydınlanma ve farkındalık düzeyini çok net görür ve hissederim.

Dünya çapında ünlü eğitmenlerin Türkiye'ye gelmesini sağladım. Hepsiyle çalıştım. Bazıları medyum. Ruhsal seviyeden çalışıyorlar. Medyum olarak kendi bedeninden çıkabiliyor, birlik konumuna geçebiliyorlar. Peki, bu kişiler aydınlanmış mı? Hayır. Örneğin, biri 9 kere evlenmiş ve boşanmış. 14 tane çocuğu var. Kendince inanılmaz bir sürü olay yaşamış. Hayatında da çok büyük başarıları var ve binlerce, milyonlarca insanın hayatına dokunmuş, onların mucizeler yaşamasını sağlamış. Diğer taraftan baktığınızda ise farklı kişiler, hayatlarında bir sürü problem yaşamış, sonra müthiş noktalara gelmiş, yükselişe geçmiş, düşüşe geçmiş...

Örneğin, Şems'in öldürülmesinin Mevlânâ'nın aydınlanmasında çok büyük rolü vardır. Öldürülmese belki Mevlânâ Mesnevi'yi yazamazdı. Bir keresinde teyzem, "Can, iyi ki annen, baban, ablan vefat etmişler," dedi. Teyzeme niye böyle bir şey söylediğini sorduğumda, "Bak onların ölümü sayesinde bir sürü insanın hayatına dokunuyorsun," dedi.

Hepimizin hayatı bir serüven aslında ve tam olarak o enerjiye girdiğiniz zaman serüvenin de içine giriyorsunuz. Ben hiçbir zaman "Aydınlandım" demem. Birisi öyle bir şey derse bilin ki çok zor şeyler yaşayacak. Bu gerçektir. Çünkü sen öyle dediğin, kendini o konuma getirdiğin zaman evren seni sınar.

Evren Sürekli Büyüyüp Gelişmemizi İster

Bir gün, enerjisel olarak çok güçlü ve insanlara şifa veren iki kadınla beraber şehir dışına gittik. Yolda bir tanesi, "Biz evvel Allah, artık her şeyin üstünden geliriz. Evliyalarla beraberiz, hiçbir şey önümüzde duramaz," dedi. Ben de içimden, "Keşke bunu söylemeseydin," dedim. Gerçekten iki ay sonra birbirlerine girdiler. Bir sürü keyifsiz olay yaşandıktan sonra tamamen ayrıldılar. Bir tanesi yaptığı işi bıraktı ve olduğu şeyin dışına çıktı. Sonuç olarak bütün evren ve bütün sonsuzluk büyüyüp geliştiği için, "Ben böyle bir konumdayım, ben artık oldum," diye düşündüğümüz zaman, büyük sınavlarla karşılaşabiliyoruz. Çünkü yaşam diyor ki: "Hayır. Öyle bir şey yok." Bütün evren büyüyüp gelişirken, sen kendini bir konumda nasıl sabitleyebilirsin?

Yaşam bana esnek olmayı, akış içinde olmayı, bir yere sabitlenmek yerine ilerlemeyi öğretti. Şunu anlatmaya çalışıyorum; yaşam her an bize ders verip bir şeyler öğretmeye çalışır. Bizimse yalnızca kulak verip, "Benim bundan ne öğrenmem gerekiyor? Hayatımın bu noktasında, buradan kendime katmam gereken nedir? Bunu alarak mucizelere dönüştürmem için ne yapmam gerekir? Neye bakmam gerekir?" diye sorgulamamız gerekli. Aslında yaşarken şu anki halinde öldüğün zaman, şu an hangi boyuta gideceğiniz bellidir. Ama yaşarken kişinin bilincinin değişmesiyle beraber o boyut da değişir. Düşebilir veya yükselebilir.

Astrolojik haritasında gezegeni ters dönen kişilerin, hayatlarında o gezegenleri düze çevirmesi, orada olan bazı sorunları çözmesi gerekir.

Tüm Öğretilere Açık Olun

Yalnızca tek bir konuya odaklanmak en büyük hatalardan biridir. Bir şeye odaklanmak körlüktür. İnsanın kendisini her şeye, sonsuz bilgiye açması gerekir. Ben hiçbir zaman, "Şu öğreti doğru," demedim. Gördüğümüz üzere, Türkiye'de de birçok enerjisel çalışma var. Hiçbirisi için mükemmel, tam sonuç vereni veya en doğrusu demem. İnsanların çok fayda elde ettiği çeşitli enerjisel etkinlikler var ama bakıyorum ki başlarındaki insanlar inanılmaz sınavlar veriyorlar. İddia edilen şey, kişinin sınavı haline gelebiliyor. Bu nedenle herkesin kendisini sonsuz olasılıklara açması ve farkındalığa doğru ilerlemesi çok önemlidir. İlk önce kişi neyi istediğini kendisi bulmalıdır.

Gerçekten ilişki istiyor musunuz? O zaman ilişkiye sahip olabilirsiniz. Örneğin; kişi parayı istemediğini, paraya karşı öfke duyduğunu fark ettiği zaman paraya sahip olabilir. Çünkü hepimiz ancak fark ettiğimiz zaman özgürleşebiliriz.

Ağzımızdan çıkan her bir sözün çok büyük önemi var. Türkiye'de kişisel gelişim konularında benim kadar eğitim alan kişi sayısı bir elin parmaklarını geçmez. Ama sürekli olarak eğitim almaya devam ediyorum. Eğitimlere, seminerlere gidiyorum. Başucumda, koltuğumun yanında kitaplar, çeşitli ses kayıtları... Her bir insandan, her bir şeyden farklı şeyler öğreniyorum. Her gün sabah kalkıyorum ve rüyalarımı yazıyorum, meditasyon yapıyorum. Bağlantıya geçiyorum, dua ediyorum. İnsanlarla konuşurken, "Ne oluyor?" veya "Yaşam bana ne anlatmaya çalışıyor?" diye soruyorum. Eğitimler verirken etrafımdakilere bakıp, "İçinde ne var? Burada benim fark etmem gereken nedir?" diye sorarken bir başkasına bakıp, "Burada bana ne göstermeye çalışıyor, niye burada?" diyorum. Her birinize farklı bir kişilik olarak değil, benim farklı bir yüzüm olarak bakıyorum.

Dünyada Her İnsanın Büyük Bir Rolü Vardır

Hayatta nerede durduğumuz ve nereden baktığımız çok önemlidir. Kimisi kendisini öğretici konumunda görerek dünyaya gelebilir ve sadece öğretebilir. Ama hayat sadece öğretmek midir, öğrenmek midir? Örneğin; ben farkındalıklarımı paylaşıyorum, öğretmiyorum. Spiritüel olarak çok büyük güçleri olan insanlar var ama bu insanların bazılarının inanılmaz egoları da var. Ben kendi spiritüel egomun üstünde yıllarca çalıştım. O egonun üstünde çalışırken inanılmaz farkındalıklar elde ettim.

Eleştirirken, yargılarken neyi, kimi eleştirdiğinin ya da yargıladığının farkında olmayabiliyor insan. Yargıladığınız zaman öyle insanlardan size gelecek hediyeler gelmez. Ben o tür yargılarımı ortadan kaldırdıktan sonra, bir sürü insan bana çok yardım etmeye başladı. Hayatıma çeşitli hediyeler ve mucizeler geldi ve oradan da pozitif enerji akmaya başladı. O yüzden ben kendimi herkese karşı açmaya ve yargımı kaldırmaya başladım.

Dünyadaki her bir insanın büyük rolleri olduğunun farkında olmalıyız. Bir ailenin başındaki insan, o ailenin bütününü yansıtır. Bir şirketin müdürü, CEO'su veya sahibi, o şirketin içindeki herkesi yansıtır ve insanlar ona göre o şirkete gelir. Bir ülkedeki insanların yansıması, o ülkenin başındaki insandır. O ülkenin başındaki insan, bütün ülkenin bilincini yansıtır. Sonuç olarak hiçbir şey, hiçbir zaman boşuna değildir. O insan diğer bütün herkese, başında olduğu şeyin üstündeki bütün herkese, "Ben sizin yansımanızım. Siz busunuz, içinizde bu var," der aslında. Sonuç olarak hayatımıza giren insanlar, yansımalarımızdır. Çok ilginçtir ki benim hayatımda inanılmaz yakın olduğum farklı farklı insanlar var. Örneğin, bazı dostlarım müthiş derecede asosyalken, ben günde onlarca arkadaş edinebilirim. Bir gün düşünürken şu soru aklıma geldi; "Ben niye böyle insanları hayatıma çektim? Neden bu kadar asosyaller, tek arkadaşları benim?"

"Bilmiyorum" Demek Farkındalıktan Uzaklaşmaktır

Böyle durumlarda kesinlikle "Bilmiyorum" dememeliyiz. Bilmediğini söylemek uykuya yatmaktır, farkındalıktan uzaklaşmaktır. "Bilmiyorum" demek insanın bilmeyi seçmemesidir. Bilmekten kendisini uzaklaştırmasıdır. Bilmeye, gelişmeye, ilerlemeye karşı direnç göstermektir. Akışta ilerlemesine karşı olan direncidir.

Evet, bu insanlar niçin hayatımda? Anladım ki beni bırakmayacak, sadece benimle arkadaşlık ilişkisi kuracak insanları hayatıma çekmişim. Kendi bilinçaltımızda, bizimle aile ilişkisi kuracak, gerçek dost ve yakınlığı hissedeceğimiz insanları seçiyor ve hayatımızda tutuyoruz.

Çok ilginç ve bir taraftan da doğru bir saptama olduğunu düşünüyorum. Ama benim çok iyi anlaştığım hiperaktif arkadaşlarım da var ve benim de enerjim çok yüksektir. Hayatınıza getirdiğiniz her insanın müthiş bir rolü var.

"Burada elde etmem gereken farkındalık nedir?" diye kendinize sormalısınız.

Soru sormanın da ötesinde, insanın kendi vicdanıyla, ruhuyla bağlantıda olması; vicdanını, ruhunu ve zihnini bir tutması gerekli. Sonra bütün çakralarında ve kendi içinde bir yolculuğa çıkmalı. Orada ne oluyor? Ne bitiyor? Beden ne anlatıyor? Bedenimiz gün boyu bizimle konuşuyor, yaşam bizimle gün boyu konuşuyor, anlatıyor. Bir şeyi çok biliyor modunda olmamalıyız. Akışta olmalı, kaynakla bağlantıda kalmalıyız. Kaynakla bağlantıda kaldığınız o noktadan itibaren, aydınlanma ya da farkındalık yolunda ilerledikçe hayat size mucizeler gösterir ve beklentinizin ötesinde kapılar açmaya başlar. Bu yaklaşım, sizi günden güne düşüncelerinizin, beklentilerinizin, hayallerinizin ötesinde bir noktaya taşır.

Kalbin Derinlerine İnmek

Yaşamı Zihinsel Olarak Algılamak Kalbe İnmeyi Engeller

Hepimiz hayatımızda birçok şeyi yalnızca zihinsel olarak algılamaya çalışırız. Ama zihinsel olarak yorumladığımızda yaşadığımız birçok sorunu, sıkıntıyı ya da karşımızdaki insanların bazı şeyleri neden yaptığını anlayamayız. Zihinsel olarak anlamaya çalışmanın en büyük nedenlerinden bir tanesi de devamlı beynimizi meşgul edip kalbimize inmememizdir. Kalpten yaşamadığımız zaman, sevgiyle ilişki kuramaz, sevgiyi hayatımıza çekemeyiz; çünkü sevginin kaynağı kalptir. Eğer kalbe inemez, kalbinizi açamaz, kalpten yaşamazsanız hayatınıza sevgiyi nasıl katabilirsiniz ki? Tamamen zihinsel olarak yaşadığımızda, belli bir süre sonra gerçek anlamda kalbi unuturuz. Kalp nedir? Güven alanıdır, annedir kalp. Astrolojik haritada da bu böyledir. Kalp, 4. evdir. 4. ev hem annedir hem güven alanıdır; hem sevgidir hem de aydınlanmadır. Aynı zamanda taşınmaz mülkleri temsil eder. Astrolojik haritada 12 tane ev vardır ama 4. evin önemi çok büyüktür. Öyle ki bunun üzerine yazılan kitaplar mevcut.

Kalp Çakrası

Benim organizasyonunu düzenlediğim, beraber çalıştığım, eğitimine katıldığım bütün aydınlanmış hocalar aynı şeyi söylerler; aydınlanma başın üstünden, üçüncü gözden ya da farklı çakralardan değil, kalp çakrasından oluşur. O yüzden bizim temel olarak ilk önce kalp çakramızla ilgili çalışmamız, bu çakra üzerinden farkındalık elde etmemiz gerekir. Kalp çakrası göğsümüzün olduğu yerdir.

Kalple ilgili en önemli şeylerden biri annedir. Bu yüzden de bu konuyla ilgili her şeyi çözmemiz gerekir. Sağ taraf ise babayla ilgilidir ve bu konuları da çözmek gerekir. Kabullenmek çok önemlidir; ancak ilk önce farkındalık gerekir. Yani zihinden mi yaşıyoruz, yoksa kalpten mi?

Size bir konuda bir şeyler anlatırken, beni zihinden dinler ya da okursanız bazı dediklerimi anlamayabilirsiniz. Ama kalpten dinlerseniz bazı şeyleri çok daha farklı algılayıp alabilirsiniz. Şayet zihinden dinlerseniz bazı şeyler size tekrar ediyor gibi gelebilir, kalpten dinlediğinizde ise her şeyin enerjisini çok daha farklı bir şekilde hissedip algılayabilirsiniz. Gün içinde devamlı dikkatinizi kalbinize vermeniz gerekir. Bütün yogilerin, kalp çakrasının açılmasıyla ilgili insanlara yaptırdığı en büyük meditasyonlardan biri budur: dikkatlerini kalplerinde tutmaları. Zihnini kalbe yönlendirmek, devamlı kalbe odaklanmak ve kalp çakrasına doğru meditasyon yapmak gerekir.

Diğer bir deyişle, *kafanızı kalbinize takın*. Günlük hayatınızda, çeşitli aktiviteler yaparken, gezerken, sohbet ederken, yerken, içerken, dikkatiniz sürekli kalp çakranızda olursa enerjiniz de oraya odaklanır. Dikkatiniz neredeyse enerjiniz oradadır, dikkatiniz neredeyse evren orada çalışır, yaşam oraya doğru yönelir. Dikkatiniz neredeyse orası şifa alanıdır; büyür ve genişler. "Kafanızı kalbinize takın" ifadesi, kesinlikle "kalbinizde olanı takıntı haline getirin" şeklinde yorumlanmamalıdır. Akışta ve sonsuz olasılıklara açık olmayı unutmamalıyız.

Kalp çakranıza odaklandığınızda kalbinize odaklanırsınız. Örneğin, yolda yürürken, birisiyle konuşurken, belli bir süre sonra bakacaksınız ki; başınızdaki yoğunluk göğsünüzün ortasına doğru inmiş... Ve böylece, gitgide kalpten hareket etmeye başlayacaksınız. Bazı insanlarla konuştuğunuzda bazen size yapmacıkmış gibi gelirler. Kişinin yüzünde sanki bir maske vardır ya da göz göze geldiğinizde sizinle temas kurmaktan çekinir, gözlerini kaçırır, yüzünde masumiyet yoktur. Bunların hepsi, o kişinin çok yoğun bir şekilde zihinde yaşamasından kaynaklanır. Bu insanların yüzündeki öfke çoğu zaman dışarıya yansır. Gözlerinde net bir şekilde o öfke yoğunluğunu görebilirsiniz. Bunların hepsi kalp çakrasına inememekten kaynaklanır.

Kalp Çakrası Kapanmaz

Peki, insanlar neden kalp çakrasına inemiyor? Yaşadığımız birçok acı ya da kırgınlığı kaldıramayız, kaldırmakta zorlanırız. Böyle olduğunda kalp çakramıza inemeyiz. Sevdiklerimizi kaybedince veya onlardan zarar görünce kalbimiz acır. O acıya tahammül edemez, dayanamaz ve genelde kaçmayı seçeriz. Ama o acı kalp çakrasında kalır. Kalp çakrasının kapanması diye bir şey yoktur; ancak kalp çakrasıyla ilgili farkındalığı yitirmek mümkündür.

Birçok insan "kalp çakram veya şu çakram kapalı" gibi ifadelerde bulunuyor. Bir tane bile çakranız kapanırsa ölürsünüz. "Ben senin çakranı açtım, kapattım," gibi söylemlere inanmayın. Musluk mu bu kapatacaksınız? Burada söylenen, iç organlardan birinin iflas etmesine benziyor. Yani çakra açılması ya da kapanmasıyla yalnızca evrenle uyumluluğu, akışta olup olmaması ve dengesi kastedilmektedir. Aynı zamanda açıklık oranı değişebilir. Mesela bazı insanların sindirim sistemi çok daha iyi çalışır, bazısının ise metabolizması daha hızlı, bazılarının ise yavaştır. Çakralar da bunun gibidir ama tümüyle kapalı olması diye bir durum söz konusu olamaz.

Öfkenizden ve Acılarınızdan Kaçmayın; Onlarla Yüzleşin

Kalp çakrasında acılarımızı, kızgınlıklarımızı, kırgınlıklarımızı ve kayıplarımızı hissetmemek uğruna, kendimizi sevgiden uzaklaştırmak gibi yollara başvururuz. O zaman da hayatımızı şifalandırmaktan ve bütünle bağlantıda kalabilmekten uzaklaşmış oluruz; çünkü aslında sevgi her şeydir. Sevgi, bir kişinin bir başkasına duyduğu his ya da duygu değil, her şeye ve herkese karşı duyulan histir. Bunun için sevgi birliktir. Bütün ailelerin, köklerin, atalarımızın birleşim noktası da sevgidir. Acıyı hissetmemek uğruna sevgiye karşı kendimizi kapadığımız zaman bütün atalarımızla, köklerimizle ve bütünle olan bağlantımızı da koparmış oluyoruz. O nedenle ilk önce sevgiye ulaşmalıyız. Sevgiye ulaşmamız için de içimizde bir öfke varsa bunu açığa çıkarmalıyız. Öfkemizi ifade etmek, "Gideceğim insanların canına okuyacağım," anlamına gelmez. Ben de yaptım ama her şeyden önce duygularınızı, düşüncelerinizi ifade etmeniz çok önemlidir. İfade edilmeyen her şey, kalp çakrasında blokaj yaratır.

Ruhun Sevgiden ve Neşeden Başka Duygusu Yoktur

Kalp çakranızdaki ifade edilmemiş bu duyguların hepsi size ait değildir. Bazı şeyler, atalarınızdan, ailenizden ya da yaşadığınız toplumsal kolektif bilinçten kaynaklanır. O yüzden dikkatinizi kalp çakranızda tutarak adım adım enerjiyi hissedeceksiniz. Belli bir süre sonra göğsünüzde bir daralma hissedebilirsiniz.

Serbest bırakıyorum, olduğu gibi kabul ediyorum, affediyorum, gibi niyetler ederek kalp çakrasından devamlı derinleşeceksiniz. Bir başka deyişle, dikkatinizi kalp çakrasına vererek şöyle diyeceksiniz: *Sevgiye açıyorum, sevgide merkezleniyorum,* diyeceksiniz.

Her sabah kalktığınızda ilk yapacağınız iş elinizi göğsünüzün ortasına koyup şunları söylemek olsun:

> *Sevginin merkezine iniyorum, sevgiden ilerlemeyi seçiyorum, sevgiden derinleşmeyi seçiyorum, sevgiyi tam anlamıyla yaşamayı seçiyorum.*

Bu noktada içinizde daralma, sıkılma, öfke gibi duygular hissedebilirsiniz. Her ne hissederseniz hissedin, bilin ki aslında ruhun sevgiden ve neşeden başka bir duygusu yoktur. Yani sizdeki bütün öfke, kızgınlık gibi duygular aslında sizin ruhunuza ait değil. Açlık, cinsel bazı dürtüler, yaşanmamış cinsellik ya da tatminden dolayı bazı öfkeler, kızgınlıklar, kendini bloke ya da tutuk hissetme vb. bedene ait olabilir. Bunları hissedip serbest bırakabilirsiniz. En önemli şeylerden bir tanesi de o duygulardan özgürleştikten sonra özgürleşme hissinde ve o farkındalıkta kalmaktır. Bunun için devamlı kalp çakranıza odaklanmalı ve kalp çakranızdan derinleşmelisiniz. "Aydınlanma özellikle kalp çakrasında olur," dememin nedenlerinden bir tanesi de aydınlanmanın aslında kademe kademe olmasıdır.

Kalbinizin Etrafına Taştan Duvarlar Örmeyin

Aydınlanmış bazı üstatların binlerce takipçisi var. Onların bana anlattığı ve benim de hissettiğim, kalp çakrasının çok boyutlu olduğudur. Siz orada kaldığınız, oradan derinleştiğiniz ve ilerlediğiniz zaman, adım adım daha da gelişir, daha da açılır. Sevginin bütün mucizeleri, hediyeleriyle karşılaşmaya başlarsınız. Bunun için sevgide kalmalısınız. Bazen işyerinde problem yaşayabiliriz ya da karşımızdaki insan bize kötülük yapabilir. Böyle bir durum olduğunda, "Neden bununla karşılaşıyorum?" diye sormalısınız. Karşımızdaki insanı suçlamak yersiz olabilir. Belki de o işyerini bırakıp başka bir yere gitmenin vakti gelmiştir. Yaşam belki de bize bir şey anlatmak istemektedir.

Örneğin; ilişkinizle ilgili çok ciddi bir problem yaşıyorsunuz ve bir türlü sonu gelmiyor. Bazen bir dönemin içinden geçeriz. 1-2 aylık Mars dönemi ilişki evinde olabilir; gerginlik yaşar, farkındalık elde eder, ilerleriz ama o soruna yapışıp kalırsak bitmesi yıllar alır. Bazı insanlar tanıyorum; 3, 5, 10 yıldır birlikteler ama yürümemesine rağmen ayrılmıyorlar. Böyle bir durum olduğu zaman yaşam size, "Anlatıyorum, sen dinlemiyorsun," gibi gittikçe sertleşen bir açıklama yapmaya çalışır. Dinlemediğiniz zaman da sizin kalıplarınızı, duvarlarınızı, kalbinizde yarattığınız tuğlaları kırmanız için biraz daha kırıcı olabilir. O yüzden yaşamı sürekli dinlemeliyiz.

Kalbe doğru dikkat yoğunlaştığı zaman insanların çoğu, "Kalbimin etrafında taştan duvarlar varmış. Şimdi fark edebiliyorum," derler. Hayatımıza sağlıklı bir ilişki çekmek için ilk önce kendimizi sevgiye açmalıyız. Buradaki farkındalığa dikkat çekmek isterim; daha önce de söylediğim gibi başka birine, başka bir şeyi kanıtlamak için hayatınıza bir insanı çekmeye çalışmayın. Çünkü orada sevgi yok. Para elde etmek için ilişki kurmaya çalışmayın; orada sevgi yok. Sevgi olmayan hiçbir ilişkide mutlu olamazsınız.

Bazı kadınlar hayatında baba eksikliği çekmiştir. Bu yüzden kendilerinden yaşça büyük, maddi durumu iyi olan birileriyle beraber olurlar. Aslında onun başka bir beraberliği de vardır. Aile dizimi gibi çalışmalarda o kişi aslında baba özlemi çeken kadına o duyguyu yaşatıyordur. Sağlıklı bir şey mi? Ayrı bir konu. Ama aşkın olmadığı çok net. Sevgi var mı? Farklı bir sevgi var; evrimleştirici sevgi değil de karşısındaki kişinin baba hasretini gideren bir ilişki söz konusu. Sonuç olarak, bu durum kadının ruhsal olarak gerçekten tatmin olmasını sağlamaz. Ama bunu aşmadan da sağlıklı bir sevgiye ulaşamaz. O nedenle bir keresinde kız arkadaşımla konuşurken, "Sen aslında ilişki değil, baba arıyorsun," demiştim. O da bana, "Hayır, ben baba aramıyorum," demişti. Arkadaşım farkındalığa varamadığı için hâlâ hayatına bir ilişki çekemiyor, haliyle ona karşı bir direnç geliştirmiş oluyor. Her şeyden önce ne istediğimizle ilgili farkındalığa varmalıyız. Bunun için ise, kalbimizle bağlantıya geçmemiz ve kalpten düşünüp algılamamız şart.

Kalbinizin Ritmi Yaşamınızın Ritmini Gösterir

Zihnimizi günden güne daha da fazla kalbe indirdikten sonra, bu defa kalbimizden aşağıya doğru bütün bedenimizle bağlantıya geçmeye başlarız. Aslında bütün bedeni yöneten yer, beynin ötesinde kalptir. Bütün vücudun, bütün yaşamın ritmini gösteren yer kalptir. Hayatımızda zor ve sıkıntılı bir şey yaşadığımız zaman, kalbin ritmi değişir. Rahat bir konuma geldiğimiz zaman ise kalbin ritmi yine değişir; ancak bu kez yaşamın ritmini gösterir. Kalbin ritmi olduğu gibi yaşamımızın da bir ritmi vardır. Dünyanın, hatta bütün sonsuzluğun bir ritmi vardır. Bu ritmin içinde önemli olan bizim farkındalıkta kalmamızdır. Farkındalıkta kalmamız için de buna gerçekten emek vermemiz, istekli ve kararlı olmamız gerekir.

Kalbinizin ve Zihninizin İstekleri Aynı mı?

Bir gün sosyal medyada, "Can Bey, ben bir türlü rüya göremiyorum," diye yazmıştı bir takipçim. Ben de, "Gerçekten kararlı olursanız gördüğünüzü hatırlarsınız," diye yanıtladım. "Nasıl olur, istiyorum ama olmuyor!" dedi. Bu mümkün değil. Bir zihinsel olarak istemek var, bir de kalben istemek. Bazen şöyle dersiniz: "Ben şurada çalışmayı çok istiyorum, olsa ne kadar güzel olur." Ama içinizdeki bir his der ki: "Oradaki işi çok iyi bilmiyorum, o pozisyona geçersem yapabilir miyim? Aslında biraz da uzak... Şu an olduğum yerde de çok rahatım." Oysaki zihinsel olarak dersiniz ki: "Parası çok iyi, çok daha iyi bir pozisyon." Bu durumda kalbinizle zihniniz uyuşmadığı için o iş olmaz. İlişkilerde de durum böyledir. Kalbinizle zihniniz birbirini tutmadığı zaman o kişiyle beraber olamazsınız. Bazen karşınızdaki kişiyi zihinsel olarak değil ama kalben istersiniz... O zaman olur. Sizin zihinsel olarak istemenizin ötesinde, kalben istedikleriniz yaşamınızda çok daha etkilidir.

Aslında kalben hayatımızda bir ilişki istiyor muyuz? Yoksa anne ve babamızla ya da her kiminle yaşıyorsak onlarla aramıza bariyer veya mesafe koymak için mi hayatımıza bir ilişki almak istiyoruz?

Ailenizden Özgürleşip Kendi Hayatınızı Yaşamayı Seçtiniz mi?

Acımasız olacak belki ama ortada bir sonuç var; annemizden ya da babamızdan uzaklaşmadığımız sürece hayatımıza gerçekten bir ilişki alamayız. Doğadaki hayvanlar bile belli bir yaşa geldikten sonra annesinden babasından özgürleşir ve kendi hayatına geçer. Aslında hormonal olarak bizim bedenimiz de bunu yapmaya çalışır. Ergenlik dönemine geldiğimiz zaman annemizden babamızdan özgürleşmeye çalışırız, onlarla bir mücadeleye gireriz, savaşırız. Anne ve babamız da aynı şekilde bizimle mücadeleye girer, bizi bırakmamaya çabalarlar. Biz, "İstediğimi yapacağım," deriz; onlar, "Hayır," der. Aslında doğanın kendisi hormonal olarak bize bunu yaptırmaya çalışır. Toplumun yargıları, ihtiyaçlarımız, inançlarımız, ebeveynimize karşı olan korkularımız ve onları yalnız bırakmak istemeyişimiz bizim özgürleşmemize karşı çıkar.

Özellikle anne babasıyla beraber yaşayan, belli bir yaşa gelmesine rağmen yalnız kalamayacağını düşünen ya da aslında onlarla duygusal olarak farklı bir ilişki yaşayan gençler var. O kişi eğer annesinin tatmin olduğu kaynak ise özgürleşemez. Çünkü hayatında başka biri olduğunda, annesine o duygusal tatmini verememekten korkar.

"Anne babasıyla beraber olan ama genç yaşta evlenip gidenler nasıl yapıyor?" diye sorabilirsiniz. Onların ya anne babasıyla öyle bir bağı yoktur ya da anne babası onu özgürleştirmeye meyillidir. Ama bazı insanlar, anne babasını yalnız bırakmamak uğruna hayatlarına gerçek anlamda bir ilişki alamıyorlar. Dışarıda arkadaşlarıyla buluştuklarında, "Ya adam yok, görüyorsun, doğru düzgün adam mı var?" ya da, "Olmadı işte, kısmet değilmiş, büyü mü yapıldı, muska mı yaptılar bana, biriyle beraber oldum ama yürümedi," vb. sözler sarf ederler. Aslında bir an sonra, "Evlenirsem annemle babam yalnız kalır," diye düşünmeden de edemez. O nedenle her şeyden önce farkındalık içinde olmak şart. Kalpte olmak bu yüzden çok önemlidir. Zihinde olduğunuz zaman, farkındalıktan uzak olduğunuz zaman, kendi içinizle bağlantılı olmadığınız zaman illüzyonlar, saplantılı duygular ve düşüncelerle boğuşursunuz. Bütün bunlar nedeniyle dışarıyla olan bağlantıları algılayamayabilirsiniz. Bunu dinlerken ya da okurken özellikle kendi içinizde bağlantıda olarak dinleyin ve okuyun.

Biz kendi içimize daha fazla yöneldiğimiz zaman, şu ana kadar fark etmediğimiz inanılmaz olayların farkına varabiliriz. Bütün yaşamın aslında neden böyle işlediği, neden yıllardır iş hayatımızda böyle bir problem yaşadığımız, aile içindeki sıkıntılarımız, bütün hepsinin adım adım farkına varmaya başlarız. Eğer hayatımıza bir ilişki almak istiyorsak ilk önce o ilişkiye yer açmamız gerekir. Yer açmak için de gerekirse anne babadan özgürleşmeliyiz. Anne babadan özgürleşme konusu çok önemlidir. Günümüzde insanlar, anne babasından özgürleşmemek için daha iyi bir işe bile geçemiyor.

Örneğin biri, "Ama daha o kadar param yok ki" der, başka biri, "Düzenimi bozmam çok zor," der. Peki, siz gerçekten bunu istiyor musunuz? Bilinçaltında yatan korku; kişinin daha iyi bir işe geçmesi, daha çok para kazanması durumunda anne babasından uzaklaşacağı yönündedir. Geçtiğimiz günlerde bir tanıdığım, "Can, aslında daha iyi bir işe geçip daha çok para kazanırsam karımı aldatır, sonra ondan boşanırım," dedi. Aldatmak ya da boşanmak istemediği için hayatına daha fazla para çekmiyor. Çünkü özgürlük geldiğinde farklı bir boyuta geçeceğini biliyor.

Başka bir danışanım ise, "Can, çok uzun zamandır iş için devamlı yurt dışına başvuruda bulunuyorum. Yurt dışına gitmeyi çok istiyorum. Gitmek için de her şeyi yapıyorum. Ama yurt dışına gittiğimde ya annemle babamın sağlığı kötüye giderse? Oralardan nasıl kalkıp gelirim?" dedi. Şimdi anlıyor musunuz aradaki ikilemi ve müthiş çelişkiyi? İçindeki korku nedeniyle işi olmuyor. Olmadığı için de hem sinirleniyor hem de karşısındakine saldırıyor. Tam anlamıyla kaos... İlişki hayatımız da aslında bu kaoslar nedeniyle tam olarak böyledir.

Başka bir kız arkadaşım ise yıllarca kavuşamadığı ama beraberken de mutlu olamadığı bir adama âşık. Ne yapsa olmuyor. Bir de adamın hayatında başka biri var; güya ona da âşık ama onunla da olmuyor, yakınlaşamıyor. Sonra da gidip sevgiyi başka bir kadında arıyor. Kız ise hâlâ çocuğa âşık. Sonra çocuk kızdan ayrılıyor. Benim arkadaşımla yakınlaşıyor. Önce arkadaş oluyorlar ancak sevgili olamayınca ayrılıyorlar. Çocuk yine başkasıyla sevgili oluyor. Şimdi arkadaşım diyor ki: "Niye benimle sevgili olmuyor?" Ben arkadaşıma şu soruyu sordum: "Senin babanla ilişkin nasıldı?" Arkadaşım şöyle anlattı: "Babam hastaydı. Bir türlü sevgi ilişkisini kuramadık. Babama sürekli yardım etmeye çalışıyordum. Sonra uzak bir yere gitti. Babama başka bir yerde baktılar. Ben burada kalmak zorunda kaldım. En sonunda da vefat etti." Konuya şöyle açıklık getirdim: "Senin her şeyden önce babanla bir kavuşamama durumun var. İnsanlar annesiyle, babasıyla nasıl bir ilişki yaşıyorsa onu sevgi ve ilişki olarak algılayıp bunu kendi hayatlarına, ilişkilerine yansıtıyorlar. Bazı insanlar için aşk ve sevgi kavuşamamaktır, bazı insanlar için hastalıktır, bazıları için maddi sıkıntıdır. Bazıları için de çok sevmek ama karşısındaki kişinin onunla beraber olmamasıdır.

Size belki tuhaf gelebilir ama insanların, kendi içlerinde kurdukları farklı evrenler, farklı yaşam biçimleri ve farklı düzeyler var. Hayatı işleyiş biçimimiz aslında birbirinden çok farklıdır. Sizin için hayat nasıl işliyor? Hayatınızda neler oluyor? İlişki hayatınız nasıl? İş hayatınız nasıl? Ailenizle ilişkiniz nasıl? Kız arkadaşlarınızla ilişkiniz nasıl? Erkek arkadaşlarınızla ilişkiniz nasıl? Para size geliyor ve sizde kalıyor mu? Yoksa gelmeden başka bir yere mi gidiyor? Para size geldikten sonra çoğalıyor mu, yoksa devamlı azaldığı için korkup panikliyor musunuz? Yoksa çok paranız var ama olmadığı duygusuna mı kapılıyorsunuz? Yani sizin için yaşam nasıl işliyor, neler oluyor?

Yaşamın Sizi Aslında Bilinçaltında İstediğiniz Noktaya Götürdüğünü Fark Etseydiniz Neyi Değiştirirdiniz?

Her şeyden önce bunları tek tek yazmak, bunlarla ilgili ciddi anlamda farkındalık elde etmek gerekir. Yaşamınızın sizi nasıl etkilediğini, sizin için nasıl işlediğini fark ettiğinizde, farkındalıkla beraber onu değiştirme şansına sahip olursunuz. Bu farkındalığın önemini sık sık vurgularım. Çünkü hepimiz çoğu zaman, "Ah sıkıldım, ah bıktım, yeter artık bu çektiğim... Nedir benim bu çilem? Neden bunların hepsi benim başıma geliyor?

Keşke şöyle olsa..." diye söyleniyoruz. Zaten o *keşkeler*, o yaşama karşı isyanlar yüzünden hayatta ilerlemek ya da daha fazla mutlu olmaktan kendimizi alıkoyuyoruz. Yaşam bizi aslında bilinçaltımızda, kalbimizde, içimizde istediğimiz noktaya doğru götürüyor. Ama biz, kendi içimizle kalbimizle bağlantılı olmadığımız için onu algılamıyoruz. Belki ilişki istemiyorsunuz, çocuğunuzun olmasını istemiyorsunuz... Aslında gerçekte hiç istemediğiniz bir şey ancak zihinsel ve toplumsal olarak arzulanıp bekleniyor sizden. İçsel olarak istemiyor ama zihinsel olarak istiyorsunuz. İşte bu durumda ortaya çok büyük bir çelişki çıkıyor.

Tanıdığım bir kadın 35 yaşına geldiğinde acilen çocuk yapması gerektiğine inanarak önüne gelen ilk erkeğe, "Eğer benimle evlenmeyeceksen önümden çekil. Engel olma. Benim evim var, maddi durumum iyi. Hadi gel evlenelim," dedi ve evlenip bir de çocuk yaptı. Çocuk doğduktan sonra da çalışması gerektiğini söyleyerek iş hayatına döndü. Çalışmak istiyordu ve aslında çocuk istemiyordu. Daha sonra kocasını aldattı ve boşanmak için kocasının bu durumu öğrenmesini sağladı. Boşanma sürecinde de keyfi çok yerindeydi ve çocuğun velayetini de vermek istedi. Peki, o zaman çocuğu niye katıyorsun bu dertlerine? "İşte ben görevimi yerine getirdim, üreyip çocuk yaptım," diye düşünerek hareket etmişti. Hormonal olarak böyle bir şey istiyor olabilirsiniz ama gerçekten, içsel olarak bunu istiyor musunuz? Hayatımızda aslında istemediğimiz o kadar çok şey yapıyoruz ki... O nedenle hayatımın şu noktasında istemediğim hiçbir şeyi yapmıyorum. İçsel olarak istemediğiniz halde para kazanmak, başkasını memnun etmek veya toplumsal olarak doğru olduğu için bir şey yapmayın.

Evrende Henüz Keşfedilmemiş Neyi Siz Yaratabilirsiniz?

Eğer para kazanmanız gerekiyorsa önce kendinizi sonsuz olasılıklara açın ve ne yaparsanız yapın mutlu olacağınızı düşünün. Olasılıkların kapısını ardına kadar açın! Şunu yaparım ama para kazanamam diye düşünmeyin. Siz yapın ve bakın bakalım para kazanıyor musunuz, kazanamıyor musunuz? Birçok insan gidip danışmanlık yapıyor ya da çok farklı işler yaparak inanılmaz paralar kazanıyorlar. Birkaç sene önce insanların kamera karşısına geçip çektiği videoları sosyal medyada paylaşarak dünyanın parasını kazanmalarını aklınız hayaliniz alır mıydı? Sonuçta dünyada sonsuz olasılıklar var ve yaşam bize bunu anbean gösteriyor. O kadar ilginç meslekler var ki artık duydukça şaşırıyorum.

Kitap dünyasında bile kitap ajansları var. Normalde yayınevleri yazarlarla bağlantıya geçerler. Ama artık emlakçı gibi ajanslar var. ABD'de ajanssız çalışılmıyor neredeyse. Ajans sizi yayıneviyle tanıştırıyor, tıpkı bir emlakçı gibi aracılık yapıyor. Bundan da komisyon alıyor. Böyle ilginç iş alanları ortaya çıkıyor. Belki de şu an dünyada olmayan bambaşka bir iş yapmanız gerekiyordur. İnsanlar taşın üstüne resim çiziyor, evinde yemek yapıp satıyor, farklı farklı ilginç şeyler üretip satıyorlar. Çocuk yapmak istiyorsanız belki çocuk değil de dünyaya yeni bir icat getirmeniz gerekiyordur. Belki de dünyada olmayan bir şey sizin elinizden geçmelidir. Bu yeni bir iş alanı olabilir, yeni bir meslek olabilir. Bir anlamda bu da bir çocuk. Benim beş tane kitabım var. Her biri aslında benim çocuğum. Şimdi yeni kitaplarımı hazırlıyorum ve hepsi de benim için ayrı ayrı değerli. Bunlar ikinci çakrayı temsil eden süreçler (bkz. sayfa 301). Bazı insanlar, "Aynı şey mi? Çocukla bir tutulur mu?" diyebilir. O da dünyaya yeni bir enerji getirmektir.

Kişi belki de çocuk doğurursa aslında yerine getirmesi gereken görevi yerine getiremeyecektir. Belki de dünyaya yepyeni bir enerji getirmek için çocuk yapmaması gerekiyordur. Dünyaya nasıl bir şey bırakmanız gerektiğini katı kurallarla kodlamamak gerek.

Bazı insanlar çocuklarını büyüttükten ve belli bir yaştan sonra da inanılmaz şeyler başarıyorlar. İnsanların çocuk sahibi olmanın çok büyük bir sorumluluk olduğunu fark etmeleri gerekli. Ben kesinlikle gelecek yıllarda çocuk yapmak isteyen insanların mecburi olacak belli sınavlardan geçmesi gerektiğini düşünüyorum. İnsanlar çocuk yapıyorlar. Sonra da, "Onu yesin, bunu yemesin, televizyonda şunu izlesin, bunu izlemesin..." gibi şikâyet ediyorlar. Bir çocuk demek, dünyanın geleceği demek; geçtiğimiz yüzyıl içinde dünyadaki çocukların eğitimine daha çok önem verilmiş olsaydı belki de şu an galaksilere açılmıştık. O nedenle eğitim ve çocuklarla ilgili farkındalık dünyanın en önemli şeyi. Çocuk sahibi olmanın büyük sorumluluk getirdiğini bilmek, sırf çocuk yapmış olmak için değil gerçekten istediğimiz için yapmak gerek. Öncesinde, "Buna hazır mıyım, sorumluluğu alabilecek miyim?" şeklinde sorular sorarak farkındalığa varmak gerektiğini düşünüyorum.

İçinizdeki Işığı Yakın

Tıpkı çocuk konusunda olduğu gibi, aşk ilişkilerinde ve her türlü konuda da gerçekten farkındalık içinde olmalıyız. Şöyle bir şey var; içsel olarak çocuk istemediğinizi keşfettiğiniz zaman, bunun sebebinin farkına varırsanız her şeyi değiştirebilirsiniz. Bu hayatınızın her alanı için geçerli. İlişki istemiyorsanız da bunun sebebini anladığınız andan itibaren bu durumu değiştirme şansı elde edebilir, sonra özgürleşebilirsiniz.

Şimdi bir düşünün. Karanlık bir odadasınız. Odanın bir yerinde, dışarıya açılan kilitli bir kapı var. Ama ışık olmadığı için göremiyor ve kapıyı açamıyorsunuz. Ellerinizle arıyor ama bulamıyorsunuz. Ya da öyle bir kilidin olduğunun bile farkında değilsiniz. Orada ışık yandığı zaman kilidi görür, kapıyı açar ve çıkarsınız. Burada ışık, farkındalığı temsil ediyor. O yüzden, ilk önce içimizdeki ışığı yakmalıyız. Bunun için de kalbimize inip oradan ilerlemeye devam etmemiz gerekli.

Kararlı ve Çözüm Odaklı Olun

Diğer önemli bir konu da insanların çok çabuk sıkılıyor olması. Ben on bir yaşında bu konularla ilgili eğitim almaya başladım. On dört yaşında annem kayboldu, babam çok zor şeyler yaşadı, ardından da vefat etti. Zor olaylar peş peşe geldi. Sokağa atıldım ama hiç vazgeçmedim. Hâlâ da hayatımda kendimce bazı zorluklar yaşıyorum. Geçen gün bir arkadaşım dedi ki: "Olmaz, öyle bir şey olmaz, böyle olacak." Ben de, "Olmaz diye bir şey yok," dedim. Hayatımda zorluklar yaşadığım zaman hemen şu noktaya varıyorum: Çözüm nedir? Ne yapmalıyım? Bununla ilgili nasıl farkındalık elde etmeliyim? Yaşam bana ne anlatmaya çalışıyor? Burada benim ilerletmem, değiştirmem gereken şey nedir? Harekete geçelim, çeşitli çalışmalara gideyim, evde şu çalışmayı yapayım. Evin neresinde Feng Shui açısından değişiklik yapmalıyım? Ben hangi sözcükleri yanlış kullanıyorum? Bilinçaltımda bir şey mi var? Rüyalarımla ilgili çalışma yapıyorum. Bütün geçmişe yönelik rüyalarınızı yazın ve okuyun. Sonra rüyanın alt katmanlarıyla ilgili çalışma yapın. Devamlı olumlama çalışmaları yapın, aile dizimine gidin, astroloji haritanıza bakın, numerolojiye bakın... Yani vazgeçip, "Ah bu benim neden başıma geldi? Nasıl böyle bir şey olur bana? Nasıl böyle bir şey yaparlar?" demek yerine, tamamen çözüme yönelmek şart.

Bir toplantıda eğitim vermeye gelen Japon bir hocayla tanıştım. Orada kursiyerlerden biri eğitmene, "Bu eğitimden sonra öğretmen olacak mıyız? Bunu öğretebilecek miyiz?" diye sordu. Japon hoca ise dedi ki: "Biz sizin gibilere pazartesi üstatları deriz. Pazartesi üstatları, üç günlük eğitim alıp pazartesi günü sertifikasını alırlar. Sen bir şeyi tam olarak uygulamadan, hayatına geçirmeden, o uygulamada elde ettiğin deneyimleri fark etmeden, o deneyimlerden tecrübe elde etmeden, birilerine öğretmeden, o öğrettiğin kişiler ondan herhangi bir fayda elde etmeden nasıl üstat olabilirsin ki?"

Böyle bir şey olabilir mi? Tabii ki olamaz. İlk önce kendiniz öğrenecek, ondan sonra da uygulayacaksınız. Bir fayda elde ettikten sonra da karşınızdaki diğer insanlarla bunu paylaşacak, çevrenize anlatacaksınız. Başkalarına öğreteceksiniz, öğrettiğiniz kişiler bundan fayda elde edecek, bu konuyla ilgili tecrübeniz artacak. Tecrübenizin artmasıyla beraber belki de orada öğrendiğinizin ötesinde birçok yan etkilerini de öğrenecek ve öyle üstat olacaksınız.

Astroloji hocam, "Benim kitaplardan öğrendiğim çoğu şeyin ötesinde, haritalara bakarak ve 45 yıl içinde deneyimleyerek elde ettiğim tecrübe ve bilgi birikimim var," der. Bu da çok doğrudur. Bir gün içinde farklı kişilerin astroloji haritasına bakıyorum diyelim. İki kişinin haritası aynı ya da uyumlu geldiğinde, yaşam bana bir şey öğretmeye ya da göstermeye çalışıyor diye düşünüyorum.

Yaşamla Barışın

Yaşam aslında her an bize bir şey öğretme derdinde ama biz onu görmezden geliriz. Biz yalnızca para gelsin, zengin koca gelsin, her zaman keyfim yerinde olsun derdindeyiz. Hem ünlü hem de zengin olayım istiyoruz. Mesela, adam trilyoner olmuş ama yine de ünlü olmayı düşünüyor. Rahatla ve elindekiyle mutlu ol... Geçtiğimiz yıl bir restoranda oturuyordum. 80 yaşlarında, önemli konumlara gelmiş, Türkiye'nin önde gelen zenginlerinden bir adam karşımdaydı. Masada bir başkası, Uzak Doğu'dan bir çaya 20 bin dolar verdiğini anlattı. "Yirmi bin dolar bir çaya veriyorsan maddi durumun iyi demektir," dedi karşısındaki adama. 80 yaşındasın, onun senden daha çok parası olduğuna odaklanacağına, daha mutlu olmaya odaklanmalısın. İnsanlar, mutsuz olacak nedenler arıyorlar ve mutlu olmak için çözüm üretmiyorlar. Ellerindekilerle mutlu olmak, şükran duymak, keyif almak yerine, nerede mutsuz olacak şey varsa ona odaklanıyorlar. Çünkü ona odaklanmaya, onu güvenli alan olarak seçmeye karar vermişler.

İnsanlar gerçek anlamıyla kısa zamanda, "Şu konuma erişeceğim, hızlı bir şekilde şöyle olacak" diye düşünmemeliler. Bazı şeyler çok hızlı işleyebilir; ancak bu tarz çalışmalarda sabır gerekir. Aslında bizim buradaki en büyük problemimiz hayata karşı duyduğumuz nefret, insanlara karşı duyduğumuz öfke... Nefretin temeli hayata karşıdır. Yaşamla barışırsak hayat o kadar kolay olur ki... Ama diyoruz ki neden benim annem babam böyle? Neden hayat böyle? Bedenim niye böyle? Neden manken gibi değilim? Niye uzun boylu değilim?

Fiziksel Görünümünüzle Barışın

Geçen yıl iki tane ünlü siyasetçi, arkadan iki kadının fotoğrafını çekmiş. Birinin kalçası büyük, diğerininki ise düz. "Hayatın adaletsizliğine bak," diye bir kadın paylaşmış. Yani kalçanın üstünden hayatın adaletsizliğini sorguluyor. Onun kalçası büyüktür, diğerinin düzdür... Ama onun da hayatında bambaşka güzellikler vardır. Diğerinin ise hayatı farklı bir güzelliktedir.

Çirkin ve güzel kavramları görecelidir. Roma döneminde kilolu kadın heykelleri, resimleri görürüz. Rönesans döneminde toplu olanlar güzel, zayıf olanlar ise çirkin bilinirmiş. Astrolojik haritada bile böyle bir şey yok. Örneğin, benim astroloji haritamda Jüpiter'imle Ay'ım yan yana, bu kilolu demek. Bu mutluluk veriyor, kutsama veriyor ama diğer taraftan da kilolu yapıyor. Herkes zayıflamam gerektiğini söylüyordu. Ben böyle mutluyum. Biriyle konuşuyorum, "Çocuğumun boyu kısa," diyor. Astroloji haritasına baktığımda ise yükselenin Ay'ındaki yıldız ile benim yıldızım aynı. Dedim ki: "1.72 olabilir. Benim de öyle, çünkü ikimizin de yıldızı aynı noktada. O yıldızdan dolayı boyu böyle," dedim. Boyum bundan daha uzun olsaydı şu anki sevgilimle muhtemelen beraber olamazdım. Çünkü aramızda inanılmaz bir fark olacak ve fiziksel uyumumuz olmayacaktı.

Hayatta her şeyin bir nedeni var. Astroloji haritaları bile birbiriyle uyum içindedir. "Boyum uzun olsaydı uzun boylu insanlarla arkadaş olurdum," diye bir şey yok. Öyle işlemiyor. Hayatın her birimiz için bir planı, bir amacı var. Kilonun bile bir nedeni var. Tabii farkındalık elde etmeli miyiz? Evet... Bir şeyleri değiştirebilir miyiz? Değiştirebiliriz. Farkındalık elde ettiğiniz zaman her şeyi değiştirebilirsiniz. Bana mide ameliyatı olmamı söylüyorlardı. Ben bunun üstüne ameliyat olmadan 28 kilo verdim. Yine her şeye inat, her türlü mutluyum.

İnsanlar boylarını, kilolarını dert etmiş durumdalar. Yaşam onları nereye doğru götürüyor, ne yapıyor? Şikâyet etmek, isyan etmek ve tepki vermek yerine, fark etmeye ve farkındalığa yönelmeliyiz.

Çevrenize Ne Söylüyorsunuz?

Özellikle bazı insanlar, "Ben şu kişiyle beraber olmak istiyorum," der; ancak olamaz. Çünkü astroloji haritaları birbiriyle uyumlu değildir. Onun kaderinde başka birisi vardır. Siz o kişinin, size uygun versiyonunu hayatınıza almalısınız. O yüzden, her şeyden önce farkındalık gelir ama bunların hepsi bizim kendi kalbimizin farkındalığında olmamızla gerçekleşir.

Farkındalık içinde olan insanlar biriyle karşılaştığı zaman "Bu kişiyle olmaz. Ya onunla olmayacak ya da benim hayatıma başka biri gelecek gibi hissediyorum," derler. Bu ifadeden sonra gerçekten hayatına başka biri gelir. Ama, "Neden böyle oluyor, şöyle olmuyor, böyle olmuyor?" gibi şikâyetleri zihninde taşıyan insanlar, olacak ilişkileri bile kendilerinden uzaklaştırırlar.

Şu ana kadar hayatınıza girecek insanlarla ilgili hangi cümleleri kullandınız? Arkadaşlarınıza anlatırken, nasıl bir insanın hayatınıza girmesini istediğinizi söylediniz? Gelecekte yalnız olacağınızı mı söylediniz, evli ve mutlu olacağınızı mı söylediniz, yoksa "Ben aslında evlenmek istemiyorum, şöyle olsun" mu dediniz? "İlişki olmuyor" mu dediniz, "Adam yok" mu dediniz? "Beraber oluyorum, olmuyor, hayatıma girmiyor" mu dediniz? Ne dediniz, ne anlattınız? Bunların hepsini oturup düşünün ve yazın... Sonra da notlarınızı yakın. Yazdıkça yakın, yaktıkça yazın.

Bir sene hayal edin ve niyet edin. Bunu da yazın ve yakın... Yaktıkça yazın, yazdıkça yakın. Bununla ilgili farkındalık elde ettikçe daha da derine ineceksiniz. Farklı farklı cümleler ortaya çıkacak. Annenizin size kadınlarla, erkeklerle ilgili anlattıkları hikâyeler neler? İlişkilerle ilgili anlattıkları neler? Hepsini yazın ve yakın. Aynı zamanda bir ilişkiniz olduğu zaman, "Evlendiğiniz zaman nasıl olacağını düşünüyorsunuz?", "Evlilik kavramı sizin kafanızda nasıl bir kavram?" gibi soruların hepsini yazın ve yakın... Bu şekilde ilerleyin.

İptal edin, değiştirin. Onların tam tersine, olumlularını söyleyin ve bu şekilde hayatınıza çekin. Dünyada ilişki yaşayabileceğiniz, evlenip mutlu olabileceğiniz sonsuz sayıda insan olduğunu unutmayın. Hayatınıza biri girdiği zaman sadece onunla beraber olup, ona mahkûm olmayacağınızı, olmazsa ayrılıp başka biriyle evlenebileceğinizi aklınızdan çıkarmayın. İnsanlar genelde şöyle düşünüyor: "Hayatımın aşkı, tek biri gelecek ve ömür boyu onunla beraber olacağım." Olmayabilir. 60 yaşında olsanız bile ayrılabilirsiniz. Başka biriyle evlenip hayatınıza devam edersiniz. Bazen bu bağlanma durumu yüzünden insanlar kendilerine tasma takıyor, yaşadıkları ilişkinin içerisinde sıkışıp kalıyor ve hayatlarında büyük sıkıntıya giriyorlar.

Yaşamda Kalma Modu

Geçmişte görücü usulü vardı ya da biriyle tanışıp evlenen insanlar genelde de mutsuz olurlardı. Geçen gün bir arkadaşımın annesiyle sohbet ederken, kocası içeride televizyon seyrediyordu, kızı da başka bir odadaydı. Biraz önce evde bağrışmalar olmuş, kadın daha iki saat önce kocasına, "Maaşını bırak da nereye gidersen git," demişti. Ona, "Şu an birbirinizi seviyor musunuz?" diye sorduğumda, "Oğlum ne sevgisi, beraber hayatı yaşıyoruz," diye cevaplamıştı. Bunun üzerine, "Bu tam bir hayatta kalma modu," demiştim. Hayatta kalma modu için biriyle evlenir, beraber olursunuz; hayatta kalmak ve yaşamda sürüklenmek adına karşılıklı olarak birbirinize katlanırsınız. Kadın temizlik yapar, yemek yapar, erkek de para kazanır. İşte, geçmişteki karşılıklı diyalog bundan ibaret. Geçmişte birçok ilişki böyle sürmüş; aşk ve sevgi olmadan. "Maaşını bırak git" ne demek? O kadar birbirlerinin yüzlerine dahi bakmıyorlar ki bir ressam gelse, ona birbirlerini tarif edemezler. O kadar unutmuşlardır yüzlerini. Bir kadınla konuşurken, "Ama eskiden böyle bir şey mi vardı?" dedi. Kadına sordum: "Senin kocanın gözü ne renk?" Kadın kocasına dönüp baktığında cehennem görmüş gibi kaldı. elli senelik kocasının gözlerinin ne renk olduğunu bilemedi. "Kahverengi herhalde," dedi. Yıllardır kocasının gözünün içine bakmamış ki bilsin. Kocası geldiğinde yeşil gözlü olduğunu gördüm. Elli yıldır evli olan kadın, eşinin gözlerinin ne renk olduğunun bile farkında değil. Bu kadar acı bir şey olabilir mi?

Sonuç olarak elli yıllık eşinin göz rengini bile bilmeyen biri, sevgiden bahsedemez. İnsanlar daha birbirinin gözünün içine bakamazken samimiyet nerede? Bir düşünün, ilişki yaşadığınız kişinin ne kadar süreyle gözünün içine bakabiliyorsunuz?

Ben gözlerini kaçıran insandan korkarım. Göz göze bakıştığınız zaman aslında bütün duygularınız, bütün düşünceleriniz, her şeyiniz karşınızdaki kişiye geçer. Bu çok önemlidir; karşılıklı olarak kendinizi birbirinize ne kadar açtığınızı gösterir. Ne kadar süre birbirinize sarılı olarak kalabiliyorsunuz? Bazı insanlarla tanışıyorum, on sene ilişki yaşamış, ayrılmış... Diyor ki adam: "Onun bedeninden başka bütün bedenler bana yabancı geliyor." O bedensel olarak aslında o kadar çok bütünleşmiş, o kadar yakınlaşmış ki onun bedeninden başka beden ya da ten, ona uzak ve yabancı geliyor.

Yıllar geçtikçe aşk bitiyor denir ya; öyle bir şey yok. Yıllar geçtikçe aşk, aslında derinleşir, gelişir, büyür, hatta ilahileşir. Divan'da ilahi seks kavramı vardır. Böyle çiftlerle tanıştım. Bazı ilişkiler, bütün kademelerini atlatamadığı zaman bitebilir. Bitmiş olan bir şeyin içinde devam ederler. Aslında ilerleyen ya da gelişen bir şey yoktur. Ama o yaşam mücadelesinin içinde devam ederler.

Bunun kademeleri var. Kademelerle ilgili farkındalık elde ettiğimizde bütün ilişki hayatımızla ilgili farkındalık elde ederiz. Nasıl vücudumuzun çakraları varsa ilişki hayatımızın da çakraları vardır. Bedenimizin enerjisel kanalları ve bunların temsil ettiği farklı dönemler olduğu gibi, ilişki hayatımızın sürecinin de aynı şekilde farklı dönemleri vardır. Biz, ilişki hayatımızda ilerlerken, bununla ilgili farkındalık içinde çalışırsak o zaman ilişki hayatımız bambaşka bir noktaya doğru gider. O nedenle her şeyden önce; bununla ilgili çok derin farkındalık elde etmeliyiz. Sizin belki uzun süredir bir ilişkiniz olabilir ve, "Aaa işte ben o senelerde bunları yaşadım ama sonrasında böyle olmadı," diyebilirsiniz. O zaman belli bir noktada takılmış, onu aşamamış, hâlâ o senede, o dönemde kalmış olabilirsiniz; o zaman önce onu aşmak, ondan sonra devam etmek gerekir.

İlişki Hayatımızdaki Kademeler

Evlenmeden önce ve evlendikten sonra kademeler vardır. Evlenmeden önce aslında daha çok karşılıklı birbirini keşfetme ve uyumlanma süreci yaşarız. Bunu kurumsal hayat üstünden anlatacak olursak; iki şirketin birleşmeden önce birbirinin analizini yapması gibidir. Bunu hamur yoğurma işlemine de benzetebiliriz: İki farklı hamuru karıştırmadan önce birbirleriyle uyumlu mu, değil mi diye her ikisinden de önce ufak parçalar alıp karıştırırız. Her kişi ve ilişki birbiriyle uyumlu olmaz. Burada önemli bir birleşme kademesi var.

Birleşme Kademesi

Kademelerde ilk başta birbirimizle uyumlanma sürecine, karşılıklı bütün çakralarımızın ve astroloji haritalarımızın birbiriyle uyumuna ve birbirimizi nasıl etkilediğimize bakılır. Biriyle karşılaştığımız zaman yaşamın müthiş bir planı vardır; hiçbir şey boşuna değildir.

Tamamen bizim evrimleşmemizi ve gelişmemizi amaçlayarak karşımıza bir insanı getirir. Birbirine doğru çeker. Bir başkası sayesinde veya internet aracılığıyla biriyle tanıştığınızda veya bir yerde karşılaştığınızda tanışma şekliniz size tesadüf gibi gelebilir. Ancak hayatta tesadüf diye bir şey yoktur. Şu an hayatımızdaki her bir kişinin, aynı ortamda olduğumuz insanların bile mutlaka bir nedeni vardır. Bu size uç bir örnek gibi gelebilir. Ama bir vapura bindiğiniz zaman içindeki bütün kişilerin bile birbiriyle uyumu vardır. Aynı şekilde otobüse bindiğinizde de bütün yolcular birbiriyle uyum içindedir. Bir şirkete girdiğinizde, o şirketteki bütün kişilerin astrolojik haritalarının birbiriyle bir uyumu vardır. Şirketin astroloji haritasına da şirkette çalışanların astrolojik haritasına da bakarsanız hepsinin iyi ya da kötü, zor ya da güzel bir dönemden geçtikleri görülür.

Bazen kurumsal olarak tanıdığım büyük holdinglerin ya da kişilerin haritasına bakıyorum. CEO'nun, genel müdürün, hepsinin birden Ay'ının, yükseleninin, Güneş'inin aynı yerde olduklarını görüyorum. Haritalar karşılıklı olarak birbirinden farklı olsa da temel şeyler yaşadıkları dönemi gösterir. Hepsinin yükseleni Akrep; şirkette müthiş bir uyum var. O yüzden hiçbir şey nedensiz değil. Sizin sisteminiz astrolojik haritanızla uyumlu ise olur. O yüzden, "İlla ben buraya gireceğim, illa şurası olacak," dememelisiniz. Girdikten sonra da karşılıklı bir değişme, gelişme süreci başlar. İşler için de, ilişkiler için de bu durum böyledir.

Birisiyle ilişkiniz olmuyorsa zorlamayın. Yenisine bakın. Hatta olana kadar kapılar her daim açık olsun. Takılmayın. "Aa olacak, illa olacak, olmadı sonra olur," demeyin. İlişkiye girip el ele tutuşmayan kişiler var. Beraber olun demiyorum ama olasılıkları da göz ardı etmeyin. Adı sanı belli olmayan, sadece hoşlandığınız kişiler nedeniyle kapıyı kapatırsanız, "Hoşlandığım kişiyle olacak," diyerek beklerseniz bütün olasılıklar uçar gider. Kendinizi açmalısınız; ömür dediğiniz şey gelip geçici.

Takıntı

Bunların hepsi takıntıdır. Takıntı da insanın akışta olmasına, ilerlemesine engel olur. Yaşamak için vücudumuzda kan dolaşımına ihtiyacımız vardır. O nedenle vücudunuzda kan aktığı gibi, kalbinizin ritminin devam ettiği gibi hareket halinde, mutlaka bir akışta olmalısınız. Bir noktada takılıp kalmayın; olmuyorsa yürümeye devam edin. Her yaşadığınız size katkı sağlar. Bir eğitime gittiğinizde hayatınızda ne değişiyor? Ya da oraya giren insanlarla on yıldır beraberseniz bu size ne katıyor? "Çok seviyorum, gidip geliyorum, iyi geliyor," diye bir şey yok. Neyinize iyi geliyor? O aslında iyi gelmek değil, yalnızlıktan dolayı duyduğunuz aidiyet duygusu ve tamamen içinizdeki boşluğu doldurmak. Boşluğu daha güzel şeylerle doldurun, dünyaya bir faydanız olsun, iyilik yapın. Bunların hepsinin farkındalığında olmalısınız.

İlişkilerde Çiftlerle Birlikte Aileler de Uyumlanmaya Başlarlar

İlişkinin içinde ilerlerken, çiftler tanışır ve aileler de birbiriyle uyumlanmaya ve birleşmeye başlar. İlk önce insanlar birbiriyle birleşir. Zihinsel ve duygusal olarak yakınlaşırlar. Aslında o süreçte sadece iki insan değil, iki aile de birbiriyle birleşir. Genel olarak eğer aile dizimi çalışmalarında insanları karşılaştıracak sistemlerini çıkarıp bakacak olursanız; çiftlerin ailelerine tecavüzü vardır. Birinde tecavüz eden vardır, öbüründe edilen vardır; öbüründe öldüren vardır, öbüründe öldürülen vardır. Derinlemesine baktığınız zaman birbiriyle uyumlayan şeyler ya da zıt kutuplar vardır. O iki kişinin evlenmesi sadece, "Ben seni seviyorum, sen de beni seviyorsun," ifadesi kadar basit değildir. Bu aynı zamanda aile sistemlerinin de gelecek nesillere şifalanmasına sebep olur. Yani birçok nedeni vardır, tersi de olabilir. O nedenle olaylara daha derinlemesine bakmalısınız.

İki insan birbiriyle bütünleşirken aslında iki tane aile sistemi birbiriyle bütünleşmektedir. O iki aile sistemindeki bütün kazalar, tecavüzler, cinayetler, intiharlar, göçler, her türlü olaylar iki ailenin, iki sistemin birbiriyle birleşmesiyle beraber ayağa kalkar. Bazen aile sistemi çok temizdir, bazen de çok zor. Bazen ailenin 14. veya 10. neslinde geçmiş problemler vardır. Bir tanesi daha üçüncü ya da dördüncüde problem yaşamaya başlar. Problemli olan taraf, daha problematik karakterlidir. Diğeri ise daha rahat karakterlidir. O yüzden daha rahat olan sisteme geçer, o sisteme sarılır. O aileye yanaşır, kendi ailesinden uzaklaşmaya başlar.

Bu sefer aile der ki, "Aa bak bizden uzaklaştı oraya gitti." Aslında kendisini güvende hissetmediği, o sistemde mutlu olmadığı için diğer aileye gitmiştir. Her şeyin mutlaka bir nedeni vardır. Bir yere gitmek mi yoksa iki sistemin birleşip daha güçlü bir şey ortaya çıkarması mı daha makbuldür? Tabii ikisinin birleşip daha güçlü sistemi ortaya çıkarması doğru olandır.

Ancak kişi burada zorlanıyor ve ayaklarının üstünde duramıyorsa karşı sistemin maksimum desteğini alması çok önemlidir. Bu bağlamda şimdi ailelerin birbiriyle birleşmesini göz önüne aldığımızda şöyle bir sonuç çıkar: Karşımızdaki bir insanla tanıştığımız zaman sadece o insanı değil, onun bütün ailesinin farkında olmalıyız. Bir adamla evleneceğiniz ya da ilişki kuracağınız zaman mutlaka annesinin babasıyla ilişkisini ya da babasının annesiyle ilişkisini sorun. Çünkü evlendiğiniz zaman ilişkiniz bir noktada onun yansımalarını ortaya çıkaracaktır. O imza atılıp o sözler verilip o eve girdikten sonra o kişi, mutlaka güvenlik alanı olarak gördüğü neyse onu size yaşatacaktır. Onu bir şekilde ortaya çıkaracaktır ve sizden de onu bekleyecektir. Annesi nasıl bir insanmış, annesi ona ne yapıyormuş... Annesinin yaptıklarını sizden bekleyecektir. Özellikle erkekler, baba olduktan sonra karılarını hemen annelerinin yerine koyarlar. Ondan sonra cinsellik biter, kavga dövüş ardından da birçok olay baş gösterir. Evlilik artık bambaşka bir hal almaya başlar; çünkü gerçekte adam annesinden kopamamıştır. Hâlâ annesine karşı özlemi vardır. Evdeki kadının anne olduğunu düşünür ve olay gerçekten içinden çıkılmaz bir hal alır. Sonra evde bir anne var diye, dışarıdaki diğer kadınlara yönelmeye başlar. Bunların hepsi farklı farklı bilinçaltı düzlemleri, düşünce biçimleridir. İşte tüm psikiyatristler, psikologlar, aile dizimi uzmanları, bilinçaltı uzmanları, düşünce gücü uzmanları birçok tekniklerle bunu uzun uzun anlatırlar. Bunlar kesinlikle okunması, incelenmesi, araştırılması, üzerine çalışılması, fark edilmesi gereken konular.

Sevdiğiniz İnsanın Hayatındaki Rolünüz Ne?

Karşınızdaki insan, sizi hangi konuma koyuyor? Sizi annesi yerine mi koyuyor, babası yerine mi koyuyor, ağabeyi, kardeşi yerine mi koyuyor yoksa sevgilisi yerine mi koyuyor? Bazı insanlar, işyerinde birileriyle gerginlik yaşar. Eve geldiği zaman işyerindeki kişiyle kavga edemediği için eşiyle kavga eder. Çünkü işyerinde agresifliğini gösteremiyordur. Evde eşini o kişinin yerine koyup dışarıya yansıtamadığı öfkeyi ona yansıtır. Ama kimse çöplük değildir. Kimse hıncını bir başkasından çıkaramaz. Orada farkındalıktan tamamen uzak bir tutum var. Tamamen zihinde olmak, kişinin kendi içinde ve kendi kalbinde olmamasıdır. Bu da o kişinin korkularından ve içsel olarak olgunlaşmamasından kaynaklanır.

Bu noktada yapılması gereken, yaşadığınız duygunun karşınızdakiyle hiçbir alakası olmadığını ve bir başka sebepten dolayı kırgın, kızgın ya da sinirli olduğunuzu açıkça söylemektir. Ama bazı insanlar bunu söyleyecek farkındalıkta olmadığı için olaylar bambaşka bir noktaya doğru ilerler. İki insan birleştiği zaman hayatlar da birleşir. Hayatlar birleştiği zaman astroloji haritaları da birleşir. İki insanın hayatı, ailelerinin ve tüm kolektif bilinçlerinin binlerce yıllık birleşimi olduğu için aynı gerçekliğe doğru dönmeye başlar. Tanıdığım bazı çiftler var; biri sevgili olmadan önce son derece sakin, huzurluyken, öbürü çok kindar, kıskanç, karanlık bir tip olabiliyor. Ancak ilişkide bir süre sonra, biri diğerinin karanlık tarafını alabiliyor. Ama bir taraf diğer tarafı dengelediği zaman şifalanabilir. Bazen diğer tarafın içindeki şey, zayıf olduğu için o hasetliğe, kıskançlığa kendisini teslim de edebilir. O nedenle karşımızdaki insanın bütün duygularının ve düşüncelerinin gerçek anlamda farkında olmalıyız.

Buradaki en önemli nokta bu. Karşımızdaki insanın ailesinde farklı kurallar olabilir. Hayat onun için farklı işleyebilir. Yaşamında haksızlıklar, kötülükler yapabilirler ama bu hayatın gerçek anlamını taşımaz. Bu onun astrolojik haritasının numerolojisi ve aile sistemini gösterir. Yani sonuç olarak biz birisiyle beraber olduğumuz zaman hayatın işleyiş biçimi onun hayatının işleyiş biçimidir. Karşımızdaki insanın hayatının işleyiş biçimini doğru olarak kabul edip onayladığımız zaman, bizim hayatımız da onun hayatının işleyiş biçimine geçer. O nedenle her şeyden önce bunu doğru olarak onaylamamak, kendi hayatımızın işleyiş biçiminin farkında olmak, iki hayatı birbiriyle birleştirirken iyi yanlarını birleştirmek ve kötü yanlarını da tarafsızlaştırmak gerekir. Bu da ancak farkındalıkla olur.

Karşınızdaki Kişiyi Çözüme Yönlendirin Ama Şifacı Rolüne Bürünmeyin

Karşımızdaki insanın hayatında kötü şeyler olup biterken ona, "Sen problem yaşıyorsun, ailende neler oldu? Geçmiş aile haritanı çıkaralım, düşünce biçimin nasıl? Hangi sözcükleri kullanıyorsun? Hiç çalışmalara gittin mi? Bununla ilgili farkındalıklar geliştirdin mi? İyilik yapıyor musun? Kimlere karşı haksızlık yaptın?" gibi sorular sormak gerekir. Örneğin, "Ben kimseye haksızlık yapmadım," demek çok büyük bir yalandır. Hepimiz bazen duygularımıza yenilerek başkalarına büyük haksızlıklar yaparız. Ben kendi vicdanımla gerçekten bağlantıya geçerek o farkındalığa eriştikten ve tecrübe kazandıktan sonra ancak haksızlık yapmamaya başladım.

Çocukken bile başkasının misketini çalarak haksızlık yapmışızdır. Buradaki sorun, vicdanın rahat olmasıdır. O nedenle hayatınıza çektiğiniz olumsuzluklardan uzaklaşın. Karşınızdaki kişiyi çözüme yönlendirin.

Karşınızdaki insanın şifacısı olmamalısınız. Bir ilişkide şifacı rolünü üstlenmemelisiniz. Hayatlarınızı birleştirirken negatif şeyleri nötrleyip pozitif şeylere odaklanmanız gerekir. Böylelikle güzel bir şey yaratır, ciddi problemleri "Nasıl olsa evleneceğiz" diyerek göz ardı etmemiş olursunuz. Belki birlikteyken astrolojik haritanız uyumlu olmadığı için bir türlü evlenemiyorsunuzdur. On yıl biriyle çıktıktan sonra tam evlenecekken ayrılırsınız, sevgiliniz gider iki ay sonra başka biriyle evlenir. Çünkü o ikisinin astrolojik haritaları uyumludur ve birbirlerini dengeler, nötrlerler. Sonuç olarak ilişkinizde problem varsa bilin ki bir şeyleri değiştirmeniz, dönüştürmeniz ve fark etmeniz gerekir. Belki de o insanı bırakıp yeni bir kişiye geçmenin vakti gelmiştir. O nedenle olmuyorsa zorlamamalısınız.

Hayatın Gerçekleri Değil, Kişilerin Bakış Açısı Gerçeği Vardır

Hayatlarınızı birleştirirken şunu fark etmelisiniz; hayatta kesin doğru diye bir şey yoktur. "Hayatın gerçekleri var" ifadesi aslında en yanlış ifadedir. Hayatın gerçekleri yoktur; bizim gerçeklerimiz vardır. Hayatın gerçekleri yoktur; ailemizin gerçekleri vardır. Hayatın gerçekleri yoktur; astroloji haritamızın gerçekleri vardır. Hayatın gerçekleri yoktur; ülkemizin gerçekleri vardır. Hayatın gerçekleri yoktur; karşımızdaki insanın gerçekleri, bizim gerçeğimiz ama hepsinin de değişebileceği gerçeği vardır.

Gerçekler vardır ama en büyük gerçek 'değişim' gerçeğidir.

Bundan iki bin yıl önce şu an yaşadığımız ortamları herhalde hiç kimse hayal edemezdi. Bir düğmeye bastığımızda yukarıdan ışık yanıyor, bir düğmeye bastığımızda su ısınıyor, bir düğmeye bastığımızda on beş saniye içinde yemek pişiyor. Bunların hepsi gerçeklikten son derece uzak kavramlardı. Belki bundan yüz yıl sonra bizim şu an gerçek diye algıladığımız pek çok şey ortadan kalkacak; çünkü hayatın gerçekleri her an değişmektedir. Şu an yaşadığımız yüzyılda zaman bile göreceli bir kavram. Çünkü Türkiye'de yaşanan gerçekle Amerika'da yaşanan, Çin'de yaşanan, Arabistan'da, Kanada'da yaşanan gerçek arasında dünyalar kadar fark var.

Hiçbiri birbiriyle uyumlu değil. Türkiye'nin kendi içindeki gerçekleri bile farklı. İstanbul'da yaşayan insanın gerçeği ile Diyarbakır'da yaşayan insanın gerçeği aynı mı? Yolları bile farklı, ellerinin altındaki olasılıklar, gidecekleri yerler, zaman gibi birçok unsur farklı...

İş olarak da ilişki olarak da baktığınızda; insanlar sokakta yürürken biriyle tanışıyor ve bu kişilerin hayatları değişiyor. Bazen hiç hayatında öyle bir maddi imkân yokken tanıdığınız bir insan inanılmaz yüklü bir bağış yapar ya da ona ev alır ve hayatı değişir. Ama tam da bu, "Birisi gelecek ve beni kurtaracak" fikrinden özgürleşmelisiniz. Zaten siz içsel olarak gerçekten onu hak ettiğinize inandığınız zaman size birinin sizi bağışlamasına gerek kalmaz. Milli Piyango'dan para çıkabilir. İnsanlar bir tane blog açıyor, ondan dünya kadar para kazanıyor. İnternetten bir şey satıyor, milyarlar kazanıyor. Devletten ihale alıyor, trilyoner oluyor... Yani kimin ne olacağı belli olmaz. Şimdi bu kadar olasılığın içinde insanın tek bir şeyi gerçek kabul etmesi, aslında kendisini dünyanın en sert madenleriyle kaplı bir hapishaneye hapsetmesine eşdeğerdir. Kendi kendinizi mahkûm etmeyin. Kendinizi o hapishaneden özgürleştirin ve dünyanın sonsuz olasılıkları, sonsuz mucizeleri olduğunun farkına varın. Gerçekliğiniz mucize gerçekliği olsun.

İki Kişi Evlendiğinde Çakraları da Birbiriyle Bütünleşir

İlişki hayatınızda özellikle evlenme sürecine girdiğimiz zaman, aslında kendi çakralarımızla ve kendi içimizde de önemli bir sürece gireriz. İlişkide, özellikle birleşim ve evlilik aşamasında çakralarımız da birleşir. Hayatlarımızın birleşme sürecinde, ailelerimizin birlikte evrimleşme sürecinde bir yolculuğa çıkarız. Bu yolculuğun ilk aşamasında, evlilikte söz verdiğimiz ve imza attığımız süreç başlangıç süreci olur. Tabii dürüst olmak gerekirse aslında cinsel birlikteliğimiz olan her bir kişiyle aramızda yedi senelik bir bağ kurulur ve bağlarımızı kesmediğimiz ya da tam olarak enerjisel olarak özgürleşmediğimiz süre boyunca çok yoğun bir bağlantıya gireriz. O bağlantıdan dolayı da o kişinin ailesindeki bütün tecavüzler, cinayetler, olaylar da bağlantıya geçer. Yani her türlü pozitif, negatif olayın enerjisiyle ailemizin enerjisi birleşir.

Her gün başka biriyle birlikte olan insanların hayatları nasıldır? Onların da belki o şekilde çözecekleri, sistemlerinin başkalarının sisteminde farklı bir etki yaratacağı bir durum söz konusu olabilir. Bu kişilerin hayatına ilişki çekmekle ilgili bazı prosesler var. Bu konuda 1,5 yıl süren bir çalışma mevcut; hayat arkadaşını, yol arkadaşını, ruh eşin denilen kavramı hayatına çekmekle ilgili... Bu konuyu daha sonra ele alacağım.

Billur Kalkavan'la yaptığım proses gerçekten işe yarıyor. O prosesin önemli bir kısmı o süre boyunca özellikle tam olarak emin olana kadar kimseyle cinsel olarak beraber olmamak. Bir tür cinsel detoks... Hayatınıza bir alan açasınız ki o insanı hayatınıza çekebilesiniz.

İlişki kurdunuz, beraber oldunuz, sevgili oldunuz ve evlendiniz. Evlendikten sonra aynı eve girmenizle olay başlar; çünkü aslında aynı eve girmek 4. eve girmek demektir ki 4. ev demek, aynı kalpte buluşmaktır. Aynı evde beraber yaşadığınızda aslında iki taraf da kalp çakrasından yaşamalı, kalbine inmeli, oradan hissetmeli ve orada kalmalı. Aslında iki kişi beraber tek bir kalp çakrası haline gelir, kalp çakraları birleşir. O yüzden kalpten hissetmek, kalpte olmak çok önemlidir. Kalp çakranızı hissetmeye çalışmaz, devamlı zihinde olursanız acıyı ya da sevgiyi hissetmeme uğruna oraya inmezseniz, kalpten yaşamazsanız, kalbinizde kimseye yer açmazsanız bir insanla kalplerinizi nasıl birleştirebilirsiniz ki?

İki insanın birbiriyle kalp çakralarını birleştirmeleri gerçekte evliliktir. Daha önce dediğim gibi; astrolojik haritada 4. evi kalp çakrası yönetir yani evimiz kalbimizdir. İki insanın birleşiminde çakraları dengelenmeye, karşılıklı iki çakra da birbirini aydınlatmaya doğru gider. Bazı insanların çakraları, tam tersine birbirini zehirler ve öldürebilir. O yüzden karşınızdaki kişiyle ilişkinizi ilerletirken sizi nasıl etkilediğine de bakmalısınız.

İki kişi evlendiğinde çakralar birbiriyle bütünleşir ve aynı zamanda birbirinin evrimleşmesine ve gelişmesine katkı sağlar. Sol kanalımız ve sağ kanalımız vardır. Birinci sene sol kanaldır. Orta kanalımızda yedi tane temel çakramız mevcut. Bunları detaylıca ele alacağım.

İlişkilerde Birinci Yıl ve Sol Kanal Temizliği

Birinci yıl ilişkinin temelini oluşturduğu gibi, aynı zamanda birinci (kök) çakrayı temsil eder. Çünkü sol kanal birinci çakradan, sağ kanal ikinci çakradan başlar. Bu yüzden birinci yıl aslında hem sol kanal hem de birinci çakradır. Diğer bir deyişle; kök aile, cinsellik ise birleşmedir.

Sol kanalımız annedir: dişil enerjidir, duygusal kanaldır, Ay kanalıdır, bizim geçmiş yaşamlarımızdır, suçluluğumuzdur, affedişimizdir, ruh bilincidir.

Sol kanal son derece önemlidir. İlk birinci yıl biz sol kanal temizliği yaşarız. Evlendikten sonra geçmişle ilgili olaylar patlamaya başlar. Sol kanal bir taraftan anne olduğu için aileler birbirine girebilir, geçmişle ilgili konular gündeme gelebilir. Duygusal konular gündeme gelir, "Sen beni anlamıyorsun," gibi devamlı karşınızdaki kişinin geçmişini sorgularsınız, onun ailesine saldırırsınız, o da sizin ailenize saldırır. Böylece karşılıklı sol kanal mücadelesi başlar. Ama aslında bunu yapmak yerine, bununla ilgili farkındalık elde edilse hiçbir sorun yaşanmaz. İlk bir sene içinde devamlı sol kanalınızla ilgili temizlik yapmalısınız. Geçmişi bırakmak, affetmek, kabullenmek karşıdaki kişiyi geçmişiyle beraber her şeyiyle kabullenip, geçmişine takılmamak gerekir. Zaten evlenmeden önce anne ve babasını bir farkındalık içinde tanıdınız. Evlendikten sonra sol kanal temizliğine geçmediğiniz takdirde, anneler arasında büyük konular geçer. Bazen de ömür boyu o sorun çözülememiştir. İlk bir sene geçmişle ilgili çalışma yapın. O bir sene içinde ailenizin çalışmaları, astrolojik harita çalışmaları, bilinçaltı çalışmalarıyla beraber terapi sürecine gidebilir, bilinçaltı konuşmaları yapabilirsiniz.

Benim çok başarılı olduğum bir süreçtir bu konular. Çok büyük savaşlar kazandım, takdir edildim. İlk bir sene karşımızdaki insanın geçmişteki sevgililerinden önce kurtulun. Beraber yatıp kalktığı ama artık arkadaş olduğu söylemi koca bir yalan. Yani sevgiliden, arkadaştan, kocadan dost olmaz. Bitmiştir. Evlendiniz, çocuğunuz oldu sonra ayrıldıysanız durum başkadır. Artık hayat boyu anne babasınızdır ama o kadar. Tekrar evlendiyseniz geçmişi bir kenar bırakmalısınız.

Karşınızdaki insanın her şeyden önce çevresindeki arkadaşlarıyla yakınlaşmalısınız. Adım adım o arkadaşlarıyla iyi olmalısınız. Şöyle bir farkındalık içinde ilerlemelisiniz: "Ben yoktum, siz vardınız, siz onun dostuydunuz." Böylece, "O yokken biz vardık, şimdi geldi, bizi sepetliyor," duygusuna kapılmalarını engellemiş olursunuz. Bu sayede, "Bizim arkadaşlığımız devam edecek, iyi olacak," diye düşünürler. Daha sonra baktınız ki olumsuz yönde etkiliyor, belli bir süre geçtikten sonra bu durumu değiştirirsiniz. Ama değiştirirken de hiçbir zaman hepsini birden karşınıza almayın, tek tek inisiyatif alın. Stratejik hareket etmelisiniz.

Gece Yatma ve Sabah Kalkma Arası Bilinçaltının En Çok Aldığı ve İşlendiği Zamanlardır

Benim sevgilimi hem maddi hem de manevi olarak epey sömüren biri var. Ablam, "Can, onun ailesi gibi olmuş, sen karışma, sonuç olarak olduğu gibi kabul etmek lazım," dedi. Ben de ona; "Söylediğin doğru olmuş olsaydı şu ana kadar kocanın ailesiyle yıllardır olan sorununu çözmüş olurdun. Bir tane aileyi yıllardır halledemedin, ben senin sözünle hareket etmem," dedim. Burada savaşı bırakmam, "İşte o haklıymış," demem. Aslında her şey karşımdaki insana karşı duyduğum sevgiden. Çünkü ortada bir adaletsizlik ve sağlıklı olmayan bir durum var. Bu olayı değiştirmeye niyet ettim. Sonuç olarak adım adım ilerledim, asla vazgeçmedim. İlk başlarda evin Feng Shui'sinden başladım. Geceleyin yatağa girdiğimiz zaman, "Seni çok seviyorum, sen de beni çok seviyorsun. İlişkimiz bundan daha iyi nasıl olur?" dedim. Yataktasınız, sarılıyorsunuz, uyumak üzere olduğunuz an inanılmaz önemlidir. Tam beyin yıkama, işleme zamanıdır. Uyumlu olmuşsunuz, birbirinizi sevmişsiniz, aileler birleşmiş, her şey böyle uyumlanmış. Artık beyne bir sürü şey atmışsınız, ondan sonraki kademesi hayatınızı beraber yaratmak değil mi? Onu yapıyorsunuz tamamen pozitif bir şey yaratmaya yönelik. Yatağa girdiniz, sarılıyorsunuz, yan yanasınız. Döndüğünüz sırada önce sarılıp ardından da kulağına doğru eğilerek şöyle diyorsunuz:

İlişkimizin bundan daha iyi nasıl olabileceğini sen söyle. Sen beni çok seviyorsun, ben de seni çok seviyorum. Birbirimizi bundan daha çok nasıl sevebiliriz? İlişkimizde daha mutlu olmamız için nelere ihtiyacımız var?

Uyumak istediğini söylerse onu dinlemeyip yavaş yavaş kodlama yapacaksınız. Oradan dümdüz yürüyecek, gelecek için yatırım yapacaksınız. Orman için tohum eker gibi düşünün. Sabah kalktığınızda da aynı şekilde. Gece yatma ve sabah kalkma arasındaki zaman çok önemlidir. Bilinçaltının en çok aldığı ve işlendiği zamandır. Yatağın karşısında beraber mutlu olduğunuz fotoğraflar olsun. Asla yalnız kadın erkek portresi koymamalısınız. İlişkisi olmayan kadınların mutlaka yatak odasında, sağında solunda yalnız kadın portresi vardır. Mutsuz, tek başına, guguk kuşu gibi...

Evdeki Semboller Gerçekte Ne İstediğinizi Gösterir

Bu nedenle her şeyden önce bunun farkında olmalısınız. Evdeki semboller, fotoğraflar, resimler, heykeller bilinçaltınızın ve gerçekte ne istediğinizin en somut ve net örneğidir. Bütün her şey çift olmalı. Arkadaşlarınızla beraber, mutluyken çekildiğiniz fotoğraflarınız olmalı. Bir arkadaş sizi üzdüyse onun fotoğrafı çıkarılmalı. Adım adım, asla vazgeçmeden çalışacaksınız. Bakın, yaşanmış olaylar üzerinden deneyimimi aktarıyorum. Yatağınız her iki tarafından da içine girilecek şekilde konumlandırılmalı.

Evinizin bütün ilişki noktalarına ikinizin mutlu olduğu fotoğrafları koyup önüne çapa bağlayın. Bu fotoğrafları da sürekli güncelleyin. Fotoğrafların önüne iple güçlü bir çapa bağlayın. Bunu da birlikte yapmalısınız. Çapayı beraber bağlayıp önüne de mum yakın. Bu, ilişkide kök salma yöntemidir. Ondan sonra hayatınızda hiçbir zaman bir problemin çıkmasını beklemeyeceksiniz. Mutlu olmak, çözüme ulaşmak, rahat etmek için bir problemin çıkmasını beklemeden her zaman çözüme yönelik olmalısınız. Ben her zaman hayatımda bir şeyler yolunda gittiği zaman rehavete kapılmak yerine, bundan daha iyi nasıl olur, ne yapmalıyım, burada neyi geliştirmeliyim, neyi keşfetmeliyim, şu çalışmaya gidelim, gel böyle yapalım, gibi soru ve önerilerle devamlı bir gelişim içinde ilerledim.

Evde yoğun bir bilinçaltı çalışması yapmalı, evdeki bütün sembolleri, fotoğrafları ve evi kodlamalısınız.

Ev Nasıl Kodlanır?

Beraber evinizde mutlusunuz, birçok paylaşımınız var. Evi beraber tasarlamak, o evde mutlu ortam yaratmakla ilgili uzun uzun yoğunlaşmak ve çalışmak gerekir. Sevdiğiniz, birlikte mutlu olduğunuz arkadaşlarınızı evinize sık sık davet edin ve partiler verin. Kıyafet balosu düzenleyin, herkes kendine göre kostüm alsın, konseptler geliştirin. Onun özellikle arkadaşlarıyla yapmadığı şeyleri yapın. Sizinle ilk kez özel olarak yaptığı bir şeyler olsun. Hayatınıza, ilişkinize yeni yeni şeyler sokun. Geçmişte ailesi ya da başkalarıyla yaptığı şeyler yerine, yalnızca ikinizin paylaştığı şeyler ilişkinizi özelleştirir. Yarın öbür gün ayrılık ihtimali olduğunda yeriniz özel olsun, ayrılmayı düşünmesin. Özellikle bununla ilgili çalışmalısınız.

Bazı arkadaşlar der ki: "Bizim dostluğumuz, arkadaşlığımız ölene kadar. Yarın öbür gün yaşlandığımızda da beraber oluruz." Ama bu konuşmaların içinde sevgili olarak hiç siz geçmiyorsanız onu kara listeye yazabilirsiniz. Onunla ilgili negatif her şeyi not edin, ileride söyleyeceksiniz. İlk başlarda sesinizi çıkarmayın.

Bazıları ise size yabancı muamelesi yapar, dışarıdan gelen gelin modeli gibi. Örneğin, telefonu cevapladığınızda,

"Sen niye çıkıyorsun telefonuna?" gibi sorular sorarlar. Böyle bir durumda, "Bundan sonra alışacaksın çünkü artık hep ben çıkacağım," demelisiniz. O noktada bir sahiplenme ve kararlılık içerisinde o ilişkinin köklü olduğuna, hayat boyu devam edeceğine dair net ve somut olmalısınız. Devamlı gelecekte mutlu olduğunuza, pozitif olduğunuza, beraber çok güzel şeyler yapacağınıza dair hayal kurup ilişkiyi enerjiyle yüklemelisiniz. Seyredeceğiniz bütün dizi ve filmlerin hepsini gözden geçirin. Beraber mutlu çiftlerle ilgili, içinde aldatma, kavga vb. öğeler barındırmayan filmler, diziler seyredin. İnsanlar genelde bir şeyler seyrederken bomboş oturup eline de biraz çekirdek alır. O an beyin yıkamak için oldukça müsaittir. Bu hipnoterapi ve diğer tüm çalışmalarda da böyledir. Birinin dizine ritmik olarak vururken bir şey söylerseniz o bilinçaltına doğru gider ve kişi hipnotize olabilir. İnsanlar televizyon karşısında çekirdek yerken aslında bir çeşit hipnotik durumdalar. Oradan gelen negatif veya pozitif her mesajı içlerine çekerler. Aslında sokakta yürüyen birçok insan uyumakta ve hipnotik bir halde ilerlemektedir. O nedenle seyrettiğiniz ve dinlediğiniz her şey çok önemlidir. İçki içerken konuştuklarınıza, dinlediğiniz müziklere dikkat edin. Aldatmak, çok eşlilik gibi konular içeren filmler seyretmeyin. Beraber mutlu olduğunuz şeyleri izlemeli, ilişkinizin pozitif yanlarını devamlı ortaya çıkarmalısınız.

Aranızda Size Özel Bir İletişim Dili Geliştirin

Kariyer hayatınızda patronunuza ya da beraber çalıştığınız ortaklarınıza elde ettiğiniz pozitif özellikleri, olumlu olumsuz yanlarınızı şeffaflıkla anlatmalısınız. Sonra da, "Bakın efendim, şunları düzeltmeliyiz. Böyle şeyler var. Bunların üstünde duralım," diyerek aranızda özel bir dil geliştirin. Bazı insanlar kuşdiliyle konuşur. Bazı insanlar işaret diliyle konuşur. Aynı şekilde evli olduğunuz insanla da dışarıdaki insanlarla geliştirdiğiniz dilden ayrı ve özel bir diliniz yoksa ortada gerçek bir beraberlik yok demektir. Çünkü beraberlik, kendi başına özel demektir. Sadece yatıyor, kalkıyor ve aynı evde yaşıyorsanız beraberlikten söz edemeyiz. Çocuk yapmış olmak da beraber olduğunuzu göstermez. Çocuk sahibi olduktan sonra ayrılabilirsiniz. Buna bir başka örnek; ülkeyi ülke yapan şey nedir? Kendi dilidir; özel gelenekleri ve görenekleridir; kendi tarihi, toprakları ve üzerinde yaşayanlardır. O yüzden, siz kendi evliliğinizi ve ilişkinizi bir ülke gibi değerlendirmelisiniz. "Aşkım, sevgilim" gibi sıradan kelimeler yerine, "Güneş'im, Ay'ım" gibi yaratıcı sözler, belki de daha önce duyulmamış ifadeler üretmeli, ilişkiyi daha farklı bir formata taşımalısınız. "Aşkım, canım, sevgilim, ben seni çok seviyorum" gibi ifadelerle yürümüyor, zaten herkes bunları kullanıyor. Önemli olan sizin ilişki için yarattığınız dildir.

Dışarıya çıktığınız zaman kendi özerk alanınızı yaratın. Dışarıdaki dünyadan ayrı bir dünyanız olmalı. Özel gelenekleriniz olmalı. Örneğin, senenin belli zamanlarında herkese yemek vermek, yılbaşında ev partisi düzenlemek gibi... Özellikle ev alanınızı hareketlendirmelisiniz. Tatil yapabilir, uzun süre yalnız kalacaksanız yapacaklarınızın listesini çıkarabilirsiniz. Her şeyden önce, erkeklere çok düşünecek zaman vermeyin.

Erkeklere boş zaman değil, yapılması gereken şeylerin uzun bir listesini verin.

Bir erkeği boş bırakmaya başladığınız zaman düşünmeye başlar; hareketli varlıklar oldukları için boş kaldıkları zaman sıkılır, bunalırlar. Siz öyle uzun bir "yapılacaklar listesi" çıkaracaksınız ki maddelerden birkaç tanesini yapmak durumunda kalacak. Aynı zamanda arkadaşlarını arayıp programlar organize edebilirsiniz. Her şeyi erkek arkadaşınıza doğrudan dikte etmeyin, bilinçaltı çalışmalarını uygulayın. Bu durumda yapmaması imkânsız hale gelir; çünkü zaten işlenmiş ve hipnotik hale gelmiştir.

Yeni yerleri beraber keşfetmeli; yeni şehirlere, ülkelere, alanlara, kafelere, restoranlara gitmelisiniz. Eğer ki eski sevgilisi veya eşiyle gittiği yerler varsa oraları mutlaka kara listeye alın. Oradaki bütün isimleri, arkadaşları eleyin, büyük bir temizlik yapın. Sonra da çevresindeki hangi arkadaşları ne diyor hepsini değerlendirin. Akrabalarıyla, özellikle bir yıl geçene kadar, ilişkilerinizi iyi tutmaya özen gösterin, asla kavga etmeyin. Bu sürede herhangi bir problem karşısında, "Siz ailesiniz, çok haklısınız ama burada da sana biraz haksızlık yapmıyorlar mı? Ben senin adına çok üzülüyorum," gibi sözlere dikkat edin. Ailesiyle karşı karşıya geldiğiniz zaman tabii ki ailesini düşünecektir. O nedenle kendi adınıza değil, onun adına üzüldüğünüzü belirtmelisiniz.

Birbirinizin Ailesine Saygı Duyun Ama Çok İç İçe Olmayın

İnsanlar evlendikten sonra ayrı bir aileye geçerler. Bu nedenle eşinizin anne ve babasına saygı göstermelisiniz. İlişkinin akışında ataları için yemek yapabilir, çiçek dağıtabilirsiniz. Ailesine mutlaka somut ve net iyilikler yapmalısınız. Ama daha sonrasında, "Artık biz de bir aileyiz," diyerek bu enerjiyi benimseyip yaymaya başlayın.

Günümüzde aileler o kadar iç içeler ki, anneler ne oğullarından ne de kızlarından ayrılabiliyorlar. Bu nedenle mutlaka ailelerinizden uzak oturun. Arkadaşlarınıza yakın oturmak ve onlarla ortak bir yaşam alanı kurmak faydanıza olacaktır. Ailelerden uzak oturmanız ilişkinizin manyetik alanını kurmanıza yardımcı olacaktır. Evinizin duvarlarına dokunarak sevgi yükleyin, tüm odalara ve yaşam alanlarına sevgi akıtın, hayal edin. Evdeki her bir kristalin, her bir taşın, her bir rengin ve onun astroloji haritasının size nasıl geldiğini gözlemleyin. Evdeki bütün semboller önem taşır; muhtelif yerlerde mutlaka yaşam çiçekleri olmalı.

Bazı kişiler numerolojik olarak birleştiğinde toprak elementini artırır. Bu da beraber ev üstünden bir şeyler yapmanız gerektiği anlamına gelebilir. Bazı kişilerin hava elementi birleşir. O zaman beraber kitap yazabilir, müzik yapabilirsiniz. Beraber şarkınız olsun, şarkıların sözlerini değiştirin. Aynı zamanda beraber yazdığınız şiirler olsun, beraber ürettiğiniz bir ülke, bir uygarlık olun. Geleceğe kendi enerjinizi yansıtıyorsunuz. Tamamen ciddi, sıfırdan bir yenilik yaratmalı, karşınızdaki kişiyi de değişime yönlendirmelisiniz. O yüzden mutlaka karşınızdaki kişiyi de aile dizimine götürmenizi tavsiye ederim. Götürmeden önce aile dizimi yapan kişiyle konuşup adım adım çalışın.

Ailemde 60-70 yaşlarında biri var. Kocasını yıllarca psikoloğa götürüp işledi. Sonuç olarak, "Bu domatesi nereden aldın?" gibi bir soruyla evde kıyamet koparken, yıllar sonra evde dans eden tiplere dönüştüler. Böyle büyük değişimler için adım adım, farkındalıkla ilerlemek gerekir.

Başınıza gelenlerden şikâyetçi olup sürekli haksızlığa uğradığınızı iddia etmekten vazgeçin ve çalışmaya başlayın. Hayat tüm çalışmaları mükâfatlandırır. Üretin, yenilikler yapın, her an kendinizi daha fazla geliştirin ve farkındalık elde edin. Hep söylediğim gibi, bütün evren her an geliştiği için mutluluk da sabit değildir, mutluluk bir yolculuktur. Siz de yolculukta ilerlerken mutlu olmalı, mutluluğun sonuca varmak olmadığını fark etmelisiniz. Mutlu olmak için bir şeye ulaşmayı beklemeyin, hayat sürecinde "mutluluk içerisinde" ilerlemeyi seçin.

2. yılı anlatmadan önce 1. yıl, genel ilişki ve hatta evlilik hayatı adına vurgulamak istediğim bir diğer alan daha var: İlişkide beraber tanıştığınız, hayatınızda beraber olan arkadaşlarınız, onun geçmişinde sizin çok iyi anlaştığınız arkadaşları olabilir. Ama gruplaşmaları bir kere dağıtmalısınız. Çok gruplaşma olmamalı. Daha ayrı gruplar kurun ve bazı dönemlerde bu grupları bir araya getirin ama çok grup olarak birleştirmeyin. Böylelikle çok görüşeceğiniz ve size çok gelip gidecek, ilişkinizi destekleyen, besleyen insanlar olsun. İlişki alanınızı, evliliğinizi yaratırken sizin de özel arkadaşlıklarınız ve dostluklarınız olduğu gibi ortak arkadaşlarınız da olsun. Bir süre sonra akrabalarınızla veya arkadaşlarınızla yan yana geleceğiniz zaman önceden onları uyarın ki geçmişten konular açılmasın; "Çocukken/Eskiden böyleydin," gibi cümleler kurulmasın. Uyarılarınızı önemsemeyen insanları da hayatınızdan çıkarın.

Hep böyle mücadele mi vermemiz lazım?

Bu kitap yalnızca kadınlara ya da yalnızca erkeklere hitaben yazılmadı. Her iki taraf da buradaki tavsiyeleri alıp ilişkisinde uygulayabilir; çünkü aslında anlatmak istediğim ilişkinin manyetik alanını nasıl kurmanız ve yaratmanız gerektiğidir. Sonuç olarak her iki taraf da binlerce yıllık aile geçmişi, kolektif bilinç, DNA'lardan getirdikleri olumlu-olumsuz bilgiler gibi birçok şey taşırlar. O yüzden mevcut bakış açılarından yola çıkarak yeni bir şey yaratmaya çalışırlar. Bir bina ne bir günde yapılır ne de bir haftada kurulur... Her şey belli bir zaman alır.

Toprağın üstüne yeni bir şey kurarken sıfırdan başlarsınız. Yeni bir yaratım yaparken geçmişten kalan kaçak yapılaşmaları yıkmanız ve temizlemeniz gerekir. İngiltere Kraliçesi'nin bile kendi evliliğiyle ilgili ne kadar çalıştığını ve emek verdiğini belgesellerde izliyoruz.

İster dünyanın en ünlü insanı olun ister en zengini... İki insanın beraberliğinde aydınlanma ve evrimleşme süreci özen, emek ve çaba gerektirir.

Yaşam Alanınıza Müdahale Ettirmeyin

Kadınların erkeklerle ilgili değiştirmeleri gereken bir başka yanlış ise, erkeklere çok rahat vermemek gerektiği ya da erkekleri çok boşlukta bırakmamak gerektiğine dair yerleşmiş bakış açısıdır. Kadınların, erkeklerin rahat ederlerse kontrolden çıkacaklarına dair oluşturdukları inanç kalıbının altında farklı sebepler yatar.

Şöyle ki, çoğu kadın özellikle kocasını rahat ettirmek için yemek, ütü gibi evdeki bütün işleri yapıp çocukların tüm sorumluluğunu üstlerine alırlar. Bu durum erkekler için müthiş bir rahatlık sağlarken, üst üste yıkılan onca iş, kadını kendi öz benliğinden çıkarıp artık işçi, anne ya da farklı bir konuma geçirir. Halbuki hayat müşterektir. Erkeğin, "Ben işe gidiyorum, çalışıyorum, geliyorum, çok yoğunum, akşam oturup televizyon seyredeceğim, bana rahat bir ortam hazırla," dememesi gerekir. Her iki tarafın da çalıştığının ve tek tarafın rahatı üzerine bir ilişkinin kurulamayacağının bilinciyle hareket etmek gerekir.

Erkeklerin agresif çıkışlarına sessiz kalan ve izin veren kadınlara çok sinirlenirim. Çünkü kadın kendisine yapılan haksızlığa ses çıkarmayarak aslında erkeğe, "Ben bakıma muhtacım, kontrole açığım, sen beni kollayıp koru, bana bak, bana babalık yap," gibi yanlış bir mesaj verir. İnsanı dünyaya getiren, yetiştiren anne ve babası dışında kimsenin azarlamaya, kızmaya hakkı yoktur. Kişi sadece fikrini söyleyebilir ama kimse size bağırıp çağırarak susmanızı söyleyemez. Her kim kendisini azarlayan eşine karşı sessiz kalıyorsa onu ya anne ya da babası rolüne koyuyordur ki bu da asıl çözülmesi gereken problemdir.

Farklı Hayatlar Kurmayın

Herkesin anne babasından özgürleşmesi ve kendi gücünü eline alması gerekir. Kadınlar, ilişkilerinde erkeğe çok boş ve geniş bir alan bırakırlar. Beraber ilişki yaşamaktansa kendilerini eş ve sevgili modundan çıkarıp anne konumuna sokmayı seçerler. Çiftler ilişkilerinde genellikle sanki çocukları hayat boyu onlarla yaşayacak ve eşleri yarın öbür gün gidecekmiş gibi tamamen çocuklara odaklanarak hareket ediyor, çocukların gelecekte kendi hayatlarını kuracaklarını unutuyorlar. Çocuğunu elleriyle yedirirken, eşiyle aynı sofrada bile oturmuyor. Halbuki çok yanlış. Eşinizle yemek yemeniz, yaşadığınız ilişki, tartışmalarınız, paylaşımlarınız çok özel olmalı. Ne yazık ki çoğunlukla kadınlar çocuğu o kadar sahipleniyorlar ki babaya yer kalmıyor. Anne olarak kendine başka bir dünya yaratıp eşini oraya almıyor. Adam da çıkıp gidiyor, evde bulamadığını dışarıda arıyor. Katılırsınız katılmazsınız, ancak gerçek bu.

Sonuç olarak bir sürü erkeğin deneyimini biliyorum. Adam diyor ki: "Onun kendi dünyası var, çocuklar, kendi arkadaşları... Kendi ufak dünyasında yaşıyor. Ben aşkı yaşamak istiyorum." Eve geldiğinde kadın sürekli çocuklarla. Kadın da diyor ki: "O gelsin bana romantik bir şeyler söylesin, ben yapmam gereken şeyleri yapıyorum." Ama uygun bir alan yaratmadığının farkında değil. O yüzden gerçekten her şeyden önce ilişkiniz için ilişki çekirdeğinizin boş olması, ilişki yaşadığınız insanın orada olması ve onunla bir alan yaşamanız gerekli. Bütün bu işleri sadece kendi üstünüze almamanızı, eşinizle birlikte yapmanızı, evde aynı zamanda eşinizle bol paylaşım yaşamanızı öneririm.

Eşinizin ve sizin ayrı arkadaşlarınız olmamalı. Bir evlilikte beraber bir ilişki vardır, birliktelik vardır; özellikle ilk yıllarda çiftlerin ayrı dünyaları olamaz.

Bireysel hayatınız ve kişiliğiniz tabii ki de vardır. Gündüz arkadaşlarınızla görüşürsünüz zaman zaman... Yakın arkadaşlarınızla düzenli görüşmeleriniz bile bir formatta olmalı. Arkadaş grubuyla görüşebilir, yemek yiyebilirsiniz ancak ayrı gruplarla tatile çıkmamalısınız. O zaman verdiğiniz enerji, "Ben çocuklara bakıyorum, sen keyfine bak," demekten ibarettir.

Evlilik sürecinde eşinizi kesinlikle çocukların yetişme sürecine dâhil etmelisiniz. Çocuğunuz yoksa hayatınızda farklı konularda birlikte emek vermelisiniz. Mesela, beraber yaptığınız işler, evinizde yaptığınız etkinlikler, beraber yaptığınız tatil, yazdığınız kitap, çizdiğiniz resimler, dünyaya ürettiğiniz paylaşımlarınız... Evlendiyseniz birbirinizden bir şeyler öğrenmek için evlendiniz. Dönem dönem toplantılar, iş görüşmeleri vb. olur ama ayrı arkadaş gruplarınız olmamalı. Yolunuzu beraber yürümek için evlendiniz. Farklı meslekleri, işleri yaparken de yolu beraber yürüyebilirsiniz. Sabah kalkıp işe gittiğinizde zaten tüm gün iş arkadaşlarınızla vakit geçiriyorsunuz.

Dışarıdan başka birisiyle görüşmemenizi, sosyalleşmemenizi söylemiyorum. Sadece farklı hayatlarınız olmasın diyorum. Farklı işleriniz olabilir, hayatınızda kendinizi geliştirdiğiniz farklı alanlar olabilir ama birbirinizin hayatına birbirinizi dâhil edin, bütünleşin. Aksi halde ilişkiniz ayrılığa doğru gider. Bu şekilde mutlu olduğunu iddia eden varsa yalan söylüyordur. Belli bir noktadan sonra her iki taraf da kendi arkadaşlarına yönelir ve ilişki yavaş yavaş biter. Sadece bir evi paylaşan iki insana dönüşürsünüz, birbirinizin göz rengini bile unutursunuz. İşin gerçeği bu... Belli bir noktadan sonra insanlar birbirini aldatıyor ve, "Neden beni aldattı?" diye soruyor. Çünkü artık ayrı hayatlara bölünüyorsunuz. O bireysellik ikinizin birlikte paylaşacağı şey. Belli bir zaman sonra aynı evi paylaşan ancak tek başına arkadaşlarıyla buluşan, kendi hayatları olan ve tam olarak bir bütünlük içinde ilerlemeyen çiftlere dönüşüyorsunuz. Özellikle ilişkinin ilk dönemlerinde, daha yoğun bir şekilde paylaşımlar üzerinden ilerlemenizi öneririm. 10-20 yıllık çiftler var. 10 yıl zaten çok ciddi bir süreç, ilişki apayrı bir boyuttadır artık. Hâlâ birinci ya da ikinci yılda mı kaldınız? Yoksa onuncu yılda mısınız? Onuncu çakra şüphesiz inançtır. Birbirine karşı hiçbir şüphe duymama halidir. O konumda mısınız, yoksa birbirinizi kıskanıyor musunuz? Birbirinize karşı şüphe ve güvensizlikleriniz var mı? Kırgınlıklarınız, kızgınlıklarınız var mı? Cevap evet ise geçememişsiniz demektir. Yoksa şüphesiz birbirinize karşı inanç ve güven içindeyseniz o zaman onuncu yılda onuncu çakraya gelmişsiniz demektir.

Onuncu yıla gelip onuncu çakrayı geçtiğinizde, öyle bir konuma gelirsiniz ki ister kendi arkadaşlarınızla dünyayı gezin ister eşiniz kendi arkadaşlarıyla seyahat etsin, ilişkiniz bu durumdan hiç mi hiç etkilenmez. Ama ilişkilerde özellikle beraber paylaşım yaşamaktan, arkadaş gruplarınızı birleştirmekten keyif almanız halinde ayrı ayrı arkadaşlar kurup uzaklaşmaya ihtiyaç duymazsınız.

Hepimiz ayrı ayrı evrenleriz. Yaşamlarımız birbirinden ayrı ayrı ilerler ama gerçekte biz bir bütünüz. Bir rüyanın içinde farklı rüyalar yaşayan bilinçleriz. Ama evlendiğiniz zaman iki rüyayı birleştirirsiniz ve bir rüyanın içinde iki kişi olarak uyanırsınız. O bir rüyanın içinde iki kişi olarak uyandığınız zaman rüyanın içinde korkular, kâbuslar, mutluluklar uçar, her şey birbiriyle birleşir ve birbirinizi anlamaya çalışırsınız. O rüyanın içinde iki kişiyken bazen rüyanın içinde olduğunuzu unutup gerçek zannedebilirsiniz. Bazen de rüyanın içinde uyanıp rüyanızı değiştirebilirsiniz. Ben burada rüyanızı değiştirmekten ve o rüyanın içinde onu bir cennete dönüştürmekten bahsediyorum.

Bireysellik Kavramı

Bireyselleşmekle ilgili belirtmem gereken en önemli nokta; aslında hiçbirimizin bir olmadığı ve bireysellik diye bir şeyin olmadığıdır. Sonsuzluktaki ışık kürelerini düşünün. Hepsi birbiriyle bağlantı halinde, hepsi birbiriyle bir ama hepsi de birbirinden ayrı birer bilinç. Aslında hepsi bir bilincin farklı formatları ve düşünceleri. Ama o tek bilinç bütünün tamamını yansıtıyor. Bu düzlemde kendi hayatımızda astrolojik haritamızdan da isteklerimiz, beklentilerimiz var. İlişkinin içinde de ilerlerken özellikle, "Ben şunu yapmak istiyorum, buna doğru ilerlemek istiyorum," diyebilirsiniz. Karşınızdaki insan istemeyebilir, sizi desteklemeyebilir. Peki, istediğiniz şey gerçekten istediğiniz bir şey mi? Karşınızdaki insan sizin onu yapmanızı istemediği zaman, gerçekten kendisi mi istemiyor yoksa siz mi istemiyorsunuz? O nedenle, biriyle evliyken o istesin veya istemesin, siz kendi hayatınıza o kendi hayatına baksın dememelisiniz. Aksine, o farkındalığın içinde birlikte yürümek esastır. Onun size neler öğretmek istediğini, sizin de onun hayatıyla ilgili destek vermeniz gerektiğini unutmayın. Eğer olmuyorsa, ortada bir direnç ve akış yoksa beraber olmanın da bir anlamı yoktur.

Mucize Sizsiniz

Herkesin farklı bir gerçekliği vardır ve hayat herkes için farklı şekillerde ilerler. Size göre hayatın bir şekilde ilerlemesi koşullara göre değişir. Peki, bu koşullar sizin hayatınızın koşulları mı, ailenizin koşulları mı, ailenizden gelen bilinçaltının koşulları mı? Otobüse bindiğinizde bile oradaki insanlar sizinle uyum içindedirler. Astrolojik haritalarına baktığınızda onlarla nasıl bağlantılı olduğunuzu görürsünüz. *Hayatın gerçekleri* diye bir kavram yoktur; *hayatın farklılığı* gerçeği vardır. Çin'de, Amerika'da, İran'da, Arabistan'da, Türkiye'de yaşayan insanların hayat gerçekleri birbirinden farklıdır. İstanbul'daki birçok kişinin gerçekleri bile farklıdır. Bu tamamen sizin yaşamınızı kodlamanız ve hayatın size verdiği geri dönüşlerle ilgilidir. Bu anlattığımda farkındalık gerçeğini görebilirsiniz.

Bu çok zihinseldir, kalple alakası yoktur. Zihinden kalbe inmelisiniz. Özellikle kalpten bakmaya başladığınız zaman, aslında içinde olduğunuz durumun kendi yaratımınız olduğunu göreceksiniz. Kendi yaratımınız olduğunu gördükten sonra büyük bir değişim başlayacak. Hayatınız size göre şekil alacak ve farkındalığa geçeceksiniz.

Her birinizin farklı bir evreni var; yaşam her biriniz için farklı işler. Yaşamınızı yeniden kendi farkındalığınızla yenileyebilir, değiştirebilir, böylece mucizeler yaratabilirsiniz. Ben kendi yaşamımda bunu yaşadım.

Yaşamımda şikâyet ettiğim her şeyin, benim istediğim gibi olduğunu fark ettiğim zaman içinden çıkabildim ve çok büyük mucizeler yaşadım ve hâlâ da yaşamaya devam ediyorum. Geçen gün çaresiz kaldığım bir durumda şöyle sordum: "Kim gelip bana yardım edebilir?" Ben birisine iyilik yapmaya çalışırken başka biriyle tanıştım. O konuyu kahvaltı masasında konuştuktan iki gün sonra olay çözüldü. Ama o noktaya kadar vicdanen kendini iyi hissetmek, bilinçaltının farkında olmak, kalpten istemek, kalpten düşünmek gerekir. Sadece söylemenin de ötesinde içsel bir deneyim içinde olmalısınız.

Bu da ancak inançla, hak etmekle, layık olduğunu düşünmekle, vicdanen rahatlatmakla, ders almaya ve öğrenmeye kendini açmakla mümkün olur. Ben bir başkasına iyilik yapmaya çalışırken hiç alakasız birinin çağırdığı kahvaltı davetinde, benim sorunumu çözecek biriyle tanıştım. Mucizelerin kolaylığı her zaman iyilik yolunda olmanızla, insanları sevmenizle, insanlara kapınızın açık olmasıyla ve daha birçok güzel özelliği hayatınızda ve karakterinizde var etmenizle paralel bir şekilde ilerler. Tabii işin özünde sevgide kalmanın, kalbini açacak sevgiden hareket etmenin de büyük önemi var.

Sonuç olarak, hayatımızın gidişatının kendi düşüncelerimiz, duygularımız, sözlerimiz ve hislerimizle büyük bir ilgisi var. İçine doğduğunuz dünya aslında anne-babalarınızın, atalarınızın ve ülkenizin kolektif bilincinin, hislerinin, duygularının, düşüncelerinin ve hikâyelerinin yaratımıdır. Hepimiz bunların içinde doğuyoruz. Bunlarla ilgili farkındalık geliştirerek oradaki hisleri, düşünceleri ve hikâyeyi değiştirdiğimizde ise onun içindeki işleyiş biçimi de değişiyor. Kimisi çok genç yaştan itibaren okur, bir şirkette işe başlayıp rahat şekilde para kazanırken, kimisi de tüm hayatı boyunca çok ağır koşullarda çalışmasına rağmen kazanamaz. Çünkü bilinciyle hareket etmiyordur. Bazı insanlar ailesinin maddi koşullarının ötesine geçmek istemezler; çünkü böyle bir durumda onlardan kopacağına inanırlar. Aynı şekilde gençler, arkadaşlarından kopacaklarını düşündükleri için onların maddi koşullarının ya da başarı koşullarının ötesine geçmek istemezler. Bu korkular yersiz değil. Benim başımdan da bu tür olaylar geçti.

Zamanında beni destekleyen, benim için ağlayan, üzülen, beni sevdiğini söyleyen bazı arkadaşlarım, başarı elde ettiğimde âdeta düşmanım oldular. Oldukça üst düzeyde bir kıskançlık ortaya çıktı. Ben o kadar iyilik yapmaya çalışmama rağmen; "Sen ünlüsün, biz halkız," gibi son derece saçma ve basit kinayelerde bulunmaya başladılar. Halbuki kimin ne olacağını hiçbir zaman bilemeyiz. Döneminin en ünlü dizi oyuncuları, şarkıcıları yolda tanınmaz hale gelebiliyor. Bazı insanlar ise hayatı boyunca, çocukluğundan itibaren ünlüdür, bu da astroloji haritasıyla yakından ilgilidir. O kadar ünlü olduğu zaman birçok insanın sevgisini kazanıyor. Peki, bir süre sonra bu sevgi kalıyor mu?

En ünlü olduğu dönemde intihar eden, o enerjiyi kaldıramayan birçok sanatçı biliyoruz. Çok büyük malvarlığına sahip olan ama depresyondan çıkamayan pek çok kimse tanıyorum. Parayı severseniz inanın ki hayatınıza gelir. Ancak bazen farkında olmadan kendi yaşamınızda ailenizi, arkadaşlarınızı, sosyal çevrenizi aşmayacağınız inancıyla mevcut durumunuzun ötesine geçmeyi seçmezseniz zaten geçemezseniz.

Arkadaşlarından kopmamak, annesinden babasından kopmamak için ilişki kurmayan insanlar var. "İleride evlenirsem ablam ne yapar, annem ne yapar, babam ne yapar?" gibi kaygı ve karamsarlık içeren düşüncelere takılıp kalıyorlar.

Kader Kurbanı Değiliz

Rüyadan uyanma çalışmaları yaptıkça bilinçaltındaki rüyalar tarafından yönetildiğimizi ve insanların da bu rüyaların içinde olduklarını fark ettim. Türkiye'de en önemli konumlarda olan insanlar bile, bizim kolektif bilincimizin karar mekanizmalarıyla bir yerlere geliyorlar. Bizim kolektif bilincimizde yatan bazı düşünce formatları inançlarımızın sonucunda gerçekleşir. Bazı olaylar ise bilinçaltımızdaki inançların değişmesiyle değişir. Değişime açık olmadığımızda, somut, kalıplaşmış olarak gördüğümüz hiçbir şey değişmez.

Ne var ki isteyince binalar, kaleler imparatorluklar bile yıkılır. Hıristiyanlıktan önce paganlık inancı varmış. Hıristiyanlığın gelmesiyle Roma İmparatorluğunda paganlık inancı yıkılmış. Günümüze geldiğimizde Avrupa'da, Amerika'da yaşanan Hıristiyanlığın, eski dönemlerde yaşanan Hıristiyanlıkla ilgisi olmadığını söyleyebiliriz. Günümüzde bütün dinler kendince evrim geçiriyor. Sonuç olarak günümüze uyarlanıyor; bilinç yükseldikçe, değiştikçe onlar da değişiyor. Tarih, teknoloji, eğitim gelişiyor, her şey değişiyor. O yüzden hiçbir şeyi katılaştırıp kendimizi ona hapsetmemeliyiz.

İlişkiyi hayatımıza çekmeden önce farkındalığa ulaşmalıyız. Farkındalığa ulaşmadan gerçek ve sağlıklı bir ilişkiyi hayatımıza çekemeyiz. Aslında hayat bizim düşüncelerimizin, sözcüklerimizin, hikâyelerimizin, ailemizin ve daha birçok şeyin yaratımıdır. Onunla ilgili belli bir farkındalığa erişmeden, hayatımızda bir alan açmadan, gerekli çalışmaları yapmadan hayatınızda ekecek yer olmaz. İlk önce hayatınıza geldiği zaman ne yapacağınızı bilmeniz gerekir. Bir bina inşa edeceğinizi düşünün; size verilen toprağın üzerine önce binayı nasıl inşa edeceğinizi öğrenmelisiniz. Rüzgâr gelir, fırtına kopar, bina yıkılıp gider. Ona göre temelini kazmak, binayı yıldırımdan koruyacak şekilde inşa etmek şart. Tıpkı hayatımız gibi. Mahalleyi seçeceksiniz, olmadı mahalleyi yenileyeceksiniz, muhtarı, belediye başkanı olacaksınız. O da yetmezse başbakan olacaksınız. Sonuç olarak ilk önce ne yapacağınızı bilecek ve kim olduğunuzu, ne istediğinizi fark edeceksiniz. Örneğin, hayatınıza bir ilişki çekmeyi gerçekten isteyip istemediğinizi bileceksiniz. Gerçekten istiyorsanız zaten gelir. Çekme çalışmasını yapmanın nedeni, kişinin kendisini hazırlaması, hayatında alan açması ve onu hayatına çekip kabul etmesidir. Çünkü siz nasıl isterseniz hayatınız da öyle şekillenir.

Astroloji haritası aslında kişinin düşüncelerinin, duygularının nasıl olduğunu gösterir. Kişi bunu değiştirdiği zaman astrolojik haritası da değişir. Hiçbirimiz aslında kader kurbanı değiliz. Ama rüyanın içinden uyandığımız zaman onu değiştirebiliyoruz. Onun için de zihinden kalbe inerek o farkındalığa ilerlemek, sonra o farkındalıktan yürümek gerekir. Yani karanlık odanın içinde ışığı açmadan kapıyı açamazsınız. İlk önce ışığı açacaksınız ki kapıyı görebilin...

İlişkilerde İkinci Yıl ve Sağ Kanal Temizliği

İlişkide ikinci yıl, sağ kanal yani eril kanal, babayı temsil eder. Kapsadığı konular şöyledir: geleceğe dair korkular, endişeler, hareketler, alanlar, eylemler ve bütün aktiviteler; öfke, kızgınlık, teslimiyetsizlik aynı zamanda da teslimiyet, huzur, birbirine karşı sert konuşmalar, politik olma, birliğe doğru gitme, kabullenme ve içsel kötülükten kurtulma.

İkinci yıl aynı zamanda yaratım, yeni şeyler yaratmak, kendi gücüne sahip çıkmaktır. İlişkinin bir bilincinin ortaya çıkmasıdır. İlişkideki kişilerin mutlaka yeni bir şeyler yaratması gerekir. Bu beraber bir iş yapmak olabilir; sanatsal faaliyetlere, gezilere katılmak olabilir; koleksiyonlar yapmak, etkinlikler düzenlemek olabilir. İkinci yılda özellikle ikinci çakrayı aktifleştirmeniz ve kendi gücünüze sahip çıkmanız çok önemlidir.

İkinci yıl bu bağlamlarda çok önemlidir. İkinci yılda geleceğe dair beraber güzel şeyler hayal etmeli, kurmalısınız. Geleceğe dair ilerlerken hareketlerinizi beraber belirlemeli ve ilişkinizi olumlu yönde etkileyen aktiviteleri gerçekleştirmelisiniz. İkinci yıl aynı zamanda baba olduğu için sizin dışarıya karşı gösterdiğiniz yüzünüzdür. Anne içsel, baba ise sizin dışsal yüzünüzdür.

İkinci yılın en önemli noktalarından bir başkası da sizin bir çift olarak dışarıya yansımanızı göstermesidir. Yani siz bir çift olarak dışarıya neyi yansıtıyorsanız ikinci yıl onunla ilgilidir.

İlişkinizdeki Problemleri Dışarıya Yansıtmayın

Bir sır vereyim; asla ve asla ilişkinizde beraber yaşadığınız çok mahrem ve olumsuz şeyleri üçüncü bir şahsa anlatmayın. Hele ki arkadaşınıza, dostunuza... Arkadaş ortamlarınızda asla kavga etmeyin, cinsel hayatınızda yaşadığınız problemlerden bahsetmeyin, tüm sorunlarınız, kavgalarınız, tartışmalarınız sizin özeliniz olarak kalsın. Dışarıya her zaman pozitif yanlarınızı yansıtmalı, bütün gerginliğinizi kendi aranızda çözmelisiniz. Aksi halde dışarıya o olumsuz enerjiyi yansıtıp seyirci elde etmiş olursunuz. Seyircisi olan dizinin oynamaya devam etmesi gibi düşünün; yaşadığınız sorunlar da büyümeye başlar. O yüzden hiçbir zaman hayatınızdaki kötülüklere seyirci toplamayın. Siz bir televizyon kanalıysanız hayat da reyting toplamaya benzer. En çok ne seyrediliyorsa onu oynamaya başlarsınız; çünkü aslında yalnız kalmak istemezsiniz ve bilinçaltınız da sizin yalnız kalmamanızı neyle ilişkilendirdiyse oradan yürür.

Kızgınlıklarınızı Çözmeli, Güven İnşa Etmelisiniz

İlişkinizde ikinci yılda birbirinize karşı öfke duyduğunuz konuları çözmelisiniz. Her iki tarafın da birbirini karşılıklı kabul etmesi ve güven duyması gerekli. İkinci yıl özellikle gelecekle ilgili olduğu için birbirinizi bırakmayacağınızı da anlamalısınız. Hayatınızın geri kalanını birlikte yürüyeceğiniz insanın sizi yolun yarısında bırakacağını düşünürseniz onunla beraber o yolu yürümeye devam etmezsiniz.

Birlikte okyanusu geçeceğiniz insan, okyanusun ortasında kayıktan atlayıp başka bir kayığa binip gideceğiyle ilgili sizi tehdit ederse bir daha o kayığa binmezsiniz. Beraber yola çıktığınızda gün boyu arabayı kullanamazsınız; ancak paylaştığınızda rahat edersiniz. Yolda giderken yanınızdaki kişi sizinle kavga ederken, "Seni bırakırım, burada inip geri giderim," derse o kişiye güvenerek yola çıkamazsınız. O yüzden hiçbir zaman ikinci yılın en büyük kuralını unutmayın: Karşınızdaki insana onu bırakıp gideceğinize dair en ufak bir duygu, düşünce, his geçirmemelisiniz.

Partneriniz, onunla hayat boyu beraber olacağınıza dair duygu ve düşüncenizi hissetmelidir. Bunun aksini söylediğiniz zaman ilişkiye hançer vurmuş olursunuz. "Ben seni bırakırım, giderim," diye tehdit etmek, evden çıkıp gitmek, yatakları ayırmak çok yanlıştır. Her ne olursa olsun aynı yatağa girmelisiniz. Tartışsanız bile koltuğa gidip yatmak ya da anneye gitmek hiçbir zaman doğru tercih değildir. Tabii ortada ciddi anlamda içinden çıkılmaz bir durum ya da şiddet varsa o zaman değişir. Yatakta yalnız bırakma duygusu hâkim olduğu zaman karşınızdaki kişiyi, "Bu kişi beni yarın öbür gün bırakır," bilincine sokarsınız. Karşınızdaki kişi de kendi hayatını çekmeye açılır ve sizinle de bir daha o yola çıkmaz.

Sarılmanın Gücü

İkinci yıl özellikle partnerlerin hayat boyu beraber yürüyeceğine dair güven duyma ve tam olarak bir inanca kavuşma yılıdır. Karşınızdaki kişi sizin ne olursa olsun onu yarı yolda bırakmayacağınızı düşünmeli. Aynı zamanda fiziksel olarak da birbirinize güven duymanız gerektiği için geceleri yatakta mutlaka sarılarak yatın. Sarılmak çok önemlidir.

Karşınızdakine sarıldığınız zaman geleceğe dair birbirinize uyumlanırsınız. İkinci yıl da bir tür uyumlanmadır ve bu süreçten de üçüncü yıla geçersiniz.

Çocuğunuz olduktan sonra aranıza çocuğu alıp uyumayın. Çocuğunuz kendi yatağında uyumalıdır. Çiftlerin arasına hiçbir şey girmemelidir. Sarılarak uyuyunca vücut belli hormonlar salgılar, kendi kendine yenilenir, mutluluk hormonu salgılanır; sonuç olarak çok daha sağlıklı olursunuz. O yüzden sarılmaya kendinizi açmalısınız. Zaten sarılmaya açık olan insanların hayatına hemen ilişki girer. Sarılmayan insanlar hayatlarında problem yaşar. Sarıldığınızda, elleriyle sırtınıza vuran kişi size "Bırak beni" demektedir. Karşınızdakine öyle içten ve uzun uzun sarılın ki o sarılma duygusu ona geçsin. Karşınızdakinin size o sırada bütün bedenini ve enerjisini açtığını fark edin. Bu çok kıymetli ve rahatlatıcı bir şeydir.

Sarılınca Ağlamak

Sarılınca ağlamak, içinizde bastırdığınız, dışarıya çıkarmadığınız duyguların bir anlamda dışarıya çıktığını gösterir. Sarılınca ağlamak, aynı zamanda ifade edilememiş üzüntü ve ağlama duygularıdır. Ama sarılınca çok ağlayarak duygusal acıya girmek yerine, daha sevgide kalınmasını tavsiye ederim. Çünkü karşıdaki kişiye, "Benim çok sevgiye ihtiyacım var; yani sana sevgi vermekten ziyade senden sevgi almaya ihtiyacım var," mesajındansa, "Ben kendi gücüme sahip çıkıyorum, ben de sana sevgi veriyorum," mesajı vermek gerekir. Çoğu kadının en büyük problemidir bu. Bir sürü kadın beyaz atlı prens gelsin, şöyle zengin olsun, böyle zengin olsun hayali kurar. Diziler, filmler hatta *Pamuk Prenses*'ten *Külkedisi*'ne kadar birçok masal da hep bir kurtarıcı beklentisi üzerine kuruludur. Kızlar için sonunda mutlaka bir baba figürü vardır.

İki kişinin de karşılıklı güçlerini ellerine aldıkları, beraber mutlu oldukları, aşk yaşadıkları bir ilişki formatı olmalı. Ne var ki zenginin fakiri kurtardığı hikâyeler genellikle daha fazla kişiye hitap eder. Çünkü genel olarak hayatında zorluklar yaşayan kitle, içsel olarak kurtarıcı beklediği için filmde de birisinin bir başkasını kurtardığını, onunla tanışıp hayatını değiştirdiğini görünce bunun çok güzel olduğunu düşünür; ancak bu bilinçaltı için hiç doğru bir mesaj değildir.

Siz Artık Yol Arkadaşısınız

İkinci yılın en önemli noktası, geleceğe doğru beraber yürüyeceğinize dair tam olarak güvene sahip olmanız ve birbirinize karşı öfkeyle değil, sevgiyle hareket etmenizdir. Olumsuz sözler söylemek yerine son derece pozitif ifadeler kullanmak, teslimiyet içinde olabilmek, süper egodan özgürleşebilmek, "Ben sana muhtacım," demek yerine beraber yola çıkacağınızı karşınızdaki kişiye işlemelisiniz. Birinci yıl aslında evde geçirmek için iyi bir zamanken, ikinci yıl özellikle beraber seyahat etmek ilişkinizi olumlu yönde etkileyebilir. Birinci yıl evinizin manyetik alanını oturtmak, bilinçaltı etkenlerini dışarıya çıkarmak, sürekli seyahat etmektense ilişkiye konsantre olmak daha doğrudur. Şöyle düşünün; binanın temelini sağlam atmalısınız. Birinci yılda binanın alt katmanını yapar, ikinci yılda bir kat yukarıya çıkarsınız.

İlişkilerde Üçüncü Yıl ve Üçüncü Çakra

Üçüncü yıl, orta kanalı ya da üçüncü çakrayı temsil eder. Enerji kanallarında sağ ve sol kanallar tüm çakralarla tam bağlantı halindedir ama üçüncü çakranız yükselmezse karnınızdaki illüzyon denizinden kalbe ulaşamazsınız. Bu sebeple üçüncü yıl illüzyon dönemidir. Üçüncü yılda ilişkilerde çok ciddi sınavlar, çok büyük olaylar, çok büyük zorluklar yaşanabilir. Özellikle aileler gündeme gelir. Evle, yemekle ilgili konular doğabilir. O dönemde eve destek olacak bir yardımcı almak ya da ailenizden insanları davet etmek, özellikle aileyle ilgili çalışmalar yapmak için oldukça iyi bir dönemdir. Üçüncü yıl aynı zamanda ortak bir hobi edinmek, birlikte spor yapmak, dans etmek vs. ilişkinizi olumlu yönde etkiler. Öte yandan, ailenin üstüne yoğun bir çalışma yapmanız gerektiğini de unutmayın. Özellikle illüzyon denizinden geçildiği için o yıl karşınıza çıkan sorunlar, yaşanan problemler aslında birer illüzyondur. Ama bunun farkında olursanız bu süreçten kolaylıkla geçersiniz ve aile içi huzur ortaya çıkar. Huzur; tatmin olduğunuz her türlü şeydir. Bu noktada özellikle para konusu önem kazanır. O yüzden parayla ilgili dengeleyici olmalısınız. Ne karşınızdaki kişinin çok fazla parasını harcamalı ne de siz çok harcamalısınız. Evlendiğinizde paralarınız birleşse de herkesin kendi parası da olmalı.

Yaptığınız İyilikler Dengeli Olmalı

İlişkide olduğunuz kişilere ya da eşinize size karşı ödeyemeyeceği herhangi bir şey vermeyin. Karşınızdaki kişiye eğer yüklü bir meblağ para, altın ya da takı verirseniz ilişkinizi bitirirsiniz. Bu durumda o kişiyi unutun. Bu tarz bir şey vermeniz demek, o kişiyle olan ilişkinizin bitmesi demektir. Siz kendinizce ona iyilik yaptığınızı düşünseniz de aslında egonuzu tatmin etmiş olursunuz. O kişiye karşılığını veremeyeceği bir şey yapmanız demek otomatik olarak ilişkinizin bittiğini, o kişinin alan konuma geldiği, verdiğiniz şeyin altında ezildiği ve size geri veremeyeceği için de size saldıracağı anlamına gelir. İlişki içinde insanlara borç para verilmez.

Erkek, ailesinden getirdikleri yüzünden aldığı hediyenin veya borcun karşılığını veremediği zaman ciddi bir ego problemi yaşayarak saldırganlaşır. Ben bunu çok net yaşadım. Bir kadına kendimce iyilik yaptığımı düşünüyordum. Para kazanmasını sağladım, bazı çevrelere soktum. Birden ünlü olduktan sonra bana saldırmaya başladı. Baktığım zaman benim yaptığım iyiliğin altında ezildiğini gördüm. Çünkü benim arkadaşım, "Ya Can sana bu kadar iyilik yaptı," dediğinde, "Evet yaptı," deyip ağlıyormuş. Çünkü yaptığım şeyin karşılığını veremiyor, parasal olarak da vermek istemiyordu; çünkü karakteri buna müsait değildi. Yaptıklarım karşılığında ezildiği için de dostluğumuz, arkadaşlığımız bitti. Halbuki benim ona yaptığım iyilik onun hayatını değiştirmişti.

Daha sonra aynı şekilde devam etti mi? Hayır, düşüşe geçti. Sonuç olarak karşınızdaki insanlara size karşılığını veremeyecekleri şeyler vermeyin. Bu üçüncü yılın çok önemli bir ayrıntısı. Eğer ki adam çocuk istiyorsa kadın çocuğu yapar, erkeğin soyunu devam ettirmesini sağlar. Kadın erkekten bir parça alır, birleşme yaşanır ve dünyaya bir çocuk gelir. Kadın çocuğu dokuz ay karnında taşır, doğurur, ona yaşam verir. Erkeğin bu noktada tam olarak bunun karşılığını verebileceği bir şeyi yoktur, olamaz da. Bu yüzden kadının verdiği bu hediyeyi kaldırabilecek bir erkekle birlikte olması gerekir.

Sevdiğiniz İnsanı Değil, İlişkinizi İşleyin

Çocuk ruhlu, annesinden özgürleşememiş, kendi ayaklarının üzerinde duramayan, kadına karşı yalnızca cinsel çekim hisseden erkek, kadının bu hediyesini kaldıramaz ve bir şekilde kaçıp gider. Her şeyden önce karşınızdaki insana ne verdiğinizi ve onun size ne verdiğini iyi gözlemlemelisiniz. Üçüncü yıl ve üçüncü çakra karın, mide çakrasıdır ve hazmedebilmeyi, o insanla ilgili bütün geçmişinizi o insanın bütün ailesini olduğu gibi içinize alıp hazmedebilmenizi gerektirir. Hazmedemediğiniz, değiştirme çabası içinde olduğunuz kişiyle evlenmeyin.

Pozitif yönde işlemeniz gereken şey karşı taraf değil, ilişkinizdir. Bu noktada ilişki yaşadığınız kişinin şahsi zevklerini, yaşam biçimini, karakteristik özelliklerini değiştirmeye yönelik değil, ilişkinize yönelik yaratım çalışması yapıyorsunuz. Eğer bir kişinin ailesini beğenmiyor, sevmiyor, hoşlanmıyorsanız ve o kişi de ailesinden şikâyetçiyse ama ailesiyle hâlâ yakınsa evlendikten sonra farklı olacağını iddia ediyorsa o kişiden arkanıza bile bakmadan kaçın. Ailesiyle beraber yaşayan, ailesinden şikâyet eden insanlar, evlendikten sonra ailesiyle daha çok yakınlaşırlar.

Hiç kimsenin ailesinden uzak olması söz konusu değildir. Kaldı ki bir kimsenin ailesiyle arasındaki uzaklık ya da başkaca bir sorun varsa evlenmeden önce psikodinamik çalışmalara, aile dizimine katılması ve bu sorunları çözmesi gerekir. Eğer bir kişinin ailesiyle problemleri varsa yarın öbür gün ailesinde ne gördüyse onu size yaşatacağı için sonuç kaçınılmaz bir noktaya doğru gider; yani bu durum kendinizi ateşe atmaktan farksızdır.

Anda Kalmak

Üçüncü yıl "şu anda olma" yılıdır. Orta kanalın getirdiği "anda kalma" yılı olarak partnerinizle ne kadar anda kalabiliyor, cinsel birlikteliğinizi ne kadar uzun süre devam ettirebiliyorsunuz? Üçüncü yılda cinsellikle ilgili çalışmalı hatta eğitim almalı, kendinizi geliştirmelisiniz. Ne yazık ki Türkiye'de cinsellik yıkılması zor bir tabu. Yurt dışında partnerlerin kendilerini birbirlerine karşı daha fazla açmalarıyla ilgili, cinsellikle ilgili birçok eğitim varken, ülkemizde bu konuyu konuşmak bile ayıp kabul ediliyor. Ancak üçüncü yıl, cinsellikle ilgili birbirinizi keşfetmeniz, öğrenmeniz ve daha fazla birbirinizi açmanız için çok önemli bir dönemdir. Aslında ilişkinin içinde ilerlerken günden güne cinsel anlamda daha mutlu olmak ve cinsel beraberliğinizin çok daha iyi katmanlara ulaşması adına, birbirinize dokunduğunuz an bile müthiş boyutta, ilahi bir his noktasına gelmeniz için daha da fazla çalışmalısınız. Çünkü insanlar sadece birbirlerine sarılarak bile bambaşka boyutlarda deneyimler yaşıyorlar. O ilahi birleşme gerçekleşebiliyor. Çünkü beden artık birbirine tamamen güveniyor, açılıyor ve çok daha farklı bir algılamaya doğru geçiyor.

Birlikte Kaliteli Vakit Geçiriyor musunuz?

Üçüncü yılda ne kadar çok şeyi beraber, ne kadar çok şeyi ayrı yapıyorsunuz? Zamanınızın yüzde kaçını arkadaşlarınızla, yüzde kaçını ailenizle, yüzde kaçını iş hayatınızda, yüzde kaçını birlikte geçiriyorsunuz? Üçüncü yılda bu yüzdelik oranlardan en büyüğü partnerinizle geçirdiğiniz vakte ait olmalı. İlk yılda zaten aile ve arkadaşlık ilişkilerinizi oturtmak için emek verirsiniz. İkinci yıl ise güven alanı kurmak, geleceğe dair beraber olacağınıza dair güvenle yol almaktır.

Üçüncü yılda evliliğinizin içinde planlarınızı, programlarınızı beraber yapın; geleceğe dair ortak bir bakış açınız olsun; hayalleriniz, umutlarınız, heyecanınız, yol haritalarınız, yaratım panolarınız, hedefleriniz olsun. (Yaratım panosu yapımı için bkz. sayfa 193-5.) Özellikle her yıla dair yeni bir hedef koymalısınız. Unutmayın; eşinizle beraber oldukça ciddi bir işin içindesiniz. Beraberlik ciddi bir meseledir.

Özellikle beraber geçirdiğiniz zaman dilimini artırdıkça ve bu zamanı kaliteli şekilde geçirdikçe üçüncü yılı gerçek anlamda aşıp ilişkinizi bir üst seviyeye daha taşımış olursunuz. Ama bu noktada beraber olduğunuz zaman diliminin kalitesini maksimum seviyeye çıkarmak oldukça önemlidir. Örneğin, beraber yemek yapmayı öğrenebilirsiniz. Hatta beraber yemek yapmanın ötesinde, beraber yemek yemeniz çok önemlidir. Bu süreçte aile kavramını tam olarak oturtmanız gerekir. Evinizdeki eşyaları birlikte kurabilir, yerleştirebilirsiniz. Banyonuzdaki havlu sepetini, kutuları beraber oturup boyayabilirsiniz. Beraber geçirdiğiniz zamanı yaratıcı ve en kaliteli şekle sokmalısınız. Aile kavramının tam olarak oturması çok önemli. Üçüncü yılda karşılıklı iki tarafın ailelerinin birbirini hazmetmesi, ailelerle ilgili konuların çözülmesi için aile kavramları üstüne çalışmalısınız. Bu konuda ortaya çıkabilecek her türlü illüzyonu aşacağınıza ve ilişkinizin ruhuna inanmanız oldukça önemlidir.

İlişkinizin ruhuna inanın.

Bir sorun yaşadığınızda, ilişkinize ve ilişkinizin ruhuna inanır, birbirinizi ne kadar sevdiğiniz gerçeğinden ilerlemeyi seçerseniz üçüncü yıl gerçekten sonsuz mucizelere sahne olabilir.

Yaratım Panosu Yapın

Kitap basılmadan önce editörüm Ayşe'ye bu bölümü eklemek istediğimi söyledim. Açıkçası yaratım panosu yapımını eklemeseydim olmazdı. Can Aydoğmuş adlı Youtube kanalımda geniş kapsamlı örneklerle anlattığım videolar mevcut. Bunları mutlaka seyretmenizi, hatta diğer konulardaki videolarımı da seyretmenizi şiddetle tavsiye ederim. Ayrıca Instagram hesabımda canlı yayınlarda takipçilerimle beraber enerjisel çalışmalar ve meditasyonlarda birbirinden güzel deneyimler ediniyoruz. Senin de aramıza katılmanı çok isterim.

Yaratım panosu; özellikle hayatımızda olmasını istediklerimizi zaten olmuş gibi üzerinde bir araya getirdiğimiz, sonra enerjinin akması, böylece bunların hayatımızda tezahür etmesi için dikkatimize çarpacak bir yere yerleştirdiğimiz panodur. Mutlu bir ilişki ve evlilik isteyen, en önemlisi ruh eşiyle evlenmek isteyen bir kişi muhakkak yaratım panosu yapmalıdır.

Yaratım panosunu yapmak için turuncu, sarı, yeşil ya da pembe bir karton kâğıt kullanın. Üstüne hayalinizdeki evi, istediğiniz miktarda para içeren banka hesap bilgilerinizi, hayalinizdeki balayını, düğünü, tatili, arabayı, çocuğu, aksesuarları veya kıyafetleri, çok istediğiniz her şeyi başka insanların hayatını manipule etmeyecek, onların özgür iradesine müdahale etmeyecek şekilde, yani kendinizden başka tanıdığınız kimseyi dâhil etmeden, gerçekmiş gibi yazıyorsunuz. Örneğin, New York'ta birbirine sarılmış, yüzleri görünmeyen bir çiftin fotoğrafını karton kâğıda yapıştırıp yanına, "Ruh eşimle düğünümüzden sonra New York'ta aşırı keyifli, tatmin edici balayımızı yaptık." Hemen yanına da, "Astrolojik haritamızda da ruh eşim olduğu görünen eşimin bana aldığı hediyemi çok severek kullanıyorum," yazıp yanına istediğiniz bir yüzük, bileklik, saat ya da her ne istiyorsanız koyabilirsiniz. Bu şekilde bütün kartonu dolduruyorsunuz.

Tabii bu yaratım panosunu yeni ay döneminde, yani Ay takviminde yeni ay ve dolunay arasında olan dönemdeki bir Jüpiter günü, yani perşembe günü yapın ve hemen çerçeveleterek evde en çok göreceğiniz yere asın. En azından ben öyle yapıyorum ama çerçeveletmeden asanlar da var. Yalnız tuvalet, banyo gibi devamlı su akışı olan yerlere asmamanızı öneriyorum. Yaratım panonuzu yaptıktan sonra en az bir sene yerinden oynatmayın, sonrasında olsa veya henüz olmamış olsa da onu artık yeni senedeki yeni algınız, bilinç seviyeniz ve isteklerinizle güncelleyin. Bu arada en önemli noktayı da vurgulamak istiyorum. Panonun en tepesine tarih detayı girin: Eğer 2020 başında yapıyorsanız "2020 Yılında Yaşadıklarım" diye yazın. 2022 yılına girerken veya yılın başında, ortasında, artık hangi yıl ve ne zaman yapıyorsanız önünüzdeki seneyi, yani "2022 Yılında Yaşadıklarım" diye yazacaksınız... Umarım yeterince açıklayıcı olmuştur.

Enerji akışını desteklemek için yaşam çiçeği, atlantis mandalası ve *sri yantra* gibi güçlü enerjisel mandalaları panonun arkasına koyabilirsiniz. Aynı zamanda Reiki yapanlar Reiki sembollerini arkasına çizebilir. Kısacası hangi enerji çalışmasını yapıyorsanız onunla enerji yükleyebilir, ayrıca panoyu astıktan sonra her sabah uyanınca veya gece uyumadan önce beş dakika karşısında hayal ederek enerji gönderebilirsiniz. Tabii haftada bir kere, en az otuz dakika ila bir saat, hatta dilerseniz iki ila üç saat hayal edip enerji gönderebilirsiniz. Eskiden, yani bundan 17 yıl önce hayatımın en karanlık döneminde günde en az üç saat oturup hayatımın nasıl olmasını istiyorsam o şekildeymiş gibi hayal edip aynı anda onun için enerji gönderiyordum. Sonuç olarak da yıllar sonra hepsi oldu. Hatta olmasını istediğim şeyleri bundan 17 yıl önce olmuş gibi yazıp arkasına bir sürü enerjisel semboller çizdiğim o yazıların hepsi çok daha iyi şekillerde gerçekleşti. Birkaç yılımı aldı, kendi üstümde çok çalıştım ve çok emek harcadım ve sonunda "Buna değer!" diyebiliyorum. Ben kendi yaratım panomu çerçeveleyerek çalışma masamın karşısına, şahmeran tablomun üst çaprazına astım ve panodaki her şey şükürler olsun ki gerçek oldu!

Sevdiğiniz İnsan Bir Başkasına Karşı Gizli Bir Cinsel Arzu ya da Beğeni Duyduğunda Ruhunuz Bunu Bilir

İlişkilerde anlaşılması gereken en önemli noktalardan bir tanesi de bir kimseyle ilişki yaşadığımız zaman aslında birleşmeye doğru gittiğimizdir. Birleşmeye doğru gittiğimiz zaman aslında duygularımız da zihnimiz de birleşir ve tam olarak bütünleşir. Buna örnek ne olabilir? Bir erkeğin dışarıda dolaştığı zaman cinsel olarak başka kadınlara yükseldiğini ya da kafasında başkalarına karşı çekim hissettiğini düşünelim. Daha sonra eve döndüğünde, karısı tamamen saçma bir sebepten ötürü onunla kavga edebilir. Aralarında hiç bilmedikleri bir gerginlik ortaya çıkabilir. Bu aslında zihinsel ve ruhsal olarak herkesin her şeyi bilmesinden kaynaklanır. Ya da bir kadın bir erkeğe duygusal olarak bir şey hisseder. Kadınlar, bunu söylemezler ama erkekler kendi çevresine bunu övünerek dile getirirler. Her ne kadar dile getirmeseler de kadınların da cinsel dürtüleri var ve bir başkasına karşı cinsel bir çekim hissedebilirler. Aslında gerçek şu ki birine karşı hissettiğimiz cinsel çekim ahlaksızlık değil, bedenin doğal bir güdüsüdür.

Cinsel bir dürtü hissetmek demek karşıdaki kişiye bunu yansıtmak, eyleme geçmek anlamına gelmez. Bunu acıkmak ya da uykunun gelmesi gibi doğal bir durum olarak değerlendirebiliriz. Herhangi bir fotoğrafta, videoda birini görüp beğenebilirsiniz ya da sokakta yanınızdan geçen birini de beğenebilirsiniz. Bedenin cinsel olarak böyle bir algı hissetmesi suç değildir. Kendimizi içsel olarak, vicdanen bilinçaltımızda suçlu hissettiğimiz zaman ilişkide olduğumuz kişi bize karşı agresifleşip saldırmaya başlar.

"Nasıl Olsa Duymaz" Düşüncesi Koca Bir Yanılgıdır

Kadınlar için de aynı durum geçerlidir. Kadınlar da başka bir erkeğe karşı yoğun bir çekim ya da duygusal bir istek hissettikleri zaman kocaları hissetmesin diye anlamsız yere kavga etmeye başlayabiliyorlar. Bunun nedeni de düşüncelerimizin, duygularımızın bir olması, ruhun her şeyi bilmesidir. İlişkide farkında olmamız gereken en önemli noktalardan biri de karşımızdaki kişinin her şeyi bildiği gerçeğidir. Birisiyle eğer bir ilişkiye giriyorsak, aynı yatakta yatıyorsak, cinsel beraberliğimiz varsa ve duygusal bir bağ içindeysek karşımızdaki insanla ruhsal, zihinsel olarak bütünleştiğimiz için enerjisel bedenlerimiz de bütünleşir. O kişi aslında bizimle ilgili her şeyi biliyordur. Bir kere bunun farkında olmalıyız. Birlikte olduğunuz kişiden uzakta olduğunuz zamanlarda "nasıl olsa duymaz" düşüncesiyle yanlış bir şey yaptığınızda o işin sonu her zaman kötüye gider.

"Erkek Aldatır" Cümlesi Günümüz Gerçeklerini Yansıtmıyor

Genel olarak "erkekler aldatır" diye bilinse de birçok insana verdiğim danışmanlıklar, kurduğum dostluklar ve dinlediklerim sonucunda rahatlıkla söyleyebilirim ki aldatan kadın oranı sandığınızdan çok daha yüksek. Ama sanki kadınlar aldatmazmış gibi bir imaj çiziliyor. Dışarıda onların da sevgilileri var. Hatta kocalarının arkadaşlarıyla uzun dönem beraberlikleri olanlar bile var. Kocaları belki bunu içsel olarak hissediyor. Kocasıyla cinsel hayatı bittiği için kadının başka birisiyle cinsel hayatı devam edebiliyor. Bunu bir şekilde ruhsal olarak bilse de zihinsel olarak kabul etmiyor. Bir başka deyişle, fiziksel dünyada her şey yolunda gibi görünse de ruhsal âlemde bu gerçeği biliyor. Bir şekilde ilişkilerinin devam etmesine hizmet ettiğinden dolayı da sesini çıkarmıyor. Aynı şekilde bazı kadınlar da böyle. Kadınla erkeğin cinsel hayatı bitmiştir; çünkü kadın artık tamamen anne rolüne girerek sadece çocuğuna odaklanmıştır. Eşiyle ilişkisinde de onun annesi moduna girmiştir. Bu noktada eşiyle gerginlik yaşamaya başlarlar. Ama eşi dışarıda başka bir kadınla beraber olmasına rağmen evliliğini de devam ettirir. Kadın ruhsal olarak bunu bilir; ancak o kadın ilişkilerine hizmet ettiği için buna bir tepki göstermez. Gerçek şudur; ruhsal olarak bir şeyi fark edip ondan rahatsız olduğunuzda gizli saklı ne varsa hemen ortaya çıkar. Ama eğer bir şey çok uzun zamandır gizli kaldıysa, "Bu kadar zaman bunu öğrenemedim," diyorsanız, eşiniz sizi yıllarca kandırmamıştır. Ruhsal olarak siz de bunu biliyorsunuzdur ama bir şeye hizmet ettiğinden dolayı üstünü kapatmış ya da görmezden gelmişsinizdir.

Zihinden Değil, Kalpten Yaşadığınızda Ruhunuz Tüm Soruları Yanıtlar

Şöyle bir gerçek var ki aslında her şeyin farkındayız. Ruhunuz esasen bütün astroloji haritasını bilir. Bunun da ötesinde aldatılıp aldatılmadığınızı, şu an size doğru bir ilişkinin gelip gelmediğini, siz ilerlerken hayatınıza çok mutlu olacağınız bir beraberliğin gelip gelmeyeceğini, gerçekte bir ilişki, evlilik veya çocuk isteyip istemediğinizi, kısacası sizinle ilgili her şeyi bilir. Ancak biz gerçek anlamıyla ruhumuzla bağlantıda olmadığımızdan ve daha çok zihinsel olarak yaşadığımızdan dolayı bunları fark etmeyiz. O yüzden daha öncesinde de anlattığım gibi zihinden yaşamak yerine, ne kadar çok kalbimize inersek ve kalpten yaşarsak, kalbimizi ne kadar çok açarsak, gün içinde dikkatimizi ne kadar daha fazla kalbimize odaklarsak o kadar çok sevgiden ve kalpten yaşamaya başlayabiliriz. Ruhumuzun bilincinden konuşmaya, ruhumuzun bilincinden hatırlamaya, ruhumuzun bilincinden yaşamaya başlayacağız. Öbür türlü zihinden yaşadığımız zaman bir tür rüyanın içinde oluyoruz. Uyuyoruz aslında. Çünkü zihin, tamamen bir illüzyon deryası, bir tür hipnoz okyanusu gibi bir şey. Buna annemizden, babamızdan, atalarımızdan, köklerimizden, kolektif bilinçten, çevremizden gelen etkilerin tamamen tekrarı ve devamı da diyebiliriz. Ancak ne zaman ki zihinden özgürleşip kalbimize inmeye, kalpten yaşamaya, kalpten konuşmaya, hareket etmeye, algılamaya ve dinlemeye başlarsak o zaman her şey değişir. O zaman birden hissetmeye, algılamaya ve bilmeye başlarız. Hissikablelvuku denir ya... Önsezilerimize güvenmeliyiz. Bu yüzden kalbe daha fazla odaklanmalı ve ona yaklaşmalıyız. Günden güne dikkatimizi çok daha fazla kalbimize vermemiz, kalbimizin hissinde kalmamız, bunun için çaba sarf etmemiz gerekir. Bununla beraber hayatınıza mucizeler ve müthiş güzellikler getirebilirsiniz. Birçok evliyalar ve önemli kişiler de kalpten hissetmek ve kalpten algılamanın önemine yoğun bir şekilde değinmişlerdir.

Üftâde Hazretleri, İbnü'l Arabî Hazretleriyle ruhsal bağlantısı sonucunda kalbinden siyah bir noktanın çıkarıldığını anlatır. İşte Peygamberimiz Hz. Muhammed'in de aynı şekilde belli bir yaşa geldiği zaman kalbinden siyah nokta çıkarılmış, yani melekler kalbinde ciddi bir arınma yapmıştır. Böylelikle kalbinde ciddi bir açılım olmuştur. O yüzden kalp çakrasının açılması ve oradan ilerlemek her şeyin temelidir. Kalpte olmadığımız zaman ve kalpten, ruhumuzdan algılamadığımız zaman ruhumuzun farkında olduğu şeylerden de uzakta oluruz. Ruh her şeyin farkındadır ve bizi hediyelerle buluşturmaya başlar. Bunun için daha çok çalışmamız, kalbimize inmemiz gerekir.

Sevdiğiniz İnsanların Duygularını ve Davranışlarını Satın Almayın

Zihinsel ve duygusal bütünlük içinde bir konu daha var; biz ilişkide olduğumuz kişilere yakınlaştıkça aslında onların duygularını, düşüncelerini ve sözcüklerini kopyalarız. Aslında hiç öfkeli ya da kızgın bir insan değilken ilişkide olduğunuz kişiye uzun bir zaman yakınlaştıktan sonra birden anormal tepkiler vermeye, hiç korkmadığınız şeylerden korkmaya başlayabilirsiniz.

Bir çift örneği vereyim; bir taraf çok kıskanç, diğeri kıskanç değil. Bir süre sonra ikisi birden çok kıskanç insanlara dönüşebilirler. Başka bir örnekte çiftlerden biri depresif, diğeri ise hayattan keyif alan biri. Belli bir süre sonra o da depresyona girebilir. Ancak farkındalık içinde olan, daha kararlı olan eş, diğerini etkileyip kendine doğru çekebilir. Oturduğumuz yerden Amerika'daki bir insanın bile duygularını, düşüncelerini hissedebiliyorsak bu kalbin yaşattıklarıdır. Suriye'de savaş olduğu zaman oradaki insanların yaşadığı acı, ıstırap duygularımıza yansıyorsa; atalarımızdan gelen bütün duygu ve düşünceler hayatımızı etkiliyor, yaşamımıza tezahür ediyorsa; aynı yatakta sarılıp uyuduğumuz, cinsel olarak beraber olduğumuz, günün çoğunu beraber geçirip aile dediğimiz insanın bizim üstümüzdeki etkisinin kaçınılmaz olduğu bir gerçek. Ama o insanın ötesinde, ailesi de bizi etkiler. Sonuç olarak belli bir süre sonra doğulu bir aileyle batılı bir ailenin kızı evlenir. Bu örnekleri de gördüm, kız kendince onlar gibi konuşmaya başlar, onların doğrularını kendi doğruları gibi algılar. Ama aslında başka bir aileye gitse de onun ailesinin doğruları gibi yaşayacaktır.

Başkalarını Anlamaya Çalışmak, İstenmeyen Deneyimleri Hayatınıza Çekebilir

Tam tersi de olabilir. Onu reddedip onunla savaş başlatabilirsiniz. Belli bir süre sonra biter, yani karşılıklı iki taraf da birbirini belli bir noktaya doğru çekmeye başlar. İlişkilerdeki en büyük problem zaten birbirini anlama noktasıdır. Bu anlama noktası da birleşme noktasından kaynaklanır. Yine bu çakraların ve zihnin, duygunun birleşmesiyle ilgilidir. Biz zaten birbirimizi anlamak istediğimizden dolayı hasta oluyoruz, iflas ediyoruz, para kaybediyoruz, işimizden ayrılıyoruz, başımıza çok korkunç ya da iyi şeyler geliyor. Çünkü ailemizdeki insanları ya da karşımızdaki insanı veya ailesini anlamak istediğimiz zaman, "Ben bu insanları anlayamıyorum," dediğimiz zaman onlardan aynı şeyleri kopyalayıp tekrar ederiz. Böylelikle onların yaşadıkları deneyimleri hayatımıza çekerek ve yaşayarak onları anlayabilir hale geliriz. Bazı şeyler anlatarak değil, yaşanarak deneyimlenir. Bu sebeple insanlar kanser oluyor, nefes rahatsızlığı geçiriyor, ciddi problemler yaşıyor ya da ilişkisiz kalıyor. Bunların hepsi ailedeki insanları, karşısındaki kişiyi anlama arzusundan kaynaklanır. O yüzden, bu anlama arzusuyla ilgili farkındalık içinde olmak ve birleşme noktasından ilerlemek gerekir.

Karşınızdaki insan için, "Ben bunları anlayamıyorum, bu insanlar niye böyle?" deyip tepki göstermek yerine, onların deneyimini kendi deneyiminiz, onların hayatını kendi hayatınız gibi kabul edip önlerinde saygıyla eğilin. Çünkü onların deneyimine, atalarına, köklerine saygı duymaya başladığınızda bir bakmışsınız, ilişkiniz de kolaylaşmaya başlamış. Ancak ilişkide olduğunuz kişinin anne-babasına, ailesine tepki göstermeye başlar, "Bıktım, bunlar neden böyle?" derseniz o zaman onların hayatlarında neden öyle olduklarına dair sorunları hayatınıza çekmeye ve onları tekrar etmeye başlarsınız. Hatta bunları çözene kadar tekrar tekrar yaşarsınız.

Bir kimse evlenir, eşinin annesi duldur. Der ki; "Bu kadın neden böyle, niye kocamı sürekli arıyor?" İşte problem. Öbür gün kocasından boşanır, kendisi de tıpkı o anne gibi yalnız kalır ve o süreçte anneyi anlamaya başlar. O nedenle karşınızdaki insanları yargılamak yerine, anlamaya çalışmalısınız. Aynı zamanda sizin ailenizden getirdiğiniz doğruları da karşınızdaki ailede görmek istersiniz. Lakin herkesin doğrusu kendinedir. Hiçbir aile birbiriyle aynı değildir. Aileler, "Bizde hiç böyle şey yok, bunlar nasıl insanlar?" derler. Çünkü onlar siz değilsiniz, aynı aileden hiç değilsiniz.

Kaos Olan Yerde Gelişim Kaçınılmazdır

Bu duruma bulunan çözümlerden biri olarak özellikle doğu bölgesinde sıkça kuzenlerin birbiriyle evlenmesini örnek gösterebiliriz. Böyle evliliklerde genelde aile içi kavga, dövüş, boşanma gibi problemler yaşanmadığına inanılır. Ancak baktığınız zaman hepsi memursa memur kalır, maddi durumları neyse aynı şekilde, aynı düzlemde devam eder. Noktaları da düzlemleri de aynıdır. Gelişim de değişim de olmaz. Nerede kaos, nerede olay, nerede savaş varsa orada gelişim vardır. Japonya'ya atom bombası atıldı ama bugün Japonya teknolojik olarak dünyanın en gelişmiş ülkelerinden biri haline geldi. Türkiye, tarih boyunca bu topraklarda savaştı. Türk milleti inanılmaz zeki bir millet oldu. Gezdiğim birçok ülkede, kasada işlem yaparken bile çok fazla zaman harcanıyor ama Türk milletinin o kadar zamanı yok. Anadolu coğrafyasına göç edene kadar ve bu topraklardaki tarihi süreçte pratik zekâsını sürekli geliştirmek durumunda kalmış. Mecburiyet, gelişimi beraberinde getirmiş; çünkü zekâlarını kullanmaktan başka şansları olmamış. Bir adanın içinde yaşayan küçük toplumları düşünün, savaşların olmadığı, başka toplumlardan göçlerin yaşanmadığı, hiçbir saldırıya maruz kalmamış yerlerde insanlar aynı düzenin içerisinde hayatlarını sürdürürler. Türkiye'de bir turist hangi esnafa döviz verirse versin, hemen kafadan hızlıca hesaplama yapılır; oysa yurt dışında hesap makinasıyla hesaplar, sonra tekrar sağlamasını yaparlar.

Buradaki değişim ve dönüşüm her daim topraklarımızda olan kaostan da kaynaklanıyor. Bunu bir tür evrimleşme süreci olarak da açıklayabiliriz. Meditasyon yaptırırken de karşınızdaki insanın enerjisini hissedersiniz. İranlılar, çakrasal olarak, enerjisi çok yoğun bir şekilde akışa giren, içsel olarak daha temiz ya da açılmış gördüğüm ender insanlardan. Yıllar boyunca dışlanmaları, zor koşullara sürüklenmeleri ve tüm diğer etkenlerin sonucunda içsel farkındalıklar ve değişimler yaşamak zorunda kalmışlar.

İranlıların gerçekten içsel enerjisi çok farklı bir notadayken, bu durumun başka ülkelerde aynı düzeyde olduğunu söylemek mümkün değil. Şunu belirtmek istiyorum; aranızdaki farklılıklardan dolayı eşinizin, sevgilinizin ailesi eğer sizin için meydan okuyucu bir aile ise bu sizin gelişmenizi ve evrimleşmenizi sağlar. Ama kendi entelektüel seviyenizden daha düşük birisiyle beraber olmanın da öyle bir aileyle birleşmenin de doğru olduğunu düşünmüyorum. Burada kastettiğim durumun maddi olanaklarla hiçbir ilgisi yok. İnsanların sahip oldukları ekonomik imkânlarla kültür düzeyleri, bilinç seviyeleri tamamen birbirinden bağımsız ve farklı unsurlardır. Zengin ama entelektüel seviyesi düşük biri, fakir ama bilinç düzeyi yüksek birine yetemez, onu manevi olarak tatmin edemez.

Dünyadaki En Büyük Zenginlik Bilinçtir

Para elbette hepimiz için önemlidir. Hayatın akışı içerisinde rahatsızlanabilir, maddi manevi problemler yaşayabiliriz. Ancak kişinin bilinci yerinde değilse veya farkındalığı yoksa o kişinin tam anlamıyla yaşadığını söyleyemeyiz.

Kutsal bir Hindu metni vardır, *Bhagavad Gita,* binlerce yıllık... Kitapta tanrısal reenkarnasyon olduğuna inanılan Krişna, o zamanın kralı Arjuna ile beraber onun ailesine karşı savaş açar. Krişna da orduda Arjuna'nın yanındadır. Arjuna ile Krişna'nın konuşmasının yazıya dökülmüş halidir bu kitap. Okumanızı tavsiye ederim. İçinde, "Krişna'ya kendini bırak, Krişna'ya ibadet et", gibi kısımlar var. Ben bu kısımlara odaklanmıyorum. Orada Krişna aslında sembolik olarak birlik kavramını temsil ediyor. Mavi renk Satürn, öğretmendir; aynı zamanda sonsuzluğu ifade eder. Her şeyin birlik ve düzen içinde olması gibi çoğumuzun canına okuyan gezegendir Satürn. Ama aslında bize en çok şeyi öğreten, evrimleştiren gezegendir. Satürn olmasa dünyada ne öğretmenler ne disiplin ne de devlet adamları olur. Düzen konusundaki etkisi bu denli büyüktür. Krişna ile Arjuna'nın konuşması esnasında Arjuna kendi amcası ve ailesine karşı savaşacaktır. Arjuna der ki:

"Krişna, ben kendi kanımdan, canımdan olan akrabalarımla nasıl savaşabilirim? Nasıl onları öldürebilirim?" Krişna, "Onlar zaten ölü," diye yanıt verir. Burası inanılmaz önemli. "Onlar yaşayan ölülerdir," der; çünkü bilinç olarak uyuyorlardır. Farkındalık olarak orada değillerdir. Eski öğretilerde ruhun, bedenin kutsiyetini çok fazla kaybetmesinden dolayı bedende tam olarak olmaması ve bedenin tamamen hayvani içgüdüler, olumsuz duygular, karanlıklar tarafından ele geçirilmesinden bahseder.

Ruh kutsaldır. Saf sevgi ve neşe olduğu için bedene bağlıdır. Ama o iyilikte olmadığı zaman ruh kendisini yansıtamaz, kendisi olamaz. O yüzden ruhta olmadığınız zaman, belli bir süre bedenin yaşam olarak devam etmesini sağlar belki ama beden o karanlık, kötü, kıskanç tarafından ilerler. Krişna'nın söylediği bu söz beni çok düşündürmüştür. Bazı insanlar zaten bilinç olarak yaşamıyor. Farkındalığını yitirmiş bir durumda, hayatın içinde sadece sürükleniyorlar.

Kur'an'da şu ifade geçer: *Allah'ın izni olmadan bir yaprak dahi düşmez.*

Astrolojik haritada yaşadığımız yıldız düzleminde Mars varsa dünyada savaş olacaktır. Mars'ın yıldız sistemimizden uzaklaşması ileriki yüzyıllarda başka bir gezegenin gelmesiyle birlikte nötrleşmesi, ışığa doğru olan ilerleyişimizle beraber Mars'ın etkisini azaltacak. Mars'ın etkisi iyice azaldığı zaman dünyada "erkek" cinsiyeti kalmayabilir. X kromozomları Y'i yeniyor ve Y gitgide azalıyor. O yüzden galaksinin en yüksek ısı noktasına geldiğimiz zaman bütün dünya barış içinde olacak.

Kalıplaşmış Beklentileriniz Sizi Mutlu Edecek İnsanı Tarif Etmez

İlişkiye gireceğiniz zaman karşınızdaki insanı cinsel tatmin, para ya da sağlayabileceği imkânlar için evlenilecek biri olarak düşünmemelisiniz. Bu kişiyle her şeyden önce kalpten kalbe ruhsal bir bağlantı kurmalısınız. Bunun için de kalbinizin açık olması şart. Kalbiniz açık olmazsa kendi ruhunuzla bağlantıya geçemezken başkasının ruhuyla nasıl bağlantıya geçeceksiniz? Zihninden işleyen kişi, başkasının zihniyle bağlantıya geçebilir ki bunun sonucu da ancak cinsellik ya da para olabilir. Ben henüz, "Bu kişi hayatıma iyi şeyler katar, para varsa mutlu olurum," deyip de mutlu olanını görmedim. Bir tanıdığım evleniyordu, kendi tipi olmayan bir adamla, kısa boylu, kilolu, kel. Beraber oldular, cinsel olarak da mutlu olmadığını söyledi. Ama adam Amerika vatandaşıymış, parası varmış, babası bilmem ne iş yapıyormuş, şöyle iyi ailesi varmış, tam da evlenilecek insanmış! Ben de dedim ki: "Sen onu fiziksel olarak beğenmiyorsun, cinsel olarak aranızda bir çekim yok, hayatın boyunca seveceğin bir tarafı yok!" O da, "Ben mantık evliliği yapacağım. Tam çocuk yapılacak adam," dedi. Evlendiler, çocukları oldu, ardından adam aldatıldı ve boşandılar. Sonuç: mutsuzluk evresi.

O yüzden kimseyi malvarlığına göre hayatınıza sokmayın. Bir insanın en büyük zenginliği karakteridir. Çok zengin bir adamla evlenirsiniz ama adam olgun değildir, karakter olarak sizi taşımıyordur. Bu durumda zenginliğinin ne anlamı kalır? Çok yakışıklı diye bir adamla beraber olursunuz ama iki gün sonra aldatılırsınız. İlla böyle olacak değil tabii ki. Çok yakışıklı, maddi durumu iyi insanlarla evlenip sağlıklı, mutlu yaşayanlar da var. Ama illa altılı karın kası olan, çok yakışıklı, altında lüks arabası olan, holding sahibi, manken gibi bir adamla evleneceksiniz diye bir şey yok. Öyle olsa diğer bütün erkekler ne yapar?

Öyle birisini isteyebilirsiniz. Ama gerçekte mutlu olacağınız insan o olmayabilir. Astrolojik olarak birlikte mutlu olacağınız kişi göbekli, kel, belki çok zayıf ya da şişman olabilir. Yani kendinizi sonsuz olasılıklara açmalı, hiçbir şeye takılmamalı ve mutlu olacağınız insanlara kapılarınızı açmalısınız. Yargı konusunda da özgürleşmek çok önemlidir. O yüzden, "Benim ihtiyacım olan, bana ihtiyacı olan, benimle iyi hissedecek, benim de onunla iyi hissedeceğim birini hemen şu an hayatıma çekiyorum, alıyorum ve kabul ediyorum. Hayal edebileceğimden, düşünebileceğimden çok daha sonsuz mutluluk, neşe, huzur, bolluk, bereket, zenginlik, orgazm, haz... Bu zenginlik içinde uzun ve sağlıklı bir ömür yaşayacağım birini hayatıma hemen şu an çekiyorum, alıyorum ve kabul ediyorum," demelisiniz. Ama bunların içinde altılı kası olsun, şöyle olsun, böyle olsun demek yok! Zenginliği beraber yaratacaksınız, illa hazır gelmesine gerek yok.

Hazır olarak geleceğine zenginliğinizi evlendikten sonra eşinizle beraber yaratın. Karşılıklı saygı daha da gelişsin ve farklı bir bilinçten ilerlesin. O da ayrı bir evrimleşme sürecidir. O nedenle insan kendisini sonsuz olasılıklara açmalı.

İlerleyen bölümlerde anlatacağım gibi, mutlu ilişkiyi, birlikte mutlu olacağınız kişiyi hayatınıza çekme çalışmasında tüm ayrıntıları söylüyorsunuz: "Cinsel olarak böyle olsun, şöyle olsun, şurada böyle mutlu olalım, maddi olarak böyle olsun, eğitimi şöyle olsun," ya da ne istiyorsanız... O da farklı bir çekim gücü. Bu sırada da sonsuz olasılıklara açık olmalısınız. Bu teknik de işe yaramakta.

Bugüne dek mucizevi olaylara tanık oldum. Yetmiş yaşında tanıdığım kadın arkadaşlarım, haftalar boyunca sevgilileriyle eve kapanıp dışarı çıkmıyorlar. Herkesin farklı farklı deneyimleri var. Önemli olan bunları fark edip her birinden ders çıkarmak.

Birine veya Bir Beklentiye Saplanıp Kalmak Onu Sizden Uzaklaştırır

Burada bir tür beyin jimnastiği yaparak da kendimizi sonsuz olasılıklara açıyoruz. Bir şeye saplanıp kaldığınız zaman onun etrafında bir tür baskı yaratırsınız. Aslında onu kendinizden uzağa itersiniz. Yani size doğru gelmesine engel olursunuz. "Ben bunu çok istiyorum, şöyle olsun, illa olacak, niye olmadı, aramadı, arasın," kafasına girdiğiniz zaman hiçbir şey olmaz. Ruhsal olarak onu duyduğu zaman korkar, kaçar zaten. Oradaki açlıktan çıkın. O açlık bilincinde olduğunuz zaman oradaki kara delik, yokluk bilinci daha geniş bir yokluk ve kara delik yaratır. Siz onun yerine çevrenizdeki insanlarla yaşadığınız sevgiyi, mutluluğu yükselttiğiniz zaman bir bakacaksınız ki aynı şekilde sizi tamamlayan insanlar hayatınıza girmiş. Bazen bir ilişki hayatınıza girecek, belki uzun sürmeyecek ama sizi bir sonraki bir ilişkiye hazırlayacak.

Bu belki birkaç sefer tekrarlayacak. Sonrasında hayatınızın gerçek aşkı dediğiniz kavram, astrolojik olarak size uyumlu birisiyle mutlu bir beraberlik yaşayacaksınız.

Ama genel olarak Türkiye'de kadınlarda öyle olmuyor, hatta erkeklerde bile öyle olmuyor. Biri geldiği zaman, "Benden ayrıldı, beni aradı, aramadı, ayrıldık, bana geri dönecek," gibi laflar, üstüne rakı şarap sofraları, arabesk müzikler, ağlamalar, dertler, üzüntüler, acı, ıstırap. Yahu adam gitmiş, bırak gitsin, dünyada milyonlarca adam var.

Adamı kapanla tutma gibi... Kapana yakaladı mı bırakmıyor. Bırak gitsin ki yenisi gelsin. Türkiye'de bundan yüzlerce yıl önce erkekler savaşa gidip geri gelmiyorlar. Erkek yok, kadınlar kendince çok ciddi zorluklar yaşıyorlar. Bir kere evlenip boşandı mı, kimse yüzüne bakmıyor. Dul oldun mu tamam! Ama artık öyle değil. İnsanlar artık boşandıktan sonra tekrar evlenebiliyor.

Türkiye'deki ünlü kadınlar, bu anlamda çok büyük bir misyon yerine getiriyorlar. Manyetik alan olarak Türkiye'deki erkeklere ve kadınlara kendilerini kabullendirmeyi başarıyorlar. Bugün Zeki Müren, Bülent Ersoy gibi sanatçılar Türkiye'deki pek çok kalıbı kırmışlardır. Gönül Yazar, birçok kez evlenip boşanmıştır. Bu sayede kadının evlenip boşanabileceğini göstermiştir. Birçok ünlü isim aslında Türkiye'deki erkeklere evlenip boşanılabileceğini, insanların hayatına farklı insanların girebileceğini, bir kadının boşandıktan sonra yalnız kalacağına dair bir şey olmadığını kanıtlamıştır. Böylelikle kolektif bilince karşı misyonlarını yerine getirdiklerini söyleyebiliriz. Bu noktada bizim gördüğümüzün çok ötesinde bir sistem ve düzen çalışıyor.

Bazı erkeklerle konuştuğum zaman ilginç şeyler ortaya çıkıyor. Hayatına bir kadın girmiş, evlenmiş. Ayrıldıktan sonra kadın malını mülkünü almış, çocuk olmuş, adam parasını devamlı ona veriyor. Burada aslında bir dengesizlik var. Erkek kadının tam olarak gücünü almıyor, kadın da kendi gücünü tam olarak almak istemiyor. Böylece iki taraf da eşit konuma gelmiyor. Böyle olunca ortaya bir savaş çıkıyor. Tabii çocuk ayrı bir konu, çocuk olduğu zaman annenin çocuğun üstündeki etkisi çok daha fazladır.

Ben şuna inanıyorum; çocukların soyadları anneden çocuğa geçmeli; çünkü gerçek yaşam kaynağı olan anne inanılmaz önemli bir varlık. Ama kanunen o kadar önemli değil. Babalar da o çocuğun babası olarak anneyle eşit şekilde sorumluluk almakla yükümlüler. Tabii babalar sorumluluk sahibi olmadığında bazı sorunlar orta çıkıyor.

Hayatta bazı insanlar bize kötülük, adaletsizlik yaptığı, hakkımızı yediği zaman üzülüyoruz. Bu noktada geçmişte kendimizin ya da atalarımızın da bir başkasının hakkını yiyip yemediğine, başkasını üzüp üzmediğine, bununla ilgili tekrarlanan bir şey olup olmadığına bakmak gerekir. Astrolojik olarak hayatınızın o döneminde ne olduğunu görerek o dönemin biteceği süreye de bakabilirsiniz.

Astrolojik Haritanız Size Ne Söylüyor?

İçinden geçtiğimiz dönemlerde bazen de yalnız kalmaya ihtiyacımız vardır. Kuzey yönü balık olan insanların genelde çok yoğun bir iş hayatları yoktur. Ailelerinde ev ve dinlenecekleri alan vardır. Hayat bir şekilde onlara dinlenecekleri bir alan çıkarır ve onlar da hayatlarını dinlenerek geçirirler. O insanlar da, "Niye hayatımda ilişki yok, niye çocuğum yok?" şeklinde şikâyet ederler.

Yaşam onları, kendileriyle beraber olmaya, içgörü yapmaya iter. Çünkü onlar aslında bir dinlenme süreci için gelmişlerdir. Tabii astrolojik olarak, bilinç olarak kişi bunun farkında olabilir ve değiştirebilir. Dinlenme sürecini sanatsal aktiviteler yapıp kendi yeteneklerini ortaya çıkaracağı için içgörüsünü beraber paylaşacağı bir sürece çevirebilir. Bununla ilgili çalışmalara katılabilir, kendisini farklı bir anlamda değişime götürebilir. O dinlenme sürecini bile değiştirebilir ama önce farkındalık yaşamalıdır. Bazı insanların 7. evinden (ilişki evinden) Satürn ya da *Ketu* geçiyor. 1. evinde ise *Rahu* var. Ketu neredeyse orada yokluk yaratır. Rahu neredeyse orada odaklanma yaratır. Rahu'su 1. evinde olan çok kendine odaklıdır. Ketu'su 7. evinde olduğu için karşısındaki insanı devamlı siler ve kendisine odaklandırır. Her şeyi kişiselleştirir, aslında onunla bir alakası yoktur ama onunla alakalı olarak algılar. Bu da bir farkındalık. Ancak farkında olduğu zaman özgürleşebilir. Hayatınızda bir sorununuz, sıkıntınız, derdiniz, üzüntünüz varsa onunla ilgili farkındalık elde etmeli ve böylelikle ondan özgürleşmelisiniz.

İlişkilerimizde de birbirimizle bütünleşme sürecinde kafamızdan geçen her düşünce, her hikâye, konuştuğumuz konular, çektiğimiz ağrılar, geçirdiğimiz fiziksel rahatsızlıklar... bunların hepsini gözlemlemeye başlamalıyız. Biriyle iyice yakınlaşmaya başladınız, evlendiniz, sağlığınız kötüye gitmeye başladıysa boşanın. Biriyle evlendiniz, ilişkiniz çok iyi, işleriniz kötü, iflas etmeye doğru gidiyorsunuz, hemen arkanızı döndüğünüz gibi kaçın. Onun Satürn'ü sizin Ay'ınızın tepesinde dönüyordur; yani ciddi bir olumsuz etki söz konusu. Haritalarınızı birleştirdiğinizde, numerolojik olarak baktığınızda da birbirinizi olumsuz etkilediğinizi görürsünüz. "Ben yapamam, olur mu öyle şey?" demeyin çünkü dünyada sonsuz olasılık vardır. Öncesinden gidip araştırın, öyle hemen körü körüne ilerlemeyin.

Kendi Değerinizi Bildiğiniz, Kendinizi Sevdiğiniz Zaman Her Şey Değişir

Birleşme sürecinde kendi öz değerlerinizin farkına varın. Aslında sonsuz bir varlık olduğunuzu, bütün duygu ve düşüncelerinizin akışta olduğunu, hiçbirinin size ait olmadığını, gerçeklerle ilgili farkındalık içinde olduğunuzu, karşınızdaki insanın size olan etkisinin azaldığını fark edin. Karşılıklı olarak ikiniz bir şeyi temizleyebilir, dönüştürebilirsiniz. Ayrıca, hep tekrar ettiğim gibi, ilişki sürecinde, birleşme dönemlerinde ikinizin de evinde mutlaka atalar köşesi olsun; çünkü kendi değerleriniz arasında aileniz, atalarınız da gelir. Özellikle evlendikten sonra evli olduğunuz kişinin ailesinin fotoğraflarının olduğu bir köşe, aynı zamanda sizin ailenizin, atalarınızın da olduğu bir köşe mutlaka olsun. Onlara ayrı özel köşeler ayırın ve o köşelerin önünde saygıyla eğilin, mumlar yakın, çiçekler koyun. Çünkü ailelere saygı gösterdiğiniz zaman ilişkiniz olumlu yönde etkilenmeye başlar.

Kedileri hayatınıza alın

Ben kedilerin, evli ya da sevgili olan çiftlerin ilişkilerini olumlu yönde etkilediğini düşünüyorum. *Peki, ya kedileri sevmiyorsa?* diye sorduğunuzu duyar gibiyim. Kediyi sevmeyen kişilerin, muhtemelen anneleriyle ilgili problemleri vardır. Bu durumda onunla ilgili çalışmalı, prosesler yapmalısınız. Kediyle ilgili fobileri temizleme çalışmaları var. Kedi özellikle Ay ve Jüpiter'i temsil eder. Astrolojik haritaya göre kediye ve anneye dokunmak aynı enerjiyi sağlıyor. Kedi de anne de sol kanalı aktif hale getiriyorlar. Biliyorsunuz, hayatımızda yaşadığımız pek çok sorun anneye yönelememek, anneden tam olarak sevgi alamamak, anneden özgürleşememekten kaynaklanıyor. Annenin üstünden müthiş olaylar silsilesi ilerliyor. O yüzden anneyle ilgili uzun uzun çalışmak çok önemli. Ama bunların hepsi emek, sabır, istek ve arzuyla olabilir. Bu noktada benim size tavsiyem annelerinizin ve hatta ailenizdeki insanların hikâyelerini tek tek herkesle konuşup yazın. Sonra babanız ve babanızın ailesindeki insanların hikâyelerini yazın. Annenizin en yakın arkadaşlarından annenizle ilgili hikâyeleri alıp yazın. Çünkü bazen ailelerin de algıları olur. Ama dışarıdan o hikâyeyi yeniden dinlediğiniz zaman bambaşka bir algı gelir. Biz de genel olarak kendi ailemizle ilgili, her zaman haklı olduklarına dair sabit bir algıda olduğumuz için hayatımızda çok fazla problem yaşayabiliyoruz.

Hiçbir Şeyi ve Hiç Kimseyi Kendinizden Daha Yüce ve Üstün Kılmayın

Neyi mükemmel olarak görürseniz ondan daha ileri geçemezsiniz. O yüzden, "Benim ailem mükemmel, annemin ailesi şöyle," diye çok yükseltmemek ve büyütmemek gerekir. O zaman en fazla ulaşabileceğiniz nokta o kadar olur. Başkasını anlattığınız ve övdüğünüz kadar kendinizi geliştiremezsiniz. Hedefleri gözünüzde basitleştirdiğinizde ise daha ulaşılabilir olurlar. 500 lira kimisi için para bile değilken kimisi için büyük bir meblağdır. Yani algı, bu hayatta yaşanan deneyimlerle alakalıdır. Siz de hangi algıya geçerseniz o algıdan çalışmaya, işlemeye ve yaşamaya başlarsınız. Algılarınızı keşfetmelisiniz. Bunun için de yazma tekniğini kullanın. Devamlı yazın ki bütün algılarınızın, bakış açılarınızın, nelere ne gözle baktığınızın, neyi büyütüp neyi küçülttüğünüzün farkına varın.

Örneğin, size göre bir ilişkide aşk çok önemli bir unsur mu? Eğer cevabınız 'evet' ise verdiğiniz değeri hemen azaltın, basit ve kolay bir şey olarak algılayın. Ulaşılmaz olmaktan çıkarın. Kitaplarda, dizilerde, filmlerde aşk ulu, ulaşılmaz bir şey gibi gösterilse de dünyada milyarlarca insanın olduğunu, ulaşılmayacak bir şey olmadığını unutmayın. Günümüz çağında insanlar internetten sonsuz sayıda insanla tanışabiliyor. Amerika'da yaşayan bir insanla bile tanışıp aşk yaşayabilirsiniz.

Bu noktada bizim yurt dışındaki insanlara karşı yargımızın olmaması gerekir. Belki sizin aşk yaşayacağınız insan yabancı bir ülkede yaşıyordur. Sadece kendi çevrenizi düşündüğünüz zaman gerçekliğinizi kısıtlıyorsunuz. Bunların hepsini iptal edip kolaylığa ve basitleştirmeye inip, sonsuz olasılıklar kapılarını açmalısınız.

Belgrad'a gittim. Beş yüzyıl hükmettiğimiz topraklar... Sırpçada üç bin Türkçe kelime var. Kız, "Ben Türkçe öğreniyorum, Türkiye'nin kültürüne hayranım," diyor. Gerçekten Amerikalıların bizim ülkemize geldiklerinde ne hissettiklerini anladım. Sırplar Türkçe konuşmaya çalışıyor, paramız onlara göre inanılmaz değerli. Amerika bizim için neyse biz de onlar için öyleyiz. Oradaki birçok erkek Türk kadınıyla evlenmek istiyor. Sonuç olarak dünyada birçok ülkeye, birçok farklı uygarlığa kendi gerçekliğimizi açmalıyız. Özellikle dünyadaki çok zeki, başarılı insanlar farklı uygarlıkların, farklı ırkların çocuklarıdır. Çünkü farklı kanlar birleşince yeniden evrimleşme oluşur. Şu an Afrika'da yaşayan siyahiler insanların evrimleşmiş hali. Ciğerleri, fiziksel olarak çok daha fazla gelişmiş, bağışıklık sistemleri çok daha güçlü. Ciltleri koyu, güneşe ve dış etkenlere karşı pigmentleri koruma sistemleri çok daha güçlü.

Zekiler ama daha çok uysallar. Avrupa kıtası ise daha yırtıcı bir mizaca sahip. Gerçekten de Avrupa bütün dünyaya etki etmiş. Bunların hepsinin farklı farklı etkenleri ve etkileri var. Ben şuna inanıyorum; Dünyadaki farklı ırklardan insanlar birbiriyle birleştikçe gelecek daha olumlu olasılıkları ortaya çıkarıyor. Biz sadece kendi ülkemizde birbirimizle olmak yerine dışarıya da açılmalıyız, başka ülkeler de aynı şekilde. Biz sınırlarımızı korudukça problemler ortaya çıkıyor. O yüzden en azından sizler, kendi hayatınızdaki sınırları kaldırın. Dışarıdaki yabancı insanlara da hayatınızı açın. "Sadece Türkiye'den birisiyle evleneceğim, şöyle bir hayatım olacak, çocuğumu da yapacağım, geleneklerime göre yaşayacağım"ın dışında farklı bir düzene geçebilirsiniz.

Tarikatlar sırf daha hızlı evrimleşsinler, aydınlansınlar diye müritlerini evlendirirler ya da farklı ülkelerden, farklı ırklardan insanları birbiriyle evlendirirler. Tabii birbirini sevmeden, çekim hissedip istemeden, görücü usulü evlenmek ne kadar doğrudur, o da ayrı bir mesele.

Astrolojiye göre evlendirmek aslında çok makbuldür. Bu bağlamda insan kendisini kesinlikle sonsuz olasılıklara açmalı. Ama her hâlükârda hayatınıza giren insanlar aslında sizin bilinç ailenize de rüya âleminize de girerler. Siz birisiyle beraber olmaya başladıktan sonra rüyalarınıza dikkat edin. Kâbus mu görüyorsunuz yoksa güzel rüyalar mı görüyorsunuz? Kâbus görüyorsanız bu karşınızdaki kişinin bilinçaltını görmeye başlamanızın etkisi olabilir. Orada farkındalığa varmalısınız.

Rüya

Rüya görmeyi isteyip odaklandığınız zaman, rüya görmeye başlarsınız. Rüya görmekte kararlı olmalı, niyet etmelisiniz. Yatmadan önce o günü rüya defterinize yazın. Sabah kalkar kalkmaz tüm rüyayı hatırlamanıza gerek yok; kendinizi nasıl hissettiğinizi, nasıl bir rüya gördüğünüzü, hatırladığınız ne varsa yazın.

Sonra adım adım gelişecektir. Yazdıkça daha çok gelişir. Bazen bir rüya görüp yazmazsınız ama günlerce aklınızda kalır. Bir daha da görmezsiniz. Çünkü bilinçaltı onu yazmanızı ister. O nedenle tüm rüyalarınızı yazın.

Gördüğünüz rüyayı ses kaydıyla not almak yerine yazdığınız zaman bilinçaltıyla doğrudan bağlantı haline geçersiniz. Niyet etmek de kararlı olmak ve odaklanmaktır. Bir ilişkiyle, hayatınızda bir şeyin olmasıyla ilgili kim kararlıysa onun dediği olur. Bütün evren ve yaşam ona göre her şeyi organize eder ve yapar. Ama siz vazgeçerseniz, "Aman ne uğraşacağım," derseniz hiçbir şey gerçekleşmez. O nedenle mutlaka kararlı olmalısınız. Ne kadar kararlıysanız o kadar çok mucize gerçekleşir.

Bu çalışmanın sonucunda bilincin geleceği nokta:

Bilinç birleşmesi sürecinde, karşınızdaki insan ve kendi bilincinizle ilgili farkındalıkları elde edip yönlendirirseniz huzur bulursunuz. İkiniz birden fazlasıyla olumlu bir bilinç ortaya çıkarabilirsiniz. Bazı insanlar, bilinç olarak da kendilerini birbirine açtıkları zaman çok uzakta olmalarına rağmen birbirinin ne düşündüğünü bilir. Göz göze baktıkları zaman birbirlerini anlarlar. İkisinin bilinci, âdeta birbiriyle bir olduğu için hayat onlar için daha hızlı ve kolay bir biçimde akar. Yaşamda zorluklarla karşılaştıkları zaman enerji alanları devreye girer ve güçlü çözümler ortaya çıkar. Burada insanın gerçek anlamda o ilişkinin gücünü kendi hayatına alması gerekir.

Erkeklerin Söylediği, Kadınların Anladığı

Erkekler ne söyler, kadınlar ne anlar? Bu gerçekten önemli bir konu. Özellikle kadınların bu konuyla ilgili farkındalık geliştirmeleri gerekli.

Kadınlar, erkek onu aramadığı, onun üstüne düşmediği ya da istediği gibi davranmadığı zaman, "Aa bak, adamın sorunu, sıkıntısı var, ailesinden dolayı böyle. Öbür kadın onu böyle yaptı. Şu karısından boşanınca aslında çok mutlu olacağız ama karısı boşamıyor," vb. bahanelerle sorunun başkalarından kaynaklandığı gibi bir algı yaratırlar. "İş hayatında çok ciddi problemleri var, rahatlayınca mutlu olacağız. Arayacaktı, aramadı, herhalde işi var," gibi farklı konulardan dolayı aramadığını da düşünebiliyorlar. Bu tamamen bir yalan. Acı ama gerçek; bir erkek bir kadınla beraber olmak isterse elinden gelen her şeyi yapar. İşi kötü olsa da parası olmasa da ailevi sorunları olsa da sıkıntısı olsa da gelir kapınızın önünde yatar. Her türlü savaşı ve mücadeleyi verir, evlenmek için gerekirse kendisini parçalar. Eğer böyle bir şey yapmıyor, evlilik teklifi etmiyor ya da sizin arzuladığınız gibi davranmıyorsa 'istemiyor' demektir. "Hazır değil, hazır olmasını bekleyeyim," diye bir şey yok!

Çoğu erkek tam olarak sorumluluk almak ve evlenmekle ilgili aslında hiçbir zaman hazır olamaz. İnanılmaz büyük bir sorumluluk ve yük söz konusudur onlar için. Çocuk olduğu zaman, koruma ve sorumluluk duygusu nedeniyle duygular özgürlükten bambaşka bir şeye geçer. Bazı erkekler de tam tersine evlenme odaklı olabilirler.

Kadınların şunu unutmaması gerekiyor; erkeklerin söylediklerini yanlış yorumluyor olabilirsiniz. Erkekler "Seni çok seviyorum" dediği zaman sizin algıladığınızdan belki çok daha farklı bir şey söylüyor olabilirler.

"Beni bugün neden aramadın?" sorusu erkekler için çok anlaşılır bir şey değildir. Bir kadın bir erkeğe, "Beni bugün neden aramadın, sabah mesaj atsana, akşam mesaj atsana," gibi sözlerle çocuksu tarafını belli ederse eyvah! Ama olgun iki yetişkin insanın birbirinin ebeveyni gibi hareket etmesine de gerek yok. Günümüzde insanlar onu da istiyorlar. Anne babası ona karşı nasıl davranıyorsa yanındaki kişiden onu bekliyor. Sabah uyandığında "Günaydın. Nasılsın?", akşam olunca "Eve vardın mı, ne yapıyorsun?" gibi sözleri eşinden bekliyor. Ama anne-babası yaptığı zaman onlara da kızıyor. İşte burada ilginç bir durum söz konusu.

Eğer böyle bir şey bekleniyor ve karşınızdaki bunu yapmıyorsa o zaman bırakın yenisi gelsin. Zorlamayın. "Bırakın, yenisi gelsin" kavramının çok önemli olduğunu düşünüyorum. 'Bırakmak' kavramı pek anlaşılamıyor. Bırakmak, hem içsel hem düşünsel olarak bırakmak demektir; evinizde ona ait bütün eşyaları atmak, arkadaşlarını bile terk etmek demektir. "Bir taraftan ondan ayrılıp onun arkadaşlarıyla görüşerek ondan bir haber almaya çalışmak, sosyal medyadan takip etmek" gibi davranışlarınızı da bırakmanız demektir...

En 'sevdiğim' şeylerden biri de, "Bir süre instagramı kapatayım, benden haber alamasın, endişelensin, merak etsin, arasın" mantığı... Bunlar işlemez. Çünkü o anda erkekler, "Beni ne kadar önemsiyor, ne kadar üzüldü, benim yüzümden yıkıldı resmen," diyorlar. Erkeğin böyle bir bakış açısı var. Kadın onu çok fazla aradığı zaman da haliyle ondan soğur. Şahsen ben de soğurdum... Aynısı elbette kadın için de geçerli.

Sevgili ya da evlilik ilişkilerinde, bir taraf diğer tarafı kıskanıp, "Seni başkalarından kıskanıyorum" diyerek iyice alanını sınırlandırır, eve hapsederse ya da onun başkalarıyla görüşmesine engel olursa mutlaka aldatıyordur! Bir kişi telefonda size ne kadar, "Kim var yanında... Şurayı mı aradın... Burayı mı aradın" gibi sorular soruyorsa bilin ki aldatmaya inanılmaz boyutta meyillidir. Aslında kendisi cinsel olarak yükseliyordur ve bunun sinirini net bir biçimde size yansıtıyordur. Çok farklı düzlemler mevcut. Bunların farkındalığında olmalısınız.

Aldatmak

Karşınızdaki kişiye devamlı olarak aldatılma korkusuyla yaklaşırsanız ve "Beni aldatıyor musun? İşten çıkalı kaç saat oldu, neredesin?" gibi sorularla zihnine şüphe tohumları ekerseniz her şeyi göze almalısınız.

Bir arkadaşım televizyonda yalnızca belgesel kanallarını seyrediyordu. Kadın görecek diye başka bir kanal açmıyordu. En son Afrika konulu bir belgeselin sunucusu kadın çıkınca artık onu da izlememeye karar vermiş. Dışarı da çıkmıyor, sosyalleşmiyor.

Böyle bir ilişkiyi seven de var. Ancak benim deneyimlerime göre böyle kişiler genelde ebeveyninden şiddet, kavga, gürültü görmüştür ve bu davranış şeklini de kendi güvenlik alanı olarak benimseyip hayatına sokmuştur.

Özetle; aldatılmaktan korkarsanız aldatılırsınız. Bilinçaltınızda aldatılma ihtimalini barındırıyorsanız karşınızdaki insanı buna itersiniz. Biri sizi aldattıysa ve siz onunla aldatmasına rağmen ilişkiye devam ediyorsanız burada büyük bir çelişki doğar. "Neden beni aldattı ve ben neden bu ilişkiye devam ediyorum?" Seviyor olabilirsiniz, çocuklarınız da olabilir. Ama aldattıysa mutlaka cezalandırmalısınız. "Bu seferlik affediyorum," diye bir şey olamaz. Eşiniz sizi aldattıktan sonra onunla ilgili çözüme gitmelisiniz. Cinsel hayatınızda sorun varsa ilişki terapistine gitmelisiniz. Aldatmanın iç düzlemi nedir, sizin içinizde aldatmakla ilgili bir şey var mı? Cinsel hayatınız mı yok? Aranızdaki romantizm mi bitti? Kadın tamamen anne rolüne mi girdi? Neden? Bunlardan bir ya da birkaçı söz konusuysa genelde erkekler dışarıda farklı arayışlara girerler. "Kocam beni aldattı," derken aldatma sebebini bulmalısınız.

Erkek Çocuklarını Nasıl Yetiştiriyoruz?

Erkek annelerinin, "Sen erkeksin, yaparsın oğlum. Erkek dediğin çapkın olacak, ne kadar canlar yakacak," diyerek oğullarını sevmelerini hiç doğru bulmuyorum. Bir gün restoranda otururken 7-8 yaşlarında bir çocuk annesinin şöyle dediğini duydum: "Benim oğlum çok yakışıklı büyüyünce çok canlar yakacak." Ben de döndüm, "Niye can yaksın? Sizin kocanız sizin canınızı yaksa hoşunuza gider miydi? Ufacık çocuğa nasıl fikirler işliyorsunuz," diye çıkıştım. Annesi de, "Yok şaka yapıyorum," dedi. "Her şakanın altında bir gerçek yatar. Siz anneler böyle söylüyorsunuz, sonra erkeklerin adı kötüye çıkıyor," dedim. Erkekleri bu şekilde hipnotize eden, onları şartlayan kadınlara ne demeli? Buradaki mantık şu; *Ben çektim, diğer kadınlar da çeksin.* Böyle kadınlar kendilerini yalnız hissetmemek için çevrelerine bilinçsizce bu tür fikirler işliyor.

Evli Erkeklerden Uzak Durun!

Kadınların aralarında geçen bazı sohbetlere şahit olduğumda duyduklarıma inanmakta güçlük çekiyorum, "Adamın bir sevgilisinin güzelliğine bak, bir de karısına," diyorlar. Sonra da, "Ondan ayrılsın, benimle olsun. Zaten o kadınla mutsuz," diye yorumlar sıralıyorlar. Eğer bunu yaparsanız ileride sizin de hatta kızınızın da başına geleceğinden emin olabilirsiniz. Bir kere her şeyden önce kadınların birbirine sahip çıkması gerekir. "Kadın hakları", "erkekler bizim haklarımıza saygı duymuyorlar" gibi sözde şikâyetleri bir kenara bırakarak gerçek anlamda eylemsel olarak kadınların birbirine sahip çıkmasıyla inanın ki erkekler gölgede kalabilir.

Erkeklerle evli olduğunu bile bile ilişkiye girip sevgili olan kadın oranı ne yazık ki çok yüksek! Bunun da tek nedeni; para. Bir kadının evli olması, onun çok iyi bir konumda, başarılı ya da çok daha güzel olduğunu göstermez. Evli olmak, bir başarı kıstası değildir. Evli olan insanların alanları açıktır. O nedenle birtakım insanları hayatlarına daha kolay alabilirler. Ama evli olmayan kadınlar ebeveynlerinden, erkeklerden aldıkları darbe, travma, korku ya da olumsuz her şeyi güvensizlik alanı gibi görürler. Öğrenilmiş şeylerden dolayı kendilerine çok güçlü bir set çekerler. Bazı insanlar da, "Benim karşıma hep böyle adamlar çıkıyor," diyerek aslında 'böyle adamlar'ı kendilerine çekerler.

Karşınıza devamlı ilişki yaşayamadığınız insanlar çıkıyorsa siz ilişki istemiyorsunuzdur. Önünüze devamlı işle ilgili olmayan şeyler geliyorsa belki de o işleri istemiyorsunuzdur ya da kendinizi o işe layık görmüyorsunuzdur. Sadece istediğinizi sanıyorsunuz. Bazıları, "Ben yıllardır bunu istiyorum, bunun için çalışıyorum, birçok şey yapıyorum, hayatıma biri giriyor ama olmuyor, gidiyor başkasıyla evleniyor. Üstelik benden daha çirkiniyle," diye yakınırlar. Bu durum, kalbinizde alan olmadığını, gerçek bir ilişki istemediğinizi gösterir. Eğer ki kalben sevgiye kapalıysanız ve sadece cinselliğe açıksanız hayatınıza sadece cinsellik için gireceklerdir. Bu bir gerçek... Şayet kalbinizde sevgiye yer varsa o zaman insanlar gerçekten duygusal bir ilişki için hayatınıza girer.

Kadın demek, aslında alıcı bir enerji demektir. Kadın alır, yaratıma çevirir ve verir. Bir devridaim vardır. Bir erkek için kadının iç dünyasına girebilmek çok önemlidir. Ama kadın, ona içini açamıyorsa ya da ona bir yer ayırmıyorsa erkek kendisini geri çeker ve bütünleşeceği başka biri için yolculuğa çıkar. Devamlı karşısında bir direnç ve agresiflik görüyorsa, sürekli mücadele ediyorsa, her seferinde katılıkla karşılaşıyorsa bütünleyemez. Erkek daha katı, kadın daha saydam, yumuşak ve geçirgendir. Erkek, kadınla karşılaştığı zaman onunla bütünleşemiyorsa, ona geldiği zaman ondan geçemiyorsa, çarpılıyorsa bu zıt kutupların birbiriyle buluşması değil, aynı kutupların çarpışıp birbirini geri itmesi anlamına gelir.

Sert kadınların karşısına daha yumuşak erkekler çıkar. Yumuşak karakterliyse eşleri de genelde daha sert olur. Bunların hepsi birbirini dengeleyici unsurlardır. Sert karakterli kadın, erkek sakin ve rahat olduğu zaman kendisini iyileştirebilir. Bazı kadınlar da tek kaldıkları zaman kendilerini eleştirirler, bakım yapmazlar, öz saygılarına dikkat etmek yerine daha farklı bir noktaya geçerler. Bir kadın hayatına bir erkeği aldıktan sonra, "Ben çözerim, ben hallederim, bunu da yaparım," diyerek tüm sorumluluğu üzerine almamalı. Daha kabul eden, daha kendisi gibi olan, kendi değerini bilen, erkeğin onun için bir şeyler yapmasına izin vererek alan açan kadınlar daha mutlu olurlar.

Alan Açmak

Alan açmak bir ilişkideki en önemli şeydir. Siz onun üstüne gitmeyecek, bazen de geri çekileceksiniz ki o size doğru gelsin. Çünkü devamlı karşınızdaki kişiye doğru giderseniz o da geri geri gider. Ama kendinizi çektiğiniz zaman otomatik olarak o kişinin size doğru geldiğini görürsünüz. "Bu benim her şeyim, hayatımın merkezi," deyip iliğini kemiğini sömürmek de iyi değildir.

Bunun yerine onun evrenini kendinize doğru açın, kendi hayatınızla bütünleştirmeye çalışın. Alan açmak şöyle gerçekleşir; kendi hayatımızda çok fazla beklentiye girdiğiniz zaman, karmakarışık duygular sizi esir alır. Hayatınıza birçok insan sokar, ne kendinize ne de ilişkinize gereken vakti ayıramazsınız. Aynı zamanda geçmiş sevgililerinizle de görüşüyorsanız yine alanı doldurmuş olursunuz. İlişki yaşadığınız kişiyle yapacağınız şeyleri, geçmişteki biriyle ya da yakın arkadaşınızla yaptığınız zaman yine alanınızı dolduruyorsunuz.

Alan açmak demek; evinizde yatağınızın çift kişilik olması, yatağa her iki taraftan girilebilmesi, anne babanızla birlikte oturmamak, kendi kişisel alanınızda, kendi evinizde oturmanız, yani dışarıdan biri geldiğinde, "O ne der, şu kişi böyle düşünür mü?" diye düşünmemektir. "Ben evlenirsem, ilişkim olursa bu kişiyi bırakır mıyım?" gibi düşüncelerin beyninizde yer etmemesidir.

Kariyerimizde bazen bir işin olmasını çok istiyoruz, gereksiz birçok şeyle uğraşıyoruz, ailemizin ve arkadaşlarımızın sorunlarıyla, dertleriyle boğuşuyoruz, kazanç elde etmediğimiz işlerle hayatımızı meşgul ediyoruz. Mutlu olmamıza tam olarak katkı sağlamayan bir uğraş içinde kayboluyoruz. Bunların hepsi hayatımıza yeni ve mutlu olacağımız bir işin veya ilişkinin girme olasılığını düşürür. Hayatınızda mutsuzluk veren tüm insanları çıkararak alan açabilirsiniz.

Biriyle tanışıp yakınlaştığınızda ilk önce alan açmalısınız. Nasıl mı?

Hemen anlatayım.

Geri çekilin. Üstüne düşmeyin. "Ne yaptın, ne ettin, neredesin, görüşelim mi, beni aradın mı, aramadın mı?" gibi sorularla onu boğmayın. Olursa olur, olmazsa olmaz. Orada kendinizi o konuda özgürleştirmelisiniz. Bir kadın asla ve asla bir erkeğin üstüne gitmemelidir. Hiçbir şartta kendinizi özgürleştirmekten alıkoymayın. Belki o sırada onun da bir ilişkisi vardır ve hazır değildir. Ama siz açtığınız o alanla onu kabul edebilir ya da başka birine imkân sağlayabilirsiniz.

Bir arkadaşımın sıkıntılı bir ilişkisi vardı. "Görüşmedik, akşam gelecekti, dışarı çıkacaktık ama aramadı," diyerek kendi kendini yiyip bitiriyordu. "Bırak gelen gelsin, giden gitsin," dedim. "Sen kendini sonsuz olasılıklara aç." Belki gerçekten mutlu olacağınız biri gelecek ama 'Yalnız kalacağım', 'Bana ne olacak?' gibi endişeler herkesi sarmış durumda. Bu stres ve gerginlik hali, hayatınızda başkasına engel olan tek şeydir.

Alanınızı Öfkeyle Doldurmayın

Alanla ilgili en önemli şeylerden biri de hayata karşı duyduğumuz öfkedir. Öfke alanımızı doldurur, âdeta bir ateşin içinde yaşamamıza neden olur ve o ateşten kimse geçmek istemez; çünkü geçtiği zaman o da bilir ki öfke ve sinirle karşılaşacak. Çok öfkeli ve kızgın olan kadının hayatına erkekler girmez. Çünkü girdiği zaman ya kavga ederler ya da şiddet ve olumsuz enerjiyle karşılaşırlar. Çünkü erkekler de Mars'ın etkisinden dolayı o agresifliği yansıtmaya çok açık varlıklardır. O nedenle kadınların özellikle ilişkiyle ilgili gerginlik enerjisinden özgürleşmeleri çok önemlidir.

Bazen de kadınların gerginlik enerjisinden özgürleşmeleri için kendilerini orgazma açmaları gerekir. Sonuç olarak insanlar, çok uzun zaman orgazm olmadıkları zaman da hayata karşı bir öfke duyarlar. Çünkü orgazm da vücudun yemek, içmek gibi bir ihtiyacıdır. Olmadığı zaman vücut gerilir, 'hayata karşı şişme' noktasına gelinir. O nedenle tantra eğitimlerinde insanlar kendilerini açmalı. Bazı ailelerde çocuk olduktan sonra annesi cinsellik yaşayamıyor diye kızı da aynı yoldan geçiyor. Bunların hepsiyle ilgili farkındalık elde etmelisiniz.

Yeniliklere Ne Kadar Açıksınız?

Farkında olmadan hayatımızda birçok beklentiye giriyoruz. Bu beklentilerle ilerlediğimiz zaman, o bilinmez alanın hediyelerine, oradaki boşluk ve sonsuz olasılıklara, yeni bir şeylerin hayatımıza gelmesine de engel oluyoruz. Orada bir baskı meydana geliyor. Bunların yerine hayatımızı geleceğe, sonsuz olasılıklara açık hale getirmeliyiz. Bilinmez alanın içine attığımız her adım, oradaki bütün bilgileri açığa çıkarır. Gerçekte bizi engelleyen ne var? Ailemizde taşıdıklarımız neler?

Yaşama şöyle bakın; siz bir tiyatro oyunu içinde sahnedesiniz. Oyunun içine girip kendinizi kaptırmak yerine sahnenin ortasına adım atın ve tiyatronun canlanmasına izin verin. Kendinizi sahnede izleyin! Ben çoğu zaman hayatı izlerim. Örneğin; telefon çaldığı sırada saate baktığımda arayan numarada aynı saat ve dakikayı görürüm! Devamlı bu şekilde sembol ve işaretleri izlerim.

Biz nasıl kelimelerle iletişim kuruyorsak yaşam da bizimle semboller, sayılar, hayvanlar, zaman akışı vb. araçlar yardımıyla iletişim kurar; bize her an farklı mesajlar verir. O yüzden bizim hayatımızda bir alan açmamız ve o bilinmez alana adım atmamız, böylelikle de yeniliklere kapı açmamız gerekli. Telefonunuzda, bilgisayarınızda temizlik yapın. Bu alan açma tüm yaşamınızı kapsasın. Eğer hayatınızda çok önemli bir ilişki yaşadıktan sonra, hayatınıza yeni insanlar gelmediyse, onun bir üst seviyesine geçemediyseniz, bunu aşamamışsınız demektir. Eski partnerinizi hâlâ özlüyor, ona hâlâ kızıyorsanız onu hâlâ seviyor ve cinsel olarak arzuluyorsunuz demektir. Yani o insandan boşanamamışsınız demektir. Bazı insanlar evlenir, sonra boşanır ama gerçekte boşanmamıştır. Bu nedenle hayatına hep kısa ilişkiler girer ama hiçbirine kalbini açmaz. Çünkü aslında kalbinde hâlâ o kişi vardır. Kalbi boş değildir ki başka birisini alsın. Sadece cinsel olarak boştur. O nedenle cinsel olarak başka birisiyle birlikte olur ama duygusal olarak onu hayatına almaz.

Bazen ona karşı duyduğu nefret, sevgi, özlem kendisi için bir güven alanıdır. Bir problem, anlaşmazlık olmamasına rağmen, evinde tek başına kalmamak adına, cinsel ihtiyaçlar için o gerçek olmayan ilişkiyi yaşamayı seçiyorsunuz. Duygusal olarak da eskisiyle uzaktan uzağa yaşamaya devam ediyorsunuz. Bilinçaltı kadınlar için çok güvenli bir alan oluşturur. Evlenmiş, boşanmış, ondan sonra hiç ilişkisi olmamış ya da kısa süreli ilişkileri olmuş kişilerle yaşanan ilişkiler gerçekten derin ilişkiler değildir. Derinlerde yer yoktur. İlk önce geçmişteki kişiyi hayatınızdan çıkarmalısınız ki hayatınıza yeni birilerini alabilin. Bırakmak konusunda zorlanmamalısınız.

Affedin

Bütün herkese verdiğiniz her şeyden vazgeçin. Verdiğiniz şeylerin karşılığını beklemek yerine şöyle demelisiniz:

Evren bana bunun bin katını geri getirsin, bununla ilgili içimi rahat ettirsin. Ben bunu serbest bırakıyorum.

Karşınızdaki kişiye karşı olan kızgınlığınızdan vazgeçin, onu affedin ve olduğu gibi kabullenin. Çünkü nefret, aşktan daha güçlü bir duygudur. Nefret etmek, ona karşı duyduğunuz kızgınlık, aslında çok yoğun bir sevgi duygusudur, müthiş bir bağlılıktır, aidiyet duygusudur. Nefret ettiğiniz kişiyle, ilişkiniz daha güçlüdür. Çünkü ona karşı olan duygularınız, her zaman daha yoğundur. Çünkü orada bir korku mekanizması, güven vardır. Ego devreye girer, içsel çatışmalara meydan verir ve o kişiye karşı duyduğunuz nefret ve öfkeden dolayı hayatınız bloke olur. O yüzden her şeyden önce o kişiyi affetmek gerekir.

Kadınların bu kadar bağlılık içinde olması bir takım hormonsal nedenlerden kaynaklanıyor. Sadece kadınlara özgü müthiş bir bağlılık yaşıyorlar.

Geçmişi ve yaşadıklarınızı düşündüğünüz zaman güven-güvensizlik, sevgi-sevgisizlik, nefret, öfke, kızgınlık gibi herhangi bir duygu hissediyorsanız o kişiyle hâlâ yoğun bir bağınız var demektir. Derinlere indikçe muhtemelen zihinsel olarak söylediğinizin ötesinde başka şeyler de ortaya çıkar. İfade edilmemiş şeyler blokajlar yaratır. O yüzden mektup yazabilirsiniz, arayabilir ya da karşınıza alıp konuşabilirsiniz. Onunla ilgili her şeyi yazıp yakabilirsiniz. Tekrar ve tekrar onunla ilgili içinizdeki her şeyi temizlemelisiniz. Kadınların geliştirdikleri bağımlılık, erkeklerinkinden çok farklı. Bazı kadınlar ise hiç takılmıyor, birden bırakıp bir sonrakine geçiyorlar. Tam takdirlik! Ama kadınların çoğu bir kişiye bağlanıyor, sonra evleniyor. Bu da aidiyet duygusundan ve geçmişte tek eşli olmaya karşı duyduğunuz mecburiyetten kaynaklanır. Tek eşlilik algısını yansıtan, "Annem babam da tek eşliydi. Ben de hayatımda onu seçtim. Nasıl beni bırakabilir, nasıl ayrılmamıza izin verebilir?" ifadeleriyle gelen öfke, kişinin hayatı boyunca özgürleşememesine sebep olur. Kadının bir tarafta cinsel arzusu, diğer tarafta ise duygusal arzusu vardır. Cinsel olarak birlikte olurken duygusal olarak hiçbir bağ kurmaz. Böylece kendi çevresine, "Ben tek eşliyim," mesajı verir. Çoğu kadın, ilk evli olduğu adama bağlı kalarak boşansa bile tekrardan bir ilişkiye kapısını kapatır ve tek eşli olarak kalır; "Kocamdan ayrıldım, bak tekrar evlenmedim." O yüzden toplumda ünlü olan insanların, tekrar tekrar evlenmesinin toplum bilicinde büyük bir çığır açtığını ve farkındalık yarattığını vurguladım. Kadınların da biraz olsun bu tek eşli düşünce biçiminden çıkması gerektiğini düşünüyorum. Ben tek eşli bir varlığım. Ama tabii bu kişiden kişiye değişir. Bilinci de ilişkiyi yaşarken buna kodlamak gerekir.

Onaylamadığınız Hiçbir Yoruma ve Davranışa Sessiz Kalmayın

Kocanız var, evlisiniz, beraber yemeğe çıktınız, erkek arkadaşları, "Seninki de ne çapkındı, seninkini alayım da biraz çapkınlık yapalım," diye şaka yaptı. Orada tepkinizi hemen ortaya koymalısınız. "Sen benim evliliğime nifak tohumları mı dikiyorsun?" demelisiniz. Sizin yanınızda böyle bir laf etmesi çok anlamsız. Siz gerekeni yapacaksınız, onlar da eşinizle ilgili duruşunuzu görecek. Gülerseniz bilin ki eşiniz sizi aldatır. "Kocamdır, yapar," demeyeceksiniz. Bazı kadınlar şaka yollu, "Erkektir, yapar," diyor. Ancak bir süre sonra bu gerçeğe dönüşür ve eşiniz sizi aldatır. O nedenle böyle şeyler söylenmemeli.

Erkek annesine ve kız kardeşine gerekli yardımları yapmalı. Erkek, "Anneme yapmayayım, kız kardeşime yapmayayım," diyemez. O kendi içsel cimriliği, korkusu, orada dengeyi kurması, gelin yokken annesi ve kız kardeşinin farkında olması ve özgür bırakması da bir o kadar önemlidir. Diğer bir deyişle; gelin olarak anneye, kız kardeşe ve de kendisinden önceki eşinin ailesine karşı saygı duyması şart. Çünkü o anne olmasa, o eş de olmazdı. Kaynağından düşünülmeli, ona göre saygı duyulmalı. Şöyle demelisiniz: "Sen doğurdun, yetiştirdin, büyüttün. Ben senin elinden almadım, biz bir aile olduk. Bizi mutlu bir aile olma konusunda destekle." Bir taraftan da evlilikten sonra hem aile hem de o birliktelik çok mutlu bir tabloya dönüşebilir. Çocukların sorumluluklarını alanlara saygı duymalıyız. Onlardan çok şey beklemek yerine onları da özgürleştirmeliyiz.

Geçmişte bir kişi bana danışmak için gelmişti. Haritasına baktığımda büyük paralar kazandığını ve hepsini de kocasına verdiğini gördüm. Annesine on beş bin lira vermesi gerekirken kocası, kadına ait olan bu paradan vermiyor, kendi ailesine yardım ediyordu. Özellikle parayla ilgili konularda farkındalık içinde ilerlemelisiniz. Kocanın tüm parasını gidip kendi annesine vermesi yanlıştır. Annesine yardım edebilir, destek olabilir ama bütün parasını gidip ona vermesi büyük bir hatadır. Her şey tamamen dengeli bir şekilde ilerlemelidir.

Bir erkek, sizi çok yoğun bir şekilde düşünüyorsa sizinle beraber olmak, yakınlaşmak istiyordur. Ama o erkek evli mi, hayatında başka bir ilişkisi mi var, yoksa sadece sizinle mi beraber olmaya çalışıyor? Bazı evli erkekler, başka bir kadına mutlaka obsesif bir şekilde takılıyor. Çünkü ev hayatından yıllardır alamadığı her şeyi o kadından alıp sonra da onu kendi aile hayatına götürüyor. O kadın da, "Bak beni seviyor, bana geliyor," diye düşünürken aslında tam tersine, o evliliğe hizmet etmekte. Bu durum, erkeğin hem mutluluğu dışarıda aramasından hem de evini bırakamamasından kaynaklanır.

Kadınlar Yaşam Enerjisiyle Erkekleri Beslerler

Geçmişte beraber olduğunuz erkekler, ayrılmanıza rağmen hâlâ üstünüze geliyorlarsa bu da özgürleşemediğiniz anlamına gelir. Siz birisiyle beraberken, boşandığınız eşiniz aramaya devam ederse bu da sizin tam anlamıyla başka biriyle beraberliğinizi etkiler. O kişi sizi, bir şekilde kendine mahkûm etmiş olur. Kendisi o sırada başka birileriyle de beraber olup hem egosal hem de enerjisel olarak besleniyor olabilir. Erkekler, kadınlar üzerinden beslenirler. Çünkü kadınlar enerjik varlıklardır. Bir kadının erkeğe karşı duyduğu sevgi, onun yaşam enerjisidir. Siz erkeği düşünmeyi bıraktığınız an o da geri gidecektir.

Bağ kesme çalışması yaptığınız zaman geçmişteki kişi hemen arar. Çünkü siz bağı kesip ona yaşam enerjisi vermeyi bıraktığınız zaman sizi özlemeye başlar. Bunu bağ kesmek için yapmayın, özgürleşmek için yapın. Geçmişte evli olup boşandığınız ya da sevgili olup ayrıldığınız insanlarla görüşmeye devam ettiğiniz sürece hayatınıza asla tam olarak birini alamazsınız.

Biriyle görüşmeye başladığınızda hâlâ eski sevgilinizle de görüşüyorsanız, "Onu hayatıma almıyorum, sevgili olmuyorum," diyerek hâlâ kafanıza takmış olursunuz. İlişkilerdeki görüşmeler de bir tür iş görüşmesi gibidir. Kişinin hedefleri, düşünceleri, konumu önemlidir. Eski işinizden tam olarak ayrılıp ayrılmadığınıza, ayrılmak isteyip istemediğinize bakılır. O yüzden hayatınıza gerçekten bir ilişki, aşk, evlilik çekmek istiyorsanız ilk önce geçmişinizi temizleyin. Geçmişinizdeki ilişkilerinizi yenilerine asla anlatmayın. Her karşınıza gelen insana, âdeta dünyanın en bakir insanıymış gibi konuşun.

Bir arkadaşımın çok fazla sevgilisi olduğu bir dönem oldu. Birkaç sene boyunca birinden ayrılıp ötekiyle birlikte oluyordu. Bir baktım ki bütün sevgililerine her zaman geçmiş ilişkilerini anlatıyor. "Niye anlatıyorsun?" diye sorduğumda, "Ben ilişkide dürüstlüğe inanıyorum, her şeyi anlatmalıyım, dürüst olmalıyım," diye cevapladı. Dürüst olacağım derken âdeta adamın üstüne kustuğunun, tüm çöpünü boşalttığının farkında değildi. Aslında, "Ben bunların hepsinin yükünü taşıyamıyorum, sen hepsini bir bir kaldır ve bunlarla yürü," diyordu. Unutmayın, sevgiliniz sizin arkadaşınız, dostunuz değildir. Kendinize eş ya da aile arıyorsanız bunları yapmayı doğru bulmuyorum.

Sorarlarsa?

Geçmiş, geçmişte kalmıştır. "Ben eski ilişkilerimi konuşmaktan hoşlanmıyorum. Ne sen bana anlat ne ben sana anlatayım," demelisiniz. Dışarıda eski bir sevgilinizle karşılaşsanız bile, "Bak bu benim eski aşkım," dememelisiniz.

Sevgililerinizi eski sevgilileriniz üzerinden kıskandırmaya çalışmayın. "Beni ne doktorlar ne avukatlar istedi," demek çok çocuksu, bir o kadar da antipatik. Bu tür ifadeler karşınızdaki insanın egosunu zedelemeye yönelik, kalbini, sevgisini size açmasına engel olan ifadelerdir.

Korkudan kurtulduğunuz zaman rahatlarsınız. "Ben bu kişiyi sepetlersem sonra yeni birini nereden bulacağım? Bir süre böyle idare edeyim," diye diye bir ömrü boşuna geçirmiş olursunuz. Sonra bir bakmışsınız ki yaş kırk, elli, yanınızda kimse yok. Ne derler; balık baştan kokar. Bir şeyle ilgili rahatsız oluyorsanız en başında hemen çözeceksiniz, hiç zaman harcamadan.

Bir kız arkadaşım oldukça sabit fikirli bir kızdı. Yıllarca ömrümü yedi, ona kafayı taktı, buna kafayı taktı. Bir ara alt komşusuna kafayı taktı. Bir aşağıya indi bir yukarı çıktı, sonunda birlikte oldular ama ilişki hiçbir yere varamadan bitti. Bu kez de başka birine kafayı taktı. Dedik ki bir dahakine geç. Şimdi başka biriyle tanıştı. İlk başta oluyormuş gibi hissetti. Geçen gün arayıp tebrik ettim. Ancak öğrendim ki beraber olduğu kişi aynı zamanda internette arkadaşlık sohbet programlarında her akşam çevrimiçiymiş. Arayıp 'tebrik ediyorum' dedim ama bir artısı olmadı. "Next, hiç tutmuyorum, sirkülasyonda tutuyorum," dedi. En doğrusu buydu zaten, keşke yıllar önce yapsaydı.

Bazı insanlar bu konuda profesyonelleşmişler. Hatta yirmili yaşların başlarında profesyonelleşmiş kızlar var. "Hayır, onunla olmaz, o böyle, bu şöyle" diyebiliyorlar. Bunu söyleyen bir kız daha sonra yirmi üç yaşında evlendi ve hemen çocuk yaptı. Çocuğun ailesi istememesine rağmen müthiş bir iş başardı. Bu ayrı bir farkındalık. Her önüne gelen için, "Âşığım, çok seviyorum, beni çok beğendi," şeklinde yaklaşmıyordu; kendi değerinin son derece farkında olarak ilerlemişti.

Neye Layık Olduğunuza İnanırsanız Onu Yaşarsınız

Kadının en büyük problemi, kendi değerinin yeteri kadar farkına varmamasıdır. Kadın gerçekten kutsal, güçlü, yaratım gücü kuvvetli bir varlıktır; ancak kendisini tam olarak kıymetli görmez, kendisine bakmaz. Belli bir noktadan sonra da kendisini bambaşka bir konuma koyar. Bir insan ilk önce kendisini kıymetli görmeli. Eğer siz kendinizi sevmiyorsanız kimse de sizi sevemez. Kadınların en büyük problemlerinden bir tanesi de devamlı kendilerini başka kadınlarla mukayese etmeleridir. "Onun orası böyle, benim şuram böyle, ben şöyleyim, o böyle...". İnsanın ilk önce kendisini, kendi hayatını, ailesini olduğu gibi kabul etmesi ve sevmesi gerekir. İnsanlar kendi ailesini ve yaşamını kabul edemediği için ilerleyemezler ve daha iyisine geçemezler. Çünkü ilk önce kendi dünyasıyla bağlantı kurmalı, ayakları yere basmalı ve kendi gerçekleriyle bağlantıya geçtikten sonra değişim noktasına ulaşmalıdır.

Kendinizi kabullenmek, birinci temel kuraldır. Kendinizi sevin, kıymetinizi bilin. Her gün aynanın karşısına geçin ve, "Ben çok kıymetliyim, her şeyin en iyisine layığım," deyin.

On altı yaşından beri tanıdığım bir kız arkadaşım var. Şu an bir Avrupa ülkesinde üst düzey yöneticilik yapıyor. O dönem ilişkisinde problemleri vardı. Bana attığı bir e-postayı buldum. Yazdıklarında yıllarca hayatında bir ilişkisi olmadığını, kendine neyi layık gördüyse onu yaşadığını anlatıyor ve şunları ekliyor: "Çocuğumun olmasına layığım, mutlu bir evliliğe layığım, orgazm yaşamaya layığım."

İşte bu farkındalıkta olmak çok önemlidir. Eğer evlenmek istiyorsanız, "Ben evlenmeye layığım, mutlu bir evliliğe layığım, bolluk, bereket, huzur, orgazm içinde daimi mutluluk yaşamaya layığım, mutlu bir çocuğumun olmasına layığım, ben her şeyin en iyisine layığım..." gibi ifadelerle kendinizi devamlı kodlamalısınız. Neye layık olduğunuzu düşünürseniz onu olursunuz. Layık olmak, hak etmektir ve bu da sizin varlığınızın en doğal halidir.

Geçmişinizdeki Herkesi Serbest Bırakın

Geçmişinizdeki insanları hayatınızdaki yeni kişilerle bağlantıya geçiriyorsanız bu, o insanlardan özgürleşemediğiniz manasına gelir. Yeni karşılaştığınız insanlarda eski insanları görüyorsanız yine geçmişinizdeki insanlardan tam olarak özgürleşmediğiniz anlamına gelir. O yüzden, geçmişinizdeki insanlardan özgürleşmeye yönelik çalışmalar yapmalısınız. Örneğin, sosyal medya üzerinden, "Sen beni hak etmedin, senle olan sürecimden çok şey öğrendim ama artık seni olduğun gibi kabul ediyorum, serbest bırakıyorum. Benimle bağlantıya geçme," deyip ondan sonra engelleyip, hayatınızdan çıkartabilirsiniz. Bunun dışında evinizde gerekli çalışmaları yapmalısınız. Düşünce formatınızda bağ kesme çalışmaları yapmalısınız. Birçok bilinçaltı prosesi ve söyleyeceğiniz cümleler mevcut. Bunların hepsi kendine hastır ve tek tek çok önemlidir. O yüzden geçmişinizdeki insanlardan özgürleşmeye yöneldiğiniz andan itibaren karşınıza yepyeni insanlar çıkacaktır. Ama özgürleşene kadar da benzerleriyle karşılaşabilirsiniz. Buradan da bir ders çıkarmalısınız.

Arkadaşlarımdan biri, sosyokültürel anlamda kendinden daha aşağıda insanları hayatına çekmeye başladı. Çünkü egosal olarak kendine üstünlük taslasın istemiyordu. Bu sefer de seviyesi yetmiyor, onu sürekli aşağılıyor, böylece mutlu olamıyordu. Ortaya da problemler ve egosal çelişkiler çıkıyordu. Kuşkusuz ki hayatımızdaki her şeyin bir nedeni var.

Başka bir arkadaşım yine anlatıyor: "Biriyle tanıştım, çok hoş, çok tatlı bir adam. Onunla uzun süreli bir evlilik yürümez ama bir süre evli kalmak istiyorum. Belli bir yaşa geldim artık." Aslında gerçekte evlenmek istiyor ama karşısına çıkan biriyle de eğlenmek istiyordu. Çelişki içinde çelişki yaşıyordu. Burada içsel olarak birbirini tutmama durumu var. İçsel düşünceleriniz ve sözlerinizin birbiriyle tutarlı olması gerekir.

Başka bir arkadaşım da sürekli yardıma muhtaç olan insanları hayatına çekiyor. Burada da kişi annelik rolü üstleniyor. Kendi anne ve babasının yaptığını da başkasına yapıyor. Maddi olarak birilerine destek olursa sevileceğini sanıyor.

Bu durum da bilinçaltına dayanır. Olduğunuz gibi olmalısınız. Maddi, manevi yardımınıza muhtaç insanları değil, sizinle eşit, beraber mutlu olacağınız insanları hayatınıza çekin. Buradaki temel problem, sizin kendinizi olduğunuz gibi kabul etmemeniz ve sevmemeniz. Ama toplumsal dayatmalar o kadar çok ve acımasız ki; genç olacaksın, güzel olacaksın, yakışıklı, zengin olacaksın... Benim inanılmaz kilolu ya da fiziksel olarak çarpıcı hiçbir özelliği olmayan ama çok yakışıklı sevgilileri olan arkadaşlarım var. Çirkin denilebilecek tanıdıklarımın hem mutlu bir ailesi hem de âşık oldukları eşleri var.

Ünlü bir terapist arkadaşım, kocasıyla birlikte bu konular üzerine çalışıyor. Kadın işin başında olduğu için eril enerjisi çok yüksekti ve adam çekti gitti. Buradan çıkarılacak farkındalıklar var. Onunla karşılaştığımda bana, "Kadın olmaya karar verdim," dedi. Öncesinde eril enerjisi fazlasıyla yüksekti. Kadın olmaya karar vermek, bunun farkındalığında olmak son derece önemli.

Hangi Duyguyu Hissediyorsanız O Duygu Üzerinden Yaratımlar Yapar ve Yaşarsınız

Her şeyden önce, kendi hayatımızda bir şeyler elde etmek istediğimiz zaman duygularımızı tartmalıyız. Örneğin, bir kadın erkeklere karşı ne hissediyor, nasıl bir ilişki istiyor? Çünkü hangi duyguyu hissediyorsanız o duygunun üstünden yaratımlar yaşarsınız. Birine karşı nefret duyduğunuz zaman, onunla çok yoğun bir bağlantıya girersiniz. Ama bu bağlantı, çatışmacı ve savaş içeren bir bağlantı olduğu için, o kişiyi kendi yaşamınıza tam olarak alamazsınız. Bir anlamda aranızda enerjisel bir akış vardır ve bu da hayatınızı mutlaka etkiler. Aranızdaki bu çatışmadan dolayı ondan almanız gereken hediyeleri alamazsınız. Sevdiğiniz zaman, karşılıklı birbirinize hediyeler verirsiniz, pozitif enerji hissedersiniz. Nefret ettiğiniz zaman ise birbirinizi olumsuz yönde etkileyen hediyeler alıp verirsiniz. O yüzden hayatınızda her neyi elde etmek istiyorsanız, neye sahip olmak istiyorsanız onunla ilgili duygularınızın adını koymanız şart.

Diyelim ki bir lise öğrencisi doktor olmak istiyor ama doktorlarla ilgili duyguları nedir, onları gördüğü zaman ne hissediyor? Avukat olmak istiyorsa onlarla ilgili duygusu ne? Avukat gördüğünde ne hissediyor, bilinçaltında avukatların nasıl bir konumu var? Ya da zengin olmak istiyor, zenginlere karşı algısı ne? Bunların hepsi çok önemli; çünkü algınız ne yöndeyse o mesleklere, o düşüncelere o şekilde yaklaşıp yakınlaşabilirsiniz. Eğer bir şeyi sevmiyor, yargılıyor, aşağılıyor veya kötülüyorsanız o zaman o şeyle aranıza çok kalın duvarlar örmüşsünüzdür. Aynı şey ilişkiler için de geçerlidir. Kadınlar kendi algılarında erkekleri nasıl bir konuma koyuyor? Kaba saba mı yoksa güzel varlıklar mı, çok seksi ve çok çekici mi, cinsel olarak beraber olmak istiyor mu, duygusal olarak bağlanmayı istiyor mu, yoksa duygusal olarak hâlâ başka birine mi bağlı, bırakamıyor mu? Gerçekten içgörü sahibi olunmalı. İnsanların hayatlarındaki en büyük problemleri içgörülerinin olmayışı. İçgörü sahibi olmadıkları için aynı şeyleri tekrarlıyorlar ama içleri farklı şeyler söylediği için ağızlarıyla söyledikleri bir olmuyor ve gerçekleşmiyor. Sizin hayatınızda nasıl bir ilişki var, evliliğiniz nasıl? Olduğunuz konumda nasıl bir yer istediğinize dair tam olarak net ve somut kararlar vermeniz, bunu belirlemeniz ama aynı zamanda da bazı duvarları koymamanız, bunları aşmanız gerekir. Daha önce de tekrarladığım gibi, "Altılı karın kası olsun, kolları da kaslı olsun, beyaz atlı prens olsun, yakışıklı ve de trilyoner olsun," değil. Daha hisli ve duygulu yaratımlarla istemelisiniz.

İnsanlar dualarında, niyetlerinde genel olarak düşünceleri üzerinden istekte bulunurlar. Aslında düşünceler üzerinden istemek yerine, hisleriniz üzerinden dileseniz her şey çok daha çabuk gerçekleşir. O nedenle ağzınızdan çıkan sözcüklerin duygularınızın tercümanı olmasına dikkat edin. Bir şey söylediğiniz zaman görsel bir şey aklınıza gelebilir, fikriniz olmasa bile ona katacağınız hisse odaklanıp öyle isterseniz dileğinizi hayatınıza daha hızlı çekebilirsiniz.

Gerçekten mutlu olacağınız biriyle müthiş bir cinsel hayatınızın olacağına, zevk alacağınıza, haz duyacağınıza ya da orgazm olacağınıza inanmalısınız. Bunun yanında mutlu bir evliliğinizin olmasını istiyorsanız duygunuzun, algınızın önemi büyük.

Sizi İsteklerinizi Gerçekleştirmekten Alıkoyan Duyguyu Keşfedin

Hayatınızda istediğiniz her şeyin, ilk önce sizi nasıl hissettirdiğine bakın. Tek tek hepsini yazın. Bir işe mi girmek istiyorsunuz? O işe girmekle ilgili nasıl bir duygu ve hisse sahipsiniz, o işle ilgili korkuyor musunuz, endişeleriniz mi var, özgüvensizliğiniz mi var, kendinizi o noktada görmüyor musunuz, kendinizi ona layık görmüyor musunuz? İçinizde bir kuşku olup olmadığına bakın. İçinizdeki korku, öfke, layık olmadığınıza dair tereddütler, kaygılar, endişelerin hepsi hayalinizin gerçeğe dönüşmemesinin önündeki en önemli faktörlerdir.

Aynı şey ilişkileriniz için de geçerli. İçgörü sahibi olduğunuz zaman, kendi kalbinize odaklanıp sevgide derinlere indiğiniz, içinizi dinlediğiniz, araştırdığınız zaman tüm duygu ve düşünceleri hissetmeye başlarsınız. Bununla beraber söylediğiniz her şeyi ve zihninizin ötesinde, içinizde nelerin döndüğünü çok net ve somut bir şekilde algılarsınız. Bazı insanlar, "İlişkim olsun, evlenmek istiyorum," derken, aslında kalbinin derinliklerinde şöyle hissederler: "Ben ondan dolayı çok acılar çektim. Bu acıları tekrar çekmek istemiyorum. Olacaksa o olsun ya da ona kapak olacaksa başkasıyla olsun." Evlilik ya da sevgililik algısı, anne babasının ilişkisi gibi olduğu için evlendiği zaman benzer deneyimleri yaşayacağı korkusuyla gerçek anlamda bir ilişkiyi hayatlarına çekmiyorlar. Bunun yerine tamamen yalnız ya da kendi güven alanlarında kalmayı tercih ediyorlar. Son yıllarda geldiğim en önemli farkındalıklardan bir tanesi şu: Dünyada ve Türkiye'de pek çok kadın, kendi içindeki içgörüyü fark edemiyor. Bunun sonucunda kendi atalarının, annesinin, babasının yaşadığı bütün zorluk ve acılara rağmen kendi gücünü eline alıp boşanmamayı tercih ediyor.

Geçmişte Atalarınız Her Neyi Yapamadıysa Gelecek Nesillerde de O Tezahür Eder

Atalarınız geçmişte neyi ifade edemediler, söyleyemediler, yaşayamadılarsa gelecek nesillere de o aktarılır. Geçmiş nesillerde bazı kadınlar yalnız kalamamıştır ya da hayatı boyunca sevmediği bir adamla beraber olmak zorunda kalmıştır. Hayatı boyunca tek bir adamla beraber olmuştur ama asla orgazm olamamıştır. Çocuk olduğu için eşine katlanmıştır. Çocuğu olan; ancak yalnız kalan kadınlar günümüzde o kadar çok ki! Ya da hayatları boyunca adamla kavga dövüş içinde, mutsuz... Eşi ölmüş, eş kavramından bıkmış bazı kadınlar da gelecek nesillere, "cinsel ya da duygusal beraberlik konusunda birçok adamın hayatına girmemesi gerektiğini" aktarır.

Bütün sevgilileri tarafından aldatılan ancak yoğun bir cinsel hayatı olan arkadaşımın annesiyle konuştuğumda şunları söyledi: "Bizim geçmişimizde ve ailemizde böyle bir şey yok. Bu kız neden böyle yapıyor anlamıyorum. Benim kocamın erken boşalma problemi vardı. Ben hiç gidip kocamı aldatmadım ya da boşanmadım..." Peki, senin cinsel hayatın ne oldu?

Kocasıyla mutlu değil ama sırf evliliği devam ettirmek, çocukları için maddi zorluklara katlanmamak için yetmiş yaşına hiç yaşamadan gelmiş. Tamamen kültürel bir akış, âdeta bir tür kölelik durumu... Mutlu olmamasına, sevmemesine rağmen sırf maddiyat ve çocukları için boşanmamış. Neden; çünkü adam başkasıyla evlenebilir. O zaman da diğer kadınla uğraşmayı göze alamıyor. Kadınların bu konudaki düşüncelerinin ardında bir sürü alt metin var.

Başka bir arkadaşım da kocasıyla inanılmaz kavga ediyor. Problemleri var. Bir gün, "Ben bu adamdan boşanamam. Boşanırsam gider, genç bir kadınla evlenir. Bütün parayı onunla yer. Çocuklarım sıkıntı çeker. Sonra o kadından da çocuk yaparsa gel de uğraş," dedi. Burada gerçek anlamda bir zulüm var, sevgi yok! Korkunç bir ticari vicdan var. Acımasız ama gerçek!

İşin temeli şu; annenin yaşayamadığı cinsellik aslında kızının hayatında tecelli eder. Kız, annenin yerine de cinsellik yaşamaya başlar. Bir çiftin çocuğunun olması demek, onların cinsel bir hayatının olduğu anlamına gelmez. Özellikle aile dizilim çalışmalarında bu ve buna benzer birçok konudan bahsedilir. Belki de hayat kadını dediğimiz kavramın temelinde de o kadının ailesi var. Çünkü atalarımızın duygu, düşünce, enerjileri ya da onlardan gelen birçok etken bize nüfus ediyor. Astroloji, numeroloji, kolektif bilinç... Hepsinin ayrı ayrı etkenleri var. O yüzden, ne olursa olsun kimseyi yargılamamalısınız.

Yargılarsanız Yargılanırsınız

"Şu kişi böyle, bu kişi böyle yapıyor, neden böyle yapıyor?" diye kimseyi suçlamamalısınız. Sizin algınızın, düşüncenizin ötesinde koşullar söz konusu olabilir. O yüzden her zaman için, herkese saygıyla yaklaşmalısınız. Yargılarsanız yargılanırsınız. Hayatınızda her kimi yargılarsanız mutlaka onun başına gelen sizin de başınıza gelir. "Gelmez" demeyin, mutlaka farklı bir versiyonu karşınıza çıkmıştır ya da çıkacaktır. Siz atalarınızı, yaptıklarıyla ya da kendi işlerini ellerine almamalarıyla yargılayabilirsiniz. Sonra bir bakmışsınız ki siz de bunu kendi hayatınızda farklı bir versiyonda yaşıyorsunuz. Fark edersiniz, etmezsiniz; o ayrı mesele.

Atalarınızdan biri bir başkasını üzüp kırdıysa, başkasının canını acıttıysa o kişinin ahı ailenin diğer bireylerinde ortaya çıkar. Türkiye'de ve dünyada beddua ve ah etme, lanet etme gibi kavramlar var. Bunlar gerçekten etkilidir. Büyüyü geçin ama ah ve beddua gerçek anlamda tecelli eder. Şahsen ben kendi hayatımda bunu deneyimledim. Benim numerolojik etkenlerimden dolayı birisi kalbimi kırdığı zaman gerçekten olumsuz olarak etkilemesine neden oluyor. Herkesin farklı astrolojik ve numerolojik etkenleri var.

Biz bütün bunları göz önüne alarak ne istediğimize ve ne hissettiğimize bakmalıyız. Çok mutlu bir ilişkinizin olmasını ya da evlenmeyi istiyorsanız ilişkiye ve evliliğe bakış açınızı değiştirmeli, duygularınızın ve yargılarınızın farkında olmalısınız.

İnsan, Doğa ve Çevre Sevgisini Hem Kendi Hayatınızda Var Edin Hem de Çocuklarınızın Bilinçaltına İşleyin

Bir şeyi hayatınıza ekmek istiyorsanız, o his ve o duyguya ulaşmalısınız. Mutlu bir beraberliği belki ailenizde görmemiş olabilirsiniz. Bazılarınızın annesi erken vefat etmiştir, bazılarının babası erkenden vefat etmiştir, bazılarının anne-babasının ciddi problemleri vardır. Kendi aile kökenlerimizde görmediğimiz, hissetmediğimiz bir şeyi algılamamız, onun hissini ve algısını bilmediğimiz için de hayatımıza çekmemiz çok zordur.

Birçok insanın zaten anne-babasının ciddi problemleri olması hem eğitimsizlikten hem de çocuklara bazı durumların nasıl yansıtılacağını bilmemesinden kaynaklanır. Yüzde yüz eminim ki; insanlar çocuklarının bir şey yapmasını istiyorlarsa mutlaka kendileri de yapmalılar. Evde oturup televizyon seyrederken çocuğunuzdan gidip ders çalışmasını isterseniz o çocuktan başarı beklemek büyük bir hata olur. Dünyada birçok müzik aleti ya da derslerle ilgili materyaller mevcut. İnsanlar önce çocuklarıyla beraber yapmaya ya da önce kendileri öğrenip sonra çocuklarına bunu örnek olarak göstermeye başladılar. Bu da önemli bir mesafedir. Çocuğunuzun matematik konusunda çok başarılı olmasını istiyorsanız onunla beraber matematik oyunları oynamalı, birlikte ders çalışmalısınız. Çocuğun bir şeyi keyif alarak yapması başarıyı getirir.

Matematikle ilgili belgeseller seyretmelisiniz, tarihle ilgili belgeseller seyretmelisiniz. Çocuğunuz hangi konuda eksikse o konuyla ilgili oyunlar oynamalı, pozitif söylemlerde bulunmalısınız. Çocuklarla ilgili farkındalığa varmanız başarı için şarttır.

Ebeveynler, çocuklarının ileriki hayatlarında mutlu olmalarını istiyorlarsa onlarla konuşurken ne kadar değerli olduklarını, hayatlarında çalışarak, isteyerek, arzulayarak, hayal ederek, olumlu söylemlerde bulunarak istedikleri her şeyi hayatlarına çekebileceklerini mutlaka vurgulamalılar. Bu ifadeler kendi bilinçaltlarında bir yer edinmeli. Çünkü bazı insanlar, gerçekten iyi şeyleri hak ettiklerini düşünmüyorlar. Bu da aslında bilinçaltında ailedeki bazı insanların ya da kendilerinin yaptıkları kötülükler, kıskançlıklar, haset, nefret, öfke, başkaları hakkında kötü düşünme, başkalarının kuyusunu kazma, özellikle sokaktaki hayvanlara zarar verme gibi vicdanen rahatsız oldukları davranış biçimlerinden kaynaklanır. O yüzden ebeveynler vicdanen hangi duygu ve düşünce durumlarında olduklarını dikkatle gözlemlemeliler.

His olarak kendi içinizde eğer ailenizden böyle bir şey görmediyseniz duyduğunuz her şey his ya da ilişki algısı olarak yanlış olabilir. Eğer ki gerçekten o hisse ya da algıya ulaşamıyorsanız bununla ilgili ciddi anlamda çalışmanız gerekir. Belki de hayatınızda hiç böyle bir örnek görmemiş ya da bağlantıya geçmemiş olabilirsiniz. Sizin ilişkilerle ilgili duygu durumunuz bozuksa duygu durumu daha düzgün olan, kendisinden his ve algı olarak bir şeyler alabileceğiniz biriyle vakit geçirmelisiniz. Çünkü bazı şeyler söylenerek ya da anlatılarak öğrenilmez; hissedilerek öğrenilir.

Gözler

Gözler ruhun aynasıdır; biriyle göz göze bakıştığımız zaman aslında kelimelerle ifade edemediğimiz pek çok şey ayna nöronları aracılığıyla o kişiye aktarılır. O yüzden eğer ki; hayatınızda halihazırda çok ciddi bir problem varsa, o zaman mutlu olan insanlarla vakit geçirmelisiniz. Zaten zor durumda olan hayatınıza problemli insanları sokmanız (kardeşiniz dahi olsa!) sizi daha da içinden çıkılmaz sıkıntılara sürükler. O nedenle, mutsuz insanlardan uzak durup mümkün olduğunca mutlu insanlarla görüşmeli, arkadaşlık kurmalısınız.

Bu tür insanların çevrelerinde böyle insanlar olmayabilir. İlişki hayatıyla ilgili kendi duyguları ve düşünceleri çok pozitif olmadığı için, o tarz insanları da kendilerine çekmemiş olabilirler. Etrafınıza bakın; kimin ilişkisi güzel, kim mutlu, kimin problemi var, kimin sıkıntısı var? "Ben hiç mutlu bir ilişkisi olan, kocasını seven bir kadın görmedim," diyebilirler. Bu da manyetik alanlarında, mutsuz ilişki düzleminin ağır bir şekilde kodlandığına işarettir. Diğer bir deyişle, enerji alanlarında, "İlişki mutsuzluktur" şeklinde bir kodlama mevcuttur.

Ben etrafıma mutlu insanları toplarım. Kadın arkadaşlarım kocası eve geldiği zaman müthiş mutlu olan kadınlardandır. Eşini çok seven, âşık olan erkek arkadaşlarım da var. Sevgilisiyle mutlu bir beraberlik yaşayan, çok güzel bir cinsel hayatı, aşk dolu yuvaları olanlar var. Sonuç olarak ilişkiyle ilgili algınız neyse onunla ilgili algı size gelmeye başlar. Televizyonda, okuduğunuz kitaplarda gördüğünüz ilişkilerden etkilenip bir süre sonra bunlara benzer ilişkiler yaşamaya başlarsınız.

Kim Size Ne Söylüyor?

Bazı insanlar şöyle der: "Kim ilişki hayatında mutlu ki? Herkes mutsuz, herkes acı çekiyor." Bir arkadaşımı sırf bu nedenden dolayı hayatımdan çıkardım. Kitap yazmasına vesile oldum. O da ilişkilerle ilgili bir kitap yazdı. Kitabı elime alıp okuduğum zaman, ikinci baskısının basılmadığına ve çok satmadığına sevindim. Çünkü kitap aslında ilişkilerle ilgili çok önemli bir düzlem anlattığından bahsederken, "Dünya karanlık ve acımasız bir yer, her yer ıstırap ve çile dolu. Dünyanın çilekeşliğinin ve korkunç gerçeklerinin içinde akıp günden güne eriyoruz, acı çekiyoruz, ıstırap çekiyoruz, canımız acıyor," gibi anlatımlarla karşılaştım. Kişiyi olumsuzluğa ve karamsarlığa sürükleyen bir kitap. Yazarı çok ciddi eğitimler almış, ilişkiler konusunda danışmanlık veren biri. İnsanlar kitabını okuduğunda, "Ben de böyle hissediyordum, böyleymiş demek ki, gerçek bu," deyip hayattan nefret edebilirler. Ama gerçek bu değil. Gerçek şu ki dünyada mutluluğu, huzuru, orgazmı sizin hayal edebileceğinizden de fazlasıyla yaşayan insanlar var. Hayatlarında çok büyük aşk yaşayan, âdeta barajların kapısı açıldığı anda suların sellerin aktığı gibi sevginin aktığı insanlar var. 80-90 yaşına gelmiş, birbirinin gözüne hâlâ aşkla bakan insanlar var. 70-80 yaşında hâlâ 20'li yaşlarındaki gibi öpüşen, birbirini çok seven insanlar var. Hayatları boyunca birbirlerine aşk şiiri ve öyküler yazan, şarkılar söyleyen, aşklarını ve sevgilerini haykıran insanlar var. Ama şimdi dünyada neden özellikle acı dolu şiirler, acı dolu şarkılar, acı dolu filmler daha popüler? Çünkü insanlar ne yazık ki kıskanç ve kindar. Mutluluk dolu şiirleri, şarkıları, filmleri kaldıramıyor, mutlu insanlarla empati kuramıyorlar. Bunun sebebi mutluluğa inanmıyor oluşları. Burada reyting yok, satış yok, o yüzden insanlar da daha çok acı, ıstırap, çile dolu müzikler, şarkılar, filmler üretiyor. Özellikle Japonya'dan ilginç filmler çıkıyor. Oradaki romantik filmleri seyrettiğiniz zaman âdeta korku filmlerini andırıyorlar. Çünkü Japonlar duyguyu hissetmek konusunda çok açık değiller. Zihinsel ve duygusal olarak daha kapalı bir düzlemdeler. Ama İranlıların Farsça şiirleri çok güzeldir, Fransızların edebiyatı da keza öyle... Duyguları özellikle yoğun işleyen metinler vardır. Türkiye ise çok farklı. Anadolu topraklarında Tanrıça'ya ibadet edilmiş, o yüzden dişil enerji çok yüksek, çok güçlü. Bilinç yıllarca onu en yüce olarak kabul etmiş. O yüzden ben Türkiye'nin kesinlikle ataerkil bir toplum olduğuna inanmıyorum. Türkiye, anaerkil bir toplum ama analar kız çocuğu taraftarı değil. Daha çok oğul seviyorlar, hâlâ damat seviyorlar, kocalarını seviyor ama tutmuyorlar. Annelerin üstüne çok büyük bir sorumluluk bindiğine inanıyorum. "Benim oğlum erkektir, yapar," diyeceklerine gerçekten annenin değerini daha fazla ortaya çıkarmak gerekli.

Benim bu kitabı yazıyor olmanın en büyük nedeni de annemdir. Çünkü annem, çocukluğum boyunca hayatımın en önemli noktasında yer aldı. "Anne şöyle önemli, böyle önemli" diye beynime sürekli kazımıştır. Annemle babamın bir tane ortakları vardı. Adam sürekli kendi annesine küfrettiği için annem onunla ortaklığı kesmişti; yani sırf sözlerinden ve söyleminden ötürü. Başka bir tarafta annesini çok seviyor, sayıyor diye yakın bir akrabamızın evlenmesine destek oldu. Sonra o kız evlendi ama mutlu olamadı. Çünkü annesinden özgürleşememişti. Sabah kalkıp annesine kahvaltıya gidiyor, akşam yemeğini annesinde yiyip geliyordu. Sağlıklı bir durum değil. Anneye saygı göstermek, annenin değerini bilmek, kadınlara saygı göstermek çok önemli. Yine de anneden özgürleşebilmek gerekiyor. Bazı kişilerin doğduktan sonra özgürleştirmemek gibi huyları da var. Ama doğadaki hayvanlar nasıl doğup büyüdükten sonra özgürleşip hayatlarına yönelebiliyorlarsa bizler de aynı şekilde özgürleşebilmeli ve aynı zamanda anne babamıza saygı gösterebilmeliyiz.

Bütün bu hislerin, düşünce yapılarının arasında bizde hangileri mevcut diye sorgulamalıyız. Çevrenizdeki bütün arkadaşlarınızı, yakınlarınızı tek tek not alın. Bu insanların hayatlarındaki duygularını ve düşüncelerini, sizin hayatınızdaki yansımalarını ve kendi duygularınızı ve düşüncelerinizi yazın. Bu kişiler genel olarak negatifse, ilişki kavramını desteklemiyorsa, mutsuzca, acı çekiyorsa ya da beraber olduğu birisi yoksa dikkatli olun. Birisi, "Türkiye'de adam yok, durumları görmüyor musun, şöyle böyle..." diye konuşmaya başladıysa hepsini fark edin. Farkındalık özgürleşmektir. Fark ettiğiniz, algıladığınız zaman, bir de harekete geçtiğiniz zaman hayatınızda müthiş mucizeler yaşayabilirsiniz. Bunları fark ettikten sonra bu tarz insanları hayatınızdan çıkarmalı ve hayatınıza yeni arkadaşlar almalı, yeni dostlar edinmelisiniz. Eğer o insanlar değişime, dönüşüme ilerlemiyorsa, mutlu olmak için değişime kapalıysa, psikiyatriste gitmiyor ya da terapi gibi etkinliklere katılmıyor, çabalamıyorlarsa, bunların yerine sürekli şikâyet ediyor ve mutsuzlarsa arkanızı dönüp kaçın! "Senin hayatına saygı duyuyorum," deyin ve hayatınızdan yavaş yavaş çıkarın. Ama sosyal medya üzerinden bağınızı hemen koparmayın. Çünkü sosyal medyadan çıkardığınız zaman, bazıları çok ciddi tepkiler verebiliyor. Instagram, Twitter, Facebook gibi platformlar bazı insanlar için yaşam kaynağı gibi bir şey haline geldiler. Oradan çıkardığınız an gerçek hayatta insanlarla papaz olabiliyorsunuz. O yüzden bunun farkında olmalısınız. İlerleyen süreçte yavaş yavaş sosyal medya hesaplarınızdan da çıkarırsınız. Bu tarz insanları hayatınızdan çıkardıktan sonra yerine daha mutlu olan insanları bulmalı ve onlarla sosyalleşmelisiniz. Siz bir de bekâr olduğunuz için karşınızdaki kişi mutlaka ya biriyle birliktedir ya da evlidir. Siz bu insanlarla arkadaş olduğunuz zaman çok ufak da olsa bir tehdit unsuru barındırabileceğinizi not edin. Çünkü bazı evli çiftlerin böyle bir algısı var. Hemen bir an önce sizi baş göz edip evlendirmeye ya da size sevgili bulmaya çalışabilirler. Bakın, ne güzel işte! Sizin için çalışan insanlar olacak. Ailenizdeki insanlara, sevdiğiniz yakın arkadaşlarınıza, "Ben evlenmek istiyorum ya da mutlu bir ilişkim olsun istiyorum," diye ilan etmelisiniz. Bunu açık açık söyleyin. Arkadaşlarınız sizi biriyle tanıştırmayı teklif ettiklerinde, yalnızca bir fotoğrafına bakarak bu kişiyi beğenmediğinizi söyleyip geri çevirmeyin.

Bekâr bir kız arkadaşım evlenmek istediğini iddia ediyor. Ona son derece düzgün bir erkek gösterdim ve tanışmasını tavsiye ettim ama hiç tipi olmadığını iddia ederek geri çevirdi. Bir başkasını gösterdim yine beğenmedi ve sonra olmayacak bir ilişkiye girdi. Ardından da geçmişteki bir başkasını özlediğini iddia etti. Aslında ilişki istemediği o kadar açık ki... Ben de en sonunda bunun kendi tercihi olduğunu söyleyerek kendisini özgür bıraktım. O yüzden lütfen insanların fiziksel özellikleri üzerinden yaptığınız yargıları bir kenara bırakın. Önce bir oturun, konuşun. İnsanlarla sosyalleşmekten, görüşmekten zarar gelmez. Kimse kimseyi hemen evlendirmiyor. Arkadaşlarınızla birlikte bir şeyler yapın, görüşün, belki bir ilişki yaşamazsınız ama arkadaş olursunuz. Aranızda bir şey olursa sonra arkadaş olmayın. Eski sevgiliden asla arkadaş olmaz.

Kendinizi sonsuz olasılıklara, yeni insanlara açın. Bazen dilini bilmediğiniz insanlarla bile aranızda müthiş bir aşk ve sevgi doğabilir. Örneğin; iki taraf da birbirinin dilini bilmiyor ama birbirini görüyor, hareketlerinden, tavırlarından çok etkileniyor. Sonra da birbirlerinin dilini öğrenip evleniyorlar. Sizin düşünebileceğiniz algının ötesinde sonsuz olasılıklar hayatınızda gerçekleşebilir ama bunun için doğru his ve duyguyu benimsemelisiniz. Ben hayatımda haz almayı, yemek masasındaki arkadaşlarımdan öğrendim. Bir abla ya da kardeş haz almaya açık insanlardır. Gerçekten onlarla empati kurarak haz almayı öğrendim. Siz de o yüzden, bu tarz ilişkilerde mutlu, kocasını veya karısını seven, beraber aşk yaşayan, çocuklarıyla eğlenen ya da sağlıklı bir cinsel hayatı olan insanlarla görüşüp onlarla empati kurun. Onları zihinsel olarak anlamaya çalışmayın. Onları hissetmeye çalışın. Sizin hissettiğinizden çok daha farklı şekilde hissettiklerini göreceksiniz. Sonra o his zamanla sizde de gelişecek. O hisse girip hissettiğiniz şeylere yoğunlaştığınızda, hayal edebileceğinizden çok daha farklı bir şekilde kapınız çalınıp hayatınıza bir mucize girecek. Ama bunun için özellikle yer açmalısınız. Bir insan hayatınıza girmeden önce ilişki çekirdeğinizin, kalbinizin boş olması, geçmiş ilişkilerinizden kimsenin hayatınızda olmaması, kısacası onlardan özgürleşmiş olmanız çok önemlidir.

Bir insan hayatımıza gireceği zaman, aslında bizimle enerjisel anlamda tam olarak bütünleşir. Tam olarak çakralarımız ve enerjilerimiz bedenimizle örtüşür. Zihinlerimiz, rüya âlemlerimiz, bilinçaltlarımız, ailelerimiz birleşir. Bütün bunların farkında olunması şart. O insanın bizimle birleşmesi için biz sadece kendi alanımızda, bedenimizde, bilincimizde olmalıyız. Eğer ki geçmişten bir ilişki hâlâ bilincimizde, rüya âlemimizde, kalbimizde yer tutuyor, geçmişteki biriyle çakralarımız işliyorsa üçüncü bir şahıs bizimle nasıl birleşebilir ki? Bu bağlamda ilk önce onlara saygı duyarak ve onları oldukları gibi kabul ederek hayatımızdan çıkaracağız, onlarla herhangi bir bağlantımız kaldıysa da keseceğiz.

Bağ Kesme

Bağ kesme çalışması çok önemli. Özellikle boşanmış çiftler adına bağ kesme konusu dikkatle uygulanmalı. Eğer çocuğunuz varsa eski eşinizle her zaman için ebeveyn olarak kalacaksınız. Ama o kişi artık sizin sevgiliniz, partneriniz, hayat yoldaşınız değildir. Ebeveynlerin 18 yaşına kadar çocuklarıyla aralarında yoğun bir bağlantı kurulur. Ondan sonra çocukla babanın, çocukla annenin ilişkisine karışılmamalıdır. Çocukla babayı ya da anneyi koparmayın, aradaki ilişkiyi savaşa çevirmeyin. Çocuğu asla savaşa sokmayın. Baba, çocuğun gözünde sadece para ödeyen bir sembol olmamalı. Aynısı anne için de geçerli. Her iki taraf da eşit bir şekilde çocuğun sorumluluğunu almalı; çocuğa, "Ben varım, baban bir şey yapmasa da olur," gibi sözler kesinlikle söylenmemeli. O zaman gerçekten bunu yapmak zorunda kalırsınız. Her zaman çocukla ilgili her iki tarafın da sorumluluk almasına izin vermek ve çocuğun anne ve babayla eşit ilişkisinin olmasına devam etmek şart.

Bağ kesme çalışmalarında eski eşinizle bağınızı şu ifadelerle kesmeli, o farkındalığa ilerlemelisiniz:

Sen benim çocuğumun babasısın. Seni olduğun gibi kabul ediyorum. Seni affediyorum, tamamen özgürleştiriyorum ve serbest bırakıyorum; ben mutluluğu, huzuru seçiyorum. Yaşadığınız ilişkide boşandıktan sonra atalarınızdan, ailenizden neyi tekrar ederseniz bundan da özgürleşmeye niyet ediyorum.

Siz farkındalığa, bu düşünce biçimine doğru ilerlediğinizde boşandığınız kişiyle yaşadığınız tartışmaların, gerginliklerin veya sorunların adım adım farkına varacak, "Bu tarz bana hiç uygun değil," diyeceksiniz. Ailenizden veya çevrenizden imrendiğiniz, çok saygı duyduğunuz birine dönüşeceksiniz. Hiç bilmediğiniz, aklınızda olmayan hatta duymadığınız bazı kişiler bile olabilir. O nedenle geçmiş aile hikâyelerinizi araştırmalı, sorgulamalı ve incelemelisiniz. Bununla ilgili farkındalık elde edip özgürleştirdikten sonra hayatınızda değişim ve dönüşüm döneminin başladığını net bir şekilde göreceksiniz. Ayrılan ebeveynlerin çocukları her ne kadar problemli olsa da ben onların uzun süre psikodinamik terapilere, psikanalize başvurmalarını ve küçük yaştan itibaren bu süreçlerini yaşamalarını öneririm. Tabii bu noktada uzmanın bakış açısı, hayatı, algısı, sizin hayatınızda bırakacağı etki gibi unsurlar da önemlidir ve analiz edilmelidir.

Siz babaya çok kızgın ve sinirli olsanız da buna çocuğu dâhil etmeyin. Bütün bu süreçlerde özellikle bir çift terapistine, psikiyatriste veya psikoloğa gitmek son derece faydalı olacaktır.

Kendi Hayatında Başarılı, Mutlu ve İyi Durumda Olan İnsanlardan Katkı Alın

Benim tavsiyem, herhangi bir konuda danışmanlık alacağınız zaman ilişki hayatlarında mutlu olan insanlara gidin. İster astroloji ister numeroloji olsun, danışmanlar her türlü konuda hayatları, algıları nasılsa onun üstünden danışmanlık verirler. Ben parayla ilgili seminer veren ama beş kuruş parası olmayan, herkesten borç alıp ödemeyen, parayla ilgili çok ciddi problemleri olan danışmanlar tanıyorum. İlişki hayatı berbat, evine on senedir uğramayan, 5 beş senedir eline kimsenin eli değmemiş, biriyle beraber olmak nasıl bir şey hatırlamayan, fikri ve algısı olmayan ama ilişkiler hakkında seminer veren, kitap yazan danışmanlar tanıyorum. Bunun dışında, iş hayatıyla ilgili kendisi büyük bir başarı elde edememiş ama koçluk eğitimi ve danışmanlık verenler de var. Çok daha ilginç bir örnek; vücudunda büyük kistler, kanser hücreleri olan, ciddi anlamda ameliyat gerektiren hastaların, "Elimde şifa var," diyerek insanlara şifa vermeye çalıştığını gördüm. Bunlar anormal ve hiç sağlıklı olmayan örnekler.

Bir konuyla ilgili yaranız varsa ya da başarılı değilseniz o konuyla ilgili konuşmamalı, danışmanlık vermemelisiniz. Bu ilişki kitabı benim uzun yıllardır düşündüğüm bir projemdi. Çevremdeki herkes bana, "Can bu ilişki kitabını yazmalısın, bu ilişki kitabıyla ilgili çalışmalısın. İlişkiler hakkında seminer vermelisin," deyip durdu. Ben de konuyla ilgili birçok konuşma yaptım, seminerler verdim. İnsanlar bunlardan büyük faydalar elde etti. Benim verdiğim tavsiyelerle hayatlarında büyük değişimler yaşadılar. Bütün bunları, konuyla ilgili büyük farkındalığıma borçluyum. Mutlu olduğum, çevremdeki insanlara pozitif yansımalar yaptığım dokuz yıllık şahane bir beraberliğim var.

Biz kendi ilişki hayatımızın içinde çevremizdeki pek çok insanla görüştüğümüzde, pozitif yansımamızdan dolayı bu kişilerin ilişkilerinde mutlu olmalarını sağladık. Çevrenizdeki insanlar da sizde aynı şekilde etki yaratırlar. Mutlaka düşünce biçiminize göre insanları çevrenizde barındırmalısınız. İlla ki danışmanlık ya da seminer alacaksanız ilk önce danışmana "Sen nasılsın?" diye sormak gerekir. Ben kalkıp vejetaryen olmakla, beslenmeyle ya da kilo vermekle ilgili seminer veremem. Annem babama oranla çok kiloluydu. Ben doğmadan önce kanser olmuş ama sonra yenmiş. Ancak o süreçte aldığı ilaçlardan dolayı ciddi kilo almış. Bir aile dizimi çalışması esnasında yüzümün fazlasıyla anneme dönük olduğunu, babama bakmadığımı fark ettim. Yüzümü oradan babama doğru döndükten sonra, çok kısa bir sürede diyet yapmadan on kilo verdim. Neye odaklanıyorsanız, dikkatinizi neye veriyorsanız hayatınız da bedeniniz de ona göre şekil alır. O nedenle dikkat edin; aynı grup üyelerinin ya da bazı insanları takip eden kişilerin yüz tipleri aynıdır. Bununla ilgili de farkındalık yaşamalısınız. Bedensel tipinizle, kilonuzla kime benziyorsunuz? Yüzünüz kime doğru dönük? Ailenizde teyzenize, amcanıza, dedenize veya herhangi başka bir akrabanıza öfke duyuyorsanız süreç içinde bu kişiye benzeyebilirsiniz. Çünkü bizim beynimiz gerçekten bu şekilde işliyor. Duygularınızın, düşüncelerinizin, o kişiyi beğenip beğenmemenizin bir önemi yok; dikkatiniz ne yöndeyse o yansıma orada çıkıyor. Sonuç olarak aynaya kim bakıyorsa o tezahür eder. Biz de kendi hayatımızda bir tür farklı aynalarız.

Uzaktan tanıdığım biri, dışarıdan çok başarılı gibi görünürken ilişki ya da arkadaş hayatında histerik davranışlar sergileyen, "kendini belli bir şekilde göstermeye çalışan", 40-50 kişinin ortasında sandalyenin üstüne çıkıp herkese bir şeyler anlatan, devamlı sevgi almaya çalışan bir insandı. Gittiği uzman sayesinde değişmiş. Uzman demiş ki, "Sen kendini göstermek istemiyorsun, tamamen saklanmaya çalışıyorsun, insanlardan çekiniyorsun." Çünkü şizofrenik bir imaj çizmiş kendisine. Sonra da iş arkadaşına, "Ben aslında kendimi öne çıkarmaya çalışmam" demiş. Çünkü böyle bir algısı yok. Algısal olarak birine yaklaşacağınız vakit, her zaman doğruları söylemeli, bir şeylerin üstünü kapatarak, kendine farklı bir imaj çizerek var olanı değiştirmeye çalışmamalısınız. Ünlü enerji üstatları, rüyabilimciler, bilinçaltı uzmanlarıyla görüştüğüm zaman ya da psikoloğa gittiğim zaman özüm neyse gerçekten onu söyledim. Karşımdaki insanı kandırmaya çalışmak yerine, ona doğruyu söyleyerek ancak fayda edebildim. Bazı insanlar karşısındaki insana ya da girdikleri ortama bambaşka bir şey yansıtmaya çalışıyorlar. Ya da hiç olmadıkları bir karakterde kendilerini göstermeye çalışıyorlar. Son derece özgüvensiz ama özgüvenliymiş gibi ya da müthiş mutsuz ama mutluymuş gibi... Bu durumda da olumlu bir sonuç ya da geri dönüş alamıyorlar. Dürüst olmak çok çok önemli; ilişkilerinizde arkadaşınıza, eşinize ya da sevgilinize, bütün insanlığa... Kibir yapmak yerine, dürüst olup gerçekleri söylediğiniz zaman olaylar çok daha farklı bir düzleme girebiliyor.

Çocuklara karşı dürüst olmak da bir o kadar önemli. Anne babalar duygu ve düşüncelerini çöp torbası gibi çocuklarının üzerine attıkları için bu süreç onlarda yıpranmaya yol açıyor. Daha çok uzman kişilerden yardım alarak onlarla iletişim kurmaları, uyumlayarak anlatmaları gerekir. Yalanların birikmediği, dürüst bir çatı altında ilerleyen ilişkiler çok kolay, rahat ve güzel olur. Ben kendimi çok açık ve net ifade ederim. Bunun için de rahat ederim; içimde acı, mutsuzluk olmaz. Kimseyi idare etmeye çalışmam, her zaman neysem oyumdur. Bu da benim hayatımda çok ciddi anlamda rahat etmemi sağlamıştır. İnsanları mümkün olduğu kadar kırmadan yapmaya çalışırım bunu. Gerçekten farkındalığın içinde, nezaket kuralları çerçevesinde ilerlerim.

Bağ Kesme Çalışması Nasıl Yapılır?

Bilinç çalışması bir farkındalık, kişisel gelişim, bilinçaltı ve rüya âlemi çalışmasıdır. Bağ kesme çalışmasıyla ilgili pek çok anlatım ve söylem mevcut. Ben daha kendime göre bir çalışma yapıyorum ve bunu sizinle paylaşacağım. Bağ kesme çalışmasını; geçmişinizdeki tüm ilişkilerle, evlenip boşandığınız kişilerle, çalıştığınız şirketlerle, oturduğunuz evlerle, ailenizde sorun yaşadığınız anneniz, babanız ve kardeşleriniz hariç tüm insanlarla ya da artık görüşmediğiniz arkadaşlarınızla, eski iş hayatlarınızla tek tek yapmalısınız. Bu çalışmayı yaptığım zaman gerçekten çok fayda elde ettim. Bu çalışmayı yaptığım insanlar da çok mutlu olup arındılar. Genel olarak mucizevi geri dönüşler yaşadım. Aylardır beni aramayan sevgilim, eşim aradı. İlginç bir süreç yaşadım. Bağ kesme çalışmalarını yaptıktan sonra geçmişiniz tek tek karşınıza çıkıyor. Bu bir konuşma, bir vedalaşma süreci oluyor. Bazen de aramayabiliyorlar ama bağ kesmeden sonra özellikle bir geri dönüş oluyor. O bağın dışında aslında onlara yaşam enerjisi verip besliyorsunuz. Özellikle kadınlar, erkekleri çok beslerler. Çünkü bağ kesme çalışmasında bağ kesildikten sonra o akan yaşam enerjisi durur. Çünkü erkekler, gerçek anlamda kinestetik varlıklar. Kadınlar güç ve enerjiyi temsil ederler. "Her güçlü erkeğin arkasında güçlü bir kadın vardır," sözü çok anlamlı ve gerçektir. Kadınların üstünden çok yoğun bir enerji aktığı için erkeği ciddi anlamda kafaya taktığı zaman, "Ah keşke beraber olsak," diye düşündüğü zaman aslında onu farklı bir düzlemde besler. Ona yaşam enerjisi akıtır, güç katar. Erkek, o sırada başka kadınlarla beraber olabilir, hayatında sevgilisi olabilir, evli olabilir ama bu farklı bir kadından da güç gelmesine engel değildir. Aynı zamanda kendi eşinden, kız kardeşinden ya da annesinden de güç almaya devam eder. Ancak siz bağınızı ve o güç vermeyi kestiğiniz zaman bunu hisseder ve sizi arar. Çünkü orada bir eksiklik hissederler. Geri döndüğü zaman onu kesinlikle umursamayacak, tekrar hayatınıza sokmayacak ve şutlayacaksınız. Hayatınızdan çıkaracaksınız. Geri döndükleri zaman eğer tekrar o ağa düşerseniz aynı şekilde kötü olup ondan sonra da yine kendinizi aynı durumda bulabilirsiniz. O yüzden kesinlikle hayatınızdan çıkarmanız en iyisi. "Sen beni hak etmedin" ya da "Ben seninle mutlu olmadım, ben artık hayatımda sensiz olmayı seçiyorum, görüşmeyelim, konuşmayalım, seninle de bağlantıda olmak istemiyorum" deyip sosyal medyanızdan çıkarın, her yerden engelleyin. Bunları mutlaka yapın, ihmal etmeyin.

Liste Yapmak

Geçmişinizde bu tarz konularla tek tek bağ kestiğiniz zaman liste oluşturmanın da olumlu bir etkisi olabilir. Şöyle ki; ilk işinizden, ilk ilişkinizden, öpüştüğünüz, seviştiğiniz ya da duygusal bağlantı kurduğunuz ilk kişiden başlayarak adım adım ilerleyin. Tek tek onları sıralayın, liste yapın, tek gecelik ilişkiler de dâhil. Enerjisel olarak karşınıza davet edip toplu olarak bağınızı kesin ya da ilk önce bağ keseceğiniz kişiyi karşınızda hayal edin. Hayal ederken de o kişiyi tam anlamıyla hissedin. Tek tek hepsiyle bağ kesme yapıp şu ana gelene kadar geçmişteki ilişki vs. tek tek bağ kestiğiniz zaman göreceksiniz ki kendinizi çok daha rahatlamış, hafiflemiş hissedeceksiniz. Bağ kesme çalışmaları sırasında her birisine tek tek zaman vermek ve her birisini iyi bir şekilde hissetmek gerekir. İnsanlar genel olarak bu bağ kesme çalışmaları ya da sihir dediğimiz çok gözlü olumlama cümleleri hayatlarına alırlar. Bağ kesme çalışmasını yoğun bir şekilde yapar ve sonucun gelmesini isterler. Bunların hepsi bir bütün. Yani sadece bağ kesme çalışması ya da sadece bazı olumlamalar yaparak değil; hepsini bir bütün olarak yapmalısınız. Hem söylediğiniz şeylere dikkat etmeli hem de düşünce yapınızı olumlu olarak yönlendirmelisiniz. Böylece çevrenizle, ailenizle farkındalık geliştirirsiniz. Ailenizde gerçekleşen bütün önemli olayları yazıp üstüne çalışmalısınız. Doğumunuzdan bu zamana kadar önemli olaylarla beraber tüm geçmişinizi yazmalı ve onlarla ilgili farkındalık elde etmelisiniz.

Şükran Defteri ve Rüya Defteri Tutmak, Evi Düzenlemek

Şükran defteriniz olmalı. Şükran duyduğunuz her şeyi yazmalı ve bunları da artırmalısınız. Rüya defteriniz olmalı, rüyalarınızı yazmalısınız. Rüyalarınızla ilgili farkındalığınızı geliştirmelisiniz. Hayatınızda nasıl ilişkiler, nasıl insanlar var? Size neyi yansıtıyorlar? Neyin gölgeleri, tekrarlamaları ya da yansımaları? Bunun için annenizi, babanızı ve hayatınıza giren herkesi iyi ve kötü yanlarıyla listeleyip hepsiyle ilgili bir farkındalık elde edin. Neyi tekrar ediyorsunuz? Bu tekrar ettiğiniz şey geçmişte nereden kaynaklanıyor? Bu sorunun yanıtını bakın. Bir şeyleri isterken sadece zihinsel değil, aynı zamanda his olarak istemelisiniz. O hisse giremiyorsanız, o duyguya girmek adına ona yönlenmelisiniz. Bu hisler hayatınıza alacağınız ve hayatınızdan çıkaracağınız insanlar hakkında size yol gösterecektir. İlişkiye göre bir çalışma yapıp evinizde Feng Shui'ye göre düzenleme yapacaksınız. Bütün çekmecelerinizden, çatınızdan, deponuzdan, işyerinizden bu olumlamayı geçirmelisiniz. Heykelleri, fotoğrafları ona göre düzenleyin. Bilgisayarınızda, telefonunuzda bilinçaltınız için gerekli temizlemeleri yapın. Eksik bıraktığınız, geçmişten enerjinizi bölen her şeyi temizleyin, tamamlayın. "Ay benim enerjimi bölmüyor, aklım kalmıyor," demeyin, bilinçaltında hepsinin tamamlanması gerekir.

Tüm Çalışmalar Bir Bütündür

Daha önce de anlattığım tüm bu çalışmaları yaptığınızda büyük farkındalıklar elde edeceğinizden emin olabilirsiniz. Genel olarak insanlar bana 'Can hayatıma nasıl ilişki çekerim?' diye soruyorlar. Bununla ilgili prosesler, çalışmalar var ama hepsi bir bütün. Ama insanlar, uğraşmıyorlar ve tek bir şey yaparak olsun istiyorlar. Hayat öyle değil. Gitmiş, beş-on bin dolar verip muska yaptırmış ama hayatına gelen giden yok... İnsanlar böyle şeyler de yapıyorlar. O kadar para vereceğine hayatını değiştir. Zaten onun çıkaracağı pozitif enerjiyi evren ve ilahi kaynak görecek ve gelecek olanı pozitife çevirip istediğini yapacak. Sen kendinde bir şeyleri değiştirmeden, bir farkındalığını ya da hayatını değiştirmeden, manipülasyonla bir şeyler yapmaya çalıştığında her zaman ters teper.

Unutmayın; bütün büyüler bedelleriyle gelir. Bu çok önemli bir sözdür. Yaptığınız her sihir, her büyü bedeliyle gelir. Tabii söz de büyüdür. O da çok ayrı bir konu. O yüzden ne söylediğinize ve nasıl söylediğinize dikkat edin. Siz o farkındalıkları, o bilinçte olduğunuz zaman da ona göre hayatınızda bir sürü mucizeler ve güzellikler yaşayabiliyorsunuz. "Ben sadece şunu yapayım da şöyle olsun," demeyeceksiniz. Ben 15-16 yaşından itibaren psikiyatriste, psikodinamiye gittim. Sonrasında NLP eğitimi aldım. Düşünce gücü, astroloji eğitimi aldım; yoga gruplarına, meditasyon gruplarına katıldım; Feng Shui eğitimleri aldım. Yalnızca bir tane aile dizimi ya da terapi çalışması yapan birine gidip ona göre o yöntemle ilgili kararımı vermedim. Başkalarının nasıl çalıştığına da baktım. Hayatıma nasıl fayda ettiğini, neyi değiştirdiğini, neyi dönüştürdüğünü gözlemledim. Onunla da gidip yenisini açtırdım. Hayatımdaki diğer insanları, ailemi götürdüm. Hayatımda astrolojik olarak zor bir dönemin içinden geçerken astroloji haritama baktım, sadece bir astroloğa gitmedim, başkalarına da gittim. Kendi kendime numerolojiyi öğrenmeye yöneldim. Birçok yönetmelere yöneldim, eğitimler aldım. Hâlâ kendimi geliştirmeye çalışıyorum ve asla durmayacağım.

Hayatımda çocukluğumdan itibaren söylediğim şeylere de dikkat ettim. Düşüncelerime, bana söylenenlere dikkat ettim. Gördüklerimin benim üstümdeki yansımalarına dikkat ettim. Şarkı söylerken şarkıya, televizyon izlerken izlediğim şeyin etkisine, dizilere, filmlere baktım. Evdeki bütün eşyalara dikkat ettim. Komşularımın üzerimdeki etkisine göre çalışma yaptım. Yani düşünebileceğinizden daha fazla çalışmayı, daha yoğun bir şekilde gerçekleştirdim.

Bunların hepsinin sonucunda, hayatımda hayal edebileceğimden çok daha fazla mucizeler yaşadım. Her gün yeni mucizeler yaşıyorum. Bütün bu yaşadığım mucizelerle beraber, her gün yeni bir insan görüyorum. O sırada gündemimdeki bir sorunla ilgili bu insandan yardım alabiliyorum. Bazen hiç düşünemeyeceğim, hiç aklımda olmayan bir yerden çok mucizevi bir şekilde çıkıyor. İnanılmaz bir şekilde çocukluğumdan bu yana hayatıma giren herkesin birbiriyle olan bağlantısını gördükçe çok şaşırıyorum ve etkileniyorum. Çünkü yaşam, her an bizim için çalışıyor ama ne için çalışıyor? Bazen insanlara ders vermek için, bazen de bazı insanların üstünden toplu gruplara ders vermek için çalışır. Bazen bazı insanların mutluluğu, bazen de bazı insanların sınavları için çalışır. Yani yaşam, sistematik olarak her an bizim için, kodlarımıza göre çalışır. Aile dizimimizden, bilinçaltımızdan, ruhumuzdan, astrolojimizden, numerolojimizden, adımızdan, soyadımızdan gelen bütün kodlamalara göre çalışır.

Adımızı soyadımızı ele alalım. Ben sonradan isim değiştirmeyi, yabancı isim seçmeyi desteklemiyorum. Annemiz babamız o ismi verdiyse mutlaka o ismin bir anlamı ve önemi vardır. Bence ismimizle barışıp onun gücünü almalıyız; çünkü ismini değiştirip yeni isminden fayda gören biriyle henüz karşılaşmadım. Biriyle tanışıyorum; ismi Şapti, yani gerçek ismi Şambala. Annesi veya babası o ismi vermemiş. Annemizin, babamızın yanında birisi seslenince kimin seslendiğine bakacağız. Beğenelim ya da beğenmeyelim; bize hayat veren annemiz, babamızdır. Onların bize verdikleri ismin hayatımızda çok önemli bir rolü vardır. Eğer sizi olumsuz yönde etkiliyorsa bunu annenize söyleyin. Kültürünüze, örfünüze, geleneğinize göre sizi olumlu yönde etkileyebilecek bir isimle değiştirebilirsiniz. Ancak bu unsurlarla hiç alakası olmayan bir isim seçmenin manası yok. Gerçekten Hindistan'daki bilmem ne kültürünü öğrenmemiz gerekseydi orada dünyaya gelirdik. Anne babamız Hintli olurdu. İnsanı köklerinden koparan şeyler bunlar. Bu aynı zamanda kişiyi atalarından gelen sevgiden koparmaktır. Tehlikeli, mutsuz eden, hastalık yaratan, öfkeyi ortaya çıkaran bir şeydir. O aileden, atalardan sevgiyi almak çok önemlidir.

Muhteşem Üçlü: Dua Etmek, Yardım Etmek, Başkası Adına Sevinmek

Hangi topraklarda dünyaya geldiysek oradan alacağımız çok büyük hediyeler ve öğreneceğimiz şeyler olduğuna inanıyorum. Dünyanın farklı yerlerinden farklı öğretiler ve farklı bilgiler almanın da önemini göz ardı edemeyiz. Medikal astroloji Hindistan'dan geliyor. Ama ben oradan yararlandığım bilgileri kendi kültürüme, kendi bilgime, kendi tecrübeme göre yorumlayarak aktarıyorum. "Şu kadar pirinçle şunu yapın," demiyorum. "Gidin şu Tanrı'ya ibadet edin," demiyorum. İhtiyacı olana iyilik yapın, ellerinizle yemek yapıp fakirlere verin, kimsesiz çocuklara yardım edin, para veremiyorsanız evinizden bir kıyafet götürün, bir iyilik yapın. En kötüsü sokaktaki hayvanlara mama alıp dağıtın, onlar için yuva yapın, su kabı koyun. Evinizde otururken elinize dua kitaplarını alıp dua edin. Dua etmenin çok pozitif bir etkisi vardır. Olumsuz bir şey yaşıyorsanız dua ederek onu nötralize edebilirsiniz. Mutlaka iyilik yapmaya yönelin. Evlenmek için, belki ilişki sahibi olmak için en iyi etkenlerden biri de başkalarının evlenmesine ya da mutlu bir ilişki yaşamasına aracılık etmektir. Başkalarının evliliğine destek olmaya çalışmaktır. Çünkü kim için ne isterseniz o sizin başınıza gelecektir. Bazı insanlar kara delik vazifesi görür, olduğu yerde inanılmaz bir kıskançlık, ah vardır. "Onun bu kadar evi var, benim neden yok?", "Kocasından toplamış evleri, milyarları, kocasından dolayı zengin" gibi kin dolu bakış açılarıyla yaşarlar. Demek ki astroloji haritasında 8. evinin açıları çok iyi. Kocasından miras almış. Demek ki o da geçmişte başkasına bir iyilik yapmış. Hiçbir şey boşuna gerçekleşmez. "Neden ben evli değilim de şu kişi evli ve çocuğu var?" gibi yargı dolu sorularla hiçbir yere varılmaz. Belki istemiyorsun? İstersen olmaması mümkün değil.

Şu an olduğunuz noktada, gerçekten evli olmak isterseniz sizinle uyumlu olacak ya da astrolojik olarak doğduğunuz an konumu itibarıyla dünyanın binlerce noktasında sizinle uyumlu olan, sizi çok iyi anlayabilen, birlikte mutlu olabileceğiniz, sayısı aklınızı uçuracak kadar çok erkek ve kadın var.

Tüm Ömrünüz Boyunca Yaşama Ne Kodladınız?

Gerçekten evlenmek, çocuk sahibi olmak isterseniz hayat yoldaşınız kapınızı çalar, üst kattan tepenize düşer, sokakta sizinle çarpışır, yanlışlıkla sizin taksinize biner, iş yerinize gelir, bir arkadaşınızla şans eseri tanışır... Bakın burada şöyle bir olasılık var: İstememe durumu en fazla antisosyal insanlarda görülür. Antisosyal bir kimse; yeni insanlarla tanışmaya açık olmayan, geçmişten insanlarla hayatını götüren, hayatına yeni arkadaşlar almayan, dışarıdaki insanları eleştiren biridir. Sosyal insanlar hayatlarına yeni insanları almaya açık olduklarından dolayı zaten kolay bir şekilde ilişkileri olur. Bu insanın kalbinin, sevgi ve enerji alanının başkalarına açık olmasıyla alakalıdır. Zaten enerji alanınız siz başkalarına açık olduğunuz zaman açıktır. Düşünün ki evdesiniz; duvarlar çevrili, kapıyı da kilitlediniz, telefonları kapattınız, televizyon seyretmiyorsunuz. Gökyüzünden paraşütle balkonuma biri iner de aman hayatıma girer diye gökyüzüne de bakmıyorsunuz. Adamın duvarları, bir yerleri kırması lazım... Ee, o duvarlar çeliktense niye o kadar zorlasın ki! İstiyorsanız kırarsınız duvarları, açarsınız kapıyı, o da gelir. Pencereyi açtığınızda içeri girer. Kısacası; gerçekten istemek gerek. Bazı kadınlar istemediklerinden dolayı hayatlarına bir erkek gelmesin diye daha eril bir enerjiye bürünür. Bazı insanlar istemediklerinden dolayı daha nötr bir enerjiye bürünür. Yani insanların hayatlarında farklı farklı sonuçlar ortaya çıkar. Ama kişinin hayatına baktığınız zaman genel anlamda isterler. Bazısı der ki: "Ben çok istiyorum, al işte olması için artık çaba sarf ediyorum, internete giriyorum, onu da bunu da yapıyorum." Ondan önceki otuz sene ne olacak? Yaşamı kandıramazsınız. Siz otuz sene boyunca olmayacak şeylere kafayı taktıysanız, olmayacak mesajlar verdiyseniz ve birdenbire belli bir yaşa gelince çevresel tepkiler yüzünden evlenmeniz gerektiğine inanıp kendinizi açma rolüne büründüyseniz bilin ki yaşam buna kanmayacaktır. Yaşamın size cevabı şudur: "Tamam, eğer gerçekten istiyorsan kararlı ol, beni istekli olduğuna ikna et."

Yaşamı gerçekten bir şeyler istediğinize ikna etmelisiniz. Bunun için de bu konuyla ilgili kararlı olmak, geçmişi serbest bırakmak, geçmişle bağları kesmek, herkesi olduğu gibi kabullenip affetmek gerekir. Evdeki eşyalardan çevrenizdeki insanlara kadar özgürleşmelisiniz. Yıllardır, "Erkek yok, o yok, bu yok, olmuyor, çocuğum olmadı, çocuğum oldu, beni aldattı," gibi ifadelerle şikâyet edip durduysanız; geçmişiniz hep bir mutsuzluk, isyan, şüphecilik, gerginlik, geri çevrilen fırsatlarla doluysa... Kısacası; istemiyorsanız sizi zorla koynuna sokacak değil ama isterseniz hayatınıza girer. Bunun güzellikle, çirkinlikle, kiloyla, zayıflıkla, yani dış görünüşle hiçbir alakası yok.

İnsanın İçi Temiz Olmalı, Kalbi Güzel Olmalı

Sonuç olarak mutlu bir birliktelik yaşamanın; kilolu ya da zayıf, uzun ya da kısa boylu, kalın ya da ince bacaklı, küçük ya da büyük göğüslü olmakla hiçbir alakası yok. Göğüsleri çok küçük olan kadınların, çok güzel evliliklerinin olduğunu gördüm. Önemli olan fiziksel özelliklere takılmamaktır. "Konumum böyle, şuyum var, buyum yok, ailem şöyle" gibi ifadeler eşliğinde, bilinciniz, enerjiniz o kişiyi içinize alabilecek kıvama gelebilir mi? O kişi için kalbinizde yer var mı? O kişiye ilişki çekirdeğinizi açabilecek misiniz? Önemli olan bu soruların yanıtlarıdır, fiziksel görünüşünüz değil. Elbette temiz, bakımlı ve alımlı olacaksınız. Bir kere her şeyden önce siz kendinizi sevmez, kendinize saygı duymazsanız karşınızdaki insanlar da sizi sevmez ve size saygı duymaz. O nedenle, önce kendinizi gerçekten sevmeli ve kendinize gerçekten saygı duymalısınız. Ancak dediğim gibi, bunun kiloyla ya da herhangi bir fiziki özellikle hiçbir ilgisi yok. Kilolu olup temiz ve şık giyinirsiniz, hayata karşı çok büyük bir farkındalığınız, bakışınız vardır. O zaman bacağınızın kalınlığı, göbeğinizin ya da kalçanızın büyüklüğü vs. kimsenin umurunda olmaz. Obez kadınlara âşık olan erkekler var. Obez erkeklere âşık olan kadınlar var. Kıllı insanlara âşık olan bir grup bile var ve Avrupa'da, Amerika'da bu kişilere yönelik barlar var. Sonuç olarak bunların hepsi insanların düşündükleri şeyler... "Çok kılım var" diye epilasyona giden bir erkek arkadaşım, canının yanmasına dayanamayınca hayatına kimseyi almamaya karar vermişti. Nitekim hayatına bir kadın girdi ve ona, "Sen çok kıllısın, midem bulanıyor," dedi. Ben de ona algısını değiştirmesini tavsiye ettim. "Kılı seven insanlar da çok, 'O kıllarından tutsam' diyenler bile var. O yüzden gerçekten bir farkındalığa var, bu kafadan çık," dedim. Gerçekten bununla ilgili çalışmalar yaptı ve o kafadan çıkmayı başardı. Hayatına çok sevdiği, çok mutlu olduğu birisi girdi. Daha sonra da evlendiler. Demek ki kadın onu kıllarıyla sevmişti. O yüzden, fiziksel görünüme dair rahatsızlık duyduğunuz bu tür ayrıntıların önemsiz olduğunu vurgulamak istiyorum. İnsanın içi temiz olmalı, kalbi güzel olmalı.

Öte yandan, kendileri gibi içinde şeytanlık olan, hasetlik, kıskançlık vb. duygular barındıran kötü kalpli kişileri kendine çekip onlarla mutlu olan insanlar da var. Bu şekilde birbirini besliyor bu çiftler. Birbirlerine ihtiyaçları var çünkü her ikisinin de hayatında onlara farkındalık yaratan biri yoktur; böylece bir girdabın içinde sürüklenip giderler. Sonunda da işin içinden çıkamazlar. Bir bakarlar ki şeytan üçgeninin ortasının en dibindeler. O yüzden karşınızdaki insan sizi olduğunuz gibi onaylıyorsa çok dikkat edin. Karşınızdaki insan sizin öfkenizi, kızgınlığınızı, nefretinizi, kıskançlığınızı, hasetliğinizi, kininizi destekliyorsa bilin ki ortada bir problem var. Benim sevgilim bunlara hiç destek vermez. Ben kinciyimdir ama sadece yapılanı unutmam. Onun dışında affederim, olduğu gibi kabul ederim ama hayatımdan çıkarırım. Ermiş değilim ama kendi içimde çok uzun zamandır ilerliyorum. İnanılmaz uyanışlar ve aydınlanmalar yaşadım. Hayatımda çok büyük mucizeler yaşıyorum. Hâlâ bu bedenin içinde buradaysam demek ki çözmem gereken bir şeyler var. En aydınlanmış gördüğünüz insan bile eğer hâlâ bedeninin içindeyse mutlaka bir derdi vardır. Bitirdiği zaman gider. Toplumları bile ihya etmeye geldiyse onunla bir seyir atlayacaktır.

İlahi Adalete Her Zaman Güvenin

İntikam almam, almaya da çalışmam. İlahi adalete bırakırım. Biri beni çok sinirlendirdiğinde, bana kötülük yapmaya ya da zarar vermeye çalıştığında bilirim ki ilahi adalet ve tüm kâinat benim yanımda. Siz de bu duyguya kapıldığınızda sizin için de öyle olmaya başlar. Siz kendinizi yalnız hissettiğiniz süre boyunca bir bakarsınız ki yalnızsınız. Bir sorun yaşadığınızda tek başınıza çözmeye çalışıyorsanız bütüne açık değilsinizdir.

Ben bütünün bir parçasıyım; kâinatın, ilahi âlemin, tüm ruhsal âlemin, tüm dirliğin, tüm sonsuzluğun bir parçasıyım.

Siz bu farkındalıktan ilerleyerek oradan aydınlanmaya ve ötesine geçmeye niyet ederseniz bütünselliğinizle beraber tüm kâinat da sizinle beraber akışta olur. Ancak siz, "Ben yalnızım, insanlar böyle, ben de şöyleyim, bu da böyle," dedikçe evren de size şöyle der: "Sen yalnızlığı deneyimle. Sonra bir bütüne ait olduğunun farkına vararak oradan çık." Aslında hiçbirimiz yalnız değilizdir.

Sen De Benim Farklı Bir Yüzümsün

Kur'an-ı Kerim'de kullara, "Ben size şah damarınızdan daha yakınım," denmiştir.

Şah damar da 'O'dur çünkü siz de 'O'nun vücudunun bir parçasısınız. Her şey birbirini tamamlayan bir bütün. O yüzden bununla ilgili çok ciddi anlamda bir farkındalık geliştirmeliyiz. Birisi bana saldırmaya çalıştığı zaman çıldırdığım noktada, "Sen karşında neyin olduğunun farkında değilsin," derim. Çünkü orada karşı karşıya olduğunuz şey bütündür, kendisidir. O kadar iyilik yapmaya, iyiliğe yönelik sevgiden yürüyüp sevgide kalarak ilerlemenize rağmen karşınızdaki kişi hâlâ kıskançlık, kötülük, korku ya da negatif duygu ve düşüncelerdeyse onu farkındalığa yönlendirmeyi deneyin. Uyanmasını nasihat edin. Hâlâ uyanmayı reddediyorsa, "Sen neyle karşı karşıya olduğunun farkında değilsin," deyin. Benim hayatımda bana karşı savaşan insanlar her zaman kaybetmiştir. Çünkü aslında başlattığı savaş bana değil, kendisine karşı verdiği bir savaştır. Bu bir gerçek olmakla birlikte ciddi bir farkındalığa sahip olmakla gelir. Çünkü ben sevgimden dolayı o kişiye bu uyarıyı yapıyorum. İyilik, sevgi varken, birbirimize sarılmak, barış, sükûnet, huzurla bir şeyi bitirmek varken, olayı başka bir noktaya taşımanın ne anlamı var? Gel kontratımız var, kapatalım, feshedelim. Ondan sonra orada kendi içinizde çözmeniz gereken şeyleri kendi gücünüzle bir sınav halinde çözün. Karşınızdaki insan size kötülük yaptığında siz sevgide kalın, doğruları söyleyin, pasif kalmayın, duygularınızı ifade edip karşınızdakine kötülük yapmadan şunları söyleyin:

Ben bu konuyu ilahi âleme teslim ediyorum. İlahi âlem benim konuyla ilgili içimi rahatlatsın.
Ben sevgide kalıyorum, seni de olduğun gibi affediyorum, bu konuyu da serbest bırakıyorum.

Böylelikle kendimizi sonsuz olasılıklara açmış oluruz. İlahi âlem mutluluğun en yüksek yapıcısıdır.

Tüm yaşam daimi mutluluğum adına her an çalışıyor ve bana yaşatıyor.

Farkındalığa girdiğiniz zaman yaşam, gerçek anlamda farklı bir şekilde işlemeye başlar. Ancak siz hakkınızı savunmaz, doğru olanı söylemezseniz karşıdaki kişiye de kötülük yapmış olursunuz. Ben şöyle yapmayı tercih ediyorum; olumlayıcı eleştiri yapıyorum. Karşımdaki insan uyku halindeyse ona ne söylersem söyleyeyim kabul etmeyecek. Astroloji haritasında doğumdan hem *sade satisi* hem *ardrası* varsa diyorum ki: "Tamam, sen bilirsin, bu senin deneyimin." Böyle diyerek kendimi geri çekiyorum; çünkü orada çok ciddi bir emek vermek lazım. Benim verdiğim o emeğin, o enerjinin karşılığını onun vermesi mümkün değil. "Senin doğum haritanda böyle şeyler var, bunların etkisi olabilir," diyerek onu bir kez uyarır, sonra geri çekilirim.

Örneğin; taksiye bindiniz ve şoför derin bir bilişsel uykuda. Çok alakasız, hiç farkındalık veya yüksek bilinçle alakası olmayan şeyler söylüyor ya da savunuyor diyelim. O zaman şöyle diyerek geri çekilin:

Bu senin bakış açın, senin deneyimin, senin tercihin... Seçimini olduğu gibi kabul ediyorum, sana saygı duyuyorum.

Onunla çatışmanın anlamı yok. Toplum kolektif bilinci temsil ettiği için aslında karşınızda koloni şeklinde binlerce insanın binlerce yıllık bilinci var ve orada çatışmanın hiçbir anlamı yok. Yaşam zaten savaş, ölüm, hastalık ve daha binbir türlü dert ve problemle kişiye anlaması, öğrenmesi gerekenleri öğretmeye çalışır, onunla ilgili mücadele verir. Sizin mücadele etmenize gerek yok. Saygı duyup geri çekilin.

Bu bağlamda gerçekten farkındalığın içinde ilerlemek gerekir. Uzun zamandır istediğinizi sandığınız şey bir türlü olmuyorsa kendinize karşı dürüst olun. Kendinizi istediğiniz şeye gerçekten layık görüyor musunuz? Gerçekten istiyor musunuz? Sadece yapmak adına mı yapıyorsunuz yoksa içsel olarak yapıyor musunuz? Her gün bunun adına kararlı bir şekilde çalışıyor musunuz? İnanın, ben çok uzun zamandır kararlı bir şekilde kendi üstümde çalışıyorum. Anne babası vefat etmiş, sokakta kalmış, ailesinden hiç kimseden doğru düzgün yardım almayan, kimsesi olmayan bir insan olarak büyük mucizeler yaşadım.

Geçen gün bir beyle arkadaş olduk. "Hayatımda çok zor şeyler yaşadım," dedi. "Hayatımın üç senesi evsiz geçti, abimin evinde koltukta yattım," dedi. "Abimin evinde koltukta yattım, sabahtan akşama kadar film seyrediyordum, işim yoktu, orada yayılıyordum," diye anlattı. Ben de ona karşılık verdim: "Senin abinin bir koltuğu varmış, film seyredebiliyormuşsun. Benim o da yoktu, yemek yiyecek param bile yoktu, bakkaldan veresiye alıyordum, sonra kredi çekip borcumu ödüyordum. Ailemde öyle bir koltukta yaşamama izin veren kimsem yoktu. Ben bunun içinden çıktım, senin oradan çıkman doğal," dedim. Herkesin birbirinden farklı deneyimleri var. Herkesin farklı aile sistemleri var. Ben hayatımda böyle zorlukların, büyük acıların içinden çıktığıma göre birçok insan da hayatında gerçekten çok zor ve korkunç durumların içinden çıkabilir.

Etrafınıza Ne Enerji Saçarsanız O Enerji Aynen Size Geri Döner

Benim en çok rahatsız olduğum ve tepki gösterdiğim konulardan bir tanesi, bazı insanların gerçekten çok güzel hayatları olmasına rağmen ilişkisini konu ederek ağır depresyona girmesi, herkesi mutsuz etmesi, âdeta negatif bir top gibi yakıp yıkıp etrafına zehir saçması. Etrafınıza ne enerji saçarsanız o enerji aynen size geri döner. Bunu hiçbir zaman unutmayın. Dikey beslenme ve yatay beslenme diye bir şey var. Dikey beslenmede direkt kaynaktan alır, yatay beslenmede başkalarından alıp başkalarına veririz. Yani öfke verirsek o öfke dolaşıp bize geri gelir. Sevgi verirsek dolaşıp bize gelir. Duygular, düşünceler dolaşır; bir daire gibi sistematik bir şekilde artarak gelir.

Örneğin; "İyilik yap denize at" sözü çok doğrudur. Bazen sosyal medyada şu tarz paylaşımlar görüyorum: "Hiçbir iyilik cezasız kalmaz", "İyilik yaptım bir sürü kötülük buldum", "İyilik yaptım, başıma gelmeyen kalmadı", "Kimseye çok iyilik yapmaya çalışma". Bunlar ne anlama geliyor biliyor musunuz? İnsanlar iyilik yaptığında mutlaka karşılığını bekliyor. Çünkü iyilik yaptığınız zaman karşılık bekliyorsanız bilin ki kötülük bulacaksınız. Karşılık bekler, karşınızdakini borçlandırırsanız onu ödeyemeyeceği bir borca sokarsınız, hem de onun haberi ve rızası olmadan. Sonrasında ise saldırı görürsünüz. Çünkü karşınızdaki kişi bu büyüklükteki bir iyiliği kaldıramaz ve size geri dönüşü öfke ve saldırganlık şeklinde görülür. Karşılığını bekleyeceğiniz iyilikler yapmayın. Birine çok büyük bir iyilik yaptığınız zaman, işleri evrene bırakmalısınız. Kötülük için de aynısı geçerli. Bütün bu farkındalıkların ışığında her daim bir ilerleyiş içinde olmalısınız. Hiçbir zaman, hiçbir şeyi kesin doğru olarak kabul etmeden bir sonraki seviyeyi ve kendinizi geliştirme noktasında olup olmadığınızı sorgulamalısınız.

Gelelim Kendi Hayatımdaki İlişki Sürecime...

Çocukluğumdan itibaren anne babasıyla çok ciddi anlamda sorunlar yaşayan, fazlasıyla baskın karakterli bir anneyle büyüdüm. O nedenle zayıf olan kadınlara sinir olur, tahammül edemem. "Ben zavallıyım, kocam ne derse o olur, erkektir yapar," şeklindeki bakış açılarına her zaman karşı çıkarım. Bu tarz insanlar bana güçsüz ve kolaya kaçıyormuş gibi gelir. Annem her zaman gelenek, göreneklerine bağlı, farklı bir kültürel zekâda bir kadın oldu. Büyürken kendi çocukluğum içinde kendimce sevgi içinde büyüdüm. 6 yaşında meditasyon yapmaya, 11 yaşından sonra da meditasyon eğitimi almaya başladım. İlişki auram açıktır. Ama şöyle bir özelliğim var; 14 yaşına kadar annem ve babamla beraber uyudum. Bu yüzden de insanlara sarılmaya çok alışkınım ki bu da alanımın hep insanlara açık olmasına sebep oldu. 16 yaşımdayken bile bana âşık oldular ve evlenme teklifleri aldım. Bunun insanlara kalbimi ve kendimi çok açmamla alakası var. Bazen insanlara sarıldığım zaman, "Can, kimse bana böyle sarılmamıştı," derler. Çünkü gerçekten sevgiyle sarılabiliyorum. Örneğin, sarılırken arkadan elleriyle vuranlara dayanamam, sinir olurum. Sevgilim öyle yaptığı zaman, "Hayır vurma, elini kıpırdatma," derim. Yazın sıcak olduğu zaman bile sarıl, klimayı aç, ne yapıyorsan yap ama sarıl. Öyle ayrı gayrı yoktur. İnsanlar birbirlerine sarıldığı zaman vücut serotonin, dopamin gibi mutluluk veren hormonlar salgılıyor. İnsanlar ne yazık ki uzun süre birbirlerine sarılmaya tahammül edemiyorlar. Koruma kalkanları öyle güçlü ki... Seks yaptıktan sonra bile birbirlerine sarılmıyorlar.

Annem kayboldu, babam vefat etti. 19 ila 23 yaşlarında çok zor şeyler yaşadım. 14 yaşından 17 yaşına kadar üç senelik ayrılmalı barışmalı bir ilişkim oldu. Gülşah bunu da okuyorsa... Ayrılma-barışma varsa o ilişki olmaz. Ayrılmıyorsanız her daim yan yanaysanız, kavga etseniz bile birbirinizi bırakmadan o gece o yatakta yatıyorsanız o evde hayat boyu kalırsınız.

16-17 yaşlarındayken dedim ki, "Ben aramazsam, sen beni aramıyorsun", "Sen beni aramazsan ben de seni bir daha aramayacağım," dedik o gün bugün telefonu kapattık ve gerçekten aramadık birbirimizi. 17 yaşımdaydım. 33 yaşıma kadar olan sürede halen bağ koparma çalışması yapıyorum, yenileri geliyor sonra onları koparıyorum. Hayatım boyunca bağ koparma çalışması yaptım. Devamlı temize çekme, sıfırlanma, her zaman bakir enerjisine bürünme vardır. Aradan 20 sene geçti, eski sevgilim Instagram üzerinden bana yazdı. Sonrasında bir kız arkadaşım daha oldu; Aslı çok şekerdi... Sonra arkadaşı aradı ve hastalandığını, gözyaşlarını şişelere doldurduğunu öğrendim. Onun bana verdiğini ben ona veremiyordum. İlişki sürecimde yaşadığım farkındalıkları anlatıyorum ama eziliyorum. O çok iyi bir şey yaptığını zannediyor... Bana yazdığı 15 metrelik mektubu okuyamam, gözyaşlarıyla şişeler dolduramam, arkadaşıma "kalp krizi geçirdi" diye aratamam. Onun beni sevdiği kadar ben onu sevmiyorum. Halbuki aslında seviyorumdur ama onun şovenist, gösterişçi sevgi anlayışı benim sevgiyle ilgili derinliğimi kaybetmeme neden olduğu için bizim beraber olmamıza engel oldu. Çok uzun yıllar ayrılmak için mücadele verdikten sonra en sonunda ayrıldık. O da kendi yoluna gitti, sevgilileri oldu, onları bana anlattı. 19 yaşındayken benden yaşça büyük bir sevgilim oldu. Onun öyle abartılı hareketleri yoktu. Beni ezmiyordu. Gösteriş yapmadan, savaş hali olmadan, ilişkinin derinliğine yaklaşarak karşılıklı oturup birbirimize kitap okuyabildiğimiz, film seyredebildiğimiz, sinemaya gidebildiğimiz daha yumuşak bir ilişki yaşıyorduk. Bir arkadaşım doğal bir şekilde ayrılacağımızı söylemişti. Nitekim babam vefat ettikten sonra uzak bir yere gittiğimiz için aramıza mesafeler girdi ve doğal bir şekilde ayrıldık. Çok severim, sayarım, hâlâ görüşmüyoruz ama konuşmuşluğumuz var. O da sanatkâr bir kişiliktir. Sonra hayatıma hiç kimsenin girmediği, hiç cinsellik yaşamadığım üç buçuk-dört senelik bir dönemim oldu. Sabah dörtte kalkıp meditasyon yapıyordum. İşyerine gidiyordum, orada da meditasyon köşem vardı. Meditasyon eğitimi vermeye başladım. Pazar günü tüm gün ücretsiz meditasyon eğitimi veriyordum. Tatillerde Karadeniz'de, İç Anadolu'da insanlara meditasyon çalışmaları yaptırıyordum. Böylece kendimi tamamen farkındalığa yönlendirdim. Bu dönem benim müthiş farkındalıklar yaşamama neden oldu. Tabii öncesinde ve sonrasında ilişki konularıyla ilgili bir sürü eğitim ve çalışmalara katıldım. Ama kendimi arındırdığım ve kendimi çektiğim, her şeyle ilgili çalıştığım bu dönem sıfır cinsellikle beraber bana çok iyi geldi.

Sonrasında oradan çıktığım zaman hayatıma yaklaşık altı ay içinde iki aylık bir ilişki girdi. Ondan ayrıldım. Birkaç kişiyle devam etti altı aylık süreç. Bu zamanın sonunda gerçekten tek eşli bir varlık olduğumu anladım. İki aylık ilişkiler de en iyi özelliklerimden biridir. Olmadığını anladığım an dümeni kırarım. İnsanlar öyle değil. Olmuyor, evren bütün yönleriyle anlatıyor, bir ayrılıyorsun bir barışıyorsun. Yine de insanlar bırakmıyor. Benim en iyi özelliklerimden biridir; bırakırım. "Ben bu noktada mutsuzum, içime sinmiyor, bitirelim, istemiyorum," derim. Karşımdaki kişi ise büyük bir şaşkınlık yaşar ve bırakamaz, "Can, tekrar sevgili olalım," diyerek tacize başlar.

Altı ay sonra bir gün öncesinde birçok çalışma yaptıktan sonra ellerimi açıp ilişki çalışmasına katıldım. Hatta üçlü, birkaç kişilik arkadaşlarımla beraber el ele tutuşup şifa çemberiyle ellerimizi kaldırıp hep beraber aynı anda, "İlişki istiyorum ya da mutlu bir şey istiyorum; mutlu bir beraberlik," dedik. Sayısı üç veya üçün katı olan, örneğin, 12 kişilik bir grupta hep birlikte el ele tutuşup ellerinizi yukarıya, yıldızlara doğru kaldırın. Aşağıda köklerinizi hissedin ve, "Mutlu bir ilişki, mutlu bir evlilik istiyorum; bütün evrenden, bütün sonsuzluktan çağırıyorum," diyerek isteyin. O süreçte Ajda Pekkan'ın bir şarkısında şu sözler geçiyordu: *Çerçeve değil, resim arıyorum.* Şarkının sözlerini değiştirerek söylüyordum. Sertab Erener'in aşk şarkılarıyla yönlendirme yapıyordum. O şekilde de açıkçası hayatıma birçok insanı çektim. Böyle şeyler vermek ya da hiçbir beklenti içinde olmadan farklı bir şekilde hayatım boyunca beni çok sevenleri hayatıma çektiğimi kabul ediyorum. Sevilmeyi de gerçekten hak eden bir insanım. Çünkü kendimi seviyorum. Ben de kendim gibi birisini çok severdim. Kendini sevmenin çok önemli olduğunu daha önce de söylemiştim. Bir insan kendisini severse evren ona bütün kapılarını açar. Bir insan kendisini severse diğer insanlar da onu sever. Sosyal medyada biri, beni sevmediğini gösteren bir hareket yaptığı zaman onu engellerim. Sevmiyorsan beni niye takip ediyorsun? Şakasına sizi sevmediğini söyleyenlerin şaka yaptığına inanmayın. Her şakanın altında bir gerçek yatar. Sizi sevmeyen insanların sizi takip etmelerine, kötü enerjilerini size aktarmalarına izin vermeyin; buna uygun ortamlar yaratmayın. İnsan kendisini sonsuz olasılıklara açmalı. Herkes herkesi sevecek diye bir şey yok.

Ben kendi hayatımda güzel sözleri olan şarkılar söylemeye devam ettim, Feng Shui'ye dikkat ederek evimi düzenledim, bilinçaltı çalışmaları yaptım, ağzımı açtığım her bir söz için farkındalıkla ilerledim ve çok büyük mucizeler yaşadım.

Bir gün yaptığım bütün bu çalışmaların ardından, "Kısmetim açık," dedim. Daha önce inzivada olduğum zamanlarda, insanlarla sosyalleşiyordum ama bir kişi bile karşıma çıkmıyordu. Kapımın önünden bile geçmiyordu; çünkü kapalıydım. Babam vefat ettikten sonra bir birliktelik yaşamak istememe rağmen hiç kimse karşıma çıkmıyordu. Aşırı bir yokluk ve boşluk duygusu yaşıyordum. Sonra onun içinden kendimi çıkardım, çalışmalar yaptım, farkındalıktan ilerleyip kara delikten uzaklaştım. Göğsümde sevgiyi yücelttiğim, enerjimi yükseltip mutluluğa odaklandığım için birini aramak yerine, kendimi sevgiye ve mutluluğa odakladım. O kara deliği dolduracak biri yerine, sevgimi ve mutluluğumu paylaşacak birini arayışım ortaya çıktı. İnsanlar kendi boşluklarını dolduracak birini arıyorlar. Bu yanlış. Sevginizi paylaşacak birini aramalısınız. Onun için de kalkanlarınızı indirmeli, kendinizi sevgiye ve başka insanlara açmalısınız.

İlerlediğim o sürecin sonrasında artık canıma tak ettiği noktada dışarıda yalnız başımaydım. Bir köşeye oturup dedim ki: "Ben evlilik ilişkisi yaşamak istiyorum. İlişki değil, sevgililik değil; beni gelip kurtaracak birisi değil, âşık olacağım birisi değil. Ben evlilik ilişkisini veya özdeş bir enerjiyi, aynı duyguları karşılıklı hissedebileceğim biriyle beraber olmak istiyorum." Akşam eve gittim, internete girdim ve biriyle tanıştım. Üç hafta boyunca konuştuk, arkadaşlarımız vasıtasıyla buluştuk, dört hafta elimiz elimize değmedi. Daha duygusal bir ilişki yaşadık. Hemen öpüşmedik, cinsellik yaşamadık. Daha sonrasında olanlar oldu ve yakınlaştık, sevgili olduk. Sürecimiz mucizevi bir şekilde güzelliklerle beraber devam etti. O ilişkinin içinde gerçekten çok büyük farkındalıklar yaşadım. Benim için de kendim için de çok büyük sınavlar besliyordu. Çünkü biz tanıştığımız zaman eski sevgilisi ilişkimizin ilk bir senesi boyunca arkadaşı olarak hayatımızdaydı.

O bir sene içinde onun eski sevgilisinden tamamen kurtulmak için büyük mücadele verdim ve sonunda kazandım. Geçmişteki bütün arkadaşlarını, ailesini örgütlemem gerekti ama başardım. Artık aralarında sevgili ilişkisi yoktu; menfaat ilişkisi vardı. Bunun sağlıklı olmadığını bildiğim için özellikle bundan özgürleşmesi üzerine yoğun bir çalışma yaptım. Zaten yaşamdan bunu göstermesini istediğinizde size illa ki gösteriyor.

Özellikle evli olduğunuz ya da beraber olduğunuz kişinin arkadaşlarıyla, görümcenizle, kaynananızla vs. problem yaşıyorsanız tüm evrenden, tüm sonsuzluktan, yaşamdan problemi çözebilmeyi, bununla ilgili farkındalıklar yaşayabilmeyi ve rahatlamayı isteyin. Yine de tavsiyem şu yönde; kiminle ilişkiniz olursa olsun ailesinden mutlaka uzakta yaşayın. Çünkü bir insan, ailesinden uzakta olduğu ölçüde evli olup ilişki yaşayabilir. Alan açılmadığı zaman, ailesinden uzaklaşmadığı zaman hayatına gerçek anlamıyla bir ilişki giremez. Bütün bu ilişki sürecinin içinde ben büyük farkındalıklar ve mucizeler yaşadım. Hayatımda yaşadığım ilişki sürecinden sonra yaşadığım farkındalıkları, dünya çapında önemli hocalarla çalışmalarımı, aldığım eğitimleri, yaşadığım tecrübeleri hep çevremdeki insanlara aktardım. Bununla ilgili seminerler vermem istendi. Bu seminerlerdeki paylaşımlarımdan sonra insanlar büyük farkındalıklar yaşadıklarını, mucizevi olaylara şahit olduklarını anlattılar. Sonrasında zaten kitaplarım, Youtube kanalım, gazetelerde haberlerim, sosyal medyada köşe yazılarımla beraber olay gittikçe gelişti ve hiç tanımadığım, dokunmadığım insanlar bile kendi hayatlarında yaşadıkları mucizeleri benimle paylaşır hale geldiler. Bunlar tabii ki benim okuduklarım ve öğrendiklerimle değil, kendi hayatımda edindiğim tecrübeler ve kendi geçtiğim yolun sonundaki paylaşımlarımın hediyesi. O yüzden Çin'e gidip Çin'i okuyan, belgesel seyreden bir insan mı, yoksa Çince öğrenen bir insan mı daha fazla bilir, bu da ayrı bir soru işareti. Her şeyin farklı sebepleri var.

Bağ kesme çalışmasıyla ilgili ilk önce fark edilmesi gereken şey bunu gerçekten isteyip istemediğimizdir. Gerçekten içsel olarak bağ kesmek istemiyor, o insanın yokluğunu hissediyor ya da bağ kestikten sonra o insan sizi arar diye düşünüyorsanız bu çalışmanın hiçbir anlamı kalmaz. O nedenle uzun bir süre, bir-iki ay bağ kesme çalışması yapmaya devam etmelisiniz. Bazen insanlar, gerçekten kazık yemenin en son noktasında ya da kazık yedikten sonra bir şeylerin farkına varıyor ve öyle bağ kesiyorlar. O noktadan sonra bağ kesmek çok etkilidir. Ama bazı insanlar bağ kesme çalışmasıyla ilgili, "Bağ kestiğimde daha kötü hissettim, ağladım, başım ağrıdı, sonra da enerjim düştü," derler. Bu demektir ki istemiyorlar... Rahatsız ve mutsuz olsanız bile siz istemedikten sonra size hiç kimse bir şey yaptıramaz.

İp Çalışması

O kişinin enerjisel olarak karşınıza geldiğini hayal edin ve niyet edin. Hayal etmenin yanı sıra fiziksel olarak gerçekten birkaç arkadaşınızla yan yana gelip aranıza ip alın ve şöyle deyin:

> *Seni olduğun gibi görüyorum, olduğun gibi kabul ediyorum; seni özgürleştiriyorum, serbest bırakıyorum, affediyorum.*

Bunu defalarca tekrar ettikten sonra şöyle deyin:

> *Bu ilişkide kontratını yerine getirdiğin için teşekkür ederim. Ben de kontratımı yerine getirdiğim için kendime teşekkür ediyorum ve bu ilişkiyi sevgiyle serbest bırakıyorum, sana olan bütün duygularımı da serbest bırakıyorum.*

"Seni affediyorum, seni olduğun gibi kabul ediyorum," gibi sözler yerine, "Sana çok değer verdim, seni çok sevdim ama sen beni anlamadın, beni çok kırdın," gibi ifadeler ciddi blokajlar yaratır. Bazı bağ kesme çalışmalarından önce yastık dövme çalışması yapılır. O kişi bir yastık yerine koyulur, sonra o yastık dövülür. Aynı zamanda inanılmaz bir enerji boşaltılır ve büyük bir şifalanma ortaya çıkar. İnsanın pırıl pırıl parlamasını sağlar.

Bu da önemli bir çalışma; elinizde makasla karşılıklı durun, ortada ayakta duran kişiyle birlikte ipi kesin, ardından da yakın. Seremoni ile birbirinize arkanızı dönüp gidin. Böylelikle özgürleşebilirsiniz. Bunun dışında anlattığım bütün Feng Shui arındırma prosesleri yapılmalıdır.

Bağ Kesme Meditasyonunda Söylenecekler

Bağ kesme meditasyonunda kişiyi karşınızda hayal edin. Enerjisel olarak karşınıza gelmesine niyet edin ve onu hissedin. Şunları söyleyin:

Şu ana kadar isteyerek, istemeyerek, bilerek ya da bilmeyerek bana verdiğin veya senden aldığım bütün negatif enerjileri, bütün karanlıkları, olumsuzlukları, hayatımı bloke eden her şeyi, nefreti, kini, sonsuz mutluluk, haz ve orgazm içinde olmama ve bunlarla beraber uzun ve sağlıklı bir yaşam sürmeme engel olan her türlü şeyi kalıcı olarak, tüm çekirdekleri, kökleri ve bağlantılarıyla beraber, bir daha asla dönmeyecek şekilde sana geri gönderiyorum.

Üstünüzdeki koskocaman, kapkaranlık, negatif enerjilerin kalktığını, o kişiye doğru gittiğini hayal edin.

Hayatıma verdiğin tüm zararları, inanılmaz mutsuzluklar yaşamama, depresyona girmeme, acı çekmeme, öfke duymama neden olan her şeyi ve bana yaşattığın her şeyin oluşturduğu tüm duyguları ve düşünceleri, senin yaptıklarından dolayı ortaya çıkan depresyonumu, mutsuzluğumu, öfkemi tüm çekirdekleri, kökleri ve bağlantılarıyla beraber, olduğu formda veya başka bir forma girip asla geri dönemeyecek şekilde sana kalıcı olarak geri gönderiyorum.

Üstünüzden âdeta koskocaman, kapkaranlık bulutların, tüm negatif enerjilerin, kötülüklerin kalkıp gittiğine niyet edin ve giden her şeyle aranızdaki bütün bağlantıların koptuğunu hayal edin. Üstünüzden iyice gidip sıyrılana kadar, bütün hayatınızdan çıkana kadar pozitif enerjinin ortaya çıktığını gerçekten hissederek hayal edin. Bu çalışma çok güçlüdür. Her adımı dikkatle yaptığınız zaman her şey yoluna girer.

Arkasından tekrar bu kişiyi karşınıza alıp ona seslenin:

İsteyerek veya istemeyerek, bilerek veya bilmeyerek sana verdiğim ya da benden aldığın tüm pozitif enerjimi, tüm yaşam enerjimi, ruh parçacıklarımı, enerji bedenlerimi, paramı, mülkümü, güçlerimi, yeteneklerimi, ışığımı, yüksek yıldızımı, sevgimi, aşkımı, mutluluğumu, huzurumu, neşemi, orgazmımı geri istiyorum.

Hayal edebileceğimden, düşünebileceğimden de fazla mutluluk, bolluk ve bereket içinde uzun ve sağlıklı bir ömür yaşamamı sağlayacak, destekleyecek, bana mucize yaşatacak, bana sevinç gözyaşları döktürüp sevinç çığlıkları attıracak tüm yaratımları, oluşumları, kurumları, çekirdekleri, kökleri ve bağlantılarıyla beraber, kalıcı ve etkin bir biçimde tüm bedenime, yaşamıma, ruhuma ve hayatıma entegre olacak, somut ve net bir şekilde hayatımda ortaya çıkacak şekilde geri istiyorum...

Bunu defalarca söyleyerek geri isteyin:

Alıyorum ve çekiyorum.

Karşınızdan koskocaman ışık kitlelerinin size doğru geldiğini ve ışık yağmurları şeklinde size doğru yağdığını ve tüm bedeninizle bütün enerjiyi hissettiğinizi ve yaşamınızla entegre olduğunu, gözlerinizden, kulaklarınızdan, ağzınızdan bütün vücudunuzdan içeri girerek bütün bedeninize yansımalar yaptığını göreceksiniz. Hayatınızda bu ışıkların, mucizelerin, yansımaların ortaya çıktığını hayal edin ve niyet edin. Arkasında bu kişiyi hayal edin ve altın bir makasla aranızdaki tüm bağlantıların kesilmesine ve bitmesine niyet edin.

Bu kişiyle ilgili tüm bağlantıları kalıcı olarak kesin, yıkın ve bitirin. *Bir daha asla geri dönmeyecek şekilde bu kişiyi hayatımdan çıkardım,* deyin. Sonra o kişiye hitap edin:

Her şey için teşekkür ediyorum, seni olduğun gibi kabul ediyorum, seni tamamen serbest bırakıyorum ve özgürleşiyorum...
Seni olduğun gibi kabul ediyorum, affediyorum ve özgürleştiriyorum.

Böyle dedikten sonra o kişinin arkasını dönüp çıktığını hayal edin. Bu çalışmayı herkes için tek tek yapın. Özellikle negatif ve pozitif enerji verirken, üç arkadaş bir kişiyi aranıza alacak şekilde dizilin, karşınızda da bir kişi olsun. Biri siz olun, birisi de aranızda size rehberlik edecek biri olsun. İp kesme seremonisinden önce de bunu yapabilirsiniz. Ellerinize farklı renklerde yastıklar alın ve bunların hepsini sayarak bütün o karanlıkları vs. o yastıkla ona verin. Sonrasında o da size pozitif enerjileri yastıkla versin. Ya da bir takı, ondan gelen bir eşyayı o kişiye verin. Sonra da o kişi onları yaksın veya denize atsın. Tatlı olarak bir çikolatalı pasta yiyebilir, pozitif enerjiyle donatılmış vaziyette yemek pişirebilirsiniz. Size sunulan bu şeyi tamamen yiyerek bütün bedeninizle bütünleştiğini hissedecek şekilde çalışabilirsiniz.

Üçlü Kod

Bağ kesmeden önce aynı hayalinizde olduğu gibi, negatif şeyleri verip karşınızdaki kişinin yazıp yakmasını sağlayabilirsiniz. Her şeyi yazıp verebilirsiniz, o kişi size göstermeden gidip yaksın. Bu da başka bir yöntem. Bunların her biri bilinçsel ve enerjisel tekniklerdir ancak çok etkililerdir. Üçüncü kişi seyrederken hem rehberlik eder hem de destek olur. Bu üçlü koddur. Sayınız üç olduğu zaman, prosese üçüncü bir kişi tanık olduğu zaman ayrı bir yansıma, ayrı bir etki gerçekleşir. Ama bu çalışmanın üzerine olumsuz bir yorum yapılmaması gerekir. Sizi bunları yaparken biri görse dalga geçeceğini düşünmemeli ve bu yönde hafife alan konuşmalar yapmamalısınız. Kendi yaptığınız işi saymaz, küçük görürseniz o da küçük kalır ve dağılıp gider. O yüzden yaptığınız prosesleri ciddiye almalı, önemsemeli ve kesinlikle çalışmaya devam etmelisiniz. Bağ kesme çalışmalarını birkaç kere yapın. Hem fiziksel hem zihinsel olarak yapın. Önce zihinsel olarak, yani hayalinizde, sonra fiziksel olarak yaparsanız çok daha etkili olmasını sağlarsınız. Bir de o kişinin size yaşattığı her türlü olumsuzluğu yazıp yakmanız da çok etkilidir. Bu enerjisel olarak o kişiden tamamen vazgeçtiğiniz ve onu olduğu gibi bıraktığınız anlamına gelir. Hâlâ bir noktada karşınızdaki kişiye takıldığınız zaman, o da sizin ilerlemenize engel olur. O nedenle vazgeçmeniz ve kendinizi sonsuz olasılıklara açmanız bu noktada çok önemlidir. Örneğin, ayaklarınızı çıplak bir şekilde toprağa basıp bir ağaca sarılarak da o kişiden kurtulabilirsiniz. Bütün DNA'nızın ve vücudunuzdaki alanların, birikmiş duyguların yukarıdan aşağıya, göğsünüzden ellerinize ve ayaklarınıza, oradan da toprağa, ağaca, ağacın köklerine akıp gitmesini isteyin.

İlişki çalışmalarında boynunuzda her zaman güçlü ve temiz kuvars kristali taşımanızı tavsiye ederim. Pembe veya beyaz kuvars kristalini bileğinize, boynunuza takabilirsiniz. Fazla işlem görmemiş bir kuvars kristalini mutlaka kullanın.

Bağ Kestiğiniz Kişiyi Enerjinizle Beslemeyi ve Onu Kafanızda Büyütmeyi Bırakın

Bağ kesme çalışmalarıyla ilgili olarak özellikle fark etmemiz gereken en önemli şeylerden biri; ilişki ve bağ kesme çalışması sonrasında o kişiyi hayal etmeye, o kişiyi düşünmeye, o kişiyle kafamızda kavga etmeye devam ettiğimiz sürece o kişiyle ilişkinin de devam ettiğidir. Eğer biz bir kişiyi düşünüyorsak o da muhakkak bizi düşünüyordur. O kişiyi enerjimizle besliyoruz. O yüzden yaşam enerjisiyle başkasını beslemeyin. Sizin dikkatiniz, önemli bir insanın dikkati, ilahi kaynağın dikkatidir. Dikkatinizi bir insana yoğunlaştırırsanız o insanı besler, yüceltirsiniz. Dikkatinizi ilahi kaynağa yönlendirdiğinizde ya da kendinize yönlendirdiğinizde ise kendinizi besler, güçlendirir ve yüceltirsiniz.

Aydınlanmış bir kadının Türkiye'ye gelmesini sağlamıştım. Bana bir hikâye anlatmıştı: Hindistan'da yaşayan oldukça önemli bir gurunun binlerce müridi, takipçisi varmış. Ölmeden önce kimin guru olacağını bir kâğıda yazıp bırakmış. Öldüğünde kâğıdı açmışlar; içinden genç bir öğrencisinin ismi çıkmış. Herkes bu öğrenciyi guru olarak kabul etmiş. Ancak genç guru, yaşlı ve bilge olanlara, "Ben henüz hiçbir şey bilmiyorken nasıl guru olabilirim? Guruluk yapamam, aydınlanmış değilim," dese de yaşlı bilgeler, "Senin hiçbir şey yapmana gerek yok, insanlar seni o noktaya çıkarır," demişler.

Biz de kendi hayatımızda, insanları o noktaya çıkarıyoruz. Aslında onlar, o noktada değiller. Kafamızda o kadar büyütüyoruz, o kadar yüceltiyoruz ki... O şöyle harika, ailesi böyle müthiş... Bir erkeği veya kadını gözümüzde büyüttükçe o kişi yükseliyor, burnu havalarda dediğimiz noktaya ulaşıyor. Unutmayın; biz bir şeyi, bir kimseyi hayatımızda, gözümüzde ne kadar büyütürsek o kadar imkânsızlaşır. Basitleşsin ki olsun. Örneğin, bir ev almak istiyorsunuz, o evin olması çok basit bir iş. Evlenmek istiyorsunuz, büyük, yüce ulaşılamayacak, çok önemli ve çok zor bir şey olarak görürseniz öyle olur. Evlenmek çok kolay bir şey, insanlar kolayca, birdenbire evlenirler. Sadece gidip imza atacaksınız. Çok büyük bir dert, önemli bir konu değil. Evlilik konusunu ne kadar küçültüp basitleştirir, ne kadar kolay bir konuma getirirseniz aynen öyle olur. Onu ne kadar büyütüp zorlaştırırsanız da o kadar zor olur. O yüzden, hayatınızda hiçbir şeyi çok fazla büyütmeyin. Aksine, özellikle küçültün. "Büyütme. Basitleştir," diyorum ben buna. İyi şeyleri çok kolay olarak algılayın ki kolaylaşsınlar; böylece tüm iyi şeyleri kolaylıkla elde edebilirsiniz. İnsanlar, kötü şeylerin çok kolay olacağını düşünür. Başına kaza getirebilir, iflas edebilir, ayrılabilir, çok kolay bir şekilde boşanabilir. Kültürümüzde, dünyada şöyle bir söz var; kötü haber çabuk yayılır. İyi haber de çabuk yayılır! Özellikle neyin nasıl olacağına dair inanç geliştirirseniz o öyle olur. Olacağına inandığınız için onları kolaya çekmelisiniz. Bir şeyin olmasını özellikle istiyorsanız bunun insanların hayatında ve sizin hayatınızda çok kolay bir şekilde gerçekleştiğine inanmalı, bu şekilde algılamalısınız. O perspektiften, o algıdan ilerlemelisiniz. İçsel olarak da kendinizi ona çevirmeli, döndürmelisiniz. O yüzden büyütmeyi basitleştirin. İyi şeylerin kolay olacağına, kötü şeylerin zor olacağına inanın. Yani kötü diye bir şey yok. Hatta kötü kelimesini vurgulamak yerine, "İyi şeyler hayatımda kolaylıkla oluyor," deyin. Yıllardır "mucize" diye sayıklaya sayıklaya en sonunda inanılmaz mucizeler yaşadım. Düşünce gücünü başkalarına anlatırken, hayatımda inanılmaz güzellikler, mucizeler yaşadım, iyi şeylerin çok rahatlıkla gerçekleştiğini gördüm.

Ayrıca, en iyi öğrenme yönteminin öğretmek olduğunu gördüm. Bu öğrendiğiniz bilgileri, pozitif düşünmeyi, iyiye yönelmeyi, pozitif şeylerin kolay, negatif şeylerin zor olacağını insanlarla paylaşın ve bunları büyütmeyip basitleştirin. Duygusal ve düşünsel her sözcüğün önemini ailenizle, çevrenizle paylaşın. Negatif bir şey söylediklerinde pozitife çevirin. "Gel, bir de pozitif şekilde söyleyelim," diyerek yönlendirin. Bu kuralı uygulayıp çevrenizle paylaştıkça hem ışık yayacaksınız hem pozitif bir bilinci ortaya çıkaracaksınız. Söyledikçe bir bakacaksınız ki; siz de inanılmaz şekilde farkındalıklar elde etmeye başlıyorsunuz. Hayatınızda mucizeler gerçekleşmeye başlar, günden güne kendi söyledikleriniz ve düşündüklerinizle ilgili de bilinciniz genişler. Çünkü gerçekten öğretmeye ve anlatmaya çalışırken kendinizi de bununla ilgili geliştirirsiniz. İnsanlar sizin öyle olduğunuza dair bir kanıya varıp yargılayabilir. Bu pozitif bir algıdır. İnsanlar da sizin bakış açınıza inandıkları zaman negatif olamazsınız; çünkü sizi ona doğru o bakış açısı çeker. Unutmayın; insanlar sizi nasıl algılarsa öyle olursunuz, yani, dış gözlem çok önemlidir. Nazar vs. derler ya... Dış gözlemimizin üstümüzdeki etkisi çok önemli ve güçlüdür. Tabii biz kendimize pozitif enerji çekmeli ve insanların negatif bakış açılarından kendimizi özgürleştirebilmeliyiz. Bizim inandıklarımıza çevremiz de bizim adımıza inanırsa çok daha etkili olur ve kolayca gerçekleşir. Sizin insanlara nasıl yansıma yaptığınıza ve insanların size nasıl yansıma yaptığına özellikle dikkat edin.

Nazar gibi kavramlar; enerjinizin düşük olması, kendinize sevginizin, inancınızın eksik olması ve içsel olarak bazı korkularınızın olmasıyla beraber, başkalarının kıskançlık, kara delik gibi enerjilerinin ve negatif bakış açılarının yansımalarını ifade eder. Kendinizi sever, enerjinizi yüksek tutar, pozitif olur ve tüm yaşamınızı en yüksek mutluluğa taşımak için çalışırsanız dışarıdan hiçbir şey veya hiç kimse sizi etkileyemez. Tabii bunun dışında bütün yaşamın sizi koruduğuna, sizi iyiye, mutluluğa, sağlığa götürdüğüne, ufacık bir sorun yaşasanız bile çözümün yanı başınızda olduğuna inanırsanız gerçek olur. Yani nasıl inanırsanız, algınızı ne noktaya getirirseniz hayatınızda her zaman mucize yaşarsınız. Aslında gezegenler de size bir şeyler öğretmeye, sizi iyiliğe yönlendirmeye, sizin iyiden, kötüden güzelden, çirkinden, özgürleşmenize, çakralarınızı açarak kendinizi ortaya çıkarmanıza, ilahi kaynakla bağlantıya geçmenize ve aydınlanmanıza çalışıyor. Bir taraftan da dünyasal yaşamda istediğiniz şeylerden tatmin olmanız için çaba sarf ediyor. Bunların hepsinin bu bağlamda çok büyük bir rolü ve önemi var. Gezegenlerin numerolojik düzleminin bizimle hiçbir derdi yok ama bizim yaşamla ilgili sorunlarımız var. Aslında bütünün bir parçası olduğumuzdan dolayı bütün bunları çözdüğümüz zaman başkalarıyla ilgili sorunumuz olduğunda kendimiz ve yaşamla ilgili de sorunlarımızı çözüyoruz.

İnsanlar kötü ve kindar olsa bile bunun bütünün bir parçası olduğunu unutmayın. Eğer siz bu insanları hayatınızda istemiyorsanız onları olduğu gibi kabul etmelisiniz. Unutmayın; o kişiler de yaşamın bir gerçeği. Dünyada iyi varsa kötü de olacak, güzel varsa çirkin de olacak, bu da yaşamın ilahi kaynağından gelir. Ancak siz kötü insanları hayatınızdan çıkarma ve hayatınıza almama özgürlüğüne sahipsiniz. Aynı şekilde o kişilerin hayatına girmemek, onlarla herhangi bir savaşa, kavgaya girmemek de bir seçimdir.

Mars'a gitmeyin, Jüpiter'e gidin. Çünkü Mars'a gittiğiniz zaman savaşa ve onu tetikleyecek şeylere kanal açarsınız. Jüpiter ise felsefeye, bilinçlenmeye, kendini geliştirmeye, aydınlanmaya kanal açar. Siz neye kanal açar, neyle bağlantıya geçerseniz hayatınızda o var olur. Sisteminizi neye açtığınıza, neye doğru yönlendirdiğinize ve neyi tetiklediğinize dikkat edin. Çünkü sistemimizde her şey mevcuttur aslında.

Sonsuz bir varlığın gerçekliğinde olduğumuz için kendi sistemimizde her şey mevcut. Orada neyi ortaya çıkarmak istiyorsunuz? Mutluluğu, huzuru, neşeyi, hazzı, orgazmı, bolluğu, bereketi, zenginlik potansiyelini mi yoksa başka olasılıkları mı? Yani hangi olasılıkları, hayatınızda ortaya çıkarıp onlarla yaşamak istiyorsunuz? Bazı yerlerde, öğretilerde, kitaplarda, bakış açılarında hayatımızı olumsuz etkileyen şeyleri satın alın; onları farklı bir bakış açısı ve felsefeyle onarıp evrenin gerçekliği olarak kabul edin ve özgürleştirin. Bunların hepsi kendi içinde farklı seçenekler ama hepsinin arasında bizim gerçekten istediklerimizin ciddi anlamda önemi var. Bütün sürecin bir yol olduğunu ve yaşamımızda seçimlerimizin, her türlü inançlarımızın, yargılarımızın ve yargılamamalarımızın, sözcüklerimizin, duygularımızın, düşüncelerimizin gücünün her gün daha fazla farkına varıyor muyuz, varmıyor muyuz? Yoksa varmayı seçiyor muyuz? Bunların hepsinin çok önemli olduğunu bilerek ve inanarak yolumuza devam ediyor muyuz, yoksa olduğumuz yerde, "Ben illa bunu istiyorum, bu böyle ya da şu şöyle olsun, şu adama kafayı taktım," diyerek ilerlemeyi mi seçiyoruz? İleride bizi mutlu edecek sonsuz olasılıklara yürümeyi seçiyor muyuz, seçmiyor muyuz? Akışa kendimizi bırakıyor muyuz, bırakmıyor muyuz? Nehirde ilerlerken, belki nehir bizi çok daha güzel yerlere götürecekken bir dalı tutup kalıyor muyuz? Işığın sonsuzluğundan, nehrin büyüsünden mucizeler geleceğine inanıyor muyuz? Belki de o nehrin bizi korkunç bir sona götüreceğini düşündüğümüzden dolayı o dalı bırakamıyoruz. O kişiyi niye bırakamıyoruz? Bıraktıktan sonra kimse olmayacak, boşluğa düşeceğim diye mi bırakamıyoruz? Yaşama gerçekten inanıp güvenirsek, tutunmaz, bırakır ve yol alırız. Ben kendi hayatımda birçok insanı bırakıp yürüyebildim. Çünkü yaşama güveniyorum. Yaşamın bana her daim yeni insanlar, yeni güzellikler getireceğine, yaşamın benim için çalıştığına, ilahi kaynağa, sonsuzluğa, bütün evrene, kâinata, yıldızlara, gezegenlere inanıyorum. Bütün hayatın aslında sonsuz bir bilinç olduğuna inanıyor ve bu inancı içselleştiriyorum. Bakın, inanmak başka bilmek başka bir şeydir. Biliyorum. Yani inanmaktan, bilmeye geçmelisiniz. Ben inanıyorum. Artık içsel olarak, "Ben biliyorum; sonsuzluğun, bütün yaşamın, ilahi kaynakların benim için sonsuz mucizeleri olduğunu biliyorum. Çünkü yaşadım ve yaşıyorum. Tüm yaşam, benim daha iyi, daha yüksekte olmam için anbean çalışıyor.

Gezegenlere Genel Bir Bakış

Jüpiter'le başlayalım. Jüpiter'in özgürlük, felsefe, çocuk gibi konularda özellikle ikinci çakrayla yoğun bir şekilde bağlantılı olduğu için önemli bir etkisi vardır. Özellikle evlenmek ve çocuk sahibi olmak isteyenler Jüpiter'in enerjisini kendi hayatlarında yükseltmelidirler. Bunun için sarı ve turuncu renkleri ve bazı doğal taşları hayatlarında taşımalı, Jüpiter sembolizmini arttırmalılar. Jüpiter daha özgür bir bilinçten, felsefeden, farkındalıktan, genişlemeden ve yeni olasılıklardan hoşlanır. Bilmekten hoşlanır. Eğer bir kişi kendisini özgür bırakmıyor, kısıtlıyor, başkalarına kapatıp sınırlıyorsa Jüpiter'inde bir eksiklik ve düşüklük var demektir. O yüzden Jüpiter'in de Venüs'ün aktiflendiği gibi yoğun bir şekilde aktiflenmesi gerekir.

Ay'ın düğümlerinden bahsedelim: Ketu ve Rahu. Rahu ciddi anlamda dengesizlikler yaratırken, Ketu azalmaya yol açıp değişime zorlayabilir. Bu dönemlerde dikkatli olmalısınız. Rahu'yu lal taşı, Ketu'yu kedigözü taşı temsil eder. O nedenle bunlara fazla yönelmeyin. Ama özellikle değişim içindeyseniz ve astrolojik olarak Ketu dönemindeyseniz kötü etkileri için kedigözü taşı kullanabilirsiniz. Ketu aynı zamanda kahverengini de temsil eder. O yüzden bu rengi de hayatımızda biraz azaltmamız gerekir. Bej değil ama kahverengi, gri tonlarından mutlaka uzaklaşın. Gri özellikle çok zorlayıcı bir renktir. Griyi kullanmak için ruhen ve içsel olarak çok gelişmiş olmalı, aynı zamanda erdeme ulaşmış ve epey şanslı olmanız gerekir. Henüz gençken gri tonları kullanıyorsanız hayatınıza çok ciddi zorluklar çekebilir ve bu nedenle zorlanabilirsiniz.

Jüpiter özgürlük gezegeni olduğu için astrolojik haritanızda her nerede ters dönüyorsa o alanla ilgili bir kısıtlanma hissedebilir ya da bunabilirsiniz. Bu da onunla ilgili farkındalık geliştirmeniz ve o süreç bittiği zaman, onunla ilgili çalışmalar yapmanız gerektiğini gösterir. Gezegenlerin aslında bizimle hiçbir derdi yoktur. Bizimle bir şeyleri çözmek için ters dönerek bize yardım etmeye çalışırlar.

Merkür, gençlik, zekâ ve algı demektir. Bazı insanların doğum haritasında Merkür ters döner. Bu da bu kişilerin algısında problem var demektir. Merkür'ü ters dönen insanlar hipnoterapist, tarihçi olabilir çünkü ters geçmişe doğru daha rahat gidebilir, geçmişin üstünden daha rahat algılayabilirler. Merkür senede üç kez ters döner. Bu zamanları mutlaka araştırın. Her yıl Merkür ters dönerken, geçmişe yönelik çalışma yapın. İşte o zaman psikoloğa gidin, psikoterapi süreçlerine girin; yani geçmişle ilgili çalışmalara özellikle Merkür ters dönerken katılın.

Bunların hepsinin size gerçek anlamda iyi geleceğini göreceksiniz. Merkür ters dönerken kesinlikle yeni şeylere başlamamalısınız. Yeni kontratlar imzalamayın, yeni kararlar vermeye kalkmayın. Merkür iletişimi ve algıyı temsil ettiği için son derece yanlış kararlar alabilirsiniz. Merkür ters dönerken özellikle daha çok araştırmak, sorgulamak ve incelemek gerekir. Farkındalığa yönelmek, geçmişe bakmak, detaylara inmek gerekir. Merkür ters dönerken daha çok araştırmacı bir süreçte ilerlemelisiniz. Merkür'ün ters dönmesi bittikten sonra kararlarınızı verebilirsiniz. Diğer gezegenlerin hepsinin ters dönmesinde de durum böyledir.

Satürn, özellikle öğretmendir. Düz giden bir şeyi öğretmeye çalışır; olmuyorsa onunla ilgili geçmişe dönük birtakım sorunların mutlaka çözülmesi gerekiyordur. Mars daha çok savaşma, makineler, mekanizmalar, mühendislik gibi teknik işlerle ilgilidir. Mars bir yerde ters döndüğü zaman o alanda, o konularla ilgili çalışmalar yapmayın. Bu aynı zamanda çok ciddi değişim, dönüşüme de yönlendirebiliyor. Orada çok yüksek bir enerji yaratabilir, hatta savaşlar çıkarabilir.

Hayatımızda cesaret gösteremediğimiz yerler ve noktalar vardır. Mars orada düz giderken çok sert bir açı yaptığı zaman birden kendimizi o konuyla ilgili müthiş cesaret bulmuş olarak görebiliriz. Merkür yeşildir. Yeşil gerçekten çok önemlidir. Dünyada iletişim olmazsa hiçbirimiz olmayız. Hayvanlardan bir farkımız olmaz. Hayvanlarla kurduğumuz iletişimin bile Merkür'le büyük bir ilgisi var. Merkür yazmayı, konuşmayı, iletişim ortamlarını ve araçlarını yönetir. Özellikle iletişim kuramıyorsanız, hayatınızda yeni insanlarla ilgili iletişimde bir probleminiz varsa, sevgiliniz, eşiniz, kocanızla ya da hayatınıza yeni birisinin girmesiyle ilgili algıda ya da iletişimde bir problem yaşıyorsanız o zaman yeşil giyinmeli, yeşil doğal taşları kullanmalısınız. Ay haritada 'Anne'yi temsil eder, Güneş de 'Baba'yı. Ay haritada duyguları, Güneş düşünceleri temsil eder. Haritanızda Ay hangi evinizdeyse duygusal olarak oradan beslenirsiniz, Güneş hangi evinizdeyse zihinsel olarak oradan beslenirsiniz.

Yedi Gezegen Yedi Çakrayı Temsil Eder

Uranüs, Plüton ve Neptün gibi gezegenlerin hayatımızda büyük önemi olsa da bunlar daha dışarıdaki gezegenlerdir. İlk temel yedi gezegenin üstünden daha çok çalışırız. Bunlar hangileri? Satürn, Mars, Jüpiter, Venüs, Merkür, Güneş ve Ay. Bunlar bizim için bir temel teşkil eder. Yedi gezegen bizim yedi çakramızı temsil eder. Akışları ve hızlarına dair çok sayıda yorum mevcut ancak benim hocam, gezegenlerin dönüş hızlarını çakralarıyla birleştirerek yorum yapar. Aslında kök çakra en yavaş halindeyken, tepe çakra en hızlı noktadadır.

Yukarı çıktıkça çakraların hızı artar, aşağıya indikçe hız düşer. Alt taraftaki çakralar, yani ilk üç çakra, daha çok duygusal çakralardır; duygularımızı kontrol ederler. Üst taraftaki üç çakra ise zihinle, görüşle, düşünmeyle, kavrayışla ilgilidir. Ancak tüm çakraların ortasında ve vücudumuzun merkezinde yer alan çakramız, yani dördüncü çakra veya kalp çakramız, duygularımızla düşüncelerimizin bir araya geldiği noktadır.

Çakralar en güçlü oldukları zaman asıl renkleri açığa çıkar. O nedenle çakraların renkleri, yönetici gezegenlerinin renkleriyle karıştırılmamalıdır. Örneğin, Satürn'ün rengi mavidir ve kök çakrayı yönetir; ancak kök çakra en güçlü olduğu zaman kırmızı ışık saçar. Kısacası, aura makinelerinde de görüldüğü üzere, hangi konuda güçlüysek o konuyu yöneten çakramız kendi renginde inanılmaz parlak bir ışık yayar.

Dünyadaki pek çok maddeye dokunabilmemizin sebebi frekanslarının düşük olmasıdır. Bir şeyin frekansı yükseldikçe maddesel olmaktan çıkıp enerjisel boyuta geçer ve orada kaybolur. Yükselmek, insanların hücresel bilicinin farkında olarak aydınlanmasıdır. Başka galaksilere yolculuk yapmaktan bahsedildiği zaman aslında şu anlatılır; kişinin enerjisini, frekansını yükseltip maddesellikten çok daha farklı bir şeye yükselebilmesi ve özgürleşebilmesi. Bunlar da aslında çakraların hızına göre değişir.

1- Kök Çakra – Satürn

En yavaş dönen gezegen Satürn kök çakrayı yönetir. Toprağı, kırmızıyı ve toprak renklerini temsil eder. Temelimizdir; temel içgüdülerimizle, içgüdüsel doğamızla ve bunları açığa çıkaran korkularımızla ilgilidir. Aynı zamanda öğretici gücü de vardır.

Türkiye'de deprem olduğu zaman Satürn, astrolojiye göre Koç burcundaydı. Yani en zayıf, en düşük noktasındaydı. Türkiye'nin haritasında Satürn Terazi burcundadır. Satürn, Terazi burcunda olduğu zaman çok yüksek, çok güçlü, öğretmen demektir. 1923'e bakacak olursak Hindistan'daki ve Türkiye'deki önemli guruların, öğretmenlerin çoğu bu yılda dünyaya gelmiştir. 30 yıl sonra tekrar bakacak olursak Satürn'ün yine en yüksek olduğu noktada büyük öğretmenler dünyaya gelmiştir. Yani Satürn, Terazi burcuna geldiği zaman özellikle çok büyük bir güç, öğretmen gücü ortaya çıkar. Öte yandan, Satürn'ü yüksek olan insanlar çocukluklarında çok zor şeyler yaşarlarken, yaşları ilerledikçe güçlenirler. Ama toprakları, temelleri her zaman çok sağlam ve güçlü olur.

2- Sakral Çakra – Jüpiter

İkinci çakra Jüpiter'indir; üretimi, üremeyi, doğurganlığı, çocukları temsil eder. Turuncu Jüpiter, çocuğu temsil eder. İkinci çakradan çocuk dünyaya gelir. Aslında zekânın ve aydınlanmanın geldiği yer de ikinci çakradır. Budist, Hintli gurular, rahipler turuncu giyinir. İkinci çakra spiritüel gelişim, aydınlanmadır, güçtür. Çin'de, Japonya'da çeşitli enerjisel çalışmalar yapan kişiler ikinci çakralarını güçlendirir ve bu sayede ortaya çıkan güçle bazı çalışmalar yaparlar. O nedenle ikinci çakra çok önemlidir.

3- Karın Çakrası – Mars

Üçüncü çakra, merkezi sinir ağını kapsar, Mars'la ilgilidir. Sarı renklidir. Ortamızda ve merkezimizdeki *solar pleksus*'tur; öfke, gerginlik, düşmanlık, nefret, tutku, hayal kırıklığı gibi duyguları temsil eder.

Mars taşınmaz malları, eşyaları ve arabayı da temsil eder. Dördüncü evde topraktır ve savaşı temsil eder. Türkiye'nin haritasında Mars dördüncü evde olduğu için Türkiye'deki mülklerin, evlerin ve toprakların inanılmaz değerli olduğu ve ileride de daha çok değerleneceği görülüyor.

4- Kalp Çakrası – Venüs

Dördüncü çakra kalbe aittir; Venüs'ündür. Sevgi, aşk, ilişki, bağlantı konularıyla ilgilidir. Yeşil rengiyle yaşam kaynağını temsil eder. Kalp çakrasıdır; sevgi ve bütün yaratım gücünü taşır. Vücudumuzun merkezidir. Tüm çakraların ortasında yer alır, âdeta köprü vazifesi görür. Her şey oradan ilerler. Hayatımıza sevgi, ilişki çekmek açısından önemlidir.

5- Boğaz Çakrası – Merkür

Beşinci çakra boğazla, gırtlakla bağlantılıdır; Merkür'ündür ve iletişim özelliğini temsil eder. Beşinci çakra mavi rengi temsil eder. İletişim kurma, kendimizi ifade etme ve başkalarını dinleme becerilerimiz Merkür'le çok güçlü hale gelir ve bu zamanlarda sakinlik, huzur verir.

6 ve 7- Üçüncü Göz – Güneş ve Tepe Çakra – Ay

Altıncı çakra, yani zihin. Zihin dediğimiz üçüncü göz denilen yerdir. Güneş'i çok yoğun bir şekilde teslim eder. Zihin Güneş'tir. Hayal gücü sayesinde her şeyin bütününü görmemizi sağlar. Böylelikle huzuru, barışı sağlayabilir. İndigo/derin mavi rengi temsil eder.

Onun bir üstündeki tepe çakra veya taç çakrası da Ay'ı temsil eder. Bu her iki çakra da görüşümüzle, dünyayı algılama biçimimizle ilgilidir. Tepe çakra, diğerleriyle, dünyayla olan ruhsal bağlantımızla ilgilidir. Mucize gerçekleştirmeyi sağlar. Mor, menekşe tonlarını, aynı zamanda beyaz rengini temsil eder.

Burada aslında bütün gezegenler bir şekilde, farklı farklı yollarla etkilerini gösterirler. Tabii bizim yedi tane çakramız, yedi tane enerji alanımızın ötesinde çok daha farklı enerji alanlarımız olduğunu da unutmamak lazım. Bunu da özellikle belirterek farkındalık sağlamak istedim.

Alıcı Konumunda mısınız?

Bütün bunların ışığında bakalım; her nerede, hangi konuyla ilgili eksikliğimiz varsa onunla ilgili farkındalık elde edip kendimizi geliştirmeliyiz. Özellikle kadınların, hayatlarında eğer çok ciddi anlamda eksiklikleri varsa o zaman Jüpiter, Venüs ve Ay'ı yükseltmeliler. Dişi yanlarını yükseltmeleriyle beraber eril onlara gelecektir. Çünkü zıt kutuplar birbirini çeker. Gerçek anlamda kişi dişil olduğu zaman eril kolaylıkla gelir. Bazı kadınlar fazlasıyla erildir ve enerjileri çok yüksektir. Dişil yanları yüksek olduğu için erkekleri kendilerine çekerler. Burada şu önemli; alan taraf daha çok kadın, veren taraf ise erkek olduğu için ciddi bir dengelenme gerekir. Taraflar arasında karşılıklı bir alışveriş olmalıdır.

Bazen bir taraf çok bekler; çünkü alan konuma geçmiştir. Böyle olunca da ilişkilerde dengesizlikler oluşur. Zaten ileriki yüzyıllarda dünyadaki evliliğin tamamen değişeceğine inanıyorum. Geçmişte kendince ticari kaygılar ve yaşamda kalma mücadelesine odaklanmış bir evlilik seçimi vardı. Ama artık kadınlar çok daha güçlü. İş hayatındalar, ekonomik özgürlükleri var ve kendi ayakları üstünde durabiliyorlar. Dolayısıyla egoları da daha güçlü. Bu sebeple hayatındaki erkeğe duyduğu sevgi biten, onunla mutlu olmayan kadın, artık kolaylıkla erkeği hayatından çıkarabiliyor.

Eskiden kadınlar evlendikleri erkeği cinsel yönden ve diğer tüm yönlerden iyi kötü demeden çekerlerdi. Bir de çocukları olduysa ve erkek eve para getiriyorsa kadınlar duruma razı olur, mutlu olduklarını sanırlardı. Ama ruhen hiçbir zaman tatmin olamazlardı.

Şimdi kadınlar öyle mi? Erkeklerden birçok beklentileri var. Bu beklentiler karşısında insan şaşırabiliyor. Kadınlar artık çok daha eril bir enerjiyle yaklaşıyorlar ki bununla ilgili de bir farkındalık geliştirmek gerekir. Kadın evliliğe ve erkeklere de açmalı kendisini; sevgiyle kalp çakrasını başka insanlara açmasıyla beraber mutlu olacağı hayatı çağırmalı. Çünkü bütün bu farkındalıklar ve çalışmalarla beraber dünyada 7 milyar insanın varlığını, bizim ülkemizde 80 milyon insanın varlığını unutmamak gerekir.

Doğduğunuz andaki astrolojik haritanız, konumunuz itibarıyla sizinle uyumlu olacak binlerce insan olduğu için size zaten gelecektir. Yeter ki açık olun. Her geçen sene de sizinle uyumlu olacak yeni yeni insanlar aslında dünyaya geliyor. Yani sonuç olarak dünyada mutlu olacağınız, astrolojik konumunuza göre gezegenlerinizin karşısında ya da gezegenlerinizle doğru ritmi oluşturabilecek, numerolojinizle doğru üretimi oluşturabilecek sayısız insan var. Ama sizin buna kendinizi açmanız ve inanmanız gerekli. Birisiyle olmuyorsa da zorlamamalısınız. Kadınların en büyük problemi şu kişi olsun deyip 10-15 sene kapıları kapatmaları.

Bunların yanı sıra renklerin, taşların, evimizdeki Feng Shui'nin, bilinçaltı çalışmalarımızın, okuduğumuz kitapların, yazı yazdığımız defterlerin önemi var. Kararlılıkla farkındalığa yönelmeli ve bu yolda devam etmeliyiz.

En Güvendiğimiz Ses Kendi Sesimizdir

Ses Kaydı Almak ve Dinlemek

Yaşam, her an bizi dinliyor ve bize bir şeyler anlatıyor. Yaşamın bize ne anlattığına dair çok dikkatli olmalı ve biz de yaşama ne anlattığımız konusunda duyarlı olmalıyız çünkü en güvendiğimiz ses kendi sesimizdir.

Benim çok mutlu bir evliliğim var; evimde mutlulukla geziyorum, huzur içindeyim. Tüm yaşam benim mutluluğum için çalışıyor ve beni mutlu ediyor. Yaşam benim için kolaylık içinde, neşe ve huzur içinde akıyor ve akmaya devam ediyor. Hayatımın her anına şükran ve minnet duyuyorum. Her şeye şükrediyorum. Nefes aldığım için şükrediyorum, başımın üstündeki çatı için şükrediyorum, dışarıdaki gökyüzüne şükrediyorum, savaş içinde olmayan bir ortamda yaşadığım için şükrediyorum, yemeğim olduğu için şükrediyorum, suyum olduğu için şükrediyorum, ayaklarım olduğu için şükrediyorum, elimi kolumu kullanabildiğim için şükrediyorum, gözümü kırpabildiğim için şükrediyorum, nefes alabildiğim için şükrediyorum. Yemeğin tadını alabildiğim için şükrediyorum. Akıl sağlığım yerinde olduğu için şükrediyorum. Başkalarının duygularını, düşüncelerini hissedebildiğim için şükrediyorum, farkındalığa yöneldiğim için şükrediyorum. Yaşamımın her anında, her şey için şükrediyorum. Yaşamımdaki herkes için şükrediyorum. Yaşam bana mucizeler yaşattığı için şükrediyorum. Her şey için sonsuz kere şükrediyorum...

Bu tür sonsuz olumlamalar, pozitife yönlendirmeler yaparken ses kaydınızı alın. Bu ses kayıtlarını dinlediğiniz her gece, sabaha kadar hayatınız o noktaya yönelecek; çünkü bilinçaltınız o yönde ilerleyecek. Amerika'da popüler ve önemli birinin oğlunu Türkiye'ye getirmiştim. Şöyle anlatmıştı: "Annem ben çocukken ünlü değilmiş. Çocukken aynanın karşısında kendi kendine devamlı, 'Ben çok başarılıyım, ünlüyüm,' vs. dermiş. Kendi sesini kaydedip devamlı kendi sesini dinlermiş. Yani bilinçaltı çalışması yapıyormuş." Kadın şu an tüm dünyada çok ünlü ve tanınmış bir kişi. Sonuç olarak siz de hayatınızın ne yönde ilerlemesini istiyorsanız önünüze engeller koymadan, son derece pozitif bir şekilde olumlama yapın ve ses kaydı alın. O ses kayıtlarını her gün dinleyin. Çünkü gerçek anlamda en güvendiğimiz ses, kendi sesimizdir. Kendi sesimizi çok daha rahat bir şekilde algılayıp kabul edeceğimizden dolayı çok daha etkili sonuçlar elde edebiliriz.

Bu çalışmaya bir örnek daha vermeden önce unutmayın; bunun gibi sonsuz sayıda çalışma yapabilirsiniz. Böyle farklı ses kayıtları ve çalışmalar yaptığınız zaman, adım adım içinizdeki isteğin, güvenin daha da derinleşmeye, gelişmeye başladığını göreceksiniz. Önce farkındalığa ilerlemelisiniz.

Bütün yaşamın her noktasından, her an bana bolluk, bereket, zenginlik, neşe, huzur, haz akıyor. Tüm yaşam, benim en yüksek mutluluğum, neşem, huzurum, hazzım, bolluğum, bereketim, zenginliğim için sonsuz hediyeler, nimetler ve mucizeler sunuyor. Bütün yaşam, kâinat, evren ve dünyadaki bütün insanlar ve hayvanlar benim bu yaşamımda, bu bedenimde hayal edebileceğimden, düşünebileceğimden daha fazla mutluluk, neşe, huzur, haz, orgazm, bolluk, bereket, zenginlik içinde uzun ve sağlıklı bir ömür yaşamam için her an çalışıyor, beni destekliyor ve bana bunları yaşatıyor. Sonsuz olasılıklar her an, her saniye yeni sonsuz olasılıklarla beraber hayatıma entegre olup somut mucizeler yaşamamı, sevinç gözyaşları dökmemi, sevinç çığlıkları atmamı, bütün bedenimin neşeden, huzurdan âdeta titremesini sağlıyor. Tüm bunları gerçekleştirerek aynı zamanda kâinata şükran duymamı sağlıyor. Evimin her bir noktası sevgiyle parlıyor, evimin her bir noktasında sevgi hissediliyor. Yaşadığım mahalle sevgiyle dolup taşıyor. Yaşadığım dünya bana sevgiyle geri dönüş yapıyor ve ben de yaşadığım dünyaya karşı sevgi hissediyorum. İçimdeki sonsuz, derin ve sınırsız sevgi kaynağı benim üstümden oluk oluk bütün yaşamıma, zihnime, geleceğime, geçmişime doğru her an akıyor ve akmaya devam ediyor. Bütün kaynağın, sonsuzluğun, kâinatın sevgisinin kaynağı yaşamımda hayal edebileceğimden, düşünebileceğimden çok daha yüksek mucizeler ortaya çıkarıyor. Düşünebileceğimden çok daha yüksek şifalar ortaya çıkarıyor ve hayal edebileceğimden çok daha güzel ve mucizevi deneyimleri bana haz aldıracak şekilde kolaylık ve ihtişam içinde gerçekleştiriyor. Bütün yaşam, bütün kâinat, bütün evren, bütün sonsuzluk, dünyadaki bütün insanlar her an yaşamımın çok daha rahatlık, kolaylık içinde akması için, her şeyin benim için çok daha kolaylaşması için, en yüksek mutluluğun benim adıma hizmet etmesi için her an çalışıyor ve bana bunları yaşatıyor. Dünyadaki bütün insanlar, bütün kâinat, bütün evren, bütün dünya ve kendi bedenim yaşamımın çok daha rahat ve kolay bir şekilde akması için gereken her şeyi yapıyor. Ben de kendimi açıyorum, açtım; alıyorum ve kabul ediyorum. Bunları seçiyorum, yaşıyorum, deneyimliyorum. Akışa güveniyorum, kendimi akışa bırakıyorum ve akıştayım. Kendimi hayal edebileceğimden daha fazla lüks, bolluk, refah ve huzur içinde hissediyor ve bunun derinliğinin günden güne arttığını hissederek sonsuz güzellikteki deneyimlere ve paylaşımlara tüm dünyayla, dünyadaki insanlarla, ailemle, sevdiklerimle ve kendi bedenimle ilerliyorum. Bunların hepsi için sonsuz şükranlarımı ve sonsuz teşekkürlerimi sunuyorum...

Kayıplarınızın Ardından Yas Tutmak Yerine Onlara Duyduğunuz Sevgiye Bağlanın

Bizim hissettiğimiz sevgi oldukça yüzeysel bir sevgi, hissettiğimiz huzur yüzeysel bir huzur, hissettiğimiz neşe yüzeysel bir neşe olabilir; çünkü geçmişimizde ve hayatımızda yaşadığımız bazı acılardan dolayı sevginin, sevincin, neşenin üstünde katmanlar oluşabiliyor. Bu nedenle bu hislerin tam özüne, derinliğine ulaşamayabiliyoruz. Geçmişte birini kaybettik diyelim. Ona beslediğimiz sevginin üstüne çektiğimiz acı geçer ve acıyı hissetmemek için onun sevgisiyle bağlantıya geçmeyiz. Halbuki bu seçimimizle kendimizi bir sevgi kaynağından koparmış oluruz. Böylelikle sevginin bütünlüğünden de kopmuş oluruz. Ama o acıyla veya öfkeyle yüzleşip onu hissederek ifade ettiğinizde, böylece serbest bıraktığınızda derinine inersiniz. Bunu dans ederek, sözlü ya da yazılı olarak ifade edip özgürleşebilirsiniz. Yas tutma kavramı bir alışkanlık ya da bir hayat biçimi. Onu iyice hissedip, ifade edip, özgürleştiğiniz zaman oradaki acının temelindeki sevgiyle bağlantıya geçmiş oluyorsunuz. Ben annesini, babasını ve ablasını kaybetmiş bir insan olarak onların desteklerini ruhsal âlemden, farklı bir boyuttan hissediyorum. Fiziksel bedenlerinden, bu dünya düzleminden daha farklı bir frekansa geçtiler. Kedim Amon vefat ettiği zaman gerçek anlamıyla çok büyük bir acı yaşadım. O sırada bütün her şeyi iptal edip tamamen on gün boyunca kedimin acısını yaşadım. O acıyı yaşarken annem kayboldu. Ölüp ölmediğini bilmediğimiz için acısını ve yasını yaşayamamıştım. Babam aniden öldü ve o sırada yaşamda kalma dürtüm ortaya çıktı.

Birçok kötü şeyle mücadele ederken babamın yasını tam olarak tutamadım. Ablam vefat etti. Acımı yaşadım ama hayatımda farkındalığa ulaştım. Ablamın çocuklarına üzülüyordum, onları da güçlü kılmaya çalışıyordum. Tam olarak acıda değildim. Kedimin acısını fazlasıyla yaşadım ama onun üstünden aslında annemin, babamın, ablamın vefatına duyduğum bütün üzüntümü ve acımı dışarıya yansıtmıştım. Böylece çok ciddi bir şifalanma yaşadım ve oradan da derine indiğim zaman sevgiyle buluşabildim. Derine inerek o acıyı geçtikten sonra kalbini açıp sevgiye ulaşabiliyorsun. Bu sefer zaten onlarla arandaki sevgiye ulaştığın zaman görüyorsun ki aslında onlar bir yere gitmemiş, fiziksel bedenleri olmasa da sana hayal edebileceğinden fazla sevgi, destek ve mucizeler sunuyorlar.

Hayatımızdaki insanlar yanımızdadır. O insanlarla farklı paylaşımlar yaşarız, cinsel olarak beraber oluruz, evleniriz. Bazıları çocuğumuzdur, kardeşimizdir, annemizdir, babamızdır. Ama aramızda küslükler, kırgınlıklar, geçmişte yaşanan acılar vardır. Öğrenilmiş olan kalpteki kapalılıktan dolayı belki aynı yatakta yatıyoruzdur, sarılıyoruzdur ama aramızda kâinatlar ve galaksiler vardır. Hep söylüyorum; sarılın, alanınızı açın, sarılı olarak uzun süre durun... Acaba durabiliyor musunuz? Birisi bana sarılıp arkadan elini vurduğu zaman "Hayır yapma," derim. Çünkü bu sarılıp duramadığını gösterir. Ben sarılır ve gerçekten hissederim sevgiyi. O benim sevgiyle çalışmamla alakalı. Bazı insanlar çok yakınımızdayken çok uzak hissederiz, bazı insanlarla ise fiziksel olarak çok uzağızdır ama aslında çok yakınızdır.

O yüzden hayatınızda biri bedenini bırakıp gittiği zaman belki de onunla daha fazla yakınlaşabilirsiniz. Annem ve babam yaşarken onlarla çok yakın değildim, aramızda şimdiki kadar derin bir sevgi ya da bağlantı yoktu. Ablam yaşarken ise onunla aramda şimdiki kadar derin bir sevgi ya da derin bir algı vardı. Ben dünyada en çok ablamı sevdiğimi söylüyordum ama öyle değilmiş. Çünkü dünyada en çok biri sevilmezmiş. Çünkü sevgi bir insanın bir insana karşı duyduğu his değildir, sevgiyi hissettiğiniz zaman herkese ve her şeye karşı eşit bir şekilde dağıtırsınız. Bir insanın bir insana karşı hissettiği çıkar, menfaat ya da cinsel arzu zihinsel algılar ve düşüncelerdir. Bu nedenle sevgiyle ilgili bir farkındalık içinde olmalısınız. O zaman bambaşka bir derinliğe iner ve sevgide derinleştikçe aslında herkesin ve her şeyin sevgisiyle, sevgi okyanusuyla bağlantıya geçebilirsiniz. Onunla beraber sonsuz mucizeler hayatınıza gelir. O yüzden hayatımızda bize yakın olan insanlarla aslında karşılıklı ya da yan yana olduğumuz zaman birbirimize karşı ifade etmediğimiz her şeyi söylemeliyiz. Ama duygularımız üstünden konuşmalıyız. Nedeni içinde kaybolmadan sadece duygular üzerinden; "Ben öfkeyi hissediyorum, sevgiyi hissediyorum, cinselliği hissediyorum, huzuru hissediyorum..." gibi. Karşınızdaki insan da siz söylerseniz mutlaka söyler. Duygularınızı ifade edin, ta ki sevgiye ulaşana kadar, aranızdaki duvarları yıkana kadar anlatmaya çalışın. Eğer anlamıyorsa ve sevgi üstünden bağlantıya geçemiyorsanız o insanı hayatınızdan çıkarın.

Ben sevginin olmadığı yerde bulunmak istemiyorum. Karşımdaki insan bana, "Ben seni çok seviyorum," deyip benim üzüleceğim ya da kırılacağım bir şeye hâlâ devam ediyorsa burada sevgiden söz edemeyiz. Ben burada sevgi görmüyorum. Beni çocuğu gibi sevdiğini söylüyor, ben de soruyorum: Sen çocuğuna bunu yapıyor musun? Sonuç olarak ifade etmek ve sevgiyle ilgili temelleri iyi oturtmak gerekir. Sevgi zihinsel değildir. "Ben seni seviyorum," dediğim zaman, bu seni sevdiğim anlamına gelmez. Ben sana o duyguyu enerjiye çevirdiğim zaman baktığımda, senin içinde sevgi akışı yükselirse sevgi olduğu anlamına gelir. Kitaplarda, filmlerde bahsedilen sevgi, fiziksel beğeni ve cinsellikten ibarettir. Beynimizdeki bazı algılarla bağlantılı, kalple, sevgiyle, gerçeklikle ilgisi yok.

Platonik Aşk Çıkmazı

Birbirinden uzakta ciddi şekilde ıstırap çeken, birbirine kavuşamayan çiftlerin yazdıkları şiir, mektup, hikâye, roman vb. eserler çok derindir; çünkü bu eserlerde anlatılmak istenen, kavuşulamayan bir alandır. Bu alan birbirlerinden çok uzakta olan, müthiş bir cinsel arzuyla ve özlemle yanıp tutuşan çiftlerin sevgiyle bağlantıya geçmesini sağlar.

Platonik aşk kavramından ise hiç hoşlanmam. Bana zavallılık gibi gelir çünkü Türkçe meali şudur: "Ben sevgiye layık değilim, ben sevilmeye layık değilim, ben onu seviyorum ama ondan bir şey almaya layık değilim, ben bunu yaşamaya layık değilim, kendi kendime bunu yaşayayım, kendime bu eziyeti çektireyim çünkü kendimi beğenmiyor, sevmiyorum. Kendime değer vermiyorum. Ben sevgiyi hak etmiyorum."

Birine âşık olup da aşkınızı anlatmak yerine içinizde yaşamayı seçmek son derece mazoşist bir hareket. İnsanın bunu yaşaması için kendisiyle bir derdi olmalı. Dünyada bir milyar insan varken, bunu yaşamakta ısrar etmek daha derin bir problemin varlığına işarettir. Herkes seveceği, karşılıklı ilişki ve aşk yaşayacağı, cinselliği deneyimleyeceği, mutlu olacağı, sevginin derinlerine ineceği, yoldaşlık kuracağı bir insanla beraber olabilir. Yolda birlikte yürüdüğünüz insandan alacağınız destek, tek başınıza yürüyeceğinizden daha fazladır. Kendi kafanızda o kişiyle beraber yürüdüğünüzü hayal ederek yalnız başınıza yürümeyi bırakın. Bir hayalle yetinmektense gerçeğini yaşayın. Platonik aşk gerçek bir birlikteliği yaşayacak gücü olmayan insanların arkasına sığındığı, hiç desteklemediğim ve hoşlanmadığım bir aşk türü.

12-13 yaşlarında uzaktan platonik aşk yaşadığım biri vardı. Çok yoğun duygular yaşıyordum. Kendi kafamda onunla mutlu bir aşk yaşadığımı düşünüyordum. Sonra dedim ki: "Hayır, bu gerçek değil, bunu gerçeğe çevirmeliyim." Benim için sonsuz sayıda insan olabileceğine, daha mutlu ilişkiler yaşayabileceğime inandım ve kendimi açmayı seçtim. Çünkü kendi kafanızda kurduklarınızla kendinizi kandırdığınızda ilişkiyi hayalde yaşarsınız ve gerçeğini yaşamaya yer kalmaz. O yüzden bilin ki, istediğiniz bir kişiyle olmuyorsa her zaman başka kişiler vardır. Başka kişilere hayatınızı açıp onları kendinize çekin. Ben, benim duygularıma karşılık vermeyen ya da bana benim ona davrandığım gibi davranmayan herkesi hemen hayatımdan çıkarmayı seçiyorum. İlişkiyle ilgili doğru yaptığım bir şey kalmadığında da hemen diğerine geçerim. Bir tane arkadaşım 35 yaşında daha yeni bu noktaya geldi. Yıllarca birçok insana takıldı, her birini öğretmen olarak görüp her birinden dersini aldıktan sonra diğerine geçti.

13 yaşındaydım, Sai diye Hintli bir kız vardı. Benim gözümde inanılmaz güzel bir kızdı. Sınıfta otururken hep aklımdaydı. Sürekli ona bakardım. O da arkasını dönüp, "Ne oldu Can? Niye bakıyorsun?" derdi. Çocukluk döneminde hormonların yükselmesiyle beraber kendimce bir aşk yaşıyordum. Annem babam Avrupa'ya gittiğinde evde tek başına kalmayayım diye onun evinde kalmıştım. Sonra matematik öğretmenime hislerimi anlatmıştım. Bana şöyle demişti: "O çarpık bacaklı kız mı?" Ben hiç fark etmemiştim,

kızı düşündüğüm zaman gözümün önüne sadece gözleri geliyordu, vücuduyla ilgili tek bir düşüncem bile yoktu. Ancak öğretmen söylediği zaman, "Ha evet gerçekten öyle," diyerek farklı bir algıya geçtim. Okulda yine çok güzel bir kızın benden hoşlandığını ama kendimin onu hiç görmediğini fark ettim. Türkiye'de uçaktan inerken, kapıdan çıkarken önümden geçen bir kızla merhabalaştık. Aslında hiç görmedim ama kafayı takmışım, orada saplanmış bir durum vardı. Sonra kendimi özgürleştirdim ve başka şekilde ilerledim. Yani hayatımızda bazen birilerine takıldığımız zaman, platonik aşk dediğimiz şey bizi körleştirip hipnotize eder. Ama bu durum hayatımızda gerçek anlamıyla mutlu olacağımız ilişkilere de kendimizi kapatmamıza neden olur.

Bazı insanlar, "Onu seviyorum, benim sevgim ona yeter," diyebiliyorlar. Bu doğru değil. Sevgi karşılıksızdır. Gerçekten hissedildiği zaman sevgi her yerde ve her şeydedir. Her yerde ve her şeye doğru aktığı için bütüne ulaşılır. Karşınızdaki insanla, yaşadığınız sevginin üstünden aslında kâinata ve sonsuzluğa karşı duyduğunuz sevgiye ulaşırsınız. Sonuç olarak orada bir karşılık söz konusudur. Çünkü sevginin kaynağıyla bağlantıya geçersiniz. Gerçek sevgide olduğunuz zaman, kalbinizin içine doğru yönelmenizle beraber içinizdeki sevgi günden güne daha da derinleşerek ilerler ve devam eder. O yüzden platonik aşkların insanı tam tersine sevgiden daha da uzaklaştırdığını söyleyebilirim. Uzak sevgi kavramı yani iki insanın birbirini sevmesi, birbirine değer vermesi, yazdıkları mektuplar ya da uzaktan uzağa görüştükleri hal gerçek sevgiyle bağlantıya geçmelerine de yardımcı olabilir. Çünkü insanlar yan yana geldikleri zaman birbirlerinden beklentileri, çıkarları, bakış açıları, düşünceleri, bütün zihinsel fonksiyonları devreye girer. Ancak uzaktan o kişinin özüyle bağlantıya geçebilmek, belki de bazı insanların kendi içindeki sevgi kavramını hissetmesi için faydalı olabilir. Ama ben uzaktan uzağa aşka da inanmıyorum. Gözden ırak olan gönülden de ırak olur sözü bir bakıma gerçek. Aşka, sevgiye ne kadar inanırsak inanalım, bizler insanız; bir tür hayvanız. Cinsellik, fiziksel temas, öpüşmek, sarılmak gibi ihtiyaçlarımız olduğunu inkâr edemeyiz.

Dünyada beraber yaşıyorsak birlikte yürüdüğümüz yolda evrimleştirmek, dengelemek gibi görevlerimiz var. Uzaktan uzağa yaşanılan ilişkilerde bunların eksik kaldığını ama insan hayatında bazı açılımlar yarattığını söyleyebilirim. Neden uzaktaki insanla ilişki yaşamayı tercih ediyorsun ya da senden uzakta olanlarla karşılaşıp onlarla ilişkiye giriyorsun? Bu da büyük bir soru işareti. Bu noktada da demek ki sen gerçekten bir ilişki istemiyorsun. Sen bir şekilde aranda bir mesafe olsun istiyorsun. İnsanlarla aranda çok ciddi duvarlar kurmuşsun, gerçekte senin hayatında bir insana yer yok. O nedenle başka şehirde, uzakta olan insanı hayatına almışsın, onunla sadece cinsel bir münasebet içerisindesin. Uzaktan uzağa ilişki yaşıyorsun, bazen görüşüyorsunuz ama birbirinizden son derece uzaksınız. Bunun gerçek anlamıyla sevgiye açık bir insanın yapacağı bir şey olduğuna inanmıyorum. Sevgiye açık olan, sevgiyi göğsünde, kalbinde, tüm bedeninde, var oluşunda hisseden; kâinata, yaşama, yaşadığı alana, insanlara karşı hisseden biri inanın kendi evinde de yaşamında da pek çok insana yer verebilir. Yatağını da yemeğini de başka insanlarla paylaşabilir.

İlginç bir örnek vereceğim; ben kendi içimdeki sevginin derinliklerine inmeden önce tabağıma yemek aldım. Sonra kendi içimdeki sevgiyle bağlantıya geçtikten sonra tabağımdaki bir şeyi de birisine daha rahat verir oldum. Elimdeki yemeği yerken ondan da paylaşabilir oldum. Bunlar çok küçük ayrıntılar ama bütünü gösteriyor. Siz kendi tabağınızdan bir yemeği başkasına verebiliyor musunuz, bir ekmeği bölüp başkasına veriyor musunuz, yoksa hepsini kendiniz mi yiyorsunuz? Kendi hayatınızdaki bazı şeyleri başkalarıyla paylaşıyor musunuz, paylaşmıyor musunuz? Bunların hepsinin farklı etkenleri var. Hayat yolculuğumuzda kesinlikle sevgiyi keşfetmenin ve sevgiyle ilgili farkındalık yaşamanın çok önemli olduğuna inanıyorum. Bizim evlenmek istememizde ya da hayatımıza bir ilişki girmesini istememizde en önemli nokta; başkasıyla paylaşım içinde olmaya ve zıtlıklara girmeye ne kadar açık olduğudur. Sonuç olarak hayatınıza başka biri girdiği zaman bu kişi sizin içinizdeki duygular, düşünceler, işleriniz, alışkanlıklarınız, yaptığınız şeylerle ilgili yorum yapacak, eleştirecek. Bazen karşılıklı çatışacaksınız. Özellikle egosu çok gelişmiş insanlar, kadın olsun, erkek olsun, "Ben başkasıyla anlaşamıyorum" diyor ya da, "Ben yalnız yaşamaktan hoşlanıyorum, başkasına tahammül edemiyorum. Bu yaştan sonra bir adamın derdini çekemeyeceğim," diyor. Bu tür ifadeler, "Ben evrimleşmeye, değişmeye, gelişmeye açık değilim," anlamına geliyor. Sizinle uyumlu olabilecek, illa savaşmak yerine beraber huzur içinde yaşayabileceğiniz dünyada milyarlarca erkek/kadın var. Her erkek illa babanız gibi ya da her kadın illa anneniz gibi olacak diye bir kaide yok.

Tasavvufla, meditasyonla, yogayla, felsefeyle ilgilenen, bu konularda kendisini geliştiren, ademleşmiş ve kendisini bir şekilde geliştirme yoluna yöneltmiş birçok insan var. Lütfen yalnız yaşamak veya duygusallık yoksunu, yüzeysel insanlarla birlikte olmak yerine bu insanları fark edin.

İlişkideki Yıllar ve Çakralar

İlişkideki yıllar konusuna devam etmek istiyorum. Birinci yıl; sol kanalımız, geçmişle ilişkilerimiz, evlilik, ciddi bir ilişki, ruhsal bir anlaşma ya da evrimleşmeyle ilgili süreçtir. İkinci yıl ise daha gelecekle ilgili olan sağ kanaldır. Gelecekle ilgili endişeler ve gerginliği ortaya çıkarır. Üçüncü yıl, şu anda olmaktır. Karşılıklı ama bunun derinliğine ve pek çok şeye ulaşabilmek gibi şeyleri temsil eder.

Birinci yıl aynı zamanda birinci çakra, ikinci yıl ikinci çakra, üçüncü yıl üçüncü çakranın uyumlanmasıdır. Birinci çakra kök çakradır. İkinci çakra öfkelerimizi kabullenişimiz, affedişimiz, geleceğe dair endişelerimiz, kendi gücümüzü gelişime almamız ve yaratım noktalarımız gibi pek çok konuyu temsil eder. Üçüncü çakra ise aileniz, anneniz, kendi dişil özellikleriniz, eviniz ve huzur kavramlarını yansıtır. Kendi merkezinde olmak ve aynı zamanda ikinci çakradan üçüncü çakraya geçerek dördüncü çakraya ulaşmaktır. Üçüncü senede özellikle çok büyük illüzyonlarla karşılaşabilirsiniz; bu illüzyon okyanusunu geçebilmek için kesin bir kararlılıkla kendi merkezinizde ilişkinize sahip çıkarak ilerlemelisiniz.

İlişkilerde Dördüncü Yıl ve Kalp Çakrası

Dördüncü yıla geldiğimiz zaman, gerçekte sol, sağ ve orta kanalımızın çok daha ötesinde bir süreç başlar. Birlikteyken aynı evde oturmuyorsanız, aileleriniz her şeyi kabul ederek anlaşmaya varmamışlarsa, hayat arkadaşı olmaya karar verip beraber bir yolculuğa çıkmadıysanız bu ilişkiden sayılmaz. Orada sadece bir ilişki, sevgi, kendini keşfetme süreci vardır. Aynı eve taşındıktan sonra birinci yıl, ikinci yıl diye sayabilirsiniz; çünkü aynı ev aslında kalp ve astroloji haritasında dördüncü evdir. Bu aynı zamanda güvenlik alanıdır, aydınlanmadır, sevgidir. Ev, topraktır. O yüzden insanlar dördüncü eve geçtikten sonra iki ruhun bir kalpte buluşması, iki enerji alanının bir beden olmasıyla beraber yeni bir süreç başlar. Astrolojik haritada birinci ev sizsiniz. Siz kendinizden ibaretsiniz, başka biri değilsiniz. Kendinizi keşfetmeli; bedeninizin ve yüzünüzün farkına varmalısınız. İkinci evde erken çocukluk döneminin, cinselliğin, yemeğin, paranın, yatak hayatının ve iletişimin merkezindesiniz. Üçüncü ev; aile, iletişim, kardeşlerin başkalarıyla olan iletişimi, hayata karşı kendini gösterme, ifade gücündür. Dördüncü eve geçtikten sonra aydınlanma, evrimleşme, gelişme başlar. Kalpten derinleşilir, sevgiden aydınlanmaya doğru gidilir. Çok ilginçtir ki; bütün astroloji haritasında en önemli evlerden bir tanesi de dördüncü evdir. Benim hocam dördüncü evle ilgili uzun uzun yazılar yazmış ve bu yazıları bir kitap haline getirmişti.

Bazı guruların söylediği gibi, aydınlanmaya ne tepe çakradan ne üçüncü gözden gidilir. Aydınlanmaya dördüncü çakradan, kalpten derinleşerek ilerlenir ki onun da katmanları vardır. Dördüncü ev, evlilikte de önemli bir yer teşkil eder. Evlilikte ilerlerken üçüncü yıla geldiğinizde ikinci çakrayı geçmiş, dördüncü yıla geldiğinizde orta kanalı geçmiş olmazsınız. Birinci yılı geçtikten sonra sol kanalı açmış, ikinci yılı geçtikten sonra sağ kanalı açmış olmazsınız. Belki on yıldır evlisinizdir ama hâlâ sol kanalda yani geçmişte takılı kalmış olabilirsiniz. Genel olarak, sol kanalda takılı kalındığı zaman bu on yıl sürmez ama ikinci yıl, ikinci çakrada gelecekle ilgili endişe kısmında uzun süre kalınabilir. Orada da evlilik uzun süre devam etmez. Üçüncü kanalda çok uzun süre kalınabilir. O illüzyon denizinde yıllar boyu huzursuzluk, borçlar, sıkıntılar, maddi manevi problemler, sevginin derinleşmemesi gibi sebeplerle üçüncü sene aşılamamıştır. O yüzden evlilik sürecinde adım adım ilerlemelisiniz ki o seneleri geçip bir dahaki seneye mezun olun. Yoksa lisede olduğu gibi sınıfta kalıp tekrar edersiniz. Ancak üniversitelerin bir süresi olduğu gibi... Diyelim ki bir kere çift dikiş yaptınız; af çıkarsa ya da İlahi kaynak izin verirse belki tekrar dönebilirsiniz. Ama o affın da çıkması öyle kolay bir şey değildir. Aynı kişiyle aynı şeyi tekrar etmeyin. Bir başka üniversitede devam edin.

Aynı Kalbin İçindeki İki Ruh

Evlilikte dördüncü yıl çok önemlidir. Burada sevgi ve güvenle ilgili bir sınava tabi tutulursunuz. Sevgide misiniz, gerçekten güvende misiniz, birbirinize kalbinizi açabiliyor musunuz? Aynı evin içinde, aynı kalbin içindeki iki ruh gibi uyumlu yaşayabiliyor musunuz? Kendi kalbinizde, yaşam alanınızda sonsuzluklara, sonsuz yaşam anına ve sevginin tüm derinliklerine yer var mı, yok mu? Bu noktada sevgiden daha fazla derinleşerek ilerlemelisiniz. Böyle ilerlediğiniz zaman hayal edebileceğinizden ya da düşünebileceğinizden çok daha büyük mucizelerin ötesine ulaşabilirsiniz.

Dördüncü çakrayı geçtikten sonra, birbirinize karşı sevgi ve güven oluşturduktan sonra her şey değişir. Burada karşınızdaki kişiyi aldatmayı düşünmemek, tam olarak güven ilişkisi geliştirmek çok önemlidir. Zaten sizin içinizde aldatmakla ilgili bir şey yoksa karşınızda da olmaz. Ya da bununla ilgili ailenizden bir şeyi tekrar etmeye çalışmıyorsanız bu size gelmez. Karşınızdaki insanın sizi aldatacağını düşünmüyorsanız aldatmaz. Çünkü bilinciniz, kafanız, bütün enerjiniz bedeninizde birleştiği için karşınızdaki kişi de onu düşünmeye başlar. Ani, bilinçsel bir bağlantı içinde hareket edersiniz. Eğer kafanızda o kişinin sizi aldatacağını düşünürseniz o kişi otomatikman kontrolünün dışında sizi aldatır. Ya da siz o kişiyle cinsel ilişkiye girmiyorsanız, "Bana dokunmasın, cinsellik istemem, ne halt ederse etsin, benden bir şey istemesin," gibi düşünceler beslerseniz hayatınızdaki erkeği dışarıya itersiniz. Bazı kadınlar için cinsellik, çocuk dünyaya geldikten sonra keyifsiz, erkekler için de anlamsız bir hale gelebiliyor. Bu çiftler tamamen usulen bir birliktelik içine girebiliyor. O sırada kendisi yaşanan durumdan mutlu olmadığı için, "Kocam bana bulaşmasın, ben çocuğumu yaptım, kendi hayatımı yaşıyorum, gitsin, beni aldatsın, ne hali varsa görsün," gibi bir bakış açısıyla hareket edebiliyor ama bu durum ortaya çıkınca da istisnasız kıyametler kopuyor.

Ayrıl – Barış İlişkiler Dördüncü Çakrayı Desteklemez

İnsanın kafasında, bilinçaltında, içinde, derinliklerinde ne varsa hayatında mutlaka tezahür eder. Karşınızdaki insanla devamlı ayrılıp barışma halindeyseniz bu dördüncü ev için hiç iyi değildir. Dördüncü yıl içinde kavgalar, tartışma sonrası evi terk etmeler kopuştur. Dördüncü eve ulaşamamaya neden olur; çünkü dördüncü ev, güven alanıdır. Her ne olursa olsun, "Bu insan beni bırakıp gitmeyecek, benimle beraber devam edecek, benimle aynı yolda olacak, sevgide kalacak, benimle o dördüncü evi paylaşacak," demelisiniz. Sizin bedeniniz var, bedeninizin içinde kalbiniz, kalbinizin içinde ruhunuz var. Ruhunuzun da bazen bedeninizin yaptığı şeyleri istemeyip küsüp gideceğini bilirseniz o ruha güvenir misiniz? O kalbe güvenir misiniz? Sonuç olarak orada kalmalı, ondan güç almalı, o sevgiyle ilerlemelisiniz. İlişki sırasında bir başka ruh gelir ve kalbinizin içindeki ruhla bütünleşir. İki ruhun enerjisiyle süreç başlar. Ama ruhlardan bir tanesi, "Bu durum benim işime gelmedi, bitti" derse siz o ruha güvenir misiniz? O yüzden, "Ben onu bırakır giderim, seni bırakır giderim, çocuklara güvenme, annemin evine giderim, boşanırız, yeter artık, bitti, ayrılıyoruz" gibi ifadeleri hiçbir zaman kullanmayın.

Ne olursa olsun geceleri aynı yatağa girmeli, evde beraber kalmalı ve o ilişkiyi devam ettirmelisiniz. Eğer ki dördüncü eve ve o güven alanına geçmek istiyorsanız toprağı sağlamlaştırmalı ve kökleştirmelisiniz. Bunun için de daha önce anlattığım Feng Shui çalışmaları ve bilinç temeli çok önemlidir. Her gece beraber yatağa girdiğiniz zaman sevgilinizin, eşinizin kulağına eğilip şunları söyleyin:

Ben seni çok seviyorum, sen de beni çok seviyorsun, ilişkimiz bundan daha iyi nasıl olur...

Biz hayat boyu huzur ve mutluluk içinde beraber olacağız. Bütün yaşam bunun için çalışıyor.

Birbirinizin beynine bu fikirleri kazımak çok etkilidir. Özellikle gece yatmadan önce söylendiği zaman bilinçaltında ciddi anlamda yer ederler. Evlendikten sonra mutluysanız, birbirinizi seviyorsanız, cinsel ve duygusal anlamda birbirinizden memnunsanız bu cümleleri söylemek çok önemlidir. Bütün bunların farkındalığında olmalısınız.

Dördüncü evin bir anlamda diğer konusu annelerimiz ve hayatımızdaki konumlarıdır. Annelerimizden uzak; ancak onlara karşı saygılı olmak gerekir. Çünkü bir insan, annesinden ve ailesinden ne kadar uzak olursa o kadar yetişkin olabilir. Çünkü annenin yanında kişi hâlâ çocuktur. O noktada evli bir insanın ötesinde daha farklı bir role geçersiniz. Genel olarak anneler, ailelerde karşısındakinin yetişkin olmasına çok bakmazlar.

Ama saygı göstermenin, sonsuz değer verip saygıyla önünde eğilmenin öneminin de özellikle vurgulanması gerekir. Anne babanızı affetmeye gitmeyin; onları affedemezsiniz.

Size saygı duyuyorum, size şükran duyuyorum.

Sizi olduğunuz gibi kabul ediyorum, sizi çok seviyorum.

Böyle demeli ve saygıyla eğilerek onların tüm sevgisine kendinizi açmalısınız. Bu noktada evde atalar köşesinin doğu noktasında yapılması da çok önemlidir. Her iki çiftin de atalarının fotoğraflarının evin doğu köşesinde olması, bunların önünde mum yakılması, saygı gösterilmesi çok faydalıdır. Dördüncü evrede köklerinizi, temellerinizi bir aile olarak sağlamlaştırmanız, birbirinizi dinleyip iletişiminizi daha da kuvvetlendirmeniz çok önemlidir.

Dördüncü ev, geçmişte gittiğiniz mekânlardan ziyade, daha önce hiç gitmediğiniz mekânlara, şehirlere gitmenizi, özel paylaşımlara kavuşmanızı önerir. Özel deneyimlerinizin olması ve onları belgelemeniz, hatta maddesel forma dönüştürmeniz; yani fotoğraflarla, yazılarla, videolarla evinizde görünür bir yerde onlara bir yer vermeniz çok önemlidir. Evde özellikle kuzeybatı noktasına dostlarınızla olan güzel fotoğraflarınızı, batı noktasına beraber yaptığınız şeylerle ilgili pozitif fotoğraf ve videoları koymalısınız. Beraber bir kutu yapmalı ve birlikte boyamalısınız. Okuduğunuz kitapları, özellikle kuzeydoğuya koymalısınız. Aynı kitabı ya da farklı kitapları okusanız bile birbirinizle paylaşın. Birbirinize yazdığınız mektupları, aldığınız notları derinleştirin. Bunların hepsi kuzeydoğuda olsun. Ailelerinizin fotoğrafları, ikinizin beraber fotoğrafları özellikle güneybatıda olsun. Hem yatak odasına hem salona hem evin güneybatısına ilişkinize şans getirdiğini düşündüğünüz nesneleri yerleştirin. Kariyer hayatınızda birbirinize destek verdiğiniz yönler, etkinlikler, fotoğraflar kuzeyde olsun. Beraber yaptığınız yatırımlar, paranız, banka hesaplarınız ve beraber aldığınız eşyalar, altınlar, takılar vs. özellikle güneydoğuda olsun. İlişkiyle ilgili şeyler güneybatıda, parayla ilgili şeyler güneydoğuda durmalıdır. Bunların hepsi Feng Shui açısından ciddi anlamda evinizi ve ilişki hayatınızı kodlamanızı sağlar.

Tüm bunlarla ilgili emek sarf edin, ilişkinizi derinleştirin ve geliştirin. Sevgiliyken de evlendikten sonra da bunlar için zaman yok diye düşünebilirsiniz.... Ancak mutluluk dolu bir ilişki yaşamak, birbirinizi geliştirmek istiyorsanız tüm bunları adım adım uygulamanızı önemle tavsiye ederim.

Türkiye ve dünyada çok genel bir konu olarak, ilişkinin en başından itibaren özellikle erkeğin annesinin evin içinde çok sık ve fazla vakit geçirmemesini de önemle vurgulamak gerekir.

Dördüncü evle ilgili bir başka önemli nokta ise evdeki bütün eşyaları beraber seçmenizdir. Dördüncü evi, dördüncü yılı beraber kurmanız ev, sevgi ve kalp adına son derece önemlidir. Beraber yaratımınız olmalıdır; yani sadece birinizin aldığı değil, beraber aldığınız kararlarla ilerlemelisiniz.

İlişkilerde Beşinci Yıl ve Beşinci Çakra

Beşinci yıl, beşinci ev, beşinci çakra iletişimdir. Birbirinizle konuştuğunuz dilleri, anlatış biçimlerinizi, kendi aranızda geliştireceğiniz dilleri temsil eder. Aranızdaki sorunları ve sıkıntıları kesinlikle üçüncü şahıslara anlatmamalısınız. Hayatınızda yaşadığınız problemleri, sıkıntıları başkalarına anlattığınız zaman onları büyütüyor, başka insanların o yöne dikkatini vererek rahatlamasına ve içsel olarak sevinmesine neden oluyorsunuz. Bunu bir terapiste, psikoloğunuza, psikiyatristinize, hipnoterapi terapistine taşıyabilirsiniz. Ancak böyle bir danışmana giderseniz de o kişiye hayatında bir problem olup olmadığını mutlaka sorun. Tanıdığım bazı insanlar yirmi yıldır kendi özel hayatında hiç dikiş tutturamamış olmasına rağmen ilişki danışmanlığı yapıyorlar. Kendi söküğünü dikebilen bir terziye gidin. Terzi kendi söküğünü dikemez diye bir şey yoktur! Mantıksal olarak baktığınızda da bir terzinin kendi söküğünü de dikmeyi öğrenmesi gerekir. İnsan ancak kendisi bir şeyi başardığı zaman başkasına yardımcı olabilir. Aksi takdirde sadece ezberlediği bilgiyi paylaşmaktan öteye geçemez. Kişi içsel olarak başaramadığı ve onunla ilgili içinde bir boşluk yaşadığı bir konuda eğitim veremez. O yüzden başarmış insandan dinlemek her zaman daha iyidir. Ben ekonomiyle ilgili karar verirken, dünyanın en iyi üniversitesini bitirmiş bir insandan fikir almak yerine, kendi hayatına sıfırdan başlayıp başarılı olmuş insanları tercih ediyorum.

İletişim noktalarında özellikle kendi hayatınıza, evinize, ilişki hayatınıza daima mutlu insanları sokun. İlişki hayatında mutsuz olan, sürekli acılarını anlatan, mutsuz olan insanları evinize, hayatınıza sokmayın; onları özgürleştirin. Buna kardeşiniz bile dâhil. Tabii o insana yardım etmeye, çözüme yönelik destek olmaya çalışabilirsiniz ama düzenli olarak siz onu çözüme yönlendirmenize rağmen o noktadan vazgeçmiyorsa o zaman daha fazla alanınıza almamalı, kendi haline bırakmalısınız.

Eğer özellikle ilişki hayatınızda problem varsa mutlu insanlarla görüşün. Evli değilseniz veya ilişkiniz yoksa mutlu olan insanlarla görüşün, onların hisleriyle empati kurun, o hisleri öğrenip hayatınızda geliştirin. O hissi size yaşatacak insanları hayatınıza çekin. Sadece düşünce ve sözcük gücünün dışında bir de his ve duygu gücü vardır. Siz kendiniz o duyguya gelmeden, o duygunun ne olduğunu bilmeden, o duyguyu hayatınıza çekemezsiniz. Frekansını bilmediğiniz bir radyo kanalını nasıl dinleyebilirsiniz? İlk önce o frekansı öğrenmelisiniz ki bu aşılanmalıdır. Aslında çok zengin ve başarılı insanlarla yan yana olanların çocukları sonrasında çok zengin olurlar. Neden; o hissi, o algıyı onlardan öğrenirler, bir tür aşılanma alırlar. O yüzden bir konuyla ilgili başarılı olan insanlarla görüştüğünüzde onlarla bağlantıya geçer, ciddi bilgi ve tecrübe alırsınız, aşılanır ve kendinizi geliştirirsiniz. Beşinci ev, iletişim olduğu için aynı zamanda tanrısal diplomasidir. O yüzden diplomatik bir şekilde, karşınızdaki kişiyi kırmadan konuşmak bu noktada çok önemlidir. Suçluluk duygusu duymak, yaptığınız hatayı görmek istememektir. "Hatamı olduğu gibi görüyorum ve kabul ediyorum," deyip, farkındalığa vararak ondan özgürleşmek gerekir.

İlişkilerde Altıncı Yıl ve Altıncı Çakra

Birinci yıl kök çakradır; kök, geçmiş ve aile temizliğini ilgilendirir. İkinci yıl sağ kanaldır, ikinci çakra temizliğinden ibarettir. Endişeler, bütün finansal konular özellikle temizlenir. Üçüncü yıl üçüncü çakranındır; aile, huzur, maddiyat, ev, yaşam konularındaki temizliktir. Dördüncü yıl; dördüncü çakra, dördüncü evdir yani sevgi, kalp, aydınlanma, gelişme, evrimleşme, anneyle ilgilidir. Sevginin çok daha derinlere inmesidir; beraber güven alanını temin etmektir. Beşinci yıl beşinci çakrayı ilgilendirir; yani iletişim, Tanrısal diplomasi, birlik olmak ve önden geliştirmektir.

Altıncı yıl ise zihindir; altıncı yıla geldiğimiz zaman zihinsel olarak kendimizi geliştiririz. Zihin için her şeyden önce birbirinizi olduğunuz gibi kabul etmelisiniz. O kişinin ilahi kaynak ve sonsuz birliğin farklı bir yüzü; zıttınız; bu yaşamda evrimleşmeniz, gelişmeniz için size hizmet eden bir bilinç olduğunu kabul etmelisiniz. O noktada eşler birbirini kabul edip sonsuz affediş ve saygı bilincinin ötesine geçtikleri zaman, aslında bilinçle, zihinle, beyinle kalbi birleştirmenin ne olduğunu anlayabilirler.

Kısacası altıncı yıla geldiğimizde dördüncü yılın yetilerini, gücünü yanımıza almalı, zihinle kalbi bir saymalı, zihinden kalbe inerek kalpten yaklaşmalıyız. Zihinden değil, kalpten algılamaya başladığımızda her şey değişir. Bunu başaramadığımızda zihinsel çakışmalar ortaya çıkar ve bunlarla başa çıkamayız. Bu noktada sevgiyi unutmamalı, karşımızdakini olduğu gibi kabul etmeliyiz. Tabii adil ve sonsuz birliğin farkındalığında olmak, karşınızdaki insanın sevgisini de algılamak gerekir.

İlişkilerde Yedinci Yıl ve Yedinci Çakra

Yedinci sene, inançtır. İlişkinin devamına, ruhuna, bilincine tam olarak inanmaktır. Yedinci sene ve çakra farkındalıktır ve artık birlik konumudur.

Yedinci seneyi geçtikten sonra çok daha farklı bir bilgi konumuna geçersiniz. Arkasından onunla ilgili sınavları aşarsınız. Sekizinci yıl ve çakra şüphesiz inanç, ilahi kaynağın bilgeliğiyle bağlantıya geçebilmektir. Yaşamdan bilgileri, yaşamın verdiği mesajları alabilmek, yaşamla konuşabilmek ve yaşamın sizinle konuşabilmesiyle daha derin bir noktaya geçmektir. Bir ağacın artık meyvelerini vermesi gibi, dünyaya hediyelerinizi vermeniz ve daha önce olmayan bir şeyleri dünyaya sunmanızdır. Bu bir çocuk olabilir, yazdığınız kitap olabilir, insanlara verdiğiniz hizmet olabilir, kendi hayatınızda, ilişki düzleminizde ortaya çıkaracağınız bambaşka bir serüven olabilir. Dünyaya sunacağınız hizmetler, evler, mekânlar, birbirinizin işini desteklemeniz olabilir.

İlişkilerde Sekinci Yıl – Sonsuzluğa Açılan Kapı

Sekizinci çakranın ötesine geçmenizle beraber, apayrı bir bilinç seviyesi ortaya çıkar. Sekiz, sonsuzluğa açılan kapıdır. Aynı zamanda sekizi gerçekten geçebiliyorsanız o zaman ruhen sonsuz yaşamda birbirinizi desteklemeye doğru da ilerleyebilirsiniz.

İlişkilerde 9, 10, 11, 12 ve 13. Yıllar

Ermişlik makamı 9'dur. 9. çakra, ilahi adalet ve sonsuz bilgeliğin kanalıdır. 9. seneyi geçtikten sonra artık bambaşka bir farkındalıktan, bambaşka bir algıdan ilerlersiniz. 10. seneyi geçtikten sonra tamamlanmak ve bütünleşmek için bütün çakraları, kanalları geçtikten sonra 11. sene kapıdır. 10. sene tamamlanmaktır. 11. sene evrenin, sonsuzluğun, yeni başlangıçların, bilinmezliklerin ve mucizelerin kapısıdır. 11. sene dünyaya hiç açılmamış bir kapıdır. 11. seneden sonra dünyaya hiç açılmamış ve hem kendinize hem de başkalarının hayatına bambaşka kapılar açarsınız. 12. sene, sonsuz bütünleşme ve o yeni açtığınız kapının tezahürünü ortaya çıkarmaktır.

13'e geçtiğiniz zaman kaynağın merkez noktası artık ebedi güce ulaşmadır. 1 ile 3'ü toplarsanız dört çıkar; aslında 13. yıl, dördüncü çakra ve dördüncü yılın güçlü bir tezahürüdür. Ondan sonra 13'ün ötesindeki, bütün 13'lük dönemin ötesindeki, 13. çakranın ötesindeki sonsuz güven ve mucizelere doğru ilerlersiniz. Tabii gezegensel olarak sayacak olursak; Satürn, Jüpiter, Venüs, Mars, Ay, Güneş, Merkür, Neptün, Plüton, Uranüs... 8 gezegen, Ay ve Güneş temel noktadan çıkarlar. Ay'ın düğümleri Rahu ve Ketu'yu alırsak 11 ve 12 nokta çıkar. 27 tane yıldız var ve farklı konumlarda farklı gezegenlerle birleşince farklı sonuçlar ortaya çıkar. Sirius ve Altion yıldızı 13. kapının çok daha ötesinde gezegensel ve evrensel düzlemde farklı yansımalardır. Belki bunun ötesinde, bizim gördüğümüzün, düşündüğümüzün ötesinde farklı yansımalar vardır ve farklı şeyleri temsil ediyordur. Orada bilinmezlerin ötesinde bambaşka bilgiler var çünkü biz kendi dünyamızda gelişirken kolektif bilinç de, uygarlıklar da gelişiyor. Her şeyin kendince bir ömrü ve yaşı var. İnsan ömrünün bütün gezegenlerde döngüleri var; Venüs'te 20 yıl, Ay'da 10 yıl, Güneş'te 7 yıl gibi. (Vedik astrolojide *daşa* olarak geçiyor.) Onları geçtiğiniz zaman belki de 120 yıldan bile uzun bir süre yaşayabilirsiniz.

Hayatımızdaki Kapılar

En önemli noktalardan bir tanesi de birbirinizin aydınlanmasına ve sürekli gelişmesine; sevginin kaynağının gerçek gücüyle bağlantıya geçip onu ilahi kaynağa sonsuzlukla ve dünyayla bir olarak yansıtmanıza, dünyadaki kozmik ve kolektif bilinçte bazı kapıları açmamız için 11. kapıya ilerlemenizdir. İnsanların birlik olarak, aile olarak beraber olmaları, ilerlemeleri aslında ruhsal ve bedensel olarak evrimleşmeleri için gereklidir. Bir insan, dünyada bir şeyi başardığı zaman onu temsil eden milyonlarca, belki de milyarlarca insanın başarmasına vesile olur. Bir insan, bir şeyi aştıktan sonra kolektif bilinçle arasındaki kapı kırılır, kilidi açılır ve diğer bütün insanlar da bu kapıyı rahatlıkla aşabilir hale gelirler. Örneğin, bilim insanlarının yaptıkları araştırmada birbirinden uzak, belli bir çevredeki adalara maymunları yerleştirip hepsine de birer makine koyuyorlar. Bir maymunun, makinayı kullanmayı başarmasının hemen ardından diğer maymunların hepsi aynı anda makineyi kullanabiliyorlar; çünkü kolektif bilinçleri birinin başarmasıyla ortaya çıkıyor.

Günümüzde çocuklar, teknolojiyi nasıl da hemen kapabiliyor? Kolektif bilinç sayesinde bunun için gerekli algıya zaten sahipler. Hz. İsa çarmıha gerildiği zaman kendisine yapılan bütün zulme ve acılara karşı herkesi ve her şeyi olduğu gibi affetmenin ötesinde bir algıyla yaklaştığında belki de o altıncı çakra; yani affetme bölümü devreye girdi. Dünyadaki bütün insanları affedebilmesi ve sevgiye ulaşabilmesi; dünyadaki insanların savaştan, acıdan çıkabilmesi için sonsuz bir kapı açtı. İnsanların affedebilmesini, birbirini olduğu gibi kabul edebilmesini ve çok daha yüksek bir bilince geçmesini sağladı. Hz. Musa denizi ortadan yarıp geçtiği zaman, belki de insanların ikinci çakradan üçüncü çakradaki illüzyonu geçip kalbe, sevgiye ulaşmasını temsil etmiş olabilir. Hz. Muhammed'in bütün o zorlukların, acıların içinden geçerek kadınlarla ilgili verdiği mücadeleler, belki de dördüncü çakrayla, kalp ve sevgiyle ilgilidir; çünkü kalp sol taraftadır ve anneyi temsil eder. Astroloji haritasında da kadınlarla ilgili verdiği mücadelelerde söylediği her şeyin, yaptığı tüm çalışmaların, Kur'an-ı Kerim'in gerçeğini algıladığınız zaman sevgiyle ilgili olduğunu görüyorsunuz. Belki de insanlara, sevgiyi çok daha farklı bir kapıdan o sayede açmıştır. Buda'nın bir banyan ağacının altında, karanlıktan bilinçle aydınlanmaya gitmesidir; bütün karanlıkların, şeytanın ona doğru geldiğini görmesi aslında bir illüzyon; kolektif bilincin rüya âlemindeki bir yansıması. Hepsini çözüp oradan aydınlanmaya gitmesiyle insanların rüya âlemindeki ve bütün kolektif bilinçteki düşüncelerin aydınlanmaya ve sonsuz bilince doğru ilerlemesi için ayrı bir kapı açmış olabilir.

Dünyaya gelen değerli peygamberlerin, evliyaların her biri, bulundukları coğrafyada müthiş ve yepyeni kapıları farklı versiyonlarda açmışlardır. Bence Hz. Mevlânâ, Türkiye'nin bulunduğu toprakların kalbidir. Ben bir şey yapmadan önce kalben onunla bağlantıya geçmenin, ondan izin istemenin önemine ayrıca inanıyorum. Hz. Mevlânâ'nın sevgisiyle kalbe inmek, son derece önemli bir farkındalığa geçmektir. Kimse mükemmel değildir; dünyada bir insan bir bedenin içinde yaşıyorsa mutlaka birçok konuda hatası vardır. Hz. Mevlânâ, yaptıklarıyla çok farklı bir bilinç ortaya çıkarmıştır ki bunu zaten 800 yıllık bir öğretinin günümüze kadar bozulmadan devam etmesinden de görebilirsiniz. Ailesi de halen sevgiyle, sevgi makamını, bir aşk makamını devam ettiriyorlar. Bu öğretide ne zulme ne acı çektirmeye ne de can almaya yer var.

Ben Hacı Bektâş-ı Velî'nin ve birçok evliyanın da insanların kolektif bilinç kazanması yolunda önemli kapılar açtıklarına inanıyorum. Onlara da sonsuz teşekkür ve şükranlarımızı sunmalıyız. Peki, biz bu hayatta ne yapabiliriz? Hayatımızda aşamadığımız bazı şeyleri aştığımız zaman binlerce, hatta milyarlarca insanın da bunları aşmasını sağlayabiliriz. Dünyada farklı kapıları aşabiliriz ama zaten halihazırda aşılmış kapılarla ilgili zorluk çekiyorsak; ailemizde bazı durumlara takılıyor, bazı şeyleri kopyalıyor ya da tekrar yapıyorsak bunun sebebi insanların yaşamlarına, atalarımızın deneyimlerine karşı duyduğumuz sevgi, korku veya öfkedir. Bu gibi hislerimizden ötürü bu deneyimler hayatımızda tezahür eder. Bunların hepsini aşmamız gerekir.

Karanlık Yanlarınızla Barışın

Eğer yaşamımızda mutsuzsak ve neşeden uzaksak ruhumuzdan da uzağızdır. Ruhumuzdan uzaksak gerçekten sevdiğimiz şeyi yapmıyoruz demektir. Yaşamımızda enerjimiz yükselmiyor, yaşama karşı heyecan, mutluluk, neşe hissetmiyorsak ruhumuzun isteklerini karşılamıyoruz demektir. Bilincimizle ruhumuzun bir olmadığı, kalbimizin açık olmadığı ve etrafına duvarlar ördüğümüz, sevgiyle bağlantıda olmadığımız anlamına gelir. Bu noktada da bütün sevgiyi kendimize açmalı, kalbimizin etrafındaki duvarları yıkmalıyız. Dikkatimizi kendi içimize ve bilincimize odaklamalı, evrenin ve tüm yaşamın bize verdiği mesajları tekrar etmeliyiz. Kendi içimizde ilerlediğimiz sürece önemli noktalara dikkat etmeliyiz.

Biz bütünün bir parçası olduğumuz için rahatsız olduğumuz her şey bizim karşımıza gelir. Kendi içimizde çok karanlık bir durum veya dünyanın bütününde halihazırda olan ama bizim reddettiğimiz bir gerçek varsa yaşamımızda tezahür eder. Dolandırıcı, hırsız, yalancı, kavgacı, öfkeli, cimri ya da bonkör– karanlık yanımız hangi biriyse onu hayatımıza çekeriz. Kendi içimizdeki bu karanlık yanı olduğu gibi görüp kabul edersek onu ancak serbest bırakırız. Örneğin, ben cimrilikle ilgili çok büyük mücadele verdim. Çünkü annem, babam da çok bonkör insanlardı. Ben de hayatım boyunca hep bonkör oldum ve cimrilik benim algıma göre kötü bir şey olarak kaldı. O yüzden hayatım boyunca karşıma hep çok cimri insanlar çıktı. Beş lira için kalp kıran, inanılmaz zengin olmasına rağmen benden para isteyen insanlarla karşılaştım. Sonra cimrilikle barışıp bunun olabileceğini kabul edince ve kendi içimdeki cimrilikle de barışınca cimri insanların hayatımdan çıktığını gördüm. Arkadaşlarım ya da kuzenlerimle dışarı çıktığım zaman bütün hesabı kendim ödemek yerine insanların da ödemesine izin verdim. Zaman içinde hayatımda çok ciddi anlamda rahatladığımı gördüm.

Peki, hırsızlık ya da dolandırıcılıkla ilgili bunu nasıl yapabilirsiniz? Kendi içinizdeki kıskançlığı, haseti yener, başkalarının malını, mülkünü kıskanmaz ya da onlarla ilgili içinizdeki yokluk duygusuyla barışıp bunu bir terapiste ya da bunu çözümleyecek birine dile getirir, yazar, barışıp bunu olduğu gibi kabul eder, hatta bununla ilgili derin meditasyonlar yapıp daha sonrasında bunu serbest bırakırsanız kolaylıkla çözüme ulaşabilirsiniz. Yaşamın aslında size sonsuz nimet ve güzellikler sunduğunu, yokluk duygusundan varlık duygusuna geçtiğiniz zaman özümseyebilirsiniz. İlişkinizin olmaması durumunda da başkalarının evliliğini, mutluluğunu kıskandığınız zaman hayatınızda tam tersi durumlar ortaya çıkabilir. O yüzden bundan da özellikle özgürleşmeye çalışın.

Kıskançlık Kıtlık Enerjisidir

Her neye karşı kıskançlık ve haset duyuyorsanız o sizin hayatınızda eksik kalır. Ben rekabete hiç inanmam. Biriyle rekabete girmeniz sizin ilerlemenize engel olur. Birisiyle rekabet edeceğinize kendi yolunuzda ilerleyin. O kişinin de deneyimine sahip olun, hatta onu destekleyin. Göreceksiniz ki iyilikte kalarak katbekat fazlasını elde etmişsiniz.

Ben hayatım boyunca başkalarına iyilik yapmaya çalıştıkça iyilik buldum. Yani yardım etmeye çalışırken hep bana iyilik gelmiştir, sorunum çözülmüştür. Ama o bilinçle, o düşünceyle yapmıyorum bunu. Kendi içimdeki iyiliği, sevgiyi yükselterek yapıyorum. İçinizdeki sevgiyi beslerseniz günden güne büyür. Yaşamınızda neleri beslediğinize dikkat edin; öfkenizi mi, savaşı mı, kızgınlığı mı, nefreti mi, sevgiyi mi, aşkı mı, mutluluğu mu, huzuru mu? Neyle besleniyorsunuz, hangilerini destekliyorsunuz, hangilerine daha çok desteğinizi veriyorsunuz? Seyrettiğiniz filmler sizin hangi düşünce ve duygularınızı besliyor? Dinlediğiniz şarkılar size ne hissettiriyor? Okuduğunuz kitaplar sizin hangi his ve duygularınızı besliyor? Yaptığınız her hareket, gittiğiniz her mekân, şehir, ortam, tanıştığınız her insan, girdiğiniz her aile ortamı, evinize davet ettiğiniz her insan, düzenlediğiniz partiler, girdiğiniz işler, bitirmeye çalıştığınız işler, geleceğe dair planlarınız... Bütün bunlar sizin hangi yönlerinizi, hangi düşüncelerinizi besliyor? Bütün bunları tek tek yazıp farkındalık elde etmelisiniz. Bunu yapmadan nasıl hayatın içinde yürüyebilirsiniz? Bu karanlıkta yürümekten farksızdır. Karanlıkta yürümek yerine hayatınızdaki her bir noktaya bakmalı, buna zaman harcamalı ve farkındalığa doğmalısınız. Farkındalığa uyanmalı ve farkındalık içinde yaşamalısınız. Ne yapıyorsunuz ve ne yapmaya çalışıyorsunuz? Yaşamınızın içinde insanlara anlattığınız hikâyeler, öfkelendiğiniz konular neler? Başkalarına karşı kötülük yapmaya çalışırken aslında ne yapmaya ve neyi tekrar etmeye çalışıyorsunuz? Hayatınızdaki her bir noktada kendinizi nereye doğru götürmeye çalışıyorsunuz? Mutluluğa, neşeye, huzura, bolluğa, berekete, kolaylığa, rahatlığa doğru mu? Yoksa ölüme, mutsuzluğa, huzursuzluğa, kavgaya, savaşa doğru mu? Toplumlar da silaha yatırım yaptıkça savaşa kapı açıyorlar. Oysa felsefeye, barışa, eğitime yatırım yaptıkça gelişmeye, aydınlanmaya kapı açıyorlar. Medyaya, iletişime kapı açtıkça daha çok kendinizi ifade etmeye, daha geniş kitlelere ulaşmaya ve gençleşmeye kapı açarsınız. İletişim insanın ve toplumların daha fazla yenilenmesine ve büyümesine olanak sağlar, gençleşme enerjisini meydana çıkarır.

Bütün sonsuzluk her an gelişirken, biz de kâinat ve evrenle bağlantıda olduğumuz için otomatikman gelişmek, büyümek ve yenilenmek zorunda kalırız. Yenilenmek de bizim gençleşmemizi, aydınlanmamızı sağlar. Yaşlanmak yenilenmemektir. Siz yenilendiğinizde ve aydınlanmaya doğru ilerlediğinizde bir de bakarsınız ki fiziksel bedeniniz hücrelerini kendi kendine yeniliyor; günden güne yenileniyorsunuz. Gençliğinizdeki sizden eser kalmıyor. Gençliğinizdeki siz toy bir enerji yaratırken, olduğunuz yaşta hücreleriniz, bilinciniz ve enerjinizin değişmesiyle birlikte bambaşka, yenilikçi, açık ama olgun, bilge bir çocuk enerjisi ortaya çıkarırsınız. Bu bağlamda da bütün hepsinin ayrı ayrı özellikleri vardır.

Okumaktan, Dinlemekten ve Yazmaktan Hiç Vazgeçmeyin

Her an okuyarak, yazarak ve dinleyerek yaşamımızda sonsuz mucizeler yaratabiliriz. Çünkü kutsal kitabımız, "Oku" ile başlıyor. Başka bir kitap "Dinle" ile başlıyor ve hep "yaz" deniliyor. O nedenle okumak, yazmak ve dinlemek çok önemlidir. Biz hayatımızın her anında, yaşamı, evreni, kâinatı, gezegenleri, numaraları, sembolleri, ailemizi, kendimizi, bedenimizi ve hayatımızdaki herkesi ve kendi içimizi okumalıyız, yazmalıyız ve dinlemeliyiz.

Kadın, her şeyden önce çok büyük bir güç olduğu için kendi gücüyle bağlantı kurmalı. Çünkü hep söylenildiği gibi, her güçlü erkeğin arkasında güçlü bir kadın vardır. Çünkü erkek mekaniktir, kadın ise enerji kaynağıdır. Kadının enerjisi, gücü, yaydığı yaşam enerjisi erkeklerin hayatını her açıdan etkiler. Bir insanın en temel yaşam kaynağı babası değil, annesidir. Dünyada ataerkil diye düşündüğümüz birçok ülke aslında tamamen anaerkildir. Bütün mitolojik öğretilerde Tanrılar değil, Tanrıçalar en güçlüdür. Kadının gücünün, kıymetinin günden güne daha da çok farkına varıyoruz. Bundan binlerce yıl önce farkına varmış olsak da zamanla bu bakış açısı unutulmuş.

Kadının Gücü Kalbinde Yatar

Kadın; atalarından, ailesinden ya da geçmişte yaşadığı bazı olaylardan dolayı çektiği acı ve sıkıntılar sebebiyle kalbini kapatmış olabilir. Kadın, annesi ya da ailesindeki insanlar kalbini kapattığı için ya da çok sevdiği, değer verdiği biri tarafından kalbi kırıldığı için de kalbini kapatabilir. Babasına ya da annesinin kocası kalbini kırdıysa da yine erkeklere karşı kalbini kapatabilir. Ailede çok ciddi bir cinayet, göç, soygun, iflas gibi bir olaydan zarar görmüş olan kadınlar da kalplerini kapatmış olabilirler.

Kalbi kapatmanın sonucunda kişiler, kalbe inmek yerine daha çok zihinde olmaya başlarlar. Kalpte kalırsa, kalbini açarsa yeniden kalbinin kırılacağına, canının acıyacağına inanır. Bu bilgi hem hatırladığı geçmişinden hem de DNA'larından gelir. Kalbinin etrafındaki duvarları kaldırdığı zaman kalbinin kırılacağından korkan kadın o duvarları indirmez. Bu durum ailesine karşı ciddi öfke, kızgınlık besleyen çocuklarda çok daha yoğun bir şekilde ortaya çıkmaktadır.

Kişiler kalplerini kapattıkları zaman histe, algıda, hassasiyette, empatide olmak, sevgiden bakmak yerine; her şeyi zihinsel düzlemden görürler ve yaşamlarına kimseyi almazlar. Duvarlarını geliştirirler. Fazla egoist olan, empati kuramayan kişiler kendilerini daha çok yalnızlığa doğru çekerler. Empati önemlidir çünkü insanlar empati kuramadıkları için hayatlarında büyük problemler yaşarlar; çünkü karşılarında olan biteni anlamak yerine her şeye, herkese kızmayı ve öfkelenmeyi seçerler. Güçlü bir kişi karşısındakine sinirleneceği bir durumda önce empati kurmayı seçerse sinirlenmez.

Empati kabiliyetini geliştirmek için de psikodrama ve aile dizilim çalışmalarına katılmak faydalı olabilir. Empatiyle ilgili okuyup araştırarak, inceleme yaparak kişinin kendisini geliştirmesi gerekir. Kişi çevresindeki insanlarla empati kurmaya başladığı zaman yaşam çok daha kolaylaşır ve çok daha rahatlatır. Siz empati kurabildiğiniz zaman karşınızdaki insan, onu gerçekten anladığınızı fark ederek size çok daha yakın davranır. Aslında empati kurduğunuz zaman, bir anlamda insanın kalbini açmasını, duvarlarını kaldırmasını da sağlayabilirsiniz.

Kalbinize daha çok yoğunlaşın. Dikkatiniz neredeyse enerji orada çalışır. Zihninizden sevgiyi hisseder, kalbinize yoğunlaşırsanız bütün evren ve yaşam sizin için oraya akar, bilinciniz oraya gider. Dikkatinizin nerede olduğu çok önemlidir. Bunun için bir çalışma yapabilirsiniz. Ufak bir defter edinip bunu gün boyu yanınızda taşıyın. Bir ay boyunca, kurduğunuz alarm çaldığı sırada (her yarım saatte bir) dikkatinizin nerede olduğunu yazın. Aradan bir ay geçtikten sonra notlarınızı geçmişe dönük olarak okuyun. Dikkatiniz kendi içinizde mi, ilahi kaynakta mı, sevgide mi, mutlulukta mı, yoksa nefrette mi, öfkede mi, kızgınlıkta mı, başka bir insanda mı, parada mı? Nerede dikkatiniz? Çünkü dikkatinizle ilgili çalıştığınız zaman kendinizi gerçekten geliştirir, zamanla da müthiş mucizeler yaşamaya başlarsınız. Dikkatiniz zamanla güçlenir, odaklanır ve yücelir. Dikkatinizi özellikle bir noktaya doğru odakladığınızda daha önce dikkatinizi toplayamadığınızı fark edeceksiniz.

Dikkat defterini, rüya defteri gibi kullanmaya başladığınızda insanlarla ilgili analiz yapabilirsiniz. Bütün bu notları ve çalışmaları tuttukça, birden gerçek anlamda bilincinizin ve dikkatinizin çok daha başka bir boyuta yöneldiğini göreceksiniz. Hayatınıza biri girdiğinde ya da bir şey olduğunda dikkatiniz o kadar çok kaynakla bağlantıya geçer ki bir noktadan sonra sizin dikkatinizin kaynağı olur. Ancak bunun için ilk önce dikkatinizin kendi kalbinizde, içinizde gelişmesi; artık zihnen değil, kalben dikkat vermeniz; duygularınız, düşünceleriniz ve hislerinizle farkındalık geliştirmeniz; öte yandan da size ait olmayan duygu ve düşüncelerinizden, yargılarınızdan, inançlarınızdan, kalıplarınızdan kurtulup farkındalık elde etmeniz gerekir. Özgürleşmeniz ve içinizdeki bütün negatif, olumsuz düşünceleri, duyguları, hisleri pozitife dönüştürmenizle beraber yavaş yavaş içinizde sınırsız bir açılım olur. Bir diğer deyişle, enerjisel olarak içiniz boşalır. İçiniz temizlendikçe evrenin, kâinatın, sonsuzluğun, gezegenlerin, galaksilerin, bütün her şeyin, %99'u boşluktan ibaret olan atomun bile dönüşünü sağlayan ana kaynakla akışa geçmeye başlarsınız.

O algıyı, farkındalığı, bilinci zaman zaman çok yoğun bir şekilde hissedebilirsiniz. Zamanla da içlerinden çıkabilirsiniz. Ama bilin ki o algı içinde olduğunuz zaman hayatınızda inanılmaz mucizeler gerçekleşir. Ben de o farkındalıktan ilerlediğimde hayallerimin, düşüncelerimin, duygularımın ötesinde yaşıyorum. Bu süreçte çok ilginç olaylarla karşılaşıyor, hatta hatalar yapıyorum. Ama değişmek, dönüşmek, aydınlanmak, mutluluk akışının kaynağıyla bağlantıda olmak, üretmek, yenilenmek, sonsuz olasılıklara açık olmakla ilgili inanılmaz kararlıyım. Kararlılığım, isyan veya şikâyet etmeyişim, inançsızlığa boyun eğmeyişim, kendimi farkındalıktan uzaklaştırmayışım sayesinde yaşam ve kaynak benden vazgeçmiyor. Bazen insanların tek bir çalışma yaparak kendilerini olduklarından farklı bir noktada gördüklerine şahit oluyoruz. Böyle insanlar yaptıkları çalışmalar sonrasında egolarını şişirerek aslında kocaman bir kayayı önlerine atıyorlar ya da kendilerine çukur kazıyorlar ve sonrasında da bataklığa saplanıyorlar. Tekrar o bataklığın içinden çıkma çalışmaları yapıyorlar ve bu noktada bir ilerlemeden ziyade aslında bir kısır döngü oluşuyor. Her şeyden önce kararlı olmalısınız. Hayatınızda eğer kaynakla bağlantıda, akışta ve mutluluk içinde olursanız pozitif şeyler yaratır, mutlu bir evlilik yapabilir, çocuğunuzun hayal ettiğiniz gibi yetişmesini sağlayabilirsiniz. Hayatınızda neler yaratmak, neler yapmak istiyorsanız bunlarla ilgili kararlı olmalısınız. Belki istedikleriniz, düşündüklerinizin çok daha ötesinde olacaktır.

Çocukluğumdan beri zaman zaman düşüncelerimin, hayallerimin ötesinde kendimi sahnede hayal ediyordum. Sahnedeydim ama bir fikrim yoktu, sadece hayal ediyordum. İçsel bir hissim vardı, şirketlere devamlı eğitimler veriyorum. 500-1000 kişinin önüne çıkıyor, seminerler veriyorum. Sürekli insanlarla bağlantı halindeyim, gazetede yazıyorum, önemli televizyon kanallarına çıkıyorum, kitap yazıp imza günleri düzenliyorum. Düşüncelerim beni doğru yola götürüyor. Şu anda da başka bir noktaya, daha ileriye doğru götürüyor. Hayatım boyunca kişisel gelişimimde hep daha farklı bir noktaya doğru götürüyor.

Bir şeye hiçbir zaman takılı kalmamalıyız. Ondan gelişerek ilerlemeliyiz. Ama ne yazık ki çoğu zaman kendi hayatımızda kendimizi bir şey olarak kodluyoruz ve onda takılıyoruz. Orada bir güven alanı belirliyor, kendimizi ilerlemeye, yeni bir şeyler üretmeye açmıyoruz.

Neyi Severseniz Evren Size Onu Sunar

Siz dünyaya ne verir, ne üretirseniz evrenden ve bütün sonsuzluktan da size aynı şekilde geri dönüş olur. Bu akışın ve bağlantıda olmanın bir parçasıdır. Bu ve önceki kitaplarımda anlattığım, videolarımda açıkladığım çalışmaları uyguladığınız zaman, içinizde gerçekleşen temizliği ve açılımı fark edeceksiniz. Söyleyin; içi pis ve tıkalı bir borudan temiz su akar mı? Akmaz... Oradan tazyikli bir şekilde su akması için, içinin bir tel ya da demir çubukla temizlenmesi gerekir. Su iyice akınca o bölgeyi temizler. Bazı şeyler yapışmış olabilir ama içini iyice yıkamak gerekir. Sonra zamanla bir bakarsınız, içinden temiz su akmaya başlamış.

Bu bütün şifa çalışmalarında geçerlidir. İnsanlar Reiki vb. şifa çalışmalarında hemen başkalarıyla ilgilenirler. Ben diyorum ki durun, önce kendi üstünüzde çalışın. Uzun süre gerçekten fayda elde ettikten sonra başkalarına yapın. İnsanların sağlık problemi olmasına rağmen başkasının sağlık problemine yardımcı olmaya çalışıyorlar. Kişinin halihazırda bir problemi varken, o problemle ilgili başkasına yardım etmeye çalışması hatadır. Bu tam aksine, kendi yarasını deşmekten başka bir işe yaramaz.

Süreç içinde dikkatinizi daha fazla kendi içinize yönlendirdikçe, zihninize, kalbinize odaklandıkça büyük bir değişim, dönüşüm, açılım ve farkındalık deneyimlemeye başlayacaksınız. Dışarıdan gelen yansımalar, içinizde olup bitenin hayatınızdaki etkisini size göstermeye başlayacak. Problemlerinizi başka insanlar ya da olaylara odaklanarak değil, kendi içinizde çalışarak bitirebilirsiniz. Örneğin, parayla ilgili içinizde korku ya da gerginlik varsa dışarıda karşınıza çıkacak problemleri çözmekten ziyade, içinizde bunu yaratan sebebi çözmeye çalışmalısınız. Bunu yaparsanız sizi üzen ya da sıkıştıran her konudan rahatlıkla özgürleşirsiniz. Paranın önemli olmadığı, gelip gittiği yönünde telkinlerde bulunan kişisel gelişim hocalarını dikkate almamanızı öneririm. Hepsinin dünyanın birçok yerinde gayrimenkulleri ve kimseyle paylaşmadıkları malvarlıkları var. Ancak ne yazık ki bu konudaki farkındalıklarını paylaşmak yerine, "Para elinizin kiridir," şeklinde samimiyetsiz bir yaklaşım sergiliyorlar. Unutmayın ki parayı sevenlerin parası olur; parayı biriktirmek isteyenlerin parası olur; ancak parayı harcamak isteyenlerin parası olmaz. Bu kadar basit. Gerçekten zengin olan insanlar, beğenmedikleri bir şeye sırf ünlü bir İtalyan markasına ait diye dünyanın parasını vermezler. Çünkü paranın kendilerinde olmasını severler ve harcamakla ilgili bir sıkıntıları yoktur. Bu da daha farklı bir seviyeyi işaret eder. Tanıdığım çok zengin insanlar çok ciddi pazarlık ederler ve kesinlikle para harcamaktan hoşlanmazlar. Birisi zaten çok ciddi pazarlık yapıyorsa genelde bu benim için çok zengin olduğuna dair bir ipucudur. Beyaz yakalılar asla pazarlık yapmaz. Çünkü onlar parayı alıp harcama odaklıdırlar. Zenginlik oranınız arttıkça parayı sevmeniz de artar.

Nasıl parayı sevenin parası oluyorsa aynı şekilde erkekleri sevenin erkeği, kadınları sevenin kadını olur. Aşkı, sevgiyi sevenin hayatında aşk olur, sevgi olur. Evliliği sevenin hayatında evlilik, çocukları sevenin hayatında çocuk olur. Eğer çocukları sevmiyorsanız ve sırf toplum baskısı yüzünden çocuk sahibi olmak istiyorsanız o çocuğun dünyaya gelmesini beklememelisiniz. Çünkü içinizdeki bu isteksizlik, önünüzde birçok blokaj ve kilitli kapı yaratır. Önemli olan ağzınızdan çıkan laftan çok, içinizden ne geldiğidir. O yüzden, bir şeyi gerçekten severseniz o sizin olur. Onu kullanmak, onunla bir şey yapmak, ilgilenmek istiyorsanız sizin olur.

İnsanlar geçmiş ilişkilerine takılıp oradan çıkamadıklarında, her ne kadar hayatlarına yeni biri girsin isteseler de bu gerçekleşmez. Çünkü hayatlarında buna yer açmamışlardır, tüm alanları bir başkasıyla doludur. Bu durum aynı zamanda bir algı problemi, farkındalık sıkıntısıdır. Tıpkı bir nehir gibi yoğun şekilde akan su durmaz. Ama eğer orada bir çukur açarsanız orada dolar, birikir ve çoğalır. Sonuç olarak hayatınızda neye sahip olmak istiyorsanız ona yer açmalı ve onun değerini bilmelisiniz. Para da bu şekildedir. Ona yer açtığınız zaman, değerini bildiğiniz zaman, onu sevdiğiniz zaman para gerçekten birikir.

Evlenmeyi ya da ilişkisi olmasını istediğini söyleyen kadınlara soracağınız en büyük soru şu olmalı: "Erkekleri seviyor musun, ne kadar seviyorsun?" Bir düşünün; erkek dediğiniz zaman içiniz açılıyor, yükseliyor musunuz, yoksa geri mi çekiliyorsunuz? Erkekle ilgili gelişen ani duygunuz nedir? Bu durumla ilgili farkındalık, erkekler için de aynı şekilde geçerlidir. Evlenmek isteyen ya da gerçekten mutlu bir evlilik yaşamak isteyen erkeklerin de kadınlarla ilgili ne düşündüğüne bakmak gerekir. Hayatına bir kadın girdiği zaman ona zarar vereceğini, onunla kavga edeceğini mi düşünüyor, yoksa onunla mutlu olacağını mı düşünüyor? Nasıl düşünürseniz öyle olur...

Bazı boşanmış erkeklerle konuştuğumda kadınlardan yana çok dertli olduklarını öne sürüyorlar. "Karım şunu yaptı, paramı aldı, arabamı, evi aldı, çocuğun velayetini aldı..." diye örnekleyerek kendi duygularının sömürüldüğüne ve çok üzücü olaylar yaşadıklarına inanıyorlar. Burada anne-babalarımızın bizi yetiştirme biçimleri de önemli bir faktör. Kadın-erkek ilişkilerine ve evliliğe dair bakış açımızda ciddi problemler olduğu tartışmasız bir gerçek. Çünkü kadın kendini güçsüz bir konuma yerleştirirken, erkek de kadını annesi yerine koyuyor. Kadın da çocuk doğduktan sonra kendisini kocasının eşi yerine annesi konumuna sokarak ilişkisini koparıyor. Bu sefer erkeğin aldatmasıyla devam eden bir kısır döngü süregeliyor. Kadınların çocukları doğduktan sonra da hâlâ kocalarının eşi olmaya ve ilişkilerini devam ettirmeye gönüllü olmaları gerekir. Erkeklerin de annelerinden gerçek anlamda özgürleşip her kadının sadece anne değil, aynı zamanda bir eş olduğunun farkında olması çok önemlidir.

Bu bakış açılarını ve kadın-erkek ilişkilerini değiştirebilmenin yolu, yaşama güvenmekten geçer. Eğer yaşama güvenir, dikkatinizi kendi içinizde toplar ve bu durumun şifalanması, değişmesi, dönüşmesi için niyet ederseniz hayatınızda mucizelere kapı açarsınız.

Rüyalara Odaklanmak ve Eşzamanlılık

Hepimizin içinde birçok kaygı, gerginlik vardır. Rüyalarınıza odaklanmak da farkındalıkla hayatınızı değiştirmek için oldukça etkili bir yöntemdir. Rüyalarınızın kontrolünü ele aldıkça yaşamın içinde güçlenmeye başlarsınız. Üst seviye şamanlar ya da önemli üstatlar rüyalarıyla ilgili çok güçlüdürler ve rüya âlemlerini kontrol altına almışlardır. Rüya âlemini kontrol edebilmenizle ilgili elde ettiğiniz farkındalık, aslında yaşamın da bir rüya olduğu ve onu da kontrol edebileceğinizin farkına varmanızı sağlar.

Rüyalarınız üzerinde önerdiğim çalışmaları düzenli olarak yaparsanız yaşamın size sunduğu işaretleri daha rahatlıkla okur hale gelirsiniz. Etkili rüyalar görmeye başladığınızda işaretleri okuyabilirseniz hayatı da bir rüya gibi algılamaya başlarsınız. Örneğin, saatiniz 18.00'ı gösterirken, başınızı kaldırdığınızda kapı üzerinde 18 numarayı gördüğünüzde numaralar birbirini takip etmeye başlamıştır ya da bir konuda da arkadaşınızla konuşurken 'kartal' dediğinde başınızı kaldırır ve bir kartal ya da kartal sembolü görürseniz hayat sizi doğruluyordur. Yaşam senkronize olarak sizinle konuşmaya başladığında, bütün ve bağlantı halinde hareket etmeye başladığınızı kabul eder ve artık yaşamla uyumlu yaşamaya, akışta olmaya başlarsınız. Aksi takdirde, yaşamdan kopuk bir şekilde, yalnızca içinde sürüklenirsiniz. Gezegenler ve hayat kolektif bilince hizmet eden konularda evrimleşmemiz için öğrenmemiz gereken şeylerle ilgili bazen bizleri yerden yere vurabilir, saçlarımızı duvardan duvara sürterek kıvılcımlar çıkartabilir. Bizler zaten ölümsüz birer varlık olduğumuz için de çektiğimiz acıları ciddiye almaz. O yüzden bütün bu farkındalıkların içinde, yaşam ve tüm kâinatla uyum içinde ve akışta kalmalıyız.

Rüya âlemiyle ilgili çalışmaya başladığınız zaman etrafınızda ve hayatınızda uzun süre görmediğiniz, konuşmadığınız ama aslında enerjisel olarak bağlantı içinde olduğunuz insanlar, sizi rüyasında görmeye başlarlar. Arayıp size de söyleyenler olabilir. O sizin farkındalığınızın ötesinde aranızdaki ruhsal ve enerjisel bağlantıyla ilgilidir. Rüya âleminizde hâkimiyet kazanmaya başladığınız zaman, ışıldamaya, güçlenmeye, bilinçlenmeye başlarsınız. Bu farkındalıkla diğer kişilerin de dikkatini çeker ve rüyalarına girersiniz. Otomatik olarak size dönerler. Bu çok ilginçtir; ben genellikle ertesi günle ilgili rüyalar görürüm. Sabah kalktığım zaman o gün yapacağım işler ya da görüşeceğim insanlarla ilgili rüyalar görmüşümdür. Çünkü hepimiz bir akışta ilerlerken daha buluşmadan, görüşmeden, bağlantıya geçmiş oluyoruz. Hayatımızın akışını her zaman dinlememiz gerekir. Özellikle vurgulamak istiyorum; bir yere gittiğinizde eğer kendinizi kötü hissediyorsanız, içsel olarak mutsuzsanız oraya gitmeyin. Çünkü orada size iyi gelmeyecek ya da sizi zorlayacak şeyler vardır. Özellikle aile dizimi, psikiyatri, psikoterapi süreci ya da bilinç geliştirme gibi kişisel gelişim ya da enerjisel farkındalık geliştirmeyle ilgili bir çalışmaya gitmeden önce zorlandığınızı hissediyorsanız içinizdeki his büyük direnç gösteriyordur. Orada içinizdeki hissin sadece heyecan mı olduğunu, yoksa bilincinizin direnç mi gösterdiğini ayırt etmeye dikkat edin.

Hayatınızda bir işle, bir konuyla ilgili içinizde heyecan varsa, enerjiniz yükseliyorsa kesinlikle ona yönelin. Ama heyecan duymuyor, kendinizi kötü hissediyor, hasta oluyorsanız vücudunuz size bir şey anlatmaya çalışıyordur. Bu durumda gitmeyin. Astrolojik haritalarınız var. Ayın üstünde Satürn ya da karşısında Satürn, güneşin üstünde Satürn gibi... O zaman insanların enerjileri yerle bir olabiliyor. O zaman bu durumun da farkında olmak, "Bu Satürn'den dolayı," deyip kendinizi açmanız, geliştirmeye yönelmeniz çözümleri kolaylaştıracaktır. Çünkü Satürn, başöğretmendir. Bütün derdi, amacı öğretmektir. Size bir şeyler öğretmeye çalışıyordur. Siz öğrenmeye karşı direnç gösterdiğiniz zaman sert çıkabilir, sizi yerden yere vurabilir. O nedenle siz kendinizi öğrenmeye açtığınız sürece hiçbir sıkıntı ve sorun yaşamazsınız.

Kendi içinizde, dikkatinizin nerede toplandığı konusunda çalışmalısınız. Bir konuya dikkat kesildiğinizde onunla ilgili hem rüya âleminde hem de yaşamın içinde gözlem yapmaya, onu algılamaya başlarsınız; böylece yaşam sizi ciddiye alır, uyumlu bir süreç geçirirsiniz. Dikkat kesildiğiniz konuyla ilgili bir blokajınız varsa yaşam size bunu göstermeye başlar. Bu sefer siz konuyla ilgili farkındalığınız sayesinde algılarsınız ve yaşamın size gösterdiklerini çözmeye başlarsınız. Bu konuda farkındalık elde ettikçe de hayatınıza gelecek, mutlu olacağınız, sizi olumlu yönde etkileyecek insanları etkilersiniz.

Tekliflere Sırtınızı Dönmeyin

Normalde hayatınızda olmayan insanlar hayatınıza gelmeye başladığında, bu insanlardan birinin sizi hayat arkadaşınızla tanıştıracak kişi olabileceğinin farkında olun. O yüzden bu noktada hayatınızda yeni bir ilişki istiyorsanız yeni insanlara kapınızı açmanız çok önemlidir. İnsanlarla tanışmayı, sosyalleşmeyi kabul etmeli ve onları dinlemelisiniz.

Evdesiniz, arkadaşınız sizi aradı. "Biz akşam dışarı çıkacağız sen de gelir misin?" diye sorduğunda, "Bu akşam çıkmayayım, çok yorgunum," ya da "Ailemle yemeğe gideceğim," demek yerine, "Tamam, geliyorum," deyip gitmelisiniz. Demek istediğim şu: Siz bir konuyla ilgili dikkat kesildiğiniz zaman, yaşam bununla ilgili sizinle çalışıyorsa yaşamın akışını dinlemeli ve ona doğru gitmelisiniz. Akşam oraya gittiniz diyelim. Orada illa biriyle tanışacaksınız diye bir şey yok. Yeni arkadaşlık kurarsınız, o kurduğunuz arkadaşlıklarda yeni bir evren, yeni bir galaksi yaratabilirsiniz. O insanla merhabalaştığınız, onu hayatınıza aldığınız zaman yeni bir bağlantı kurduğunuz için yeni bir evren, yeni bir galaksiyle buluşmuş ve onunla paylaşıma geçmiş; yeni bir galaksiyi kendi evreninizde, kendi sonsuzluğunuzda hayatınıza almış olursunuz. O yeni kişinin manyetik alanı aracılığıyla belki de siz, sonsuz olasılıkta çok mutlu olacağınız, astrolojik olarak haritanızda gezegenlerinizin birbiriyle uyumlu olacağı bir insanı hayatınıza çekiyor olabilirsiniz. Ne kadar çok insanı selamlar, tanır, hayatınıza alırsanız o kadar fazla insanla sosyalleşirsiniz. "İnsanlar güvenilmez, menfaatçi, şu şöyle, bu böyle, aman ne uğraşacağım, onunla görüşmem, buna selam bile vermem," diyerek olmaz. İnsanlarla sosyalleşmeli, görüşmeli, onları hayatınıza almalısınız. Çünkü yeni insanları hayatınıza almaya kapalıysanız, bu konuda öfkeli, kızgın, tepkili veya yargılayıcıysanız, insanlardan bıktıysanız... Hayatınızda yeni bir ilişki istemiyorsunuz demektir. Belki de yalnız kalmaya ihtiyacınız var.

Benim gördüğüm o ki antisosyal, kendini yeni insanlara açmayan, insanları yargılayan kişiler yalnız kalabiliyorlar. O yüzden kendinizi sonsuz olasılıklara kesinlikle açmalısınız. Bazı insanlar biriyle tanışıp onu sevme imkânları varken dahi görücü usulü evlenmek istiyorlar. Bu aslında içsel olarak kişinin birini tanımak istemediği, kimseyi beğenmediği ve muhtemelen geçmişte kalbinin kırıldığı ya da hayatına giren insanlarla ilişkisini bir şekilde yürütemediği anlamına gelir.

Sonuç olarak her ne oluyorsa, hayatınızın bu noktasında eğer bir ilişkiniz yoksa, evli değilseniz, mutlu değilseniz; kendinizi sonsuz olasılıklara açmalı, kendi içinizde çalışmalı ve yaşamınızı mucizelere yöneltmeniz gerekir. Bazı insanlar boşandıktan sonra kendilerini yeni bir evliliğe kapatabiliyorlar. Bu da bir tür korku mekanizmasıdır. Halbuki kişi boşandıktan sonra da tekrar bir ilişki yaşayabilir ve çok daha mutlu olabilir.

Dikkat Çalışması

Aynanın karşısına geçin, hayatınızda şikâyet ettiğiniz her şeyi anlatın ve o sırada kendinizi seyredin. Yüz mimiklerinizi inceleyin. Çünkü gün içinde insanlara devamlı bir şeyler anlatırken kendinizi görmüyorsunuz. Dışarıdaki insanlar, sizi görüyor ve neyi nasıl yapmanız gerektiği yönünde size tavsiyede bulunuyorlar. Peki ya siz aynada kendinize bakarak anlattığınız zaman kendinizle ilgili ne düşüneceksiniz?

Şöyle de yapabilirsiniz; kendinizi kameraya çekin, kameranın karşısında uzun uzun anlatın, yüzünüzü kameraya çevirin. Bir arkadaşınızla oturun, bir tane kamera sadece sizin yüzünüzü çekiyor olsun. Arkadaşınıza bakarak kameranın da sizin yüzünüzü gördüğü şekilde anlatmaya başlayın. Hayatınızdaki bütün konuları, dertleri, yaptığınız şeyleri, sıkıntıları anlatın. O sırada arkadaşınız yorum yapmasın, sadece dinlesin ve sizi pozitif şekilde yönlendirsin. "Buradaki sonsuz olasılıklara bakıp iyi düşün," demek gibi. Nasıl tepkiler verdiğinizi söylesin. Örneğin: "Erkeklerle ilgili ne düşüyorsun? Evlilikle ilgili ne düşünüyorsun?" Bu sırada suratınız nasıl ifade alıyor? Ses tonunuz nasıl şekilleniyor, mimikleriniz nasıl tavır alıyor? Orada belki de hiç yüzleşemediğiniz duygularınızı, düşüncelerinizi görebilir, böylelikle bunları değiştirebilirsiniz; çünkü bir şeyi ancak gördükten ve fark ettikten sonra değiştirebilirsiniz. Yani kapkaranlık bir evin içinde ışık kaynağı olmadan hiçbir eşyayı doğru yere koyamaz, doğru değişiklikleri yapamazsınız. O yüzden karanlık evin içindeki ışık çok önemlidir.

Kameraya çekme çalışmasını özellikle tavsiye ediyorum. Günlük tutma ve arkasından günlükleri okumak da çok önemlidir. O günlükleri okuyarak insanlar ciddi farkındalıklar elde edebiliyorlar. Geçmişteki bazı günlüklerimi ya da içsel çalışma notlarımı okuduğum zaman çok şaşırıyorum. O zamandan bu zamana bilincimdeki ve düşüncelerimdeki değişimleri, o zamanki kendimi hissedişim ile şu anki kendimi hissedişim arasındaki olumlu farklılıkları görüyorum. Bazı insanlar, günden güne kötüye gider, hayata karşı umutlarını kaybederler. Bazı insanlar da günden güne bilincini daha fazla yitirirler. O yüzden bilincinizi daha fazla geliştirmek, pozitife doğru gitmek, olumluya doğru kendinizi yönlendirmek her zaman en doğrusudur. Ama bunun için kesinlikle kararlı olmalısınız.

Mektuplaşmak

Bir başka tavsiyem ise mektuplaşmak; sevdiğiniz kuzeninininiz ya da arkadaşınız size koçluk yapacak. Paylaşım yaşayacağınız biriyle dertleşme kavramını ben çok sevmiyorum. Çünkü dertleşirken karşınızdaki negatif enerjiyi başkasının üstüne yıkıyorsunuz. O da sizi onaylıyor ve bilinçsizliğe doğru itiyor; böylece karanlığa gömülüyorsunuz. Uykunuzun içinden uyanamıyorsunuz. Örneğin, uyuyorsunuz ve diyorsunuz ki: "Şöyle bir rüya gördüm, canım sıkkın, ağrım var, canım acıyor," vs... Karşınızdaki kişi, "Haklısın, uyu da rahatla," diyerek sizi onaylar ve daha derin bir uykuya doğru yönlendirir. Dertleşirken karşınızdaki kişi sizi onaylamak yerine, size niye böyle bir şey yaşadığınızı sorar ve sorgularsa sıkıntıya düşersiniz. "Buradan çıkarman gereken ders, farkındalık, çözüm nedir? Hayat sana neyi öğretmeye çalışıyor? Kendinde neyi değiştirmelisin, neyi fark etmelisin, eksik olan ne?" gibi sorular sormuyorsa sizi bir farkındalığa yönlendirmiyordur. Dolayısıyla bu konuşma sizi iyileştirmeyecektir. Ben buna özellikle çok dikkat ederim. Derdimi anlattığım bir kişi beni çözüme veya farkındalığa götürmüyor, aksine negatif bir yorum yapıyorsa hemen kendimi uyanışa iterim.

Bazı insanlar, kolektif bilinçteki öfke ve depresyondan dolayı kendilerini kaptırabiliyorlar. Ama sonra uyanıp içinden kendinizi çektiğiniz zaman oradan mucizelere ilerleyebilirsiniz.

Çünkü bizim toplumumuzda, şarkılarımızdan filmlerimize her yerde müthiş bir arabesk; acı ve ıstırap dolu bir ruh hali var. Istırap ve acının çok daha rahat ve kolay olduğuna inanılıyor. İyi şeylerin olması zor olarak algılanıyor. Ancak yaşamın kendisi esasında bir mucizedir. Bu nedenle de mucizelerin ve mutlu edecek şeylerin olması çok daha kolaydır. Bununla ilgili farkındalık geliştirdiğiniz zaman her şey değişir.

Mektuplaşma kavramına gelelim. Size çok yakın, çok sevdiğiniz bir insanla mektuplaşmaya başlarsanız, yaşadıklarınızı yazıp bir de üstüne cevap alırsanız çok rahatlarsınız. Bilgisayarla yazabilirsiniz ama kâğıt kalem sizi daha çok rahatlatır. Bilgisayar ya da konuşmanın ötesinde elinizle yazdığınız zaman bilinçaltıyla çok daha rahat şekilde konuşabilirsiniz. Tabii benim gibi yazısı okunmayan insanlar için bu ayrı bir konu. Onunla da ilgili kendimizi geliştirmeliyiz. 2-3 ay sonra karşınızdaki insan, sizin ona gönderdiğiniz bütün mektupları size geri gönderdiği zaman farkındalık yaşıyorsunuz. 1-2 sene bu şekilde mektuplaştıktan sonra, o insanlardan da size mektuplar geri gelip siz de o insanlara mektupları geri gönderdiğiniz zaman inanılmaz bir farkındalık yaşıyorsunuz.

Yaşam, Verdiğiniz Emeği Görüyor

Bütün bu bilinç ve farkındalık çalışmasıyla beraber, yaşam sizin mücadelenizi ve çabanızı görüyor. Kendinizi isyana, şikâyete, mutsuzluğa ve depresyona bırakmak yerine; yaşamın içinde kendinizi geliştirmek ve evrimleşmek adına çaba sarf ettiğiniz zaman yaşam da sizin uğraşlarınızı ciddiye alır. Kendi hayatımda tıkandığım an, yere kapanıp şöyle derim:

Ben hiçbir şey yapamıyorum, siz yapın, ben yapamıyorum, siz yapın, ben yapamıyorum, siz yapın.

Böyle zamanlarda çok ciddi mucizeler yaşadığımı gördüm. Ama onun öncesinde çalıştım. Dualar ederken de bir şeyleri anlatırız ama arkasından meditasyonun, rahatlamanın ya da dinlenmeye geçmenin de çok büyük öneminin olduğuna inanıyorum. Kur'an-ı Kerim 'Oku' diye başlar. Mesnevi 'Dinle' diye başlar. Eğer oradan bakacak olursanız çok daha başka farkındalıklara doğru ilerlersiniz. İnsanlar okumak yerine, sadece anlamadıkları dilden dualar edip mesajları almadan sonuç elde etmeye çalışıyorlar. Orada ne olduğunu, ne mesaj verildiğini bilmek gerekir. Dilinde bir frekans olabilir ama onunla ilgili farkındalık elde etmek gerekli. Bugün bazı kişisel gelişim kitapları var; şu kadar Esma çek, şu adamı elde etmek için bu kadar Esma çek, evlenmek için bu kadar tespih çek gibi önerilerde bulunuyorlar. Böyle bir şey olamaz. Bu farkındalıktan uzak bir manipülasyon yöntemidir.

Kişi kendisini değiştirmekle ilgili hiçbir şey yapmaz, hiçbir farkındalığa yönelmez, düşüncelerini, duygularını, sözcüklerini değiştirmez, ailesinden gelen şeylerin farkında olmazsa hayatında yaşadığı deneyimleri nasıl değiştirebilir? Bunların hiçbirinin üzerinde çalışmadan, uykunun içinde sadece frekansı güçlü cümleleri söylemek hiçbir köklü değişim sağlamaz. Ben böyle bir şey yapıp da sonuç elde eden bir kişi olduğunu sanmıyorum.

Başkalarını da kendinizi de bu tür farkındalıktan uzak, hipnotik bir yönteme yönlendirmeniz olumsuz sonuçlanacaktır. Eğer ki dua ediyor, ibadet ediyorsanız dinlemelisiniz. Bu tamamen anne babanızdan bir şey isteyip cevabı almadan arkanızı dönüp gitmeye benzer. Dua ediyor ya da bir şey istiyorsanız cevabını dinlemelisiniz. Gözünüzü kapatın, içinize yönlenin, gelen hissi gözlemleyin. Rüyalarınızı takip edin, yazın, yaşamı seyredin. Kâinatın size anlattıklarını dinleyin. Dua ettiniz, gözünüz kapalı dinlediniz; sonrasında nasıl bir his, nasıl bir enerji geliyor? Gözünüzü açtığınızda yıldızlarda bir hareketlilik, bir parıltı var mı? O sırada yanınıza kim geldi, size ne dedi? Hangi şarkı çalıyor? Uzaktan o şarkının sözlerini dinleyin. Ne diyor? Dışarıya çıktınız, tam da sizin dua ettiğiniz gibi semboller mi var? Her yerde gözünüze ilk ne çarpıyor? Bedeniniz sizi nereye doğru götürüyor ya da bedeninizde bir ağrı var mı? Bunların hepsi çok önemli işaretler.

Bedenin Kanalları

Bedenin sol kanalı, orta kanalı ve sağ kanalı var. Sol kanal duygusaldır, dişildir, anne kanalıdır; daha çok geçmişi temsil eder. Sağ kanal mantıksaldır, erildir, baba kanalıdır; daha çok geleceği temsil eder. Orta kanal ise anı, günümüzü temsil eder. Bütün kişisel gelişim ve enerji çalışmalarında yıllar boyunca eğer bir insanın sol kanalında ağrıları, problemleri varsa annesiyle ilgili problemleri olduğu düşünülürdü. Sağ tarafındaki problemlerin ise o kişinin babası ya da eril tarafıyla ilgili sorunlarından kaynaklandığına inanılırdı.

Herhangi bir sağlık problemi söz konusu olduğunda doktora gitmek gerekir. Gereken tıbbi müdahale elbette yapılmalıdır. Ancak biz burada bilinçaltı ve farkındalıktan bahsediyoruz. Gelgelelim, daha sonra bu konuda şöyle bir farkındalığa ulaşıldı: Sol tarafınızdaki ağrı, aslında annenizle ilgili bir sorununuz olduğuna değil; içinizdeki dişil yanınızın, dışarıdaki eril yanınızla bir sorunu olduğuna işaret ediyor. Bir başka deyişle, sol tarafınızdaki, içinizdeki annenin ya da kadının, dışarıdaki erille, babayla ya da erkekle olan ilişkisini gösterir. Siz problemi anneyle çözmeye çalışırken bir yere ulaşamazsınız. O dişil yanı düzeltmeye çalışmak yerine, eril yana yöneldiğiniz zaman sol tarafınızdaki probleminiz çözülür. Tam tersi, yani sağ taraftaki ağrı, içinizdeki eril yanın dışarıdaki dişil yanla problemini temsil eder. İçinizde, babanızın annenizle ya da içinizdeki erkeğin kadınlarla, dişilikle ya da kadınlıkla olan problemini gösterir.

Bu çok çığır açıcı, apayrı bir farkındalıktır. Bununla ilgili dünyanın dört bir yanında çeşitli çalışmalar ve bilinç düzleminde farkındalıklar mevcut.

İlişkiler, Renkler, Taşlar

Astrolojide Satürn, öğretici ve yeri geldiğinde zorlayıcı bir gezegendir. Satürn'ün renkleri eril özellikler gösterir ancak Satürn, ne dişil ne erildir. Yine de daha eril, daha öğretici bir yanı vardır.

Satürn'ün renkleri mavi, lacivert, mor, siyah, gri tonlarıdır. Özellikle ilişkilerde bunlarla ilgili zorluklar yaşıyorsanız bu renkleri kullanmanızı önermem. Taş olarak firuze taşı kullanabilirsiniz. Ametist taşını pek tavsiye etmiyorum. Bazı ametist taşları pozitif bir noktada çok olumlu etkiler yaratabiliyor olsa da her aldığınız ametist taşı aynı şekilde etki yaratmayabilir. Bazı ametist taşlarını işyerinde özellikle masanızın üstüne koyduğunuz zaman çok negatif bir etki yaratabilir ve birçok şeyin yavaşlamasına neden olabilir. Hatta bazı işlerin ertelenmesine bile yol açabilir. Evinizde varsa işlerin daha ağır gitmesine neden olabilir. Bunun dışında lapis yani mavi, siyah, lacivert, mor, gri tonlardaki taşlara özellikle dikkat etmelisiniz. Bunları evinizden çıkarmalısınız ve bu renklerde takılar takmamalısınız.

Mars eril bir gezegendir. Taşı kırmızı mercandır, rengi kırmızıdır. Mars aynı zamanda cinsel bir enerji de yansıtır. Özellikle hayatında cinsellik olmayan kadınların çok koyu tonlarda olmamak kaydıyla kırmızıyı yatak odalarında ya da hayatlarında kullanmalarını tavsiye ederim. Zor, agresif, sinirli, gergin bir dönem yaşayanlar için ise kırmızı tonları çok da faydalı değildir. Gerginliğe doğru gittiğinizi hissediyorsanız kırmızıyı azaltın. Onun yerine başka renklere doğru gidin.

Güneş de eril bir gezegendir. Evlenmek isteyen ve hayatlarına bir eş almak isteyen kadınların özellikle kendi dişil enerjilerini yükseltmeleri, dişile doğru yönlenmeleri ve dişil yanlarıyla barışarak hayatlarında erile yer açmaları gerekir. Bununla ilgili bir sürü çalışma mevcut. Mars, Satürn ve Güneş daha eril etkenleri temsil ettikleri için onları dengede tutmalısınız. Dişil olan daha çok Ay'dır. İnci, opal, lal taşı ve özellikle sedef gibi beyaz tonlardaki taşlar dişildir. Gümüş kesinlikle dişildir; hatta koruyucudur. Altın enerji erildir. Altın, yakut Güneş'i temsil eder. Eğer ki sizi zorlayan bir dönemdeyseniz yakut vb. bir taş takmamanızı öneririm.

Venüs dişil bir gezegendir. Ay da dişildir; ancak Venüs dişiliğin doruk noktasıdır. İnanılmaz önemlidir. Bir insanın haritasındaki zenginliği gösterir. Venüs yüksek bir noktadaysa o kadının dişil özellikleri zirvededir. Venüs düşükse dişil özellikleri daha düşüktür. Erkeklerin de haritasında Mars ne kadar yüksekse eril ve erkeksi yönleri o kadar güçlüdür. Tabii orada diğer gezegenlerin konumlarının da farklı etkileri olabilir. Örneğin; Jüpiter yükseltirken, Satürn aşağı çekebilir.

Venüs'ün rengi beyaz, pembedir. Özellikle bu tonları, hayatınızda daha aktif kullanmalısınız. Çingene pembesi gibi daha fosforlu renklerin kullanımını artırmanız hayatınızda olumlu bir etki yaratır. Bunun dışında, bir kadının aslında dünyaya çocuk getirdiği yer ikinci çakradır. İkinci çakranın rengi de turuncudur. Turuncuyu temsil eden gezegen de Jüpiter'dir. Bir haritada çocuğu Jüpiter temsil eder. İkinci çakra turuncu renk ve çocuğu temsil eder. Jüpiter'in taşları turuncu topaz, safir ve sitrindir. Çocuk yapmak, evlenmek istiyorsanız ya da özgürleşmek, rahatlamak istiyorsanız özellikle Jüpiter'in bu saymış olduğum taşlarını kullanmanızı öneriyorum.

Hayatınızdaki İnsanın Geçmişine ve Atalarına Saygı Duymalısınız

Bir insanla ilişki yaşamaya başladığımız zaman o insanı yalnızca bizim gördüğümüz şekilde değil, aynı zamanda ailesi, ataları, arkadaşları, tüm geçmişi, tüm yaşadıklarıyla birlikte kabul etmeliyiz. Geçmiş hayatına ve ailesine özellikle saygı göstermeliyiz. İlişkilerdeki en büyük problemlerden bir tanesi, insanların birbirinin geçmişine saygı göstermemesi ve geçmişteki insanlara saldırmasıdır. Partnerinizin sizden önceki sevgilisiyle yaşadığı cinsellik veya duygusallık sizi rahatsız edebilir. Herkesin böyle bir bakir arayışı vardır. Ancak hiçbir ilişkiye girmeyen insanla beraber olmak yerine tecrübeli bir insanla beraber olmak iyi olabilir. Özellikle erkeklerin olgunlaşması, aynı zamanda sakinleşmesi, farkındalık içinde olması kadınlara göre daha fazla zaman aldığı için yaşça büyük erkeklerin daha doğru bir seçim olacağı söylenebilir.

Çoğu erkek, kadının hayatında kendisinden önce kimse olmasın ister. "Benim de hayatımda biri olmadı," ifadesi kibar bir yalandır. Bir arkadaşım her tanıştığı erkek arkadaşına önceki ilişkilerini anlatıyordu. Anlatmamasını söylesem de dürüst olması gerektiğine inanıyordu ve sonuçta hiçbir ilişkisi evlilikle sonuçlanmıyordu. Sonra biriyle tanıştı ve bu sefer anlatmamasını çok rica ettim. Anlatmadı ve onunla evlendi.

Buradaki nokta saklamak değil, geçmişinizi bugününüze taşımamaktır. İlişkilerinizde geçmişinize karşılıklı olarak saygı göstermeli, geçmişteki insanları, olayları ve enerjileri birbirinizin üstüne atmamalısınız. İmalı sohbetlerden mutlaka kaçınmalısınız. Arkadaşlarınızla yan yana geleceğiniz zaman da herkesi uyarın. "Şöyle böyle olmuştu, çapkındı vs." bunlar ilişki için çok gereksiz, yara bırakan, olumsuz yönde etkileyen söylemlerdir. Geçmişte yaşadığınız her şeyi olduğu gibi kabullenip saygı çerçevesinde ilerlemelisiniz.

Geçmişi geçmişte bırakmak gerektiği gibi iki insanın mutlu bir evlilik yaşayabilmesi için özellikle erkeklerin annelerinden uzak olmaları da gerekir. Kadınlar için aradaki sevginin akması çok önemlidir. Bir insan kendi ailesinden ne kadar uzaklaşabilirse o kadar gerçek anlamıyla bir ilişkiye girebilir. Tabii burada kastettiğim fiziksel bir uzaklaşma değil, sevginin akmasıdır. Ailenizden, atalarınızdan size gelen sevgi bambaşka bir şeydir ve atalarla ilgili çalışma yapılması benim sürekli vurguladığım bir konudur. Evinizin, işyerinizin doğu tarafında atalarınız için özel bir köşe olsun. Atalarınızın fotoğraflarının önünde saygıyla eğilin; hepsini sevdiğinizi söyleyin ve onların sevgisini kutsamasını, sevgisinin size akmasını isteyin.

İlişki Çekme Teknikleri

Bazı insanlar da hayatlarına özellikle ilişki çekmek isterler; ancak evlilikleri yoktur ya da birini çok sevseler de ilişki kuramazlar. Bu konu özellikle çok sorulduğu için anlatacağım:

İlk olarak, biriyle ilişkiniz olmuyorsa ya da yürümüyorsa zorlamamalısınız. Ancak aradaki sevgiyi akıtma tekniğini deneyebilir ve ne olacağını gözlemleyebilirsiniz. İkinci olarak, hayatınıza bir aşk ilişkisi çekmek adına yapabileceğiniz çok güçlü bir prosesten bahsedeceğim. Bu proses uzun vadeli olmalı ve bu süreçte çok kararlı olunmalı. Biz genel olarak dua ettiğimiz ya da bir şey istediğimiz zaman çok çabuk vazgeçiyoruz. İstediğimiz şey birkaç hafta içerisinde gerçekleşmeyince küsüyor ve devamını getirmiyoruz. Oysaki yaşamın bizim için bir şeyleri ayarlaması, organize etmesi, getirmesi için ona zaman vermeliyiz. Hoşlandığınız kişi size yakınlık göstermediyse ya da sevgilinizle küsüp kavga ettiyseniz o noktada bitirmelisiniz. Ayrıl, barış durumlarında ilişkinin sistematiği bozulur. Karşılıklı birbirine güven alanı kopar. Güven alanı çok önemlidir. O nedenle ilişkinizde, "Seni bırakıp giderim," dememeli, kavga edince evden ayrılmamalısınız. Hayatın içinde beraber olduğumuz insanlarla aslında bir tür yaşam yoldaşlığına çıkıyoruz. O yoldaşlık içinde güveneceğimiz ve her koşulda bizimle beraber ilerleyecek insanlar isteriz. Eğer o kişi, "Senden bıktım, çeker giderim," derse ilişkiye karşı güven oturmaz. Bundan önceki bölümlerde bu konuyu uzun uzun işledik. Bu nedenle kısa geçeceğim. Hayatınıza ilişki çekmekle ilgili kararlı olmanız çok önemli. Ama hayatınızda bir ilişki olmuyorsa sürdürmekte kararlı olmayın. Ondan artık vazgeçmekte kararlı olun.

Enerji Akışları Yaratmak

Birisinden hoşlanıyorsanız şöyle yapabilirsiniz: Oturun, gözlerinizi kapatın, o kişiyi karşınızda hayal edin. O sırada o kişinin kalbinden sizin kalbinize doğru pembe bir enerjinin aktığını, kalbinizden o kişinin kalbine doğru aynı anda pembe bir enerjinin aktığını adım adım hayal edin. Bu nasıl oluyor? Arada aslında bir tür sevgi bağı kuruyorsunuz. O kişiyle enerjinizi dengeliyorsunuz.

Aslında her kişi bir galaksidir; bir kişiye *Merhaba* dediğinizde, başka birçok kişinin sonsuz olasılıklarıyla sizin algınızın ötesinde pek çok şeye *Merhaba* dersiniz. O yüzden birbirimiz için müthiş bir şekilde evrimleştirici varlıklarızdır. Bazen de çok yıkıcıyızdır. Karşınızdaki kişi evrimleştirici mi, yoksa yıkıcı mı? Buna göre karar vermelisiniz. İlk önce o kişiyi karşınızda hayal edin ve galaksisinden, âdeta onun sırtının arkasından girip göğsünden çıkıp sizin göğsünüze doğru yoğun bir enerjinin, ışığın aktığını hissedin ve hayal ederek *Çekiyorum* deyin... ve enerjiyi çekin. Sizin de göğsünüzün arkasına geçip evreninize aktığını ve enerjinin çıkıp onun göğsüne ve sırtından arkaya doğru enerjinin aktığını yoğun bir şekilde hissedin. Böylelikle ikinizin arasında eşit ve dengeli bir enerji akışı olacaktır. Etkilenmiyorsa sonsuz olasılıklara kendinizi açmalısınız. Dünyada yedi milyar insan, Türkiye'de seksen milyon insan olduğuna göre hiçbir zaman bir kişiye takılmamak gerek.

Şunu anlatmak istiyorum; insanların arasında genellikle dengeli bir enerji akışı yoktur. Bir kişi diğerinden çok daha yoğun bir şekilde beslenir. Kadınlar, "O benim hayatımın adamı", "Hayatımın merkezi" gibi kurtarıcı muamelesi yaparak söylemler geliştirirler. Erkeği kendi yaşam kaynağı gibi kodlar ve ondan yaşam enerjisini emmeye başlar. Erkek de bunu hissettiğinde daralır, boğulur.

Erkekler de karşısındaki kadını anneleriymiş gibi kodlarlar. Anne, yaşam enerjisidir, temel kaynaktır. Aslında ben çocuklara babaların değil, annelerin soyadının verilmesinin daha hakkaniyetli olacağını düşünüyorum; çünkü en önemli kaynak annedir. Erkekler makine gibidir. Kadın ise bütün mitolojilerde, öykülerde güçtür. Dünyadaki insanların sekiz annenin yumurta kodundan geldiğine dair birçok bilimsel çalışma da mevcut.

Karşımızdaki insanı, *hayatımız* olarak kodladığımız zaman yaşamdan enerji çekmek yerine, karşımızdaki insandan enerji çekmeye başlarız. Böylece bir dengesizlik ortaya çıkar. Erkek, sevdiği kadını annesi olarak kodladığında ondan beslenmeye başlar; bir erkeğin karısını annesi olarak konumlandırması kadar yanlış bir şey olamaz. Ama çocuk doğduktan sonra çoğu zaman erkekler eşlerini böyle konumlandırıyorlar. Çünkü kadın da anne moduna girmiştir ve bu moda girdiğinde de aldatılır. Çünkü o artık bir eş değil, bir anne olmuştur.

Hayatta en önemli şey kesinlikle farkındalıktır. Adım adım her şeyde farkındalık geliştirmek gerekir. Bir keresinde evde gördüğüm böceği öldürdüm. Sonra ev düzenli olarak temizlendiği halde karşıma peş peşe böcek çıkmaya başladı ve bu sefer bana anlatılmak istenen bir şey olduğunu düşündüm. Kütüphaneye gidip sembolik olarak böceğin anlamını araştırdım, rüya defterimi açıp bununla bağlantısına baktım. Şükran defterimi açıp baktığım zaman hepsinin birbiriyle bağlantısını gördüm. Böcek, başkalaşımı veya metamorfozu temsil eder. Kabuk değiştirmek, olduğunuz şeyden farklı bir değişime doğru gitmektir. Gerçekten de değişime doğru gidiyorum. Her şey onu gösteriyor, zaten ben de onu istiyorum. Bu örnekten de görüleceği üzere yaşama karşı farkındalık geliştirmek gerek. Taksi bulamadığınızda, "Allah kahretsin, niye bulamadım?" yerine, "Yaşam ne yapmaya çalışıyor, bana ne anlatmaya çalışıyor?" diye sorun. Camınıza konan kuşu kovalamak yerine bir anlamı olup olmadığını düşünün.

Bir gün bir arkadaşımla telefonda konuşuyordum. Konu beraber bir şey yapmakla ilgiliydi. Tam o sırada cama bir kuş çarptı; kargalar kovalamıştı. Kuş aşağı düştü. Telefonu kapattım ve kuşu alıp veterinere götürdüm ama kuş ölmüştü. Yani çevrenizi görmelisiniz. Kendinizi açmadığınız zaman şikâyetleri, farkındalıktan uzak bir hayatı yaşarsınız ve sadece uyur, aslında anlamını bilmediğiniz bir rüya görürsünüz. Ve sonrasında rüyayı hatırlamayarak uyanıp yorum da yapamazsınız.

Rüyanın içindeyken de kontrol sizde değildir. Bazı insanlar rüyanın içinde hafif kontrolü eline alır, bazıları tam olarak kontrol edebilir, bazı insanlar ise rüyadan uyanırlar. Yaşamın içinde farklı seviyeler var. O yüzden bütün bunların içinde farkındalıktan ilerlemek çok önemlidir. Şükürler olsun ki; gerçekten hayatımda farkındalıkla her an ilerlemeyi ve içinde yaşamayı seçiyorum. Şükürler olsun yirmi seneyi aşkın bir zamandır bu yoldayım. Karşınızdaki insanla ilgili çalışma yaparken manipülasyon yapmamalısınız. Bu tarz çalışmalar yaparken kendi rüya âleminizle bağlantıda olduğunuz için hayalleriniz de buna bağlıdır. O yüzden bütün hayal çalışmaları güçlü enerjiyi çalıştırır. Bir bağlamda kolektif bilinçle de bağlantıda olursunuz. Rüya âlemi de kolektif bir bilinçtir, hatta ta kendisidir. O nedenle hayal çalışmaları çok etkili olabilir. Ancak bunu karşınızdaki insanı manipüle etmek adına değil, oradaki bir enerji akışında problem varsa onu düzeltmek adına yapmalısınız. Olmayan hiçbir şeyi zorlamayın; çünkü evrenin bir bildiği vardır. Örneğin, astrolojik haritalarınız uyumlu olmayabilir.

Astrolojik olarak tam bir uyum içerisinde olduğunuz ruh eşinizi hayatınıza çekmek isterken de "Ruh eşim gelsin" deyip bırakmayın, bol bol ayrıntı verin:

Birlikteyken mutlu olacağım, birlikte evrimleşeceğim, hayal edebileceğimden çok daha fazla neşe, mutluluk, bolluk, bereket, zenginlik, orgazm içinde, uzun ve sağlıklı bir ömrü beraber yaşayacağım insanın hayatıma gelmesini seçiyorum, istiyorum, çekiyorum...

Bu şekilde kodlama yapmalısınız. Bazı şeyleri isterken doğru kodlama yapmak şarttır.

Karşınızdaki insanın galaksisinden ve göğsünden enerjiyi kendinize çektiğiniz ve kendi galaksinize doğru akıttığınız zaman sizin sırtınızdan girip göğsünüzden ona doğru aktığını hayal edin. Yoğun, pembe bir ışın akışını yönlendirip sizden ona doğru bir sevgi köprüsü kurulduğunu ve size doğru sevginin aktığını hayal edin. Ona sevgiyle bakın. Onun olduğu yere geçip kendinize doğru bakın ve sevgiyle baktığınızı görün. Tekrar kendi yerinize geçip onun size sevgiyle baktığını görün ve aranızdaki yoğun sevgiyi hissedin. Daha sonra birbirinizin enerji topunu pespembe bir ışınla doldurun. Daha sonra rüya âlemi ile kolektif bilincin bütün ilahi ve sonsuz bilinçte tezahür etmesini sağlayın. Orada, "Daimi mutluluğum olacak şekilde bırakıyorum ve istiyorum," deyin.

Sakın "Hayrıma" ya da "Hayırlısı olsun" gibi ifadeler kullanmayın. Bunlar havada kalır. Kime göre hayırlı, neye göre hayırlı? Onun için, "Daimi mutluluğuma" demelisiniz.

Tüm yaşam benim en yüksek, daimi mutluluğum için her an çalışıyor ve bana yaşatıyor. Ben de bunu seçiyorum. Ben, en yüksek, daimi mutluluğuma olanı seçiyorum; haz almak, mutlu olmak, keyif almak, her şeyin en iyisini yaşamak, bolluk, bereket, zenginlik içinde, uzun ve sağlıklı bir ömür yaşamak istiyorum. Hayatımın kolaylık, neşe, huzur, mutluluk, bolluk, bereket ve zenginlik içinde akmasını istiyorum ve bunu seçiyorum...

Böyle niyet edin. Neyi seçerseniz ve neye kendinizi layık görürseniz onu yaşarsınız.

Bir kişiye takılıp kalmayın. Başka türlü kalbinizi kırar; mutsuz, huzursuz olursunuz. Ailenizi olumsuz yönde etkiler. Bir insanla evlenmiş olmak için evlenilmez, bir insanla dış görünüşü için evlenilmez, bir insanla ten teması olduğu için ya da sadece cinsel performansı iyi olduğu için evlenilmez. Bir insanla mutlu olmak için evlenilir. Ama insanlar bu farkındalığa çoğu zaman gelmedikleri için âdeta alışveriş mantığında evlilik yapıyorlar. Başkalarının sahip olduğu şeylerden satın alarak ve maddi bir yarış içerisine girerek mutlu olmaya çabalıyorlar. Sonra tabii ki mutlu olmuyorlar, hayatlarında rahatsızlık, sorun ve problem yaşıyorlar.

Kadınlar, gerçekten yaşamda kalma mücadelesine uygun olacak birileriyle beraber olmayı tercih edebilirler. Erkekler de annelerinden özgürleşip içindeki sevgiyle bağlantıya geçmeyi, mutlu olacağı insanlarla beraber olmayı ve dünyadaki çocukların da sevgi çocuğu olmasını sağlayabilirler. Aşk demiyorum; çünkü aşk yozlaşmış bir kavram. Aşkla ilgili algı problemi var. Benim aşktan anladığım; herkese, her şeye, bütün evrene ve sonsuzluğa karşı içimizde duyduğumuz şükran, sevinç, neşe ve huzurdur. Aşk yapıcı bir histir. Aşkı duyduğunuzda, içinizdeki bütün olumsuzlukları yakar; kalbinizde ruhunuzu hissedersiniz. Ben bunu 22 yaşımda deneyimledim. Bir meditasyon sırasında kalbimin ortasında aynı anda inanılmaz bir serinleme ve yanma hissi oluştu. Bütün bedenim âdeta yok oldu. Hissettiğim şey bir çeşit enerjiydi. Kalbimden, ruhumdan geçen his şuydu:

Bütün dünyayı bana verseler de bu kadar mutlu olamam.

Aslında bütün ruhlar ve bilinçler birbiriyle bir bütündür. O nedenle bedensel ölüm bir veda değildir. O bilinçten çıkıp tekrar kendi bilincinize geldiğiniz zaman insanlarla empati kurup konuşabilirsiniz. Böyle durumlarda muhtemelen bütün konuların çok boş gelmesine sebep olan bir sonsuzluk hissedersiniz. Ama şu da bir gerçek ki eğer dünyada, bu bedenin içindeysek bir şeyleri çözmeye, aşmaya ve tatmin olmaya çalışıyoruz.

Yalan, Bir İp Gibidir; Eninde Sonunda Ayağınıza Dolanır

Dünyadaki her şeyle ilgili arzularımızdan, isteklerimizden tamamen özgürleştiğimiz zaman, zaten bunların ötesine geçerek aydınlanmaya başlayacağız. Dünyadaki nimetleri ve güzellikleri yaşamak tabii ki de kötü bir şey değil. Bunlara izin vermeli, bu konuda kendimizi suçlu hissetmemeli ve bütün güzelliklere kendimizi açmalıyız.

Tanımadığımız insanların yaşadıkları acılara ve mağduriyetlere üzülmemizin nedeni, içimizde sürekli işleyen vicdan mekanizmasıdır. Vicdanınızla ne kadar bağlantıda olursanız o kadar iyiliğe yönelirsiniz. Vicdanınız ne kadar rahat ederse hayatınızda da o kadar rahat edersiniz. Bazı insanlar ne yazık ki vicdanlarıyla bağlantıları olmadığı için çok ciddi problemler yaşıyorlar. Çünkü vicdan kaderi, maddi manevi sıkıntıyı çeker. O yüzden vicdanen rahat olmak çok önemlidir. Bir arkadaşımın tanıdığıyla tanıştım. Konuştuğumda yalan söylediğini anladım. Sonra bir iki kere daha karşılaştım. Bu sefer yalan söylememesi konusunda kendisini uyardım. Kendi iyiliğinize, başkasının iyiliğine, fark etmez. Kendi çıkar ve menfaatleriniz adına bile yalan söylemek Tanrısal diplomasi adına olumsuzdur. Çünkü yalan gerçekten bir ip gibidir. Eninde sonunda ayağınıza dolanır, gelip sizi bağlar, enerjinizi olumsuz yönde etkiler. Sırlarınızdan ve yalanlarınızdan maksimum ölçüde özgürleşmelisiniz.

Bu İnsanın Yaşamımdaki Hediyesi Nedir?

Hayatınızdaki insanlarla ilgili özellikle farkında olmanız gereken en önemli şeylerden bir tanesi de her birinin size hediyelerinin olduğudur. Karşınıza çıkan insanın size hediyelerinin neler olduğunu sormak çok önemlidir. Ama bir insan size hediye vermek istemiyorsa belki de o insanın bu hediyeyi vermemesi, size yaşamın bir başka hediyesidir. Böylelikle başka bir ilişkiye doğru gidersiniz. O yüzden bir şeyle ilgili ısrar etmeyin, saplantılı hale getirmeyin. Bir insanın kafasında oturtması gereken en önemli şey, kendisini sonsuz olasılıklara hep açık tutması ve kıtlık bilincinden özgürleşmesi gerektiğidir.

Diyelim ki belli bir yaşa geldiniz ve kendi ayaklarınız üzerinde duruyorsunuz. Halen hayatınızda kimse yoksa daha önceki kitaplarımda ve bu kitapta anlattığım bütün Feng Shui çalışmalarını uygular; rüya, şükran, hayal defterlerini tutar; geçmişinizdeki ve ailenizdeki hikâyeleri temizler; iyi kötü yanlarınızı dengelerseniz hayatınıza mutlu olacağınız bir ilişki çekmek çok kolay hale gelecektir.

Hayalinizdeki Kişiyi Ayrıntılarıyla Kâğıda Yazmak

İlişki hayatınızda mutlu olmak adına kararlı olmalısınız. Bununla ilgili farklı çalışmalardan da bahsedeceğim. Bir kâğıda nasıl bir insan istediğinizi, nasıl bir insanla mutlu olacağınızı uzun uzun yazıyorsunuz. Karşınızdaki kişinin tüm özelliklerini, her şeyini belirtiyorsunuz. Açıkçası ben bu yöntemi kişiyi sınırlandırdığını düşündüğüm için pek tavsiye etmiyorum. Ancak uygulayıp faydasını gören insanlar tanıyorum. Hatta 60 yaşını geçmiş, bu tekniği uygulayarak hayatına gerçekten çok iyi bir eş çekmiş arkadaşlarım da var. Ama burada dikkat etmeniz gereken şey, istediğiniz kişiyi yazarken şöyle belirtmeniz:

Benim ihtiyacım olan, iyi hissedeceğim, sonsuz mutluluk, neşe, haz, orgazm, bolluk, bereket, zenginlik için uzun ve sağlıklı bir ömür yaşayacağım kişiyi hayatıma çekiyorum, temenni ediyorum ve kendimi ona açıyorum, kabul ediyorum.

Fiziksel özelliklerine odaklanarak, "Karnı şöyle, kolları böyle, cinsel olarak böyle, şöyle zengin..." dememelisiniz. Kendinizi sonsuz olasılıklara açmalısınız. Belki de gerçek sevgiye yabancı bir ülkeden biriyle kavuşabilirsiniz.

Hep belirttiğim gibi astrolojik ve numerolojik olarak insanlar birbirlerini farklı şekilde etkilerler. İlişki içindeki iki insanın astrolojik haritalarını karşılaştırdığınızda birbirlerine karşı etkilerini görürsünüz. O yüzden sizi iyi yönde etkileyecek insanı hayatınıza çekmelisiniz. Hindistan'da insanlar, evlenmeden önce astroloji haritalarını incelerler. Çünkü bazı insanlar, birbirlerini çok sevseler de kötü yönde etkilerler. O yüzden gerçekten sizin için doğru kişiyi istemelisiniz. Bütün sihirler bedelle gelir. Ağır bir bedel ödemeden isteyin. Bilinçaltını o kişiye açan çalışmalar yapmaya başlamadan önce kendi hayatınızı temizlemeye, değiştirmeye ve dönüştürmeye yardımcı olan diğer çalışmaların hepsini en az altı ay kararlı bir şekilde uygulamanızı öneririm. Evli insanlar da anlattığım tüm bu çalışmaları yaptıklarında hayatlarında mucizevi şeyler yaşayabilirler. Ben yaşadım...

Hayatınızda ve evinizde yeni bir insana ve yeni bir ilişkiye alan açacaksınız. Geçmiş ilişkilerinize ait resimleri, hediyeleri, eşyaları ve diğer her şeyi telefonunuzdan, bilgisayarınızdan, yaşam alanlarınızdan temizleyin. Geçmişteki sevgiliden, eşten arkadaş olmaz; enerji olarak da doğru değil. Daha önce anlattığım bağ kesme çalışmalarını geçmişteki ilişkileriniz, arkadaşlarınız, iş hayatınız için tek tek uygulayın. Bunların hepsini adım adım yaptıktan sonra yaşamınızda daha büyük bir alan açılacak. Alanınızdaki negatif enerjileri göndereceksiniz ki pozitif enerjileri çekebilesiniz. Adım adım rüya âlemini çalıştıkça, sözcüklerin gücüyle çalıştıkça, ağzınızdan çıkan her söze önem verdikçe bilincinizde bir kodlama, farkındalık olacak, söyledikleriniz çok daha etkili olacak. Yaşam sizi ciddiye almaya başlayacak. Vicdanınız, kalbiniz, bilinciniz söylediklerinizin gücüyle yaşama ulaşacak. Karşınızdaki insan bir şey söyleyip arkasından başka bir şey söylerse vücudu ayrı ifade verirken, ağzı başka bir şey söylerse onu ciddiye almazsınız. Yaşam da böyledir. İlahi kaynak da davranışlarımızın, sözlerimizin ve bilincimizin aynı şeyi söyleyip söylemediğine bakar. Bizim vücut dilimizden, içimizden, vicdanımızdan, bilincimizden, rüya âlemimizden, sözcüklerimize ve hislerimize kadar her şey bir olmalı, birlik olmalı.

Mutlu bir evliliği çekmemeniz, bunun örneğini ailenizde görmemiş olmanızdan da kaynaklanabilir. Çevrenizdeki ilişkiler de mutsuzluk saçar; çünkü içinizdeki histen ötürü mutsuz insanları çekmişsinizdir. O zaman mutlu evliliği olan insanlarla görüşmeye başlayın. Anlattığım bütün çalışmaları uygulayıp ilişki hayatında mutsuz olan insanları hayatınızdan çıkarın. Beraber mutlu olduğunuz, ev ve ilişki hayatında mutlu olan insanlarla görüşmeye başladığınızda onları hissetmeye çalışın. Sadece zihinsel olarak algılamayın, onları gerçekten hissedin, hislerinizin aracılığıyla bağlantıya geçin. Bazı şeyler sadece kitap okuyarak değil, his olarak da geçer; bu bir aşılama yöntemidir.

Gözler ruhun aynasıdır, birbirinizin gözlerinin içine baktığınızda anlattıklarınız, kelimelerin çok ötesine geçer. O yüzden mutlu olan insanların gözünün içine bakın. Karşılıklı iki çiftin birbirlerine bakışını görün. O his, böylelikle size geçer. Ama sakın kıskançlıkla, kara delik şeklinde bakmayın. Evde kocasını heyecanla bekleyen, hafta sonu eşi ve çocuklarıyla beraber olmak için çabalayanlardan olun. Belki anneniz, babanız öyle değildi. Ama dünyada birbirini tüm kalbiyle seven ve sayan, mutlu bir aşkla yaşayan çiftler var. 40-50-60-70 yaşında karısına hâlâ ilk günkü kadar âşık ve sadık insanlar tanıdım. Dünyada böyle beraberlikler mümkün. Siz, kendinizi açtığınız, niyet ettiğiniz zaman böyle insanlarla tanışmaya, bu insanlardan o enerjiyi öğrenmeye ve almaya başlarsınız. Aslında o kişinin enerjisini almak değil, o kişinin enerjisine geçmektir bu durum. Onu hissetmeye başlarsınız. O enerjinin sizin içinizde uyanmasıyla gerçek dünyada bu enerjinin varlığına inanarak kendinize çekmeye başlarsınız.

Sözcüklerinizin, yaşam ve enerji alanınızın değişmesiyle beraber rüyalarınız da değişecek; güzel rüyalar görmeye başlayacaksınız. Sonrasında ise bu rüyaları yaşamınızda deneyimlemeye başlayacaksınız.

Bunların hepsini yaptığınızı farz edelim. Sonuçları belki 2 hafta, belki 2 ay, belki de 1 sene içinde göreceksiniz. Çünkü astroloji haritasında 12 ev, 7 temel gezegen, 27 yıldız var. Numerolojinin sonsuzluğu var. Astrolojide bir insan ömrü 120 yıl. O yüzden bir çalışma yaparken en azından bir 12-13 ay gibi bir süreyi kendinize tanımanız şart. Düşünce gücü, sözcüklerin gücü, teknikleriyle 2-3 sene sabırlı bir şekilde, önüne taş koymadan bu çalışmaları yapanlar inanılmaz mucizeler yaşıyorlar. İnanın benim yaşadığım mucizelerin haddi hesabı yok.

Bu bağlamda bu çalışmaları 1 ya da 2 sene yapmalısınız. Hatta hayatınıza ilişki girse bile... Kimseye çengel atmayın. Kendi alanınızda, kaynakla bağlantılı olun, merkezinizde olun. Kendi köklerinizde, atalarınızın gücünde bağlantılı olun. Kendi sevginizde, kendi gücünüzde olun, beraber bir yola gidin. Karşınızdaki insanın sizi taşımasını beklemeyin. O süreçte beki de karşınıza farklı insanlar gelebilir, ilişki yaşayabilirsiniz... Geçmişinizdeki insanlardan öğrendikleriniz için, size verdikleri hediyeler için onlara şükran duyun, teşekkür edin ve serbest bırakın. Hayatınızdaki her insana, bir öğreten gözüyle bakın. Bunu yaptığınız zaman hayat çok kolaylaşacak. Hayat bize her an bir şey öğretmeye çalışıyor ve biz öğrenmemek için direndiğimiz zaman bizi yerden yere vuruyor. O yüzden öğrenmeye açık olmalıyız. Bu sırada dünyadaki istek ve arzularımızla ilgili sonsuz olasılıklara açık olarak da ilerleyebiliriz. Bazen istediğimiz şeyler, gerçekten istediğimiz şeyler değildir.

Bütün bunların hepsinin ışığında şunu söylemek istiyorum; gerçekten birbirini seven, sevgide merkezlenen, kendi kaynak bağlantısında olan ve kendi kökleriyle, ailesini ve atalarını sevgisiyle, gücüyle hisseden insanların çocukları da çok yüksek ve güçlü bir ruhla doğar. Böyle insanların çocuğu olmasa bile dünyaya ürettikleri veya verdikleri şeyler çok uzun ömürlüdür. Ancak sevgi adına değil, para ve cinsellik adına beraber olan çiftler sevgi yoksunudur. Beraberliklerde bir taraf diğerinin üstüne fazla yüklenir; sanki güneşmiş gibi onun etrafında dönmeye başlar. Onu güneş gibi, yaşam kaynağı gibi görür; etrafında dönerek yalnızca ona odaklanır. Bu durum kendi evrimleşmesini olumsuz etkiler. Oysa herkes kendi merkeziyle bağlantılı olmalı ve o kaynakla yürümeli ve gelişmelidir. Bunların aksi olan beraberliklerde çiftlerin bazı sınavlardan geçip neyin içinde olduklarına dair farkındalık geliştirmeleri gerekir.

Hayatta hiçbir şey boşuna değildir. Bazı insanlar, hayatının merkezine çocuğunu koyar ama çocuğunu kaybeder. Bazıları hayatının merkezi olarak kocasını ya da karısını görür ama onu kaybeder. Bazı insanlar sadece çocuğu için yaşadığını söyler, çocuğu ölür ama yaşamaya devam eder. Yaşam bize aslında her an bir şey anlatır. Çünkü yaşama göre zaten ölmüyoruz, bize göre ölüyoruz. O yüzden bütün bunların hepsinin içinde ciddi bir farkındalık geliştirmeli ve onun içinden ilerlemeli, o farkındalıkla beraber istemeli, algılamalı ve kendimizi açmalıyız.

Nasıl bir hayatınızın olmasını istiyorsunuz? Geleceğinizi gözünüzün önüne getirdiğiniz zaman nasıl bir şey görüyorsanız öyle bir hayata sahip olursunuz. O nedenle gözünüzü kapatın ve gelecek hayatınızın nasıl olmasını istiyorsanız onun portresini çizin. O portreyi birisine çizdirin ya da dergilerden keserek birleştirin. Evleneceğiniz kadının/erkeğin size bakışını çizin. Bu bir tür bilinçaltınıza işleyen en güçlü çalışmalardan bir tanesidir. Araba, ev, ödül... Ne istiyorsanız onun portresini edinin.

Hayatınızda İstediğiniz İlişkinin, Hayallerinizin Ötesinde Olması İçin Kararlı ve İnançlı Olmalısınız

Her sabah uyandığınızda ve gece yatmadan önce ellerinizi yukarıya doğru açıp tekrarlayın:

Birlikte çok mutlu olacağım; hayal edebileceğimden de fazla mutluluk, neşe, haz, orgazm, bolluk, bereket, zenginlik içinde uzun ve sağlıklı bir ömrü beraber yaşayacağım; gelişmemi sağlayacak, derin bir huzur, sevgi, mutluluk sağlayacak ve yaşamın her alanında çok daha derin zenginlikler keşfetmeme katkı sağlayacak birini hayatıma çekiyorum.

Birbirimizin evrimleşmesine, şifalanmasına, gelişmesine yardım edeceğimiz; daimi mutluluk, haz ve orgazm içinde yaşayacağımız; hayatımızın her gününde birbirimizi sevgiyle anabileceğimiz; yaşamın ritminin içinde dönem dönem iniş çıkışlar da olsa bunların hepsinin üstesinden sevgiyle, mutlulukla, neşeyle ve rahatlıkla geçebileceğimiz; ailelerimizin birbirini dengeleyeceği, birbirimizin sistemini dengeleyeceğimiz; astrolojik haritalarımızın ve numerolojilerimizin birbiriyle uyum içinde olacağı; birbirimizi beğenip çekici bulacağımız; cinsel, duygusal, zihinsel, fiziksel, ruhsal bütün bütünleşmelerimizde şifalanmalar ve mucizeler yaşayabileceğimiz bir ilişkiyi hayatıma çekiyorum.

Bunun için bütün dünyanın, yaşamın, evrenin, yıldızların, galaksilerin, tüm sonsuzluğun, tüm atalarımın, dünyadaki tüm insanların, tüm ruhsal âlemin, tüm var oluşun, tüm bedenimin, hücrelerimin, DNA'mın, bilinçaltımın, rüya âlemimin, geçmişimizdeki tanıdığım herkesin ve tanıdığım-tanımadığım herkesin bana en yüksek desteği vermesini, katkı sağlamasını ve bunun için gerekli olan her şeyi yapmasını talep ediyorum, seçiyorum ve çekiyorum.

Bütün bunların hepsiyle bu kişiyi hayatıma alıyorum, kabul ediyorum ve kalbimde, ilişki çekirdeğimde, evimde, yatağımda, yaşam alanımda, aile yaşamımda ona bir yer veriyorum. Onun geleceği yerleri onun için boşaltıyorum, açıyorum ve onu çekiyorum, davet ediyorum. Onu olduğu gibi kabul ediyorum; gelişini kutsuyor ve kutluyorum. Gelişini şükranla karşılıyorum ve teşekkür ediyorum. Bunun için benim bedenim, düşüncelerim, sözcüklerim nasıl olmalı? Tüm evren, sonsuz kaynak, dünyadaki insanlar, atalarım, köklerim, bütün ruhsal âlem, ilahi kaynak, dünyadaki tüm çiçekler, böcekler, hayvanlar, tüm doğa ve rüya âlemleri... Tüm manyetik alanlar, bilinçaltları, kolektif bilinç, sonsuz bilinç neler yapabilir? Benim hayal edebileceğimin, düşünebileceğimin, inanabileceğimin ve algılayabileceğimin ötesindeki sonsuz olasılıklar ve kolaylıklar nelerdir? Bunun için yaşam bende neleri kolaylıkla değiştirebilir ve hayatıma kimler girip bana destek olabilir? Hayatımda, yaşamımda bu bedenimdeyken bütün yaşamım boyunca beraber bu mucizevi deneyimi yaşayacağım insanı hayatıma alabilmem ve onun da benim hayatıma girmesi ve birlikte olmamız için destek sunacak bütün insanları, varlıkları, bilinçleri ve hayvanları hayatıma çekiyorum, alıyorum, kabul ediyorum. Onlara da bir yer veriyorum, onların da varlığına şükran duyuyorum. Onların da gelişini kutluyorum, kutsuyorum ve onlara sonsuz teşekkürlerimi sunuyorum. Bütün evrenden, kâinattan, yaşamdan, dünyanın her yerinden, bütün sonsuz olasılıklardan bu kişiyi çekiyorum, alıyorum ve kabul ediyorum.

Bunları söyleyebileceğiniz gibi kendi sözlerinizle de geliştirebilirsiniz. O kişinin size doğru geldiğini özellikle hayal edin. Enerji olarak o kişiyle bütünleştiğinizi, sarıldığınızı, o kişinin sizin hayatınıza geldiği zaman hissettiğiniz sevinci ve kutlamayı, coşkuyu, bedeninizdeki titreşimlerin yükselişini hissedin. Hayal ve niyet edin. Devamlı o his ve algıda kalın. O insan artık sizinle; hayatınıza geliyor. O insanın enerjisi ve sonsuz olasılıklar günden güne yaşamınıza girmeye başladı. Bütün yaşamın sizin daimi ve en yüksek mutluluk, haz, orgazm, bolluk, bereket ve neşe dolu ilişkiyi/evliliği yaşamanız için her an çalıştığına ve bunu yaşattığına inanın ve bunu söyleyin.

Gün içinde aklınıza geldiği zaman sol elinizi açıp sağ elinizi saat yönünde hareket ettirerek bu çalışmayı yapabilirsiniz:

Tüm yaşam benim en yüksek, daimi mutluluğum için her an çalışıyor ve bana yaşatıyor, çalışıyor ve bana yaşatıyor. Çalış çalış çalış...

Ben de bunun için hayatımda yer açıyorum; alıyorum ve kabul ediyorum. Bunun için tamamen kararlı olarak bütün evimde, yaşamımda, hayatımın her köşesinde gerekli olan her türlü çalışmayı yapıyorum.

Bu yaptıklarımdan çok daha iyileri nelerdir, fark etmem gereken neler var? Aşmam gereken neler var? Öğretmem ve öğrenmem gereken neler var? Yaşamımdaki her bir insanın bana hediyeleri nelerdir?

Bütün bunların hepsiyle beraber hayal edebileceğimden, düşünebileceğimden çok daha sonsuz mutluluk, neşe, orgazm ve haz dolu mucizevi deneyimleri daimi olarak yaşamam için neler olabilir? Bütün bunların sonsuz olasılıkları neler?

Yaşam, yıldızlar, gezegenler, atalarım ve dünyadaki tüm insanlar... Hayal edebileceğimin, düşünebileceğimin çok daha ötesindeki daimi mutluluğu, neşeyi ve sevgiyi yaşayacağım bir hayatı çekiyorum. Dünyada her neredeysen buluşmamız, ikimizin de buna hazırlanıp bu yaşamda hayatımızın sonuna kadar beraber olmamız için seni çağırıyorum. Bütün yaşam, kâinattaki herkes her şeyi yapsın. Bizim evliliğimizin içindeki ruhuna ve bilincine sesleniyorum. Lütfen evliliğimizi ve beraberliğimizi koru. Evliliğimizin rehberi, koruyucusu ol; evliliğimizi koru. Evliliğimizi olumsuz yönde etkileyebilecek bütün düşmanları, dış etkileri, bildiğim ya da bilmediğim olumsuz her şeyi etkisiz hale getir. İlişkimizi olumsuz yönde etkileyen insanları hayatımızdan çıkar. İlişkimizi olumlu yönde etkileyecek insanları hayatımıza sok. Evliliğimizin ve beraberliğimizin daha fazla gelişmesini, aydınlanmasını sağla. Hayal edebileceğimizden, düşünebileceğimizden çok daha fazla ve sonsuz mutluluk, neşe, huzur, haz, orgazm, bolluk, bereket, zenginlik içinde, daimi olarak uzun ve sağlıklı bir ömür yaşamamız için tüm ışık varlıklarını, tüm rüya âlemimizi harekete geçir lütfen. Hayatımızda somut bir şekilde en yüksek mutluluğumuz adına bunları deneyimlememizi ve yaşamamızı sağla.

Bu çalışmaları yaparken son derece kararlı, farkındalık içinde olarak istemek çok önemlidir. Özellikle her gece yatmadan önce yapmalısınız çünkü bilinçaltının en açık olduğu zaman sabah kalktığınızdadır. Hayal ve niyet ederek çalışmayı tekrarlayın. Bu sırada ayaklarınızı çapraz yapmayın, ellerinizi birbirine bağlamayın, üstünüzde düğümlü bir şey olmasın. Rüyalarınızı da bununla ilgili olarak olumlu yorumlayın ve konuyla ilgili yazılar yazın. Kimseyle de beraber olmak için olmayın. Evliliğe karar verdiyseniz o kişiden emin olana kadar onunla bir cinsel beraberliğe girmeyin.

Bu süreçte birisiyle tanışabilirsiniz, hayatınıza birisi girebilir, o insanın doğru insan olduğunu düşünebilirsiniz, çok mutlu olabilirsiniz, bu kişi size çok iyi gelebilir. Ama bu da belli bir süre sonra bitebilir. O insan, aslında başka bir insan için hazırlıktır, bir öğretmendir. Aslında sizi ona taşıyacak kişidir. O yüzden, hayattan umudunuzu asla kesmeyin. Kaç kişi gelirse gelsin kararlılığınızı kaybetmeyin. Belki de birden o kişi karşınıza çıkabilir. Bunun da aynı zamanda farkında olun. Bu çalışmayı yaparken onu çektiğinizi hayal ve niyet edin. Enerjisel olarak da çekin. Göğsünüzle, avuç içlerinizle, bedeninizle, bütün çakralarınızla, ağzınızla, bütün hücreleriniz ve DNA'nızla beraber o kişiyi ve size yardımcı olacak herkesi kendinize doğru çektiğinizi hayal edin ve çekin. Aynı zamanda sizi olumsuz yönde etkileyen kişilere doğru olumsuz enerjilerin çıktığını hayal edin. Oksijeni alıp karbondioksiti vermek gibi. Çünkü hayatınızda size hizmet etmeyenleri çıkaracaksınız ki yerlerine hizmet edenler gelsin. Bu süreçte kesinlikle kararlı bir şekilde o insanı hayatınıza çekeceksiniz. Bunu her sabah ve her akşam söyleyeceksiniz. Gün içinde sıkıldığınızda, bununla ilgili bir şey olduğunda tekrar edeceksiniz. Niyet edeceksiniz. Kendinizi tam anlamıyla açarak çekecek ve isteyeceksiniz.

Ben bunu seçiyorum, hayatıma alıyorum, bunun için yer açıyorum, aynı zamanda da hayatıma çekiyorum. Buna katkı sağlayacak diğer insanları da hayatıma kabul ediyorum.

Sevdiğiniz İnsanın Ailesini Olduğu Gibi Kabul Edin

Bazen karşınızdaki insanın ailesini hayatınıza almadığınız için o insan tam olarak hayatınıza giremez. Çoğu evli çiftte bu vardır. Karşınızdaki kişinin ailesini olduğu gibi kabul etmez ve onu almazsanız o kişiyle tam anlamıyla bağlantı kuramazsınız. Evleriniz birbirinden uzak olsun. Daha pozitif bir ilişki yaşayın. Onları da olduğu gibi kabul edin, yargılamayın. Yarın sizin de çocuğunuz olduğunda yaşamaktan korkacağınız şeyleri yaşatmayın.

Odağınız Karşınızdaki Kişi Değil, Birlikteliğiniz Olmalı

Bu süreçte kararlı olmalısınız. Evinizde Feng Shui ilişki köşenizin olmasına dikkat edin. Telefonunuzda ve bilgisayarınızda ikinizin mutlu fotoğrafı, evliyseniz birbirinize aşk dolu gözlerle baktığınız fotoğraflarınız olsun. Sevdiğiniz kişinin fotoğrafını koymak o kişiye odaklanmaktır. Siz ise hiçbir zaman karşınızdaki kişiye odaklanmayacaksınız. Sizin âşık olacağınız şey karşınızdaki kişi olmayacak. Sizin âşık olacağınız, seveceğiniz, değer verip yücelteceğiniz ikinizin beraberliği olacaktır. Karşınızdaki insanı yüceltirseniz onun varlığını, enerjisini yüceltirsiniz. İlişkiniz, ikinizin çakralarının ve birleşiminin ortaya çıkardığı bir bütündür.

Ben çocuğun da fotoğrafının olmaması gerektiğini düşünüyorum. Evliliklerde çiftlerin çocuğuna çok fazla odaklanması, her yere çocuğunun fotoğrafını koyması vs. aralarındaki bağı zedeler, ikincil sıraya düşürür. Bence çocuk, anne babanın ilişkisinin mutluluk içinde olmasından çok daha fazla keyif alır, mutluluk duyar. Anne babalarınız hayatlarında devamlı size odaklanıp size sevgilerini aktarmak yerine kendi ilişkilerinin kutsallığı, yüceliğini ortaya çıkarsalar siz daha mutlu olmaz mısınız? Bizler anne babalarımızın mutluluğundan mutlu olan varlıklarız. Onların ilişkisindeki mutluluk, bizi çok daha güvenli hissettirir. Çünkü anne ve baba farklı alanları tutarlar. O yüzden evliliklerde anne-babanın birlikteliğini kutsamak ve yüceltmek çok önemlidir. İnsanlar tam tersine çocukların varlığını kutsayıp sonra torunlara odaklanıyorlar. İlişkiye odaklanmıyorlar. Hep başkasına... Oysaki önce siz varsınız. Sonra çocuk ve torun... Burada insanın kendisine bakmak istememesi, hep bir şeyleri dışarıda araması, kendisinin daha iyiye layık olmadığını düşünmesinden de kaynaklanabilir. Ama bilmenizi isterim ki; aileler çocuklarına odaklandıklarında daha sonraki nesiller ilişkisiz kalabiliyorlar ya da evlenip çocuğa odaklandıktan sonra boşanıyorlar. Çünkü önemli olan ilişki değil, çocuk oluyor. Ancak çocuğun da mutlu olması için eşler arasındaki ilişkinin iyi olmasının büyük önemi var. Bizler gerçekten karşımızdaki kişiyle âdeta bir ayna ve yoldaşlık şeklinde evrimleştiğimiz, hayatın içinde mucizelerle ilerlediğimiz, aydınlanma yolunda yürüdüğümüz zaman bir şeyleri çözmeye çalışır, birbirimize destek oluruz. O yüzden ilişkinin aynı zamanda çok büyük önemi var. Herkesin ilişkisi iyi olacak diye bir şey yok. Bazı insanların ilişkisi olmayabilir ve hayatına yeni şeyler sokabilirler. Bütün bu sürecin içinde yaşam size nasıl mesajlar veriyor, neler anlatıyor, neler gösteriyor, neler yapıyor? Her an izlemelisiniz.

Billur Kalkavan'la yaptığım röportajda öğrendim ki kendisi şu anki beraberliğini bundan sekiz yıl önce hayatına çekmiş. İlişkiyle ilgili bir buçuk yıllık çalışma yapmış. Bir astrolog arkadaşı kendisine gerçek hayat arkadaşının bundan 7-8 yıl sonra hayatına gireceğini söylemiş. Billur Kalkavan da beklemek yerine hemen hayatına girmesini seçmiş ve çalışmayı dört katına çıkarmış. Kendi sözleriyle, kendi şekliyle yapmış. Bunun bir de farklı bir versiyonu var:

Beni seven, benim sevdiğim, yapılı, zeki, varlıklı, iyi anlaşabileceğim, cinsel anlamda birlikte mutlu olduğum, beraber hazzı, orgazmı, zenginliği, bolluğu, bereketi yaşadığım, zihinsel olarak da çok iyi anlaştığım...

Bu gibi ifadelerle de böyle bir insan isteyebilirsiniz. Billur, kendi cümleleriyle farklı şekilde uygulamış.

Sevgilisi Buğra endüstri mühendisi. Çok zeki, yakışıklı ve başarılı bir adam. Billur'la arasında devamlı karşılıklı bir akış ve kuvvetli bir iletişim var. Konuşuyorlar, konuşuyorlar, bitmiyor. Buğra, Billur'dan 20 yaş küçük. Yaşla ilgili yargınızı kaldırmalısınız. Sizi mutlu edecek kişi sizden 10-20 yaş küçük olabilir, büyük olabilir ve sizin düşündüğünüzden çok daha farklı biri de olabilir. O yüzden yargılamadan size gelen her şeye bakmalısınız. Karşınıza göbekli, kel, fodul bir adam geldiğini farz edelim. Beraber oldunuz ve çok mutlusunuz. Size kendinizi çok iyi hissettirdi ve enerjinizi yükseltti. Birbirinizi mutlu ediyorsunuz.

O zaman o doğru insandır. İlla fiziksel koşullandırmalara dayanmayın. Sizin içinizin istediği ya da bambaşka bir şey olabilir. Biz çok çabuk yargılar üstünden gidebiliyoruz. Billur, kendince kendi yöntemiyle nasıl istediyse her gün söylemiş ve yaşadıklarını, "Buğra'dan önceki bir buçuk sene boyunca cinsel veya duygusal olarak kimseyle bir birlikteliğim olmadı. Hayatımda detoks yaptım. Yaşamı hep dinledim. 'Oraya gitmem, buraya girmem, onunla bununla tanışmam,' demedim, yaşamın akışına güvendim," diye anlatıyor.

Ebru'yla 16 yaşındayken tanıştım. Ebru o zaman bu çalışmayı yapıyordu. Yıllar sonra bana bir e-posta yolladı. Hayatına mutlu bir ilişkinin girmesiyle ilgili çalıştığını, her gün sabah-akşam niyet ettiğini, kararlılığını devam ettirdiğini anlatıyordu. Çalışmalarında kullandığı ifadeler şunlardı:

Ben gerçekten buna layık olduğumu düşünüyor muyum?
Evet. Mutlu bir ilişki yaşamaya layığım. Birlikte daha mutlu yaşayacağım, hayatım boyunca birlikte yaşayacağım biriyle olmaya layığım.
Çok seveceğim, beni çok sevecek, sağlıklı, mutlu, zeki, başarılı, akıllı, üstün zekâlı, dünyaya pozitif katkı sağlayacak ve hediyeleri olacak bu insanla olumlu değişimler yaşayacağım. Onunla çocuğumun olmasına da layığım.

Ebru önce iş hayatında büyük yükseliş yaşadı, sonra mutlu bir evlilik yaptı ve çok güzel bir çocuğu oldu. Hepsi de 40 yaşından sonra gerçekleşti.

Başka bir kadınla tanıştım, doktordu. 30'lu yaşlarında evlenmek istiyordu. Yaşadıkları onu çok üzmüş, çok kırmıştı.

Artık çok mutsuzdu ve bu duruma isyan ediyordu. Bununla ilgili psikoterapiye gitmeye başladı. Çeşitli enerji çalışmalarına katıldı, seminerlere, aile dizimi eğitimine gitti. Bu süreç ona çok iyi geldi. Kararlı, vazgeçmeden, istekli bir şekilde ilerledi ve içinde bir şeyleri değiştirip aştı. 45 yaşında yabancı bir adamla evlendi ve şu an çok mutlu bir beraberliği var.

19-20 yaşlarındayken seminerlerine katıldığım bir hocanın öğrencisi vardı. O bana anlatmıştı; kadın 50 yaşındaydı, sevgilisi ise 40 küsur yaşlarında yakışıklı ve başarılı bir mühendismiş. Aralarında olumlu bir elektrik var, yıllardır beraberler, aynı evde yaşıyorlar ama evlenmemişler. Ancak son derece mutlular. Sorduğum zaman isteklerini içeren bir mektup yazdığını söyledi; yaşamak istediği ilişkiyi ve onu yaşatacak kişiyi tarif eden...

Şifa Izgarası

... Bu benim pek onaylamadığım bir yöntem olsa da kadın başarmış. Vücudundaki kıl oranına kadar yazmış. Açık ve net sipariş! Bunu da yazdıktan sonra mektubu düzenli olarak her gün okumaya başlamış. Reiki yapmış. Hatta belki yazdığı sırada etrafına bazı semboller çizmiş bile olabilir. Belki mektubu kendi elleriyle yaptığı veya boyadığı bir kutunun içine koymuş olabilir. Üstüne kristaller koymuş olabilir. Bilmenizi isterim ki kristal epey enerji veren bir maddedir. O yüzden siz de uygulamak isterseniz mektubunuzun etrafına kristallerden çember yapabilir ya da mektubu kristallerin üstüne koyabilirsiniz. Bu da ayrı bir yöntemdir. Bir çeşit enerji ızgarası gibi düşünebilirsiniz.

Kristalleri Programlamak

Mektup yazmaktansa sadece kristalleri kullanarak da bir çalışma yapılabilir. Kristalleri güneş ışığında bekletmek, toprakta bekletmek, ağacın altına gömmek, yeni ay döneminde çıkarmak, yeni ay döneminde yastığınızın altında tutmak; kristallerin enerjisini temizlemek ve programlamak; istediğiniz hisse ve düşünceye geçip o anda ona programlanıp o his ve düşünceyi kristale geçirdiğinizi hayal etmek önemlidir. Bütün bunları yapmanızla beraber ciddi miktarda bir enerji açığa çıkar ve yaratım süreci başlar.

Teşekkür Mektubu

Bir de bu süreçte, geçmişinizdeki bütün ilişkilerle ilgili neler öğrendiğinizi tek tek, somut bir şekilde yazmanızı öneririm. Âdeta ilahi kaynağa bir mezuniyet tezi sunarmış gibi dosya yapın. Her biri için tek tek şükredin, Allah'a bir teşekkür mektubu yazın. Yaşamınızdaki her konuda neler öğrendiğinizi, yaşamdan hangi dersleri aldığınızı, nerelerde kendinizi geliştirdiğinizi, nerelerde zayıf olduğunuzu yazın. Zayıf olduğunuz yönlerle ilgili hangi seminerlere gitmeniz, hangi kitapları okumanız, ne tarz çalışmalar yapmanız, hangi ülkeleri görmeniz gerektiğiyle ilgili bir liste hazırlayın. Kendi geleceğinize dair programınızı yapın. Yaşam da sizin çalıştığınızı görsün. "Ya millet evli, hiç bunlarla uğraşmıyor,", "Anne babamın böyle kaygıları mı vardı? İlişkiyle mi uğraşıyorlardı? Tanışmışlar, olmuş bitmiş..." gibi düşünceler aklınıza geliyorsa söylemek isterim ki görücü usulü evlenen insanlar hayatta kalma mücadelesi veriyorlar. Ya yaşamda kalma adına beraber duruyorlar ya da birbirlerine katlanıyorlar. Eğer beklentiniz eşinizin maaşıyla geçecek bir ömürse... Göz renginizi dahi bilmeyen bir insanla ömrünüzü geçirmeyi kabul ediyorsanız bu çalışmaların hiçbirinin bir anlamı kalmaz.

Gerçek Sevginin Peşinde

Bu zamanda kadınların ve erkeklerin yalnız kalmasının nedeni aslında yaşamda kalma mücadelesinin ötesine geçip sevgi arayışına girmeleridir. Kendileri artık ayaklarının üzerinde durabildikleri için, zamanında annelerinin, anneannelerinin cesaret edemediğini yapabiliyorlar. Ekonomik imkânsızlık ve çevresel faktörlerden dolayı boşanamayan, ayrılamayan ve mutsuz olan annelerinden, anneannelerinden ya da daha üst kuşaklarından farklı olarak, bir birliktelikte gerçek sevgi anlayışına inanıyorlar. O yüzden bu çalışmaları yaparken kendi içinizde aciz ya da kötü durumda kaldığınızı düşünüp, "Neden böyle bir şey yaşıyorum, neden bunlarla uğraşmak zorundayım?" diye kendinize haksızlık etmeyin. Siz aslında şanslı olanlardansınız. Hayatı boyunca eşiyle gerçek anlamda doyuma ulaştığı bir cinsel birlikteliği yaşamadan, yüzüne bile bakmak istemediği biriyle çocuk yaparak yaşadığı mutsuz hayata kendisini mahkûm etmiş milyonlarca insan var. Çocukları var diye devam ettirenler var. Hani evlilikte keramet vardır ya... Her çocuk kısmetiyle gelir mantığıyla... Artık insanlar "Evlilikte keramet vardır", "Her çocuk kısmetiyle gelir" gibi demode sözlere kanmıyorlar. Herkes aldığı eğitimin, sahip olduğu işin, çocuğuna sunabileceği imkânların farkındalığında olarak ailesini kurmayı seçiyor ve kendisini kimseye katlanmak mecburiyetinde hissetmiyor.

Mutsuz ve sorunlu evlilikleri olan insanlara özellikle uzman bir psikiyatriste ya da aile dizimi çalışmasına gitmelerini öneriyorum. Onlarla tecrübelerimi, gördüklerimi, hissettiklerimi paylaşıyorum. Çünkü kendi hayatımda bunları paylaşarak birçok insanda mucizelere şahit oldum, olmaya da devam ediyorum. *Düşle İnan Yaşa* kitabımda ilişkileri uzun uzun anlatmıştım; ancak bu kitapla çözülmemiş daha birçok noktayı çözeceğinize inanıyorum.

Mektupta da aynı şekilde yazabilirsiniz. Mektubu yazıp denize atanlar var. Mektubu yazıp toprağa gömen, üstüne ağaç dikip o ağacı devamlı sulayan, yeşermesiyle ilgili bir heykel yapıp totem çalışması yapanlar var. Bundan fayda elde ettiğini söyleyenler da var. Hangi yöntem tutarsa... Neyi sindirebiliyorsanız onu uygulayın.

Nasıl bir insanla beraber olmak istediğinizi, hayal ettiğiniz evliliği ve çocuğu yazabilirsiniz. Evinizle ilgili detayları, ilişki biçiminizi tüm ayrıntılarıyla yazabilirsiniz. Zenginlik, bolluk, bereket, refah içinde yaşamayı dileyebilirsiniz. Ancak kıtlık bilinci, kara delik, aç gözlülük içinde, "Trilyoner olsun, holdingleri, yatları, katları olsun," demeyin. O zaman çok kısıtlı bir alana gidersiniz. Hem de açgözlülük ve kıskançlık bilincine girerek olumsuz bir enerji yayarsınız. Olumlama ve kodlama çalışmalarında; hangi duygu, his ve düşünce biçimiyle çalıştığınız önemlidir. Kıskandığınız için mi, kıskandırmak için mi, nispet yapmak için mi, kızdığınız için mi, kızdırmak için mi? Kara delik dediğim o hissettiğiniz eksiklik duygusuyla mı yazıyorsunuz? Yoksa heyecan, sevinç, sevgi ya da yükselmiş enerjinizle mi yazıyorsunuz? Yazarken kendinizi izleyin ve takip edin. Yazarken öfke, kızgınlık veya kıskançlık hisseder, kötülük ifadesi fark ederseniz hemen geri çekilin. Kendinizi arındırın, uzun bir terapi sürecine girin ya da kendinize bir uzman bulun. Kitaplar okuyun, seminerlere katılın.

Bir arkadaşım yazdığı mektuptan tam bir yıl sonra ruh eşiyle tanıştı. Kendi kalemiyle yaşadıklarını hiç değiştirmeden size aktarıyorum:

Zor zamanlardan geçiyordum... Bir gece evde tek başımayken çok ağladım. Sonra duruldum ve dedim ki, yeter bu kurban psikolojisi, göklerde çok büyük güçler var bana yardım edebilecek. Hemen şimdi bırakıyorum kendimi hırpalamayı ve yardım talebimi mektup şeklinde yazıyorum. Kalktım elimi yüzümü yıkadım. Bir defter kalem buldum. İçimden aktığı gibi yazdım. Sonuna da beni mutlu edebilecek bir erkeğin bildiğim bütün özelliklerini yazdım. Sonra bu kâğıdı dörde katlayıp Teillim *kitabımın içine koydum.* (*Teillim* özel bir dua kitabıdır.) *Sonra onu orada unuttum. 1,5 yıl sonra Amerika'ya taşınırken kitabımı valize koyduğum sırada içinden düştü. Mektubu aynen yazıyorum:*

"Ey Yüce RABBİM ve onun yüce melekleri, yüksek varlıklar, koruyucular, baş melekler, rehberlerim, üstatlar, evliyalar, yükselmişler, tüm yüce varlıklar...

Sizin şefkatinize ve yardımınıza kendimi açıyorum. Sizin şefkatinizi ve yardımınızı talep ediyorum. Benim yolumu açacak her ne ise artık onu karşıma çıkarın. Ben buna hazırım. Onu görmeye, almaya, kabul etmeye hazırım. Beni en kısa zamanda, hatta hemen şimdi özgürlüğüme kavuşturun. Size teslim oluyorum. Siz beni kurtarmaya muktedirsiniz. Size güveniyorum. Gözümü açtığınız için teşekkür ederim. Bu zor günler bittiğinde, her şey ışık ve mutluluk saçtığında diyeceğim ki: Benim

Rabbim, benim için en iyisini bilir ve yaptı. Şükürler olsun. Hatalarım ve aldığım ahlar için beni affet. Ben de kendimi affedeceğim. Artık beni sevecek, sayacak, mutlu edecek, koruyup kollayacak, sahiplenecek, kabul edecek; bana özenecek, yardım edecek; zengin, yakışıklı, karizmatik, sadık, gözü tok, bekâr, benimle evlenmeyi isteyecek, iyi niyetli, saygılı, kültürlü, kibar, sosyal, saygın, paylaşımcı, esprili, neşeli, sağlıklı, pozitif, olgun, yaşı yaşıma uygun bir hayat arkadaşı, ömürlük bir sevgili, eş, âşık için hazırım ve onu bekliyorum."

Tüm yargı ve bakış açılarından uzak, yalnızca saf sevgide kalarak iyi niyetle kâinattan istediği her şey gerçek olmuştu.

Siz Hangi Enerjidesiniz?

Tayland'da iki haftalık tantra kurslarına gidebilirsiniz. Kendinizi cinsel ya da enerjisel olarak başka kişilere karşı kapalı hissediyor olsanız dahi bu çalışmalara katılın. Özellikle evli çiftlere kesinlikle gitmelerini tavsiye ederim. Çünkü atalarımızda cinsellikle ilgili geçmişte birçok sorun yaratan konu var. Çok şey bilmiyoruz aslında. Ciddi yargılarımız var. İnsanlar orgazmı gerçek anlamda, doğal ve normal şeklinin boyutunda yaşayamadıkları için, vücutları salgılaması gereken bazı hormonları salgılamıyor ya da hayatlarında olumsuz enerjiler açığa çıkıyor. Kendilerini hasta hissedebiliyorlar. İnsanın kendisini her daim geliştirmesi ve öğrenmesi gerekir. Bunun çok önemli olduğuna inanıyorum. Bu eğitim konusu da günden güne gelişiyor. Dünyada bazı üniversitelerde seksoloji, yani seks konusunda uzmanlık bölümleri var. O yüzden daha kendimizi geliştireceğimiz, öğreneceğimiz çok konu var.

O nedenle yazarken hangi duyguyla, düşünceyle, hisle yazdığınıza bakın. İsterken, söylerken hangi düşünceyle, hisle ve duyguyla söylediğinize ve yazdığınıza da bakın. Bütün bu çalışmaları yaparken eş zamanlı olarak etrafınızda hangi sembolleri görüyorsunuz? Siz bunu yaparken cama kuş mu kondu, böcek mi gördünüz, köpek mi havladı, kedi mi miyavladı? Bu işaretlere dikkat edin. Kuşları sürü halinde mi gördünüz, yalnızca iki tane kuş mu gördünüz, yoksa tek bir kuş mu gördünüz? Bunların her biri kolektif bilincin sembolleridir. Tek başına görüyorsanız hâlâ içinizdeki yalnızlık duygusuna işarettir; çift olarak görüyorsanız, çift olma bilincine doğru ilerliyorsunuz demektir. Örneğin, beraber dans eden kelebekleri görmeniz iyiye işarettir. Kelebek başkalaşım geçirir. Bir tırtıldan kelebeğe dönüşür. Ömrü ona göre belki uzun, bize göre kısadır. Bizim ömrümüz de bize göre uzunken, gezegenlere göre çok kısadır. Ben gezegenlerin kendi yaşamının olduğuna inanıyorum. Galaksinin de bir bilincinin, ruhunun, deneyimlerinin olduğuna inanıyorum. Hepimizin farklı farklı bilinç halleri ve deneyimleri var. Bunları hissederken hangi enerjiden hissediyoruz? Devamlı öfke, kızgınlık, kıskançlık gibi negatif duygular açığa çıkarırsanız sonuçta ateş elementi yoğun bir şekilde baskın gelir ve sizi otomatik olarak olumsuz etkiler.

Bir taraftan birine küfreder, birinin kalbini kırarken öbür taraftan dua ettiğiniz zaman duanız tutar mı? Küfredebilirsiniz, içinizdeki negatif enerjiyi salabilirsiniz ama onun hemen ardından kendinizi pozitif enerjiye sokmalı, kaynakla bağlantıya geçmeli, hayata isyan durumundan pozitif duruma geçmelisiniz. Bazen ifade edemediğimiz duygular bizi hasta eder, bloke eder ve ancak onları ifade ettiğimiz zaman özgürleşebiliriz. Karşınızda aslında kızdığınız, sinirlendiğiniz, küfrettiğiniz varlık sizsiniz; sizin bütününüzün, bilincinizin farklı bir versiyonu... Kendi içinizde bir mücadele veriyor olabilirsiniz. Dünya her an kendi içinde bir savaş veriyor. Astrolojik düzlemde Mars olduğu sürece zaten savaş olacaktır. Enerji kanalınızı, bütün bedeninizi bir araç olarak düşünün. Gerçekte siz ruhsunuz, bilinçsiniz. Yalnızca bir bedeni kullanıyorsunuz. Bu bedenden nasıl bir enerji çıkıyor? Biriyle karşılaştığınız zaman o kişiyi enerjisel olarak içinize alıyor musunuz? Yoksa o kişiyle aranızda duvarlar mı var?

Yüz kaslarınız gergin mi? Aynaya baktığınızda gözlerinizde mutsuzluk mu görüyorsunuz, öfke mi? Yoksa suratınızda rahatlamış bir ifade, gözlerinizde mutluluk mu var? Yüzünüzdeki ifadeden ne okunuyor? Aynaya baktığınız zaman kendinizi mutlaka kameraya çekin. Kendi fotoğraflarınızı dışarıdan çekin ve aynanın karşısında konuşun, kendinizi izleyin. Nasıl bir enerji yaydığınıza dikkat edin. Kendinizi dışarıdan birinin yerine koyun ve kendinize dışarıdan bakın. Erkekseniz bir kadının yerine bakın. Evinizin içinde beraber televizyon seyrederken, akşam yemek yerken de kendinizi çekip sonra seyredebilirsiniz. Çok ciddi bir farkındalık yaşamanıza neden olur. Vücut diliniz neye, nasıl tepki veriyor? Yüz ifadeniz nasıl, beden diliniz size ne söylemek istiyor? Bütün bunları gözlemleyerek çok ciddi farkındalıklar elde edebilirsiniz ve elde ettiğiniz bu farkındalıklar da değişmenizi sağlar.

Dünyanız karanlıksa ne olduğunu görmelisiniz. Hangi kuşun uçtuğunu, yerin renklerini, hediyelerinizin neler olduğunu, yolun nerede olduğunu, nereden yürümeniz gerektiğini ve kapı kolunun nerede olduğunu ancak ışıkta görebilirsiniz. Işığa aktıktan sonra da hareket etmeye başlarsınız. Kalp gözü açılır, ışığın ötesinde his ve algıyla çok daha farklı bir perspektiften bakarak yaparsınız. Bütün bunların algısında sizin neyi yansıttığınız ve neyi gösterdiğiniz çok önemlidir.

İlişkimizin İçindeki Yansımalar

Karşımızdaki insana ne yansıtırsak bir anlamda bizim de karşımıza o çıkar. Yaşama nasıl olduğumuzu yansıtırsak yaşam da bizi öyle kodlar. O yüzden arkadaşlarımıza, ailemize egomuzdan dolayı, "İlişki istemiyorum", "Erkek yok", "Kadın yok", "Şöyle olmadı, böyle olmadı", "Mutsuz oldum," demek yerine daha pozitif bir imaj çizmeliyiz. Örneğin, "Ben çok mutlu bir evlilik yaşayacağıma inanıyorum," demeliyiz. Böyle pozitif hisler yansıtın ki o şekilde size gelsin.

Evli çiftler sorunlarını asla birbirleri, terapistleri, danıştıkları uzmanlar dışında kimseyle paylaşmamalı; özellikle arkadaşlarıyla. Ailevi sorunlarınızı da birbirinize anlatmamanızı öneririm; çünkü ileride bir gün sizi üzecek şekilde geri dönebilir. Kimsenin çok iyi, melek kalpli olduğuna inanmayın. Herkes her şeyi yapma potansiyeli taşır, kimse melek değildir. Karşınızdaki kişiyi çok yüceltip ondan size kötülük gelmeyeceğini söylediğiniz zaman, aslında o kişinin bütünsel varlığına karşıt bir şey söylemiş olursunuz. Onun bütünlüğüne, dünyadaki, kolektif bilinçteki sonsuzluğun bir parçası olduğuna karşıt bir şey söylediğinizde, o da size diğer karanlık yönünü göstermeye mecbur kalır. Her kötülüğün içinde iyilik, her iyiliğin içinde kötülük vardır. Her karanlığın içinde aydınlık, her aydınlığın içinde karanlık vardır. Bu düalitedir.

Dışarıdan kimseyi çok kıskandırmadan, tevazu içinde, alçakgönüllü bir şekilde ilişkinizi yaşayın. Şiirler, şarkılar yazıp birlikte okuyun. Neler yansıttığınızı, neler söylediğinizi, nasıl bir enerji ortaya çıkardığınızı önemseyin. Beraber olduğunuz insana, sevgilinize, yakınınıza asla ailenizi kötülemeyin. Kötülerseniz de, "Benim ailemle aramda sorunlarım var ama bunların senle hiçbir alakası yok," ya da "Senin bu konulara girmene gerek yok," diyebilirsiniz. Eşinizin üzerine ailevi konuların yükünü atmadığınızda ilişkiniz daha sağlam ve güçlü bir şekilde ilerler. Biri hayatınıza girdiği andan, bu kişiyle sevgili olduğunuz andan itibaren bu çok önemlidir.

Sıkıntılarınızı, borçlarınızı, kısacası içinizde dağ gibi biriken tüm problemleri karşınızdaki insanın üzerine yıkmayın. Karşınızdaki insanın da kendi sorunları var, kendi hayatının ağırlığı var. Bunu sakın unutmayın! Sevdiğiniz kişinin görevi, hayatınızdaki tüm sorunları çözmek değildir. Sorunlarınızı çözecek olan sizsiniz. Bu konuda yetersiz kalıyorsanız bir terapiste başvurabilirsiniz. Sevdiğinize rehber olun; siz hayatı birlikte deneyimlerken sorunlarınızı çözecek birçok kişi karşınıza çıkabilir. Ancak sevgiliniz sizin hem terapistiniz, hem finansörünüz, hem işvereniniz, hem anneniz, hem babanız, hem taşıyıcınız olamaz. Bununla ilgili farkındalıkta olun.

Hayatınızda baba eksikliği yaşıyorsanız size baba olacak, bu eksikliğinizi giderecek, içinizin rahat etmesini sağlayacak birinin hayatınıza girmesine niyet edin. Anne eksikliği yaşıyorsanız anne konusuyla ilgili size yardımcı olacak, içinizi şifalandıracak, size destek olacak birini hayatınıza çekmeyi isteyip talep edin. Yine de kim gelirse gelsin o kişinin anneniz ya da babanız olmadığını bilin. Anneniz her zaman anneniz, babanız her zaman babanızdır. Onları yerlerinden oynatmamalısınız. Onların konumuna saygı duymanız, hiç kimseyi de anneniz ya da babanız konumuna koymamanız gerekir. Başkasını annenizin, babanızın yerine koyarsanız, gerçek annenizden, babanızdan koparsınız. Benim geçmişte yaptığım büyük hatalardan biridir bu. Kendi enerji hattınızdan, güç alanınızdan çekersiniz. Geçmişte annemi, babamı ve ablamı kaybetmiş biri olarak karşımdaki birçok insanı, onların yerine koyuyordum. Bu kez de onların bana davrandığı gibi davranamayacakları için içim parçalanıyordu. Halbuki karşımdaki kişinin hiçbir suçu yoktu. Ben konumlandırma konusunda hata yapmıştım. "O kadar sevdim, değer verdim, o bana kazık attı," diyemezsiniz; çünkü o sizin anneniz, babanız ya da kardeşiniz değildir. Karşınızdaki yalnızca bir insan. Ben bunu fark ettikten sonra inanılmaz rahatladım.

Çok yakın bir dostum iki kez doğum günü partime gelmedi. Yokluğuna ilişkin bana bir sürü bahaneler sundu. Küstük ve bir yıl konuşmadık. Bir yılın sonunda yaptığım çalışmalarla fark ettim ki, annemin, babamın benim doğum günüme verdiği önemi onlara yüklüyorum. Çünkü annem ve babam hayattayken sahip olduğumuz otelde bir kat kapatır, birçok insanı davet ederlerdi. Onlardan böylesi bir uğraş gördüğüm için karşımdaki insanlardan da aynısını bekliyordum. Ama onların ebeveynim değil, arkadaşlarım olduğunu ve bana çok daha farklı ve büyük katkıları dokunduğunu anladığımda, bu konuya ilişkin tüm gerginliğim son buldu. O farkındalığı yaşadıktan sonra arkadaşımla konuştum, doğum günümde buluştum ve barıştık.

Bir başka yakın arkadaşım ise doğum gününü kutlamaktan hiç hoşlanmaz, ailesinden öyle bir şey görmediği için hep geçiştirmek isterdi. Bu stresi, gerginliği ilk başlarda hiç anlamasam da sonrasında fark ettim ki düalite ve zıt kutupluluk kanunu gereğince hayatımda ne varsa yaşam bana onun zıttının da olduğunu gösteriyordu.

Bu yüzden hayatınızda sizin zıttınız olarak karşınıza gelen her şeye, herkese saygı duyun. Aşırı inançlıysanız, inançsız insanlar karşınıza çıkabilir ya da tam tersi olabilir. Benim annemle babam çok bonkör insanlardı, ben de öyleydim. Sevdiklerime hediyeler alır, yemekte herkesin hesabını öderdim. Benim de karşıma hep çok cimri insanlar çıktı. "Can, senden 5 lira alacağım var," diyen trilyonerler tanıyorum. Ben de bu noktada aşırı bonkörlük duygumu törpülüyorum, azaltıyorum. Ben kendimi değiştirmeye ve dönüştürmeye açık olmadıkça yıllarca bu konuda ders almaya ve kötü deneyimler yaşamaya devam ettim ne yazık ki... Ortaklık yaptığım biri çok küçük bir meblağ için bana karşı çirkinleşince tam o noktada, "Tamam artık, yeter," dedim ve bu durumu gerçek anlamda değiştirmeyi seçtim. Arkadaşlarımla dışarıda görüştüğümde hesabı ortak ödemeye başladım, taksiye bindiğimde para üstünü alır oldum ve cimri insanları bir yandan hayatımdan çıkarırken, diğer yandan da insanların bu yönlerinin bende yarattığı tiksinme ve rahatsızlık duygusunu ortadan kaldırdım, bunun normal bir şey olduğunu kabul ettim. Ben ilerleme kaydettikçe de hayatımda farklı şeyler yaşamaya başladım.

Ailenizin Bilinç Düzeyi Sizi Tatmin Ediyor mu?

Hayatımda her zaman bolluk, bereket isterim ve bunlar gerçekten de bana gelir. Çünkü annemin ailesinde zenginlik bilinci var. Annemin babası da zenginmiş, dedesi de... Sonrasında iflas etmiş olsalar da o bilinç aileye yerleştiği ve bu konuyla ilgili farkındalık olduğu için zenginlik kolaylıkla hayatımıza giriyor. Eğer ailenizde o bilinç yoksa o bilinci kazanmanıza yardım edecek insanlarla görüşün ve zamanla o bilinci geliştirin.

Bu durum evlilik ve ilişkiler için de aynıdır. Ailelerin her konuda farklı bilinçleri vardır ve ilişkiyle ilgili anlayışları da farklıdır. Örneğin; bir anne, kızına erkeklerle ilgili ne diyor ya da o ailede ilişkilere nasıl bakılıyor? Kocası ölünce evleniyor mu, sevgilisinden ya da eşten boşanınca başka biriyle beraber oluyor mu? Yoksa hâlâ yas mı tutuyor? Bunların hepsini gözlemleyin. Aileniz geçmişte olanlara takılı kalıp devam edemiyor mu, yoksa yenileri hayatlarına alabiliyorlar mı? Onlar için kadın güçlü mü, zayıf mı? Erkek iyi mi, kötü mü? Bu konulardaki algıları nedir? Ailenizin sıkıntı yaşadığınız konuyla ilgili algısına dair farkındalık geliştirdiğiniz zaman bu durumu değiştirebilirsiniz. Böylece gelişerek sonsuz mucizeler ortaya çıkarabilirsiniz. O nedenle, özellikle bunların hepsinin tek tek farkında olun.

Bütün bunların içinde neyi severseniz onu kendinize çekersiniz. Hayatınızda şu an olan veya ilişkilerinizde karşınıza çıkan insanlarda neler var? Siz onları seviyor musunuz, sevdiğiniz için mi hayatınıza geliyorlar? Belki de anne babanızın ya da ailenizdeki bazı insanların özellikleridir tüm bu olanlar. Yazarak bakın... Siz anne-babanızın o özelliklerini istiyor musunuz? Onlara karşı olan bütünsel algınızdan dolayı karşınızdaki insanda da o özellikler ortaya çıkıyordur ya da düalite kanunu gereği, yani zıt kutupların çekiminden dolayı sizin tiksindiğiniz, kabul etmediğiniz bir şey aynen tezahür ediyordur. O yüzden, hiçbir şeyden yoğun bir şekilde rahatsız olmamalı, tiksinmemelisiniz. "Bunu kabullenemem, bu asla olamaz," dememelisiniz.

Bakın bir örnek; Amerika'da LGBTİ bireyler adına uzun yıllar boyunca büyük mücadele verildi. 1970-80'li yıllarda bir doktor, eşcinselliğin bir hastalıktan ibaret olduğunu söyledi. İnsanlara elektrik verip beynindeki eşcinsellikle ilgili algıyı değiştirmeye çalıştı. Halbuki orada bambaşka bir farkındalık olmalı. Daha sonra o doktorun oğlunun eşcinsel olduğu ortaya çıktı. Bunun üzerine bununla ilgili mücadele vermeye başladı, televizyonda bununla ilgili anlatımlar yaptı. Sonrasında Amerika başkanının LGBTİ danışmanlığını üstlendi ve Amerika'da babasının yaptığının tam tersine, eşcinsel bireylerin haklarını savunarak daha iyi bir konuma geçmeleriyle ilgili çalışmalar gerçekleştirdi ve tabii ki babasıyla ters düştü. (Konuyu daha fazla araştırmak isteyenler Cleve Jones'un kendi hayatını anlattığı *When We Rise* adlı kitabını okuyabilir veya kitabın dizi uyarlamasını izleyebilir.)

İlahi takdir diye bir şey var. Neye büyük tepki gösteriyorsanız o içinizde mutlaka vardır. Ben cimrilikten tiksindiğime göre içimde, derinlerde bir yerde mutlaka cimrilik yatıyor. Eşinizde de aynı şekilde, sevgilinizde de... Şunu asla kabul edemem; "Bu asla olamaz, şunu kaldıramam, şu olursa ölürüm, şu olmazsa yaşayamam..." Bu gibi durumlar, ciddi anlamda sınavlara tabi tutulacağınız deneyimlerle karşınıza çıkabilir. Tabii deneyim güçtür... Birkaç tane ilişkiyle farklı tecrübeler yaşayan insanlar, özgürleşmek, arınmak, bağ kesme çalışmaları yapmak kaydıyla olumlu bir tecrübe ve olgunluğa kavuşabilirler. Hepsiyle beraber farkındalık içinde ilerledikçe günden güne derinliğiniz artacaktır. Gittikçe güçlenecek, müthiş bir ışığa ve güce ulaşacaksınız. Sizin yaşamla konuşmanızı, yaşamın sizinle konuşmasını ve başkalarının üstünden size bir şeyler anlatmasını sağlayacaktır. O yüzden hayatınıza giren insanların size ne anlattığına dikkat etmelisiniz.

İlişkinizde Uyumlanmaya Yer Verin

Diyelim ki bütün bu farkındalıkların ışığında hayatınıza bir ilişki çekmekle ilgili bütün prosesleri tamamladınız ve sonrasında o kişi hayatınıza geldi. Bundan sonra yükleri kesinlikle atmamalı, bunlara evinizde, yaşamınızda yer vermelisiniz. Senkronizasyona zaman tanımalı, süreci hızlandırmaya çalışmamalısınız. "Hemen evlenelim, beraber olalım, bana taşın ya da ben sana taşınayım," diyerek karşınızdakini sıkmayın. Sabırsızlanmayın.

İlk önce uyumlanmaya yer verin. Karşınızdaki insanın sizinle aşk yaşayabilmesi için ona bir alan tanıyın, onun üstüne gitmeyin. Sabahları 'Günaydın', akşamları 'İyi geceler' gibi gereksiz mesajlar göndermek yerine daha güzellerini yapın. Boş, duygusuz iletişim şekilleri ilişkiyi derinlikten uzaklaştıran ve yöreselleştiren unsurlardır. Mesaj yazacağınıza mektup yazın... Elinizle şiir yazın, video çekip yollayın... Daha içten, samimi, derin ve özel paylaşımlarınız olsun. Eski sevgililerinizi ya da ailevi problemlerinizi anlatmayın. Evde bütün çalışmaları yapın. Geçmişinizden bir şeyler varsa onları adım adım temizleyin. Arkadaşlarıyla ilgili ortam kurup beraber edindiğiniz arkadaş çevrelerini geliştirin. Ortamları geliştirip daha önce gitmediğiniz yerlere gidin. Daha önce yapmadığınız şeyleri birlikte yapın. Böylece ilişkiye ciddi bir emek vermiş olursunuz.

Bütün bu süreçte ilişkinin bilincini, ruhunu koruduğunuzun farkına varın. Kendi ilişki hayatımda çok ciddi bir problem olduğu zaman bu hayatımızı olumsuz yönde etkiliyorsa bilinçle ve koruyucusuyla bağlantıya geçerek ondan yardımcı olmasını isterim. Bir farkındalık ortaya çıkarırım. Atalarımdan, ilahi kaynaktan, dünyadan, yaşamdan bununla ilgili yardım isterim ve bütün yardımlara kendimi açarım. Her gün evde birkaç kere afirmasyon yaparım. Çeşitli kartlardan çeker, astrolojik düzlemimizi takip ederim. Mars birinci evimizde ya da yedinci evimizdeyse aramızda böyle bir gerginlik olabilir. Birbirimizi yanlış anlayabiliriz. Farkındalığa geçer, Ketu hareketini izlerim. Ketu yedinci evdeyse ilişkiden koparır. Mars kendine yönlendirir. O nedenle kendinize odaklanabilir, bununla ilgili farkındalık elde edebilirsiniz. Numerolojik düzlemlere mutlaka bakarım. Birinci yıl tohum, ikinci yıl oluşma, üçüncü yıl filizlenme, dördüncü yıl büyüme, beşinci yıl çiçek açma gibi devam eder. Farklı yıllar, ilişkimizin hangi döneminde olduğumuzu gösterir. Sağ kanalda mı, sol kanalda mı, orta kanalda mı, birinci, ikinci, üçüncü çakra mı? Bilinç olarak ne rüya gördüysek onları yazarız. İlişkimizi daha fazla geliştirmek için dünyada hiç kimsenin bilmediği bir dil geliştiririz.

İlişki ciddi anlamda emek ister, sanat eseri gibi işlenmek ister. Yalnız kalmamak için emek vereceksiniz. Birbirinizi evrimleştirecek, geliştireceksiniz. Tabii partnerinizi boğmamak, sıkmamak şartıyla... Hep bir farkındalık ve gelişim içinde ilerlemek şart.

Dua

Duanın inanılmaz önemli olduğuna, yaşamın aslında dua olduğuna inanıyorum. Bilmediğimiz ve anlamadığımız bir çeşit dil gibi... Bazı frekanslarda mantralar, dualar kullanılabilir. Ancak içten ve samimi bir şekilde yaşamla konuşmamızın bir dua olduğuna inanıyorum. İlahi kaynakla konuşmamız ve ona anlatmamız da bir duadır. Allah'a seslenmemiz, samimiyetle bir şeyler anlatmamız da duadır.

Dua bir acizlik değildir. Bir şeyler istemek değildir. Dua ile ilgili özellikle önemli bir nokta var: Allah'ı ikna etme çabasıyla dua etmemek lazım. Yani, "Ben elimden gelen her şeyi yaptım, çok iyi bir insanım ama neden bunlar benim başıma geliyor? Bana yardım et Allah'ım, bir çözüm üret. Ben nerede hata yaptım?" vb. şekillerde isyan etmek yerine; "Allah'ım, benim burada görmem gereken, fark etmem gereken, çözmem gereken nedir? Bunu yaşıyorsam dersimi almayı ve bundan özgürleşmeyi seçiyorum. Lütfen kolaylık ve rahatlık içinde, neşe ve huzurla bunu atlatmam için bana yardımcı ol. İçsel olarak, o sevgide barıştır. Erdem ve bilgelikte olmam için bana yardımcı ol," demeliyiz. Yani tefekkür etmeliyiz. Tasavvufta anlattıkları, farkındalık haline geçmektir. Bin tane esma çekmek, şu duayı okumak, beş bin dolarlık muska yaptırmak... Bunların içgörüyle alakası yok! Bunların farkındalıkla, kişinin iyiliğiyle hiçbir alakası yok. İlahi kaynak sadist değildir. İlahi kaynak kimseye acılar çektirip bir şey yaptırmaya, kimseyi cezalandırmaya çalışmaz. Kötü bir şey yaptığınızda, başkalarında ya da ailenizde bir şeyleri görmeniz ve fark etmeniz için bazen aynı şeyleri önünüze çıkarır. Bu bir klasiktir: İnsanlar, iş hayatında başkalarının ayağını kaydırır. Sonra onların da ayağını başkaları kaydırır.

Kadınların sıklıkla yaptığı bir şey var. Dünyada sanki başka erkek kalmamış gibi evli bir erkekle beraber oluyorlar. Halbuki milyarlarca erkek var. Adam karısıyla mutsuz olduğu için karşısındaki kadına kapılıveriyor. O zaman boşan! Bu arada boşanmazlar... ya da on yıldır evliyken beraber olduğu başka bir kadın vardır. Eşinden boşanır ama sonra o kadından da ayrılır.

Kime ne yaparsanız aynısı sizi bulur. Şöyle de bir şey var; evli bir adamla istemeyerek, bilmeden beraber olursanız orası başka! Yine de ne yaparsanız yapın, bu durum sizin ailenizde ya da sizde bir şekilde tezahür eder. O yüzden farkındalık içinde olmak, vicdanen rahat olmak, o bilinçte olmak, dua ile ilgili müthiş bir bilinç geliştirmek gerekir. Dua ettikten sonra özellikle dinlemelisiniz. Hep söylediğim gibi; bazı insanlar, "Ben şunu istiyorum, bunu istiyorum, bana şu olsun, bu olmalı, bunu hak ediyorum," gibi ifadelerle dua ettiğini sanıyor. Cevabı dinlemeden dönüp gitmektir bu. O nedenle dua ettikten ya da bir şey diledikten sonra mutlaka dinlemeniz, yaşama ve sembollere bakmanız, dua anında ve sonrasında hangi his ve duygulara büründüğünüzü görmeniz gerekiyor. Siz evrene bir şey yolladığınızda karşılık olarak ne geldiğini hissetmelisiniz.

Dua ederken kendi vicdanınız, ruhunuz, kalbinizle bağlantı halindeyseniz doğru bir şey söyleyip söylemediğinizi, duanızın kabul olup olmayacağını hissedersiniz. Daha söylerken hissedersiniz. Çünkü yaşamın bir bilinci var. Dua ederken ve bir şey isterken kendi içimize, kalbimize yönelmeli; daha yüksek bir sevginin, mutluluğun, huzurun, neşenin, barışın olması için sonsuz olasılıklara kendimizi açmalıyız.

Böyle söylediğim zaman bazı insanlara basit gelebiliyor ama içinizde huzur, mutluluk, neşe, barış olması aslında hayatınızda paranın, bolluğun, bereketin, sağlığın, mutlu bir seks hayatının, güzelliklerle dolu bir aile hayatının olduğu uzun bir ömrü içerir. Sizin içinizdeki bütün bu duygu, düşünce, his, değişim, dönüşüm ve akışlar aslında bütün yaşamınızı temsil eder. İçinizde nasıl bir duygu, düşünce ve his durumundaysanız yaşam da size öyle geri döner. O nedenle duayı bir ikna çabası şeklinde yapmamak, daha çok farkındalık içinde ilerlemek gerekir. "Ben şunu istiyorum" yerine anlatmalı ve dinlemelisiniz. Dua, sizin ilahi kaynakla olan ilişkinizdir; bir nevi ticaret gibi. Kendinizde neyi değiştirmeniz, dönüştürmeniz ve neler yapmanız gerektiğine dair bir farkındalığa yönelmelisiniz. Geçmişte kötü şeyler yapmış olsanız da mutlaka iyilik yapmanız gerekir. Çocukları okutmak, insanlara iş konusunda yardımcı olmak, hayvanlara yardım etmek gibi... Astrolojik haritasında olumsuz şeyler olan insanların özellikle iyiliğe yönelmelerini tavsiye ediyorum.

İsteyip Bırakın

Erkekler daha kolay, kadınlar daha zor bırakabiliyorlar. Erkekler daha zor kendilerini açabilirken kadınlar için bu daha kolay. Bu sayede her ikisi de birbirinden çok şey öğrenebiliyorlar. Aslında tamamen zıt yönleri olduğu gibi, birbirlerini tamamlayıcı yönleri de var. O nedenle bir araya geldiklerinde büyük bir farkındalık içinde birbirlerini evrimleştirip hayattan birçok ders alıyorlar. Bu da aslında yalnızca kadın veya erkek değil, aynı zamanda bir bedenin içinde ruh olduklarını gösteriyor.

İstek yaratım süreçleriyle hayatımızda bir şeyi çok isteriz, sonra vazgeçtiğimiz anda olur. Bu bırakma hali ve alan açma halidir. O yüzden aslında bir şeyleri de isterken aynı anda baskı yaratmadan kabul konuma geçmelisiniz. Yani istiyorsunuz, söylüyorsunuz, bununla ilgili kararlısınız. Ama burada bir çelişki var. Kendi içinizdeki sınırları kaldırıyorsunuz, kendinizi açıyorsunuz, her şeyi yapıyorsunuz ve yaşamdan da bunu istiyorsunuz. Bütün herkesi ve yaşamı dinliyor, takip ediyorsunuz. Ama içinizde bununla ilgili bir korku, direnç, öfke ve mücadele halinin olmaması gerekir. Ben her şeyi yapıyorum; olursa kabulüm, olmazsa da kabulüm. Yapabildiğim ya da yapamadığım şeyler var. Her şekilde mutluluğu, huzuru ve neşe içinde olmayı seçiyorum. Kendinizi olma haline, sonsuz alana, geniş alana ve özgürlüğe bıraktığınızda kimsenin sahip olduklarına bakmaz, zaman kavramının içerisinde sıkışarak sabırsızlaşmaz, kıtlık bilinci içerisinde kimseyle kendinizi kıyaslamazsınız ve yaşamın getirdiklerini akışa bırakırsınız. O içsel negatifliği yansıtmazsınız. İsteyip bırakın. Burada huzurlu bir alan açın. Gerçekten huzur içinde olduğunuz zaman, karşınızdaki insan da size huzur içinde gelir. Bu tarz hayat arkadaşları birbirine gelirken, siz öyle bir değişim, dönüşüm sürecine girdiğiniz zaman karşınızdaki insan da dönüşüme girer. Tetiklersiniz yani... Sizin öyle bir sürece girmeniz, sizin gerçekte beraber olacağınız insanı da öyle bir sürece sokar. Sonuç olarak sizin onunla ilgili ilerlemenizde buluşursunuz.

Bazı insanlar evli ve mutlu ama gerçekten sevgiyi mi yaşıyorlar? Siz onlar gibi bir beraberlik mi istiyorsunuz yoksa sevgiyi mi yaşamak istiyorsunuz? Bazıları "ne var evleneyim, çocuğum olsun" diyor. Gerçekten bunu isterseniz olur. Güzellikle, çirkinlikle, boyunun uzunluğu, kısalığıyla, zenginlik fakirlikle alakası yoktur. Sizin doğduğunuz an itibarıyla her halükârda astrolojik haritanızla uyumlu olan sayısız insan dünyanın dört bir yanında var. Gerçekten açık olsanız gelir. Ama demek ki istediğiniz şey farklı. O nedenle kendinizi bu farkındalıktan genişletmelisiniz.

Her şeyi söylediniz ve yazdınız veya söylediğim gibi yaptınız, gömdünüz, üstüne çiçek ektiniz, beslediniz, etrafını kristallerle döşediniz, heykeller yaptınız... Evde afirmasyonlar, çalışmalar yaptınız. Bir adam ya da kadın geldi... Tam istediğiniz gibi değil. Şans verin! Eğer içinize sinmiyorsa yollayın mutlaka yenisi gelecektir. Ama "O kadar çalışma yaptım, bu geldi, bununla idare edeyim" demeyin. Bir şans verin. Bakın bakalım size nasıl hissettiriyor. Beraber paylaşım yaşadığınız ya da yakınlaştığınız zaman ne oluyor? Akış ya da duygu olarak nasıl bir şey gelişiyor, bakın! Olmadıysa hemen bırakın. Ondan alacağınız hediyeleri, öğretileri alıp, yenisine ilerleyin. Bu sayede yaşam sizin akışta olduğunuzu, takılmadığınızı, öğrenmeye açık olduğunuzu, dersinizi alıp çok daha iyisine geçtiğinizi görecek. Sonuç olarak bir şeyleri aşmanızla, inanmanız ve farkındalık içinde olmanızla beraber sizin hayallerinizin ötesinde mutlu beraberlikler yaşamanızı sağlayacaktır. O nedenle farkındalık içinde çalışmaya devam edin. Sorun, isteyin, talep edin, çekin, çağırın... Bütün bunlarla ilgili her türlü çalışmaları yapın, arzu edin ve çalıştırın. "Çalış, çalış" deyin. Tamamen o farkındalık içinde olun. Sonsuz mucizelerin sizin hayal edebileceğinizden, düşünebileceğinizden çok daha güçlü bir şekilde hayatınıza girdiğini görecek ve yaşayacaksınız. Bütün bunlar için sonsuz olasılıklar neler? Bütün bu süreçlerin içinde yaşamı her an okuyun, dinleyin, yazın... Yaşamı okuduğunuz, dinlediğiniz ve yazdığınız zaman; yazdığınızı okuduğunuz ve dinlediğiniz zaman gerçekten almanız gereken sonsuz mesajları alıp, öğretilerinizin ötesine geçip, hayal edebileceğinizden, düşünebileceğinizden çok daha güzel ve mutluluk verici mucizeler yaşayabilirsiniz.

Tüm yaşam benim daimi mutluluğum için çalışıyor. Tüm yaşam benim daimi mutluluğu yaşayacağım ilişki için her an çalışıyor ve beni mutlu ediyor. Tüm yaşam benim daimi mutluluk içinde olacağım evlilik için her an çalışıyor. Tüm yaşam en yüksek mutluluklarıma, hazzıma, orgazmıma, huzuruma hizmet etmek ve bana hayallerimin ötesinde mucizeler yaşatmak için çalışıyor ve bana bütün mutlulukları yaşatıyor.

Son

Her halükârda yaşamın en yüksek, daimi mutluluğunuz için çalıştığına inanmalı ve yaşamı o şekilde programlamalısınız. Günde defalarca tekrarlayın: *İlişkinin de ötesinde, daimi mutluluğum için yaşam her an çalışıyor ve bana yaşatıyor.* Ta ki tamamen o bilince ulaşıp yaşamın gerçekten de o şekilde çalıştığını görene kadar. Gördükten sonra da devam edin. İnsanlar, bazen bir şey söylerler ama içlerinde farklı bir duygu ve his vardır. Söyledikleri şeylerle, içlerindeki şey birbirini tutmazsa olmaz. O yüzden diyorum ki; söyleyin, yapın, vicdanınız rahat etsin. Kalbinize inin, kalbinizi açın, bilincinizi açın... Rüya âleminizle çalışın, dışarıda görsellerle çalışın, prosesleri uygulayın, iyiliğe yönelin. Her şeyi fark edin. Evinizde, hayatınızda, ilişkinizde, işyerinizde arkadaşlarınızla çalışmalar yapın. Bütün bunların hepsini içsel bir değişim ve farkındalık hali için yapıyoruz. Bunları sevgiyle, neşeyle, heyecanla, inançla yapmak var. Bir de yaparken daha önce yaptığınız ve başarısız olduğunuz çalışmalardan dem vurup söylenirseniz olmaz. O yüzden öfke, kızgınlık gibi negatif bir enerjiyle yapmayın...

Bir şey yapıp söyledikten sonra arkasından ne yaptığınız, hatta yüzünüzün ifadesi bile çok önemlidir. Pozitif bir cümle söyleyip arkasından taş koyup suyun akışına engel olmayın. İçeriye temiz hava girmesini istiyorsanız kapıyı açın bırakın.

Kapıyı tak diye kapatmayın. Yani bir yerden su akıyorsa ve o suyun aktığını görüyorsanız üstüne taş koyup suyun akmasına engel olmayın. O kabul etme hali de şöyle bir hal aslında: Nehir akıyor, barajı açtınız... O halde kabul etme hali, her koşulda sonsuz olasılıklara kendini açma halidir. Bir yer açmak, o akan nehrin bir havuz, bir göl doldurmasını sağlar. Yani sizin kendi içinize girmenizi ve orada yer açmanızı sağlar. Oradaki direncinizi kaldırır. Hepimiz yaşanır bir şey isteriz, olmazsa vazgeçeriz, o anda gerçekleşir dileğimiz... Benim kuzenim yıllarca kocasıyla çocukları olsun diye mücadele etti. Gitmedikleri doktor kalmadı. En sonunda vazgeçti. Bir gün hastaneye gitti; hamile. İnanamadı, şok geçirdi. O vazgeçiş, alan açma hali ona mucizeler getirdi. 18 yaşlarında çok sıkıştığım, tamamen çaresiz kaldığım, hiçbir şey yapamadığım noktada yere kapanıp, "Ben bir şeyi yapamıyorum, ben yapamıyorum, siz yapın," demem ve bırakmamla beraber hayatımda mucizeler yaşadım. Ama o zaman çalıştım, ondan sonra çalıştım, bir taraftan da bunu yaptım. Çünkü ilahi kaynağın bize karşı sonsuz bir saygısı var. Biz bir şeyleri yapmaya çalıştığımız süre boyunca bize dokunmuyor. Biz yapmaya çalıştığımızda, ağzımızdan çıkanın bir önemi olmaz. İçsel olarak ne yaptığımız önemlidir. Eğer içsel olarak bununla savaşabiliyor, mücadele ediyorsanız ya da fiziksel olarak hâlâ içindeyseniz kendi kafanızla hâlâ kavga ediyor, affedemiyor, kabullenmiyorsanız bırakmış değilsinizdir. Gerçekten bırakma haline geçtiğinizde yaşam konuya el atar. Bırakmak, akışa güvenmek, akışı takip etmek, akışta ilerlemek çok önemlidir. Orada hem akışa hem de kendinize alan açıp izin vermiş olursunuz.

Geçmişinden Dolayı İşyerindeki Arkadaşımdan Negatif Etkileniyorum. Bundan Nasıl Kurtulabilirim?

Burada alt düzlemler vardır. Neden bunu yaşıyorsunuz? Çok iyi psikanaliz çalışması yapan bir psikoloğa ya da psikiyatriste düzenli olarak gitmek gerekir. Konuyla ilgili kendinizi değiştirmeniz, dönüştürmeniz ve farkındalığa geçmeniz şarttır. İkincisi de geçmiş... Karşınızdaki kişiye asla geçmiş ilişkilerinizi anlatmayın. Fiziksel olarak, hayal ederek geçmişinizdeki kişinin önünde eğilin ve, "Benden önceki ilişkisin. Senin önünde saygıyla eğiliyorum. Seni olduğun gibi kabul ediyorum. Siz yaşamış ve bitirmişsiniz. Şu an o benim hayatımdaysa senden öğrendikleriyle de seninle beraber yaşadığı süreçten öğrendikleri sayesinde benim hayatımda," deyin.

Aslında hayatımıza gelen insanlar bizden önce beraber oldukları insanlardan öğrendikleriyle hayatımıza girerler. Astrolojik düzlemlerde çok kaotik dönemler yaşamış kişilerin onu deneyimlemesi gerekiyordur. Eğer kişi o dönemi yaşamamış olsaydı ya da siz o dönemde tanışmış olsaydınız belki de o kişinin çok daha farklı bir versiyonunu tanıyacaktınız. Kendinizi de gözlemlemeniz gerekir. Sizin hayatınız o dönemde kaotik miydi, gergin miydi, başka bir ilişki ya da ailenizle ilgili gerginlik var mıydı? Belki de hayatının zorlu dönemini sizinle yaşayacaktı ve ilişkiniz devam etmeyecekti ama şimdi siz acısına değil, tatlısına geçmişsinizdir.

Sonuç olarak iş hayatında da beraberseniz ve bu sizi huzursuz ediyorsa, farklı iş olasılıklarına kendinizi açın. Daha iyisine açın. Daha iyi bir iş, daha mutlu bir iş isteyin. Belki bu size o işyerinden daha mutlu bir işyerine geçme şansı verebilir. Mevcut ilişkinize hayatınız boyunca devam etmeniz bu koşullarda da mümkün. Ama devam etmese bile bu ilişkide yaşadıklarınız da size çok büyük bir tecrübe ve hediyedir. O yüzden bu hediyeyi alın, kabul edin. Karşınızdaki insan için de, "İşte o benim hayatımın adamı, aşkım, muhteşem bir adam," demekten vazgeçin. Tam tersine; siz kendi merkezinizle, kendi kaynağınızla bağlantıda olun. Kendi gücünüzle, ayaklarınızı yere basarak mutlu olun. O zaman o kişinin de size karşı saygısı artar, sizin de ona karşı... Çünkü sizin onun geçmişinde, sizin olmadığınız zamanda yaşadıklarına kızdığınızda aslında kendi hayatınızı etkilersiniz. Ama burada çok alt düzlemler var. O yüzden mutlaka alanında iyi bir uzmana, psikoterapi ya da psikanaliz süreçlerine gitmek aynı zamanda bunu destekleyecek aile dizimine gitmek, rüyalarla çalışmak, bilinçaltıyla çalışmak, Feng Shui çalışmaları yapmak gerekir.

Bunların hepsi farklı bir alan, farklı bir güç alanı açar. Sonsuz bir mucizenin hayatımıza girmesini ve bizim bilincimizden değişmesini sağlar. Bizim değişmemizle beraber, çevremizdeki insanlar da değişir. Duygularımızın değişmesiyle, çevremizdeki insanların bize karşı tavırları da değişir.

Siz farkına vararak koskocaman bir gezegeni, yıldızlar üzerindeki etkinizle değiştirebilirsiniz. Bir kaderiniz var... Kaderinizde yollarınız, seçimleriniz var. Aynı zamanda değiştirme hakkınız var. O yolda yürürken yaptığınız her şeyin sonuçları var. Hepsi birbiriyle bir bütün.

Annenizin ailesinde böyle şeyler yaşamanız size nasıl farkındalıklar kattı? Siz, hayatınızda hangi güce, hangi konuma ulaştınız? Yalnızca negatif olaylara odaklanmayın, pozitifleri de yazın. Ben anlatacak olsam annemin ailesinden, babamın ailesinden neler neler yazarım... Hiç kimse, hiçbir aile sütten çıkmış ak kaşık değildir. Öyle olsa zaten kimsenin dünyada işi olmazdı. Herkesin kendine göre bir sorunu var. Uzaktan mutlu görünse bile kraliyet ailesinin bile ne dertleri var... Onlar dert olarak algılamıyor. Ancak siz fark ediyorsunuz. O nedenle kendi ailenizle ilgili de farkındalık sahibi olmalısınız.

Okur Mektubu

Bugüne kadar ilerlediğim yolda paylaştığım deneyimlerin aslında birer hayalden ibaret olmadığını, herkesin hayatında kendi mucizelerini yarattığını, sadece bazıları bunun farkındalığında ilerlerken, bazılarımızın hayatın akışı içerisinde önümüze çıkan hayatın eşsiz güzelliklerini göremediğimizi anlatabilmek için bana bir okurumdan gelen e-postayı sizinle paylaşmak istiyorum. Tüm yargılardan, bakış açılarından ve beklentilerden uzak, kendi evrimleşme ve değişme yolunda ilerleyen güzel bir ruhun en içten satırları:

Zaman zaman birbirimizin karşısına çıkıyoruz :)

Gazete okumayı tamamıyla bırakmıştım, moralim bozulmasın diye Türkiye haberlerine bakmıyordum hiç. Ama bir şekilde senin yazdığın bir yazı karşıma çıktı. Köşe yazarı olduğundan haberim yoktu, kitap yazdığından da... :) Tebrik ederim seni canıgönülden. Gönül ve ışık yolcusu olduğun için... İşin garibi okuduğum röportajında sanki ben konuşuyormuşum gibi garip bir his geldi. Sanki benim ağzımdan konuşuyormuşsun gibi, söylediğin şeyler o kadar ben ki... Aslında ne kadar benzer bir yolculuğumuz olduğunu tekrar hatırladım. Biliyorsun ben de annemi küçük yaşta kaybettim. Sonra felaket bir üvey anne ve bende derin yaralar bırakan bir baba. Tabii kendi kendime ettiğim haltları da unutmayalım ;) Bilmiyorum biliyor musun ama kendimi hatırlayabildiğim en küçük yaşımdan itibaren tek istediğim bir gün bir ailemin olmasıydı ve bütün yaşamım boyunca kendimi bunu gerçekleştirmeye adadım. Ama o kadar çok engel vardı ki... Kendime güven sorunları, karşımdakilere güven sorunları, sosyalleşmemi bile engelleyen parasal sorunlar, içimdeki derin korkular vesaire saymakla bitmez. Neredeyse imkânsıza yakındı bu hayalime ulaşmam. Uzun yıllar hep yanlış erkekler çıktı karşıma, yanlış tip derken aslında tamamıyla kendi içimin dünya tezahürleri ve yansımaları... Ve ondan sonra canıma tak etti ve ipleri kendi elime almaya karar verdim. O dönemde kendimi tamamıyla kişisel gelişime adadım. İstediğim adamı tasarladım, her gün evrenden onu diledim. Evimi, hayatımı toksik şeylerden arındırdım, her gün meditasyon yaptım, deli gibi eğitimlere katıldım, astroloji öğrenip sayesinde kendi gelişim alanlarında ayna oldum, Feng Shui ile fiziksel hayatımı dengeledim, her gün ben hak ediyorum, ben değerliyim dedim ve bir baktım ki hayatıma giren erkek kalitesi artıyor ;) Ve sonra Tolga karşıma çıktı. Bunları niye anlatıyorum; çünkü kitaplarında anlattığın şeylerin canlı bir kanıtıyım. Kendimi temize çektim, arındım ve böyle bir dönemde karşıma çok temiz bir insan çıktı. Geç yaşta anne oldum. Önce yaşım geç olduğu için korktum, anne olamayacağım diye. Gene deliler gibi çalışma yaptım. Her tarafa hayalini kurduğum çocuğun resimlerini astım, imgeleme çalışmaları yaptım, Hak ediyorum ben bu çocuğu, hak ediyorum, dedim, 2 sene önce oğlum doğdu. Bugün ne hatırladım yazını okurken? Bana yıllar önce demiştin ki, senin bir oğlun olacak ve sana çok şaşıracağın bir şeyler söyleyecek. Valla Ali beni her gün şaşırtıyor ama senin söylediğin anlamda da bir şeyler yumurtalayacak yakında eminim :) Çünkü doğduğu günden beri sanki önceki yaşamlardan onu tanıyorum gibi hissediyorum. Ya işte böyle Can, birden sana yazasım geldi. Bilmiyorum sanki seninle de önceki hayatlarımızdan bir tanışıklık var, sen de aynı hissettiğini söylemiştin. Aile diziminde annemin dayısı mı çıkmıştın, öyle bir şeyler hatırlıyorum. Gizem bir araçmış bizim tanışmamız için, ne kadar ilginç. Senin yürüdüğün yoldan çok gurur duydum Can. Bu kadar uzaktan bile bana kuantum bir şeyler yaşattın bugün. Bazı şeyleri sorguladığım bir dönemdeyim.

Eşim ve ailemle alakalı değil, o konuda her şey OK. Daha çok kendimle alakalı, bazı derinlere gömdüğüm, küçükken yaşadığım ama beni hâlâ derinden etkileyen şeylerle alakalı... İşin aslı kimseye çaktırmıyorum ama annesini küçük yaşta kaybeden o ürkek çocuk gibi hissediyorum bazen. Hayata kırgınım hâlâ... Ailem olduğunda bu duygu geçer diye düşünmüştüm ama derinlerde hâlâ çok üzgün olduğumu fark ediyorum şu günler. Ali yakında tam zamanlı okula başlayacak, belki de son zamanlarda ihmal ettiğim meditasyon, imgeleme ve kendini sevme çalışmalarına tekrar başlasam iyi olacak. Zamanında neleri başardım, bunun da üstesinden gelirim. Bu arada biz Porto'ya taşındık, yolun düşerse beklerim arkadaşım.

Yolun açık ve ışık olsun